(宏观经济学)

现代西方经济学
习题指南

第十版

尹伯成 主编

复旦大学出版社

内容提要

本书是学习现代西方经济学课程（宏观经济学）的习题解答指导，采取选择、分析讨论和计算题等形式，分12个单元对宏观经济学的基本概念和基本原理进行剖析。本书习题具有一定代表性，既可单独阅读，也是西方经济学课程的辅导教材。

第十版前言

这本西方经济学课程的学习辅导书,是1993年应复旦大学出版社徐惠平同志之邀,整理我一些教学讲义基础上逐步形成的。1993年1月正式出版至今几近三十年,一直能得到广大读者认同,这全是因适应了我国改革开放以来教学改革形势需要,同时也是初版几位合作者(冯剑亮、董旭升、常涛、周焱明、周嘉健,尤其冯剑亮以及本人)共同努力的成果。后来,尹晨、刘康兵、王小明,尤其尹晨同志也参加过编写工作,并不断根据广大读者意见修改补充。2016年出版第九版。

尽管历经修改补充,但一些重大缺陷未获解决,一是时代经济形势变化未能在传统西方经济学中得到体现,二是我国改革开放四十多年来,尤其是党的十八大以来,在习近平新时代中国特色社会主义思想指引下,取得的在经济理论上的巨大成果未能有所反映。为此,本版的修改,对一些章节少数内容有删改补充,更主要的是宏观经济学部分增加了一个单元"西方经济学与中国",力图弥补这一缺陷。

本版的修改、补充还得到了复旦大学出版社编辑戚雅斯同志在徐惠平同志领导下的大力帮助。限于本人觉悟和理论水平,尤其年龄已大,观念老化,差错肯定很多,热忱欢迎广大读者一如既往批评指正。

编者
2021年3月

目 录

第十二单元	**宏观经济学导论** ……………………………	1
	引言 …………………………………………	1
	选择题 ………………………………………	4
	分析讨论题 …………………………………	8
	计算题 ………………………………………	24
第十三单元	**国民收入决定：收入-支出模型** …………	31
	引言 …………………………………………	31
	选择题 ………………………………………	33
	分析讨论题 …………………………………	39
	计算题 ………………………………………	62
第十四单元	**消费和投资理论** …………………………	75
	引言 …………………………………………	75
	选择题 ………………………………………	79
	分析讨论题 …………………………………	86
	计算题 ………………………………………	110
第十五单元	**货币的需求和供给** ………………………	122
	引言 …………………………………………	122
	选择题 ………………………………………	124
	分析讨论题 …………………………………	129

	计算题 ································	151
第十六单元	国民收入决定：IS-LM 模型 ············	156
	引言 ································	156
	选择题 ······························	160
	分析讨论题 ··························	164
	计算题 ······························	175
第十七单元	国民收入决定：总需求-总供给模型 ·····	184
	引言 ································	184
	选择题 ······························	188
	分析讨论题 ··························	192
	计算题 ······························	204
第十八单元	通货膨胀与失业 ······················	222
	引言 ································	222
	选择题 ······························	227
	分析讨论题 ··························	233
	计算题 ······························	250
第十九单元	宏观经济政策及其效果 ················	260
	引言 ································	260
	选择题 ······························	264
	分析讨论题 ··························	268
	计算题 ······························	290
第二十单元	经济增长、经济发展与经济周期 ········	302
	引言 ································	302
	选择题 ······························	307
	分析讨论题 ··························	316
	计算题 ······························	340

第二十一单元	**当代宏观经济学流派** ⋯⋯⋯⋯⋯⋯⋯⋯⋯	356
	引言 ⋯⋯⋯⋯⋯⋯⋯⋯⋯⋯⋯⋯⋯⋯⋯⋯⋯	356
	选择题 ⋯⋯⋯⋯⋯⋯⋯⋯⋯⋯⋯⋯⋯⋯⋯⋯	361
	分析讨论题 ⋯⋯⋯⋯⋯⋯⋯⋯⋯⋯⋯⋯⋯⋯	365
	计算题 ⋯⋯⋯⋯⋯⋯⋯⋯⋯⋯⋯⋯⋯⋯⋯⋯	377
第二十二单元	**国际经济部门** ⋯⋯⋯⋯⋯⋯⋯⋯⋯⋯⋯⋯	384
	引言 ⋯⋯⋯⋯⋯⋯⋯⋯⋯⋯⋯⋯⋯⋯⋯⋯⋯	384
	选择题 ⋯⋯⋯⋯⋯⋯⋯⋯⋯⋯⋯⋯⋯⋯⋯⋯	388
	分析讨论题 ⋯⋯⋯⋯⋯⋯⋯⋯⋯⋯⋯⋯⋯⋯	397
	计算题 ⋯⋯⋯⋯⋯⋯⋯⋯⋯⋯⋯⋯⋯⋯⋯⋯	420
第二十三单元	**西方经济学与中国** ⋯⋯⋯⋯⋯⋯⋯⋯⋯⋯	431
	分析讨论题 ⋯⋯⋯⋯⋯⋯⋯⋯⋯⋯⋯⋯⋯⋯	431

第十二单元
宏观经济学导论

引 言

本单元习题主要体现下列概念和原理。

1. 宏观经济学研究整个社会经济活动,因此不考虑个体经济的差异,只把经济划分为家庭(家户)、企业(厂商)和政府三大部门并研究它们之间的相互关系。宏观经济学也研究国外的家庭、企业和政府,但只把它们都当作一个国外部门来对待。

现代经济是市场经济。市场经济中市场有多种多样,宏观经济学在宏观层面上研究市场经济活动时,只把市场归结为三大类:产品市场、货币市场和劳动市场,当然这是西方经济学的传统划分,具有局限性。

2. 整个社会的宏观经济活动要靠一系列指标来衡量和表现。包括国民收入、物价水平、就业状况以及财政赤字(或盈余)、国际收支赤字(盈余)、汇率等,其中主要是国民收入、物价水平和就业状况。

3. 整个社会经济活动主要靠国民收入这一概念来衡量和表现。它包括五个总量:国内生产总值(GDP)、国民生产净值(NNP)、国民收入(NI)、个人收入(PI)和个人可支配收入(DPI),其中最核心的概念是国内生产总值。宏观经济学研究的问题是一个国家整体经济的运作情况以及政府如何运用经济政策来影响国家整体经济的运作。

宏观经济学主要研究的内容包括：经济增长、经济周期、失业、通货膨胀、国际经济和政府宏观经济政策等。

4. 国内生产总值是一个国家领土内在一定时期内所生产的全部最终产品和劳务的市场价值。反映宏观经济运行状况的主要指标还包括国民收入及其增长率、失业率、通货膨胀率等。

5. 名义国内生产总值是用生产物品和劳务的那个时期的价格计算出来的价值，实际国内生产总值是用从前某一时期作为基础时期的价格计算出来的价值。名义国内生产总值／实际国内生产总值＝国内生产总值平减指数。

6. 国内生产总值只计算最终产品和劳务的价值，而不包括中间产品价值。国内生产总值是一定时期内生产的而不是售卖的最终产品价值。国内生产总值与国民生产总值有区别。后者指一国所拥有的生产要素所生产的价值，而不管这些要素是在国内还是国外生产的价值，属国民概念。前者指一国范围内所生产的价值，属地域概念。其中包括一部分外国的生产要素在国内生产的价值，即不管价值是由国内还是国外的所有者所拥有的生产要素所生产。若定义国外支付净额(NFP)为本国要素在世界其他国家获得的收入减去本国付给外国要素在本国获得的收入，则 GDP＝GNP－NFP 或 GNP＝GDP＋NFP。

7. 产出总等于收入：产出指整个社会生产的最终产品(包括劳务)价值，亦即新生产的财富和价值，它总等于要素收入的总和，其所以如此，关键是把利润看成是产品售价扣除工资、利息、地租等成本后的余额，即利润是收入的一部分。

8. 产出总等于支出：指最终产品价值总等于购买最终产品的支出，其所以如此，关键在于把企业没有卖掉的存货价值看成是企业自己在存货投资上的支出。

9. 国内生产总值是流量而不是存量。收入流量循环模型有两部门的、三部门的和四部门的模型。在收入的循环流动中，储蓄、税收、进口都属于漏出，而投资、政府购买和出口都是注入。只要总注入和总漏出相等,收入流量的循环就会处于均衡状态。这种模型表明,核算国内生产总值有收入法和支出法两种最基本的方法。

10. 支出法是从居民户、政府和国外购买最终产品支出角度看社会在一定时期创造了多少最终产品价值。从支出角度看,GDP＝消费(C)＋投资(I)＋政府购买(G)＋净出口(NX)。

11. 收入法是从居民户向企业出售生产要素获得收入的角度看社会在一定时期创造了多少最终产品价值。收入法又称成本法。以收入法核算国内生产总值,则国民收入＝工资＋利息＋租金＋利润。

12. 从国内生产总值到个人可支配收入:

国内生产总值＋国外支付净额＝国民生产总值

国民生产总值－资本消耗(折旧)＝国民生产净值

国民生产净值－企业间接税＝国民收入

国民收入－公司利润－社会保险税＋政府和企业给个人的转移支付、利息调整、红利＝个人收入

个人收入－个人所得税＝个人可支配收入

13. 在只有家庭和企业的两部门经济中,由于国内生产总值(用 Y 表示)从支出角度看是 $Y=C+I$,从收入角度看是 $Y=C+S$,因此有 $C+I\equiv C+S$,即 $S\equiv I$。要注意,这一恒等式是由储蓄和投资的定义而来的。在国民收入核算理论中所讨论的所有量都是事后的,即一国中实际发生的数量。就此而论,有两部门、三部门与四部门的会计恒等式成立。而在以后的章节中,经济理论与模型所讨论的 GDP、储蓄和投资等变量都是事前的,而事前的(意愿的或计划的)储蓄未必等于事后的投资了。

14. 在三部门经济中,从支出角度看,$Y=C+I+G$,从收入角度看是 $Y=C+S+T$(这里,S 仍是家庭部门储蓄,也可写作 Sp,G 是指政府购买支出,T 指政府税收)。因此有 $C+I+G\equiv C+S+T$,亦即 $I\equiv S+T-G$。这里 $T-G$ 可看作政府收入减去支出后的储蓄,也可写成 $Sg\equiv T-G$。因此有 $I=Sp+Sg$。

15. 在四部门经济中,从支出角度看,$Y=C+I+G+X$,从收入

角度看，$Y=C+S+T+M$（这里 X 表示出口，M 表示进口）。因此有 $C+I+G+X \equiv C+S+T+M$，亦即 $I \equiv S+T-G+M-X$。在此，$M-X$ 可看作国外部门的储蓄，因为 M 从外国立场看是出口，即取得收入，X 从外国立场看是进口，即支出，因此，$M-X$ 是外国的收入减去支出后的余额，可看作国外部门的储蓄，可用 Sr 表示，因此有 $I \equiv Sp+Sg+Sr$。

可见，无论从多少个部门的经济看，储蓄投资恒等式总成立。

16. 潜在国内生产总值是指利用社会上一切可利用的资源所能生产的产品和劳务的最大量值，它不是实际产出量。一般认为，潜在国内生产总值是充分就业时国内生产总值，因而也称为充分就业的国内生产总值。它与实际上所生产的国内生产总值的缺口称为国内生产总值缺口，而充分就业时的失业率也可称为自然失业率。实际上所生产的国内生产总值水平取决于社会总支出水平或者说有效需求水平。

选 择 题

1. 下列哪一项不列入国内生产总值的核算？（　　）
A. 出口到国外的一批货物
B. 政府给贫困家庭发放的一笔救济金
C. 经纪人为一座旧房买卖收取的一笔佣金
D. 保险公司收到一笔家庭财产保险费

2. 一国的国内生产总值小于国民生产总值，说明该国公民从外国取得的收入（　　）外国公民从该国取得的收入。
A. 大于　　　　　　　　　　B. 小于
C. 等于　　　　　　　　　　D. 可能大于也可能小于

3. 今年的名义国内生产总值大于去年的名义国内生产总值，说明( )。

A. 今年物价水平一定比去年高了

B. 今年生产的物品和劳务的总量一定比去年增加了

C. 今年的物价水平和实物产量水平一定都比去年提高了

D. 以上三种说法都不一定正确

4. "面粉是中间产品"这一命题( )。

A. 一定是对的

B. 一定是不对的

C. 可能是对的,也可能是不对的

D. 以上三种说法全对

5. 下列哪一项计入GDP? ( )

A. 购买一辆用过的旧自行车

B. 购买普通股票

C. 汽车制造厂买进10吨钢板

D. 银行向某企业收取一笔贷款利息

6. 经济学上的投资是指( )。

A. 企业增加一笔存货

B. 建造一座住宅

C. 企业购买一台计算机

D. 以上都是

7. 已知某国的资本品存量在年初为10 000亿美元,它在本年度生产了2 500亿美元的资本品,资本消耗折旧是2 000亿美元,则该国在本年度的总投资和净投资分别是( )。

A. 2 500亿美元和500亿美元

B. 12 500亿美元和10 500亿美元

C. 2 500亿美元和2 000亿美元

D. 7 500亿美元和8 000亿美元

8. 下列哪一项不是公司间接税？（   ）

A. 销售税　　　　　　　　B. 公司利润税

C. 货物税　　　　　　　　D. 公司财产税

9. 下列项目中，(   )不是要素收入。

A. 总统薪水　　　　　　　B. 股息

C. 公司对灾区的捐献　　　D. 银行存款者取得的利息

10. 在下列项目中，(   )不属于政府购买。

A. 地方政府办三所中学

B. 政府给低收入者提供一笔住房补贴

C. 政府订购一批军火

D. 政府给公务人员增加薪水

11. 按国民收入核算体系，在一个只有家庭、企业和政府构成的三部门经济中，一定有(   )。

A. 家庭储蓄等于净投资

B. 家庭储蓄等于总投资

C. 家庭储蓄加折旧等于总投资加政府支出

D. 家庭储蓄加税收等于总投资加政府支出

12. 下列(   )项命题不正确。

A. 国民生产净值(NNP)减直接税等于国民收入(NI)

B. 国民生产净值(NNP)加资本消耗(折旧)等于 GNP

C. 总投资等于净投资加折旧

D. 个人收入等于个人可支配收入加直接税

13. 如果个人收入等于 570 美元，而个人所得税等于 90 美元，消费等于 430 美元，利息支付总额为 10 美元，个人储蓄为 40 美元，个人可支配收入则等于(   )。

A. 500 美元　　　　　　　B. 480 美元

C. 470 美元　　　　　　　D. 400 美元

14. 下列各项中( )属于流量？

A. GDP B. 外债总额

C. 现有住房总面积 D. 失业人口

15. 下列各项中( )属于存量？

A. GDP B. 投资 C. 失业人口 D. 人均收入

16. 潜在 GDP 是指( )。

A. 一国居民在一定特定时期内的总收入，包括居民从国外取得的收入，但不包括支付给国外的报酬

B. 一国居民在一定特定时期内生产的所有商品和服务的货币价值总和减去折旧的部分

C. 一国居民在一定特定时期内生产的所有商品和服务的货币价值根据价格变化调整过的数值总和

D. 如果所有资源得到充分利用的情况下一国居民在一定特定时期内所能生产的商品和服务的货币价值总和

17. 从最终使用者的角度看，将最终产品和劳务的市场价值加总计算 GDP 的方法是( )。

A. 支出法 B. 收入法 C. 生产法 D. 增加价值法

18. 用收入法计算 GDP 应等于( )。

A. 消费＋投资＋政府支出＋净出口

B. 工资＋利息＋地租＋利润

C. 工资＋利息＋中间产品成本＋利润＋间接税

D. 生产企业收入－中间产品成本

19. 政府公债利息( )。

A. 属于国内生产总值(GDP)，但不属国民收入(NI)的一部分

B. 不属于 NI 但属于个人收入(PI)的一部分

C. 属于 NI 但不属于 PI 的一部分

D. 属于个人可支配收入(DPI)但不属于 PI 的一部分

```
答　案
1. B    2. A    3. D    4. C    5. D    6. D    7. A
8. B    9. C    10. B   11. D   12. A   13. B   14. A
15. C   16. D   17. A   18. B   19. B
```

分析讨论题

1. 为什么现行西方宏观经济学教材的基本框架是面向需求的凯恩斯主义经济学？

答：在凯恩斯主义经济学产生以前，西方经济学教材的基本框架是面向供给的新古典经济学，最主要的代表人物是英国经济学家阿尔弗雷德·马歇尔，信奉经济自由主义。但是，在20世纪30年代的经济大危机中，这种经济学显得一筹莫展。主张国家干预经济的凯恩斯主义经济学应运而生，并取代面向供给的新古典经济学而成为主流经济学，经过凯恩斯的继承者加工改造，成为新古典综合经济学。这套经济学的宏观部分的基本框架依然是凯恩斯的有效需求理论。有效需求不足简直是现代资本主义经济的常态，必须靠政府的政策来调控，而有效需求理论是国家干预经济的宏观经济政策的理论基础，因此，现行西方宏观经济学教材的基本框架总是面向需求的凯恩斯主义经济学。

2. 为什么宏观经济学把所有经济活动主体只分为家庭、企业和政府这三大部门？

答：宏观经济学之所以把所有经济活动主体只分为家庭、企业和政府这三大部门，是因为宏观经济学是研究国家经济总体运行的科学，因此不考虑个体经济的差异。所有在工厂、商店、农场、学校、金融机构等工作的工作人员，都是一个个家庭的成员，而所有这些机构或者单位则都是一个个企业或者类似企业，军队、法院以及所有政府机构都属于政府部门，但政府部门中所有工作人员又都是家庭成员一分子，因此宏观经济学研究家庭消费和投资行为时，就把所有家庭作为一个完整的经济部门，而不管各个家庭有何差异或特点；在研究企业行为时，不去考虑它是经营什么业务的企业，是生产什么产品的企业，而把所有企业都当作一个生产经营的经济部门；同样，在分析政府行为时，也不去管它是什么地方的政府，是中央还是地方的政府。宏观经济学也涉及国外的消费者、投资者、企业和政府，但只是把它们作为一个国外部门来对待。

3. 宏观层面的市场有哪几类？与这些市场相联系的宏观经济指标主要有哪些？这种分类有什么局限性？

答：现代经济是市场经济。市场经济中市场多种多样，但宏观经济学在宏观层面研究市场活动时只把市场归结为三大类：产品市场、货币市场和劳动市场，即物、钱和人的市场，因此社会经济中所有的交易不外乎三大类：所有的有形产品和无形产品（服务产品）的交易形成产品市场，与这一市场相联系的宏观经济指标主要有GDP、通货膨胀率；所有的金融资产（银行存贷款、证券、保险、信托等）的交易形成货币金融市场，与这一市场相联系的宏观经济指标主要有利率；所有劳动力的交易形成劳动市场，与这一市场相联系的宏观经济指标主要有失业率。

这种市场分类的局限性主要是忽略了现代经济发展中一些最重要的东西，把技术、信息和生态环境等看作为经济发展中既定的、不变的、外生的因素，而实际上这些因素越来越成为现代经济发展中十分重要的东西。这显然与时代发展相脱节。与上述因素相联系的重要市场，包括技术市场、人才市场、信息市场、碳排放市场是无法纳入上述三大类市场的。

4. 宏观经济层面的几类市场与整个宏观经济学分析框架有什么关系?

答: 整个宏观经济学的分析框架通常与三类市场上的三大经济部门的相互作用有关。撇开货币市场和劳动市场,只研究家庭、企业和政府在产品市场上的相互作用就形成国民收入决定的最简单模型——收入-支出模型。在产品市场中加进了货币市场来研究上述三大经济主体的相互作用,就形成了国民收入决定的 IS-LM 模型。在 IS-LM 模型中再加进劳动市场,来研究上述三大经济主体的相互作用,就形成了国民收入决定的总供给-总需求模型即 AS-AD 模型。这三个模型再加上衡量宏观经济主要指标研究,再加上宏观经济短期波动和调控政策分析,以及长期增长和周期研究,以及国际经济往来的研究,就构成目前宏观经济学的比较完整的体系。

5. 简述宏观经济学和微观经济学的区别和联系。

答: 两者之间的区别在于:

(1) 研究的对象不同。微观经济学研究组成整体经济的单个经济主体的最优化行为,而宏观经济学研究一国整体经济的运行规律和宏观经济政策。

(2) 解决的问题不同。微观经济学要解决资源配置问题,而宏观经济学要解决资源利用问题。

(3) 中心理论不同。微观经济学的中心理论是价格理论,所有的分析都是围绕价格机制的运行展开的。而宏观经济学的中心理论是国民收入(产出)理论,所有的分析都是围绕国民收入(产出)的决定展开的。

(4) 研究方法不同。微观经济学采用个量分析方法,而宏观经济学采用总量分析方法。

两者之间的联系主要表现在:

(1) 相互补充。经济学研究的目的是实现社会经济福利的最大化。为此既要实现资源的最优配置,又要实现资源的充分利用。微观经济学是假设资源充分利用的前提下研究资源如何实现最优配置的问题,而宏观经济学是假设资源已经实现最优配置前提下如何充分利用。它们共同构成经济学的基本框架。

(2)微观经济学和宏观经济学都以实证分析作为主要的分析和研究方法。

(3)微观经济学是宏观经济学的基础。当代宏观经济学越来越重视微观基础,即将宏观经济分析建立在微观经济主体行为分析的基础上。

6. 为什么西方宏观经济学原来用 GNP 作为产量的主要测量值,而现在大多改用 GDP?

答:1991 年以前美国一直用 GNP 作为产量的主要测量值,从 1991 年起改为 GDP。国民生产总值(GNP)测量一国居民的收入,包括居民从国外取得的收入(工资、利润、利息),但要减去支付给国外的同类报酬。与 GNP 不同,GDP 不考虑从国外获得的报酬和支付给国外的报酬。它是一国在国内实际生产的产品和劳务的测量值。GDP 是大多数欧洲国家采用的产量标准计量,随着国际贸易在美国变得越来越重要,因此,美国从 1991 年以后也开始用 GDP 作为衡量产量的主要测量,这种转变也可以使美国对其他国家的经济比较更加容易些。一般说来,一个国家对外经济往来的开放度越大,用 GDP 作为测量收入的重要性也越大,因为开放度越大,GNP 和 GDP 的差距可能会越大,因此,GNP 就越难作为衡量国内经济活动的标准。相对 GNP 而言,GDP 是经济中就业等潜力的一个较好的测量指标,比方说,外国人到东道国投资,解决的是东道国的就业问题,纳税也在东道国。此外,计算 GNP 要计算来自国外要素的收入,而这类收入的数据较难准确获得。所有这些原因,都表明把 GDP 作为经济中产量的基本测量指标更合理一些。

7. 最终产品和中间产品能否根据产品的物质属性加以区别?

答：不能。在国民收入核算中，一件产品究竟是中间产品还是最终产品，不能根据产品的物质属性来加以区别，而只能根据产品是否进入最终使用者手中这一点加以区别。例如，我们不能根据产品物质属性来判断面粉和面包究竟是最终产品还是中间产品。看起来，面粉一定是中间产品，面包一定是最终产品。其实不然。如果面粉为面包厂所购买，这包面粉是中间产品，如果这包面粉为家庭主妇所购买，则是最终产品。同样，如果面包是面包商店卖给消费者，此面包是最终产品，但面包在生产厂出售给面包商店时，它还属中间产品。

8. 用支出法核算 GDP 时的投资指什么？

答：用支出法核算 GDP 时的投资指用来满足未来需要的、花费在新商品上的私人支出，这类商品称为资本品，用于未来生产其他产品和劳务。它包括三类：固定资产投资（购买机器、设备、车辆或者建造厂房等），住宅投资和存货投资。这里有三点要注意，一是满足未来需要的，如果是满足当前需要的支出，就是消费而不是投资。二是私人支出，如果是用来满足未来需要的、花费在新商品上的支出不是私人的而是政府的，就是政府购买而不是投资了，当然这里的私人主要是指企业，而不是个人。三是这里私人支出是用来对新的物质资本货物的购买支出，而不是购买股票、债券或者其他金融产品的支出。

9. 政府购买和消费、投资的区别在哪里？

答：政府购买和消费、投资的区别在于购买者是谁，而不在于购买货物的物质形态。例如，一辆摩托车如果是公安局购买就是政府购买，如果是企业购买就是投资，如果是个人购买就是消费。

10. "如果一企业用购买的 5 台新机器替换 5 台报废的旧机器，它没有使 GDP 增加，因为机器数量未变。"这一说法对吗？

答：不对。购买新机器属投资行为，不管这种购买使资本存量增加还是不变。

11. 如果政府雇用原来领取失业救济金的人员做工作人员，GDP会发生什么变化？

答：GDP增加了，因为这些人员原来领的失业救济金不计入GDP，而现在作为政府雇员领取报酬要作为政府购买计入GDP。

12. 在下列两项中每一项所发生的情况在国民收入核算中有什么区别？（1）一个企业为经理买一辆小汽车以及这个企业给这位经理发一笔额外报酬让他自己买一辆小汽车。（2）你决定买本国产品消费而不是买进口货消费。

答：（1）这个企业为经理买这辆小汽车要作为投资计入GDP，而这个企业给这位经理发一笔额外报酬让他自己买这辆小汽车在国民收入核算中要作为消费计入GDP。

（2）假若一个消费者买本国生产的产品消费，则该购买支出要计入GDP，若购买进口产品消费，则该消费支出要作为进口从GDP中扣除。

13. "总投资增加时，资本存量就增加"的说法对吗？

答：不对。总投资等于重置投资加净投资。总投资增加时净投资不一定增加，而只有净投资增加时，资本存量才能增加。例如，某年某国总投资为1 000亿美元，假如重置投资也是1 000亿美元，则净投资为零，资本存量并未增加。

14. 企业利润如何计入GDP？企业给雇员缴纳的社会保险费要不要计入雇员报酬？

答：计入GDP的利润是指税前利润，而不是税收后的利润。例如今年某企业获得1 000万利润，要上缴税收200万，那么计入GDP

的应当是1000万,否则和支出法计算的 GDP 会不一致,因为按支出法计算的 GDP 是购买最终产品的支出,企业出卖产品后的销售收入扣除各种成本后的余额就是利润,都要计入 GDP。同样,企业给雇员缴纳的社会保险费也要计入雇员报酬并以此计入 GDP,否则也会和支出法计算的 GDP 不一致。

15. "净投资不可能是负数",这一说法对吗?

答: 不对。如果本年度生产的资本品价值不足以弥补资本消耗折旧时,净投资就为负数。例如本年度生产了价值1000万元的1000台机器,但报废了每台价值1万元的1200台机器,则净投资就是负数。

16. 为什么从公司债券得到的利息应计入 GDP,而人们从政府得到的公债利息不计入 GDP?

答: 购买公司债券实际上是借钱给公司用,公司从人们手中借到了钱作生产用,比方说购买机器设备,就是提供了生产性服务,可被认为创造了价值,因而公司债券的利息可看作是资本这一要素提供生产性服务的报酬或收入,当然要计入 GDP。可是政府的公债利息被看作是转移支付,因为政府借的债不一定投入生产活动,而往往是用于弥补财政赤字。政府公债利息常常被看作是从纳税人身上取得的收入加以支付的,因而习惯上看作转移支付。

17. 为什么人们购买债券和股票从个人来说可算是投资,但在经济学上不能称为投资?

答: 经济学上所讲的投资是增加或替换资本资产的支出,即购买新厂房、设备和存货的行为,而人们购买债券和股票只是一种证券交易活动,并不是实际的生产经营活动。人们买了债券或股票,是一种产权转移活动,因而不属经济学意义的投资活动,也不能计入 GDP。当公司从人们手里取得了出售债券或股票的货币资金再去购买厂房或机器设备时,才是投资活动。

18. 为什么住宅建筑支出不被看作是耐用品消费支出而看作是投资支出的一部分?

答: 住宅建筑即当年建造为私人购买和使用的房屋总值之所以列为投资一部分,是由于住宅能长期供人居住,提供服务。它比一般耐用消费品的使用寿命更长,因此把住房的增加看作投资的一部分。当然,房屋被消费的部分可算作消费,因为房客支付的房租要作为其消费支出计入GDP。

19. 为什么存货会被算作资本,存货变动会被算作投资?

答: 存货对厂商来说,像设备一样,能提供某种服务。例如,当市场发生意料之外的需求增加时,存货可应付这种临时增加的需要,同时,生产过程要顺利地连续不断地维持下去,仓库也必须有足够的原材料储备。至于商店,更需要库存必需的商品,才能随时满足市场顾客的需要。可见,存货对厂商的正常经营来说是必不可少的,它构成资本存量的一部分。

GDP是某经济社会在某一时期所生产的产品价值。如果把存货排除在GDP之外,所计得的就只是销售额,而不是生产额。例如,某国某年生产9 000亿美元产值,但只卖掉8 500亿美元,还有500亿美元要作为存货投资计入GDP,即看作企业自己购买存货的支出计入GDP。

20. 什么叫政府购买,政府购买计入GDP时有何特点?

答: 政府购买指各级政府(中央和地方各级政府)用于物品和劳务的支出。近年来美国国民收入账户更名为政府消费和投资支出。例如政府修建一公立学校属投资支出,政府为该校教职工发工资属消费支出。但大多数教材继续采用传统的较短术语"政府购买"。政府购买和消费及投资支出在计入GDP时虽都是从支出角度计算的,

15

但计算方法并不相同。买机器设备和消费品都是根据购买这些物品所费货币金额加以计算。比方说，买1台机器用10万美元，则10万美元作为投资支出计入GDP。可是，政府购买是政府花钱设置法院，提供国防、建筑道路，开办学校等。政府这些购买通过雇请公务员、教师、造公共设施或枪炮、潜艇等为社会提供服务。由于这些服务不是典型地卖给最终消费者，因此对政府购买提供的服务难以有一个市场估价。因此，在计入GDP时，不是根据购买政府服务所费成本，而是根据政府提供这些服务所费成本。例如，根据政府在教育方面的支出来计算公共教育的价值，用国防费支出来计算国防服务的价值。

21. 为什么政府转移支付不计入GDP？

答： 因为政府转移支付只是简单地通过税收（包括社会保险税）把收入从一个人或一个组织转移到另一个人或另一个组织手中，并没有相应的货物或劳务的交换发生。例如，政府给残疾人发放救济金，并不是因为残疾人创造了收入；相反，倒是因为他丧失了创造收入的能力从而失去生活来源才给予救济。失业救济金发放则是因为人们失去了工作从而丧失了取得收入的机会才给予救济。政府转移支付和政府购买虽都属政府支出，但前者不计入GDP而后者计入GDP，因为后者发生了实在的交换活动。比方说，政府给公立学校教师发薪水是因为教师提供了教育工作的服务。

22. 为什么计入GDP的只能是净出口而不是出口？

答： 出口是本国生产的一部分，因而也是本国GDP的一部分，而从外国进口的货物并不是本国生产的一部分，只是外国生产的一部分，但却被计入本国的消费支出、投资支出和政府购买的一部分。例如，进口1台价值10万美元的机器，被计入本国投资，进口价值5万美元的香水被计入本国消费，进口价值15万美元军火被计入政府购买。如果我们计算投资、消费和政府购买时不把这30万美元的进口减去,就会误把外国生产的 GDP 计作本国的 GDP。因此,我们计算 GDP 时,必须从出口中扣除进口即仅计算净出口,否则,我们就会犯多计算 GDP 的错误。

23. 为什么间接税应计入 GDP?

答: 间接税虽由出售产品的厂商缴纳,但它是加到产品价格上作为产品价格的构成部分由购买者负担的。间接税虽然不形成要素所有者收入,而是政府的收入,但毕竟是购买东西的家庭或厂商的支出,因此,为了使支出法计得的 GDP 和收入法计得的 GDP 相一致,必须把间接税加到收入方面计入 GDP。举例说,某人购买一件上衣支出 100 美元,这 100 美元以支出形式计入 GDP。实际上,若这件上衣价格中含有 5 美元的销售税和 3 美元的折旧,则作为要素收入的只有 92 美元。因而,从收入法计算 GDP 时,应把这 5 美元和 3 美元折旧一起加到 92 美元中去作为收入计入 GDP。

24. 什么叫净利息?

答: 宏观经济学中所谓净利息是指借款的企业支付给家庭部门的利息,或更确切点说,是指企业付出的利息,超过从其他部门得到的利息的净额,再加上从国外得到净利息。这里,其他部门指的就是家庭部门。家庭部门一方面会从工商企业(如购买了公司债券)和银行(如银行存款)得到利息收入;另一方面又会通过借贷(如消费的分期付款)付出利息,前者扣除后者的余额才是家庭部门得到的利息净额。利息净额要作为收入计入 GDP。但要注意,政府公债利息不能作为利息净额计入 GDP,而只作为转移支付。另外,个人对个人、企业对企业、政府对政府之间的利息支付也不包括在内。

25. 假定甲厂商为乙厂商提供服务应得报酬 400 美元,乙厂商为甲厂商提供服务应得报酬 300 美元,甲乙商定相互的支付互相抵消

300美元,结果甲只收乙100美元。试问计入GDP的是否就是这100美元?

答: 不是。计入GDP的应当是300美元加400美元共700美元,因为GDP计算的是生产的最终产品和劳务的价值,现在甲乙两厂商生产的劳务价值总共是700美元而不是100美元,因此,计入GDP的应是700美元,至于双方抵消多少,和GDP计量无关,否则,甲乙两厂商相互销售时计入GDP的都只是相互收支抵消后的支付余额了。

26. 在统计中,社会保险税增加对GDP、NDP(国民生产净值)、NI(国民收入)、PI(个人收入)和DPI(个人可支配收入)这五个总量中哪个总量有影响?为什么?

答: 社会保险税实质上是企业和职工为得到社会保障而支付的保险金,它由政府有关部门(一般是社会保险局)按一定比率以税收形式征收。社会保险税是从国民收入中扣除的,因此,社会保险税的增加并不影响GDP、NDP和NI,但影响PI。社会保险税增加会减少个人收入,从而也从某种意义上会影响个人可支配收入。然而,应当认为,社会保险税的增加并不直接影响可支配收入,因为一旦个人收入决定以后,只有个人所得税的变动才会影响个人可支配收入(DPI)。

27. 储蓄投资恒等式为什么并不意味着计划储蓄总等于计划投资?

答: 在国民收入核算体系中,存在的储蓄投资恒等式完全是根据储蓄和投资的定义得出的。根据定义,国内生产总值总等于消费加投资,国民总收入则等于消费加储蓄,国内生产总值又总等于国民总收入,这样才有了储蓄恒等于投资的关系。这种恒等关系就是两部门经济的总供给($C+S$)和总需求($C+I$)的恒等关系。只要遵循储蓄和投资的这些定义,储蓄和投资一定相等,而不管经济是否充分就业或通货膨胀,即是否均衡。但这一恒等式并不意味着人们意愿的或者说事前计划的储蓄总会等于企业想要有的投资。在实际经济生活中,储蓄和投资的主体及动机都不一样,这就会引起计划投资和计划储蓄的不一致,形成总需求和总供给不平衡,引起经济扩张和收缩。分析宏观经济均衡时所讲的投资要等于储蓄,是指只有计划投资等于计划储蓄时,才能形成经济的均衡状态。这和国民收入核算中的实际发生的投资总等于实际发生的储蓄这种恒等关系并不是一回事。

28. GDP 作为衡量宏观经济活动的重要指标,在被用来衡量一个国家居民的福利时存在哪些缺点?

答:GDP 在被用来衡量一个国家居民的福利时存在的主要缺点包括:

(1) 有些对福利有影响的产品和服务因不进入市场从而难以计入 GDP,如地下经济活动、家务、志愿者的服务等。

(2) GDP 是用具体的金额来衡量的,而产品或服务的品质与其金额不一定成正比。有些产品的品质很高,给人们很大福利,但随着技术进步价格越来越低,如计算机。

(3) 环境的污染和恶化没有计入 GDP,但这些造成福利的下降。

(4) 闲暇也无法计入 GDP,但闲暇会带来福利的增加。

29. 下列活动会不会影响 GDP? 如果影响的话,影响的是哪个部分?

(1) 你家购买了一台新冰箱;
(2) 你的同事买了一座新建别墅;
(3) 上海汽车集团从其存货中出售了一辆汽车;
(4) 政府提高了失业救济金标准;
(5) 你的父母买了一瓶法国红酒;
(6) 汇丰银行在中国开设了 10 家村镇银行。

答：(1) 会影响 GDP，增加了 GDP 中的消费(C)；

(2) 会影响 GDP，增加了 GDP 中的投资(I)，新建住宅属投资而不是消费，因为住宅像别的固定资产一样是长期使用，慢慢被消耗的；

(3) 会影响 GDP，减少了 GDP 中的投资(I)，存货减少，企业的存货投资是负的；

(4) 不会影响 GDP，政府的转移支付提高，但并没有相应的物品或服务的交换发生；

(5) 会影响 GDP，增加了进口(M)，应从 GDP 中减去；

(6) 会影响 GDP，增加了 GDP 中的投资(I)。

30. 一个国家地下经济发达，会对 GDP 的衡量和国际间的比较产生什么影响？

答：地下经济一般是指逃避政府的管制、税收和监察，未向政府申报和纳税，其产值和收入也未纳入国内生产总值的所有经济活动。地下经济大致分为两类：一是灰色经济，指其所从事的生产经营活动本身是合法的，但因为逃避税收等原因没有从国家税务、工商、质检等部门获得相关的手续并拒绝国家监管，部分或全部收入隐匿不报而偷税、逃税、漏税等；二是黑色经济，从事的是非法的经济活动，收入所得亦非法，如贪污受贿、侵吞国家财产、制假卖假、非法传销、走私贩毒、卖淫嫖娼、贩卖人口、非法融资、非法博彩、网络诈骗、洗钱、黑社会等。一国地下经济发达，会导致 GDP 被低估。

31. GDP 与绿色 GDP 及橙色 GDP 之间有什么样的关系？

答：前面题目中已经提到 GDP 的缺陷包括未能将环境及资源的损耗计算在内。绿色 GDP 即是在这方面作的改进。

绿色 GDP 是指 GDP 扣除自然环境及自然资源损耗后剩余的余值。绿色 GDP 的提出是为了强调在关注经济增长的同时，也需要关注环境的保护和资源的可持续发展。绿色 GDP 在现实计算中最大的问题是环境和资源损耗的估算。

橙色是通常使用的安全预警色。橙色 GDP 主要探讨经济增长对伤亡事故演变趋势的影响,分析与安全生产有关的 GDP。提出橙色 GDP 目的是使安全生产成为国家经济社会发展指标体系中的一个重要组成部分,从而引起人们对生产安全的重视。橙色 GDP 与绿色 GDP 一样,在估算方面也存在一些难以克服的困难。

32.《2008 年国民账户体系》对国民经济核算标准有什么重要修订?为什么要作这样修订?这对我们中国改革 GDP 核算方法有什么意义?

答:2009 年,联合国、OECD(经济合作发展组织)、世界银行等五大国际组织联合颁布了新国民经济核算国际标准——《2008 年国民账户体系》,其中,研发(R&D)支出资本化是新国际标准的重要修订内容之一。新的核算方法将能为所有者带来经济利益的研发支出由原来作为中间消耗,修订为固定资本形成,体现了研发成果所具有的固定资本的本质属性,即在未来一段时间的生产活动中不断得到使用,继续发挥作用。

国民收入核算方法作这样的修订是为了更真实反映国民财富增长的规律。众所周知,创新是现代经济增长和国际竞争力的主要驱动力,知识产权的授予和保护是促进创新的关键。在美国,2010 年知识产权密集型产业为当年美国经济的贡献超过 5 万亿美元,约占 GDP 的 34.8%,由于 R&D 由原来的中间消耗变为固定资产下知识产权产品即转变为资本,才使得生命科学,信息通信、新能源、新材料等领域的研究与开发对经济增长的贡献得到如实反映,因此,美国是最先实行这一新标准的国家之一。

我国从 1916 年 5 月起也实施了将研发支出作为固定资本形成的改革,并据此修订了 1952 年以来的 GDP 数据。改革后,2015 年 GDP 总量增加 8 798 亿元,增加 1.3%,GDP 实际增速则提高 0.04 个百分点。新的核算方法可以更好反映创新对经济增长的贡献,激励研发投入,也有利于与国际标准接轨,提高核算数据的国际可比性。

33. 什么是失业?失业主体必须具备哪些条件?

答:失业是就业的对称,指有劳动能力并愿意就业的劳动者但找不到工作这一社会现象,其实质是劳动者不能与生产资料相结合进行社会财富的创造,是一种经济资源的浪费。失业主体必须具备三个条件:① 有劳动能力;② 愿意就业;③ 没有工作。

34. 不同国家对失业和就业人口的界定和测算的方法有没有区别?

答:不同国家对失业和就业人口的界定不同,测算的方法也不同,从而使获得的失业率与其包含的内容存在很大差异。一般说来,欧美的界定和测算较为严格和系统,日本等亚洲国家的界定和测算就要差一些,因此,前者统计的失业率水平较高,后者较低。但是在欧美,由于社会保障较为完备,那里就不免出现伪装的失业者。根据德国的有关统计数据分析,有 3.5%—10% 的失业者是不愿意找工作的,他们中有些在从事地下经济活动或部分就业活动,有些则根本不愿意工作,因此在欧美的高失业率中可能存在"水分"。在日本,由于没有把许多失去就业勇气而退出劳动力市场的人口统计进入失业人口,因此日本的低失业率也有"失真"的成分。

35. 劳动力人口和不在劳动力人口的区别是什么?

答:世界上许多国家把 16—65 周岁的人口定义为劳动年龄人口,而我国则规定男性 16—60 周岁,女性 16—55 周岁为劳动年龄人口。当然对于从事行政领导工作、科学技术和文化学术工作的人员,退休年龄另有规定。不在劳动力人口包括:① 在校学生;② 家务劳动者;③ 因病退职人员以及丧失劳动能力、服刑犯人等不能工作的人员；④ 不愿工作的人员；⑤ 家庭农场或家庭工场中每周工作少于一定时间的人员。

36. 什么是失业率？我国在失业的统计方法上存在哪些不足之处？

答： 失业率＝失业人口/劳动力人口。我国在就业与失业的统计方法上大约存在以下几方面的不足。

（1）对就业人口、失业人口以及不在劳动力人口的界定，不够明晰。如我们日常使用失业、待业、无业以及下岗等概念，但没有明确这几个概念的内涵和外延，以及这几个概念之间的相互联系及其区别。

（2）还缺乏一套系统的就业与失业统计指标体系，如我国目前所实行的失业统计的内涵：男的指 16—50 岁的劳动人口，女的是指 16—45 岁的劳动人口，这一规定的上限与我国的退休年龄不符，因此往往会低估我国的失业率。再如从外延上讲，我国当前的失业统计只考虑城镇人口，而忽视农村人口。

（3）尚缺乏一套科学的、定期的失业数据的统计方法，仅依靠劳动行政部门及统计部门获得的失业数据。一个国家建立一套较为科学的失业统计指标体系十分重要，因为经济政策制定者要明白哪些人最容易成为失业者，哪些行业最容易产生失业现象。

37. 什么是采购经理人指数？这个指数有什么样的重要性？

答： 采购经理人指数就是 PMI（Purchasing Managers' Index）。指数的主要作用是反映经济变化趋势。一般认为，PMI 的指数 50 为经济运行荣枯分水线。当 PMI 大于 50 时，说明经济在发展；当 PMI 小于 50 时，说明经济在衰退。PMI 是一套月度发布的、综合性的经济监测指标体系，分为制造业 PMI、服务业 PMI，也有一些国家建立了建筑业 PMI。全球已有 20 多个国家建立了 PMI 体系，世界制造业和服务业 PMI 已经建立。PMI 是通过对经济月度调查汇总出来的指数，反映了经济的变化趋势。

PMI概括了整体制造业状况、就业及物价表现,是全球最受关注的经济资料之一。除了对整体指数的关注外,采购经理人指数中的支付物价指数及收取物价指数也被视为物价指标的一种,而其中的就业指数更常被用来预测失业率及非农业就业人口的表现。同时,PMI已是国际通行的宏观经济监测指标体系,对国家经济活动的监测和预测具有重要作用。采购经理人指数为每月第一个公布的重要数据,加上其所反映的经济状况较为全面,因此市场十分重视该数据所反映的具体结果。

PMI是以下不断变化的五项指标的一个综合性加权指数:新订单指标、生产指标、供应商交货指标、库存指标以及就业指标。加权指数在某种程度上具有代表意义,显示出变化的趋势和程度大小。

中国采购经理人指数是由国家统计局和中国物流与采购联合会共同合作完成,是快速及时反映市场动态的先行指标,它包括制造业和非制造业采购经理人指数,与GDP一同构成我国宏观经济的指标体系。从2005年6月开始,制造业采购经理人指数按月发布,并按国际通行做法,特约业内权威人士结合PMI调查数据进行宏观分析,使分析的结果更加具有前瞻性和权威性。

计 算 题

1. 某经济社会在某时期发生了以下活动:

a. 一银矿公司支付7.5万美元工资给矿工开采了50万磅银卖给一银器制造商,售价10万美元;

b. 银器制造商支付5万美元工资给工人造一批项链卖给消费者,售价40万美元。

(1) 用最终产品生产法计算GDP。

(2) 每个生产阶段生产了多少价值?用增值法计算GDP。

(3) 在生产活动中赚得的工资、利润共计分别为多少？用收入法计算 GDP。

解：(1) 项链为最终产品，价值 40 万美元。

(2) 开矿阶段生产 10 万美元，银器制造阶段生产 30 万美元，即 $40-10=30$（万美元），两个阶段共增值 40 万美元。

(3) 在生产活动中，所获工资共计：$7.5+5=12.5$（万美元）

在生产活动中，所获利润共计：$(10-7.5)+(30-5)=27.5$（万美元）

用收入法计得的 GDP 为 $12.5+27.5=40$（万美元）

可见，用最终产品法，增值法和收入法计得的 GDP 是相同的。

2. 假定某经济有 A、B、C 三厂商，A 厂商年产 5 000，卖给 B、C 和消费者，其中 B 买 200，C 买 2 000，其余 2 800 卖给消费者。B 年产 500，直接卖给消费者。C 年产 6 000，其中 3 000 由 A 购买，其余由消费者买。

(1) 假定投入在生产中都用光，计算价值增加。

(2) 计算 GDP 为多少。

(3) 如果只有 C 有 500 折旧，计算国民收入。

解：(1) A 的价值增加为 $5\,000-3\,000=2\,000$

  B 的价值增加为 $500-200=300$

  C 的价值增加为 $6\,000-2\,000=4\,000$

  合计价值增加为 $2\,000+300+4\,000=6\,300$

(2) 最终产品价值为 $2\,800+500+3\,000=6\,300$

式中 2 800、500、3 000 分别为 A、B、C 卖给消费者的最终产品。

(3) 国民收入为 $6\,300-500=5\,800$

3. 上题中如果 A 厂商有 1 000 的进口值，C 厂商有 1 500 的出口值，其他条件不变，GDP 受何影响？贸易差额是多少？

解：原来 GDP 为 6 300，现在加上进出口因素，GDP 变为 $6\,300+(1\,500-1\,000)=6\,800$，其中贸易顺差额即净出口为 $1\,500-1\,000=500$。

4. 假设某国某年有如下国民经济统计资料：消费支出 90 亿美元，投资支出 60 亿美元，政府转移支付 5 亿美元，政府对产品和劳务的购买支出 30 亿美元，工资收入 100 亿美元，租金收入 30 亿美元，利息收入 10 亿美元，利润收入 30 亿美元，所得税 30 亿美元，进口额 70 亿美元，出口额 60 亿美元，求：

(1) 用收入法计算 GDP 是多少？
(2) 用支出法计算 GDP 是多少？

答：(1) 用收入法计算 GDP：

GDP＝工资收入＋利息收入＋租金收入＋利润
　　＝100＋10＋30＋30＝170（亿美元）

(2) 用支出法计算 GDP：

GDP＝消费支出＋投资支出＋政府购买支出＋净出口
　　＝90＋60＋30＋(60－70)＝170（亿美元）

用收入法和支出法得到的 GDP 是一致的。

5. 设一经济社会生产五种产品，它们在 1990 年和 1992 年的产量和价格分别如表 12-1 所示。试计算：

表 12-1

产品	1990 年产量	1990 年价格(美元)	1992 年产量	1992 年价格(美元)
A	25	1.50	30	1.60
B	50	7.50	60	8.00
C	40	6.00	50	7.00
D	30	5.00	35	5.50
E	60	2.00	70	2.50

(1) 1990 年和 1992 年的名义国内生产总值；
(2) 如果以 1990 年作为基年，则 1992 年的实际国内生产总值为多少？

(3) 计算1990—1992年的国内生产总值价格指数,1992年价格比1990年价格上升了多少?

解:(1) 1990年名义国内生产总值
$= 1.5 \times 25 + 7.5 \times 50 + 6 \times 40 + 5 \times 30 + 2 \times 60 = 922.5$(美元)

1992年名义国内生产总值
$= 1.6 \times 30 + 8 \times 60 + 7 \times 50 + 5.5 \times 35 + 2.5 \times 70 = 1\,245.5$(美元)

(2) 1992年的实际国内生产总值
$= 1.5 \times 30 + 7.5 \times 60 + 6 \times 50 + 5 \times 35 + 2 \times 70 = 1\,110$(美元)

(3) 1990—1992年的国内生产总值价格指数为 $\dfrac{1\,245.5}{1\,110} = 112.2\%$

可见1992年价格比1990年价格上升了12.2%。

6. 假定一国有下列国民收入统计资料见表12-2所示。

表12-2　　　　　　　　　　　　　单位:亿美元

国内生产总值	4 800
总投资	800
净投资	300
消费	3 000
政府购买	960
政府预算盈余	30

试计算:
(1) 国内生产净值;
(2) 净出口;
(3) 政府税收减去政府转移支付后的收入;
(4) 个人可支配收入;
(5) 个人储蓄。

解: (1) 国内生产净值＝国内生产总值－资本消耗补偿,而资本消耗补偿即折旧等于总投资减净投资后的余额,即 $500=800-300$,因此国内生产净值 $=4\,800-500=4\,300$(亿美元)。

(2) 从 $GDP=C+I+G+NX$ 中可知 $NX=GDP-C-I-G$,因此,净出口 $NX=4\,800-3\,000-800-960=40$(亿美元)。

(3) 用 BS 代表政府预算盈余,T 代表净税收即政府税收减去政府转移支付后的收入,则有 $BS=T-G$,从而有 $T=BS+G=30+960=990$(亿美元)。

(4) 个人可支配收入本来是个人收入减去个人所得税后的余额,本题条件中没有说明间接税、公司利润、社会保险税等因素,因此,可从国民生产净值中直接得到个人可支配收入,即 $Y_D=NNP-T=4\,300-990=3\,310$(亿美元)。

(5) 个人储蓄 $S=Y_D-C=3\,310-3\,000=310$(亿美元)。

7. 假定国内生产总值是 $5\,000$,个人可支配收入是 $4\,100$,政府预算赤字是 200,消费是 $3\,800$,贸易赤字是 100(单位:亿美元)。

试计算:

(1) 储蓄;

(2) 投资;

(3) 政府支出。

解: (1) 用 S 代表储蓄,用 Y_D 代表个人可支配收入,则
$$S=GNP-Y_D=4\,100-3\,800=300(亿美元)$$

(2) 用 I 代表投资,用 S_p、S_g、S_r 分别代表私人部门、政府部门和国外部门的储蓄,则为 $S_g=T-G=BS$,在这里,T 代表政府税收收入,G 代表政府支出,BS 代表预算盈余,在本题中,$S_g=BS=-200$(亿美元)。

S_r 表示外国部门的储蓄,则外国的出口减去进口,对本国来说,则是进口减出口,在本题中为 100,因此,
$$I=S_p+S_g+S_r=300+(-200)+100=200(亿美元)$$

28

(3) 从 GDP = C + I + G + (X − M) 中可知，

政府支出 G = 4 800 − 3 000 − 800 − (−100)

= 1 100(亿美元)

8. 根据下列统计资料(见表 12-3)，计算国内生产总值(GDP)、国内生产净值(NDP)、国民收入(NI)、个人收入(PI)及个人可支配收入(DPI)。

表 12-3　　　　　　　　　　　　　　单位：亿美元

净投资	125
净出口	15
储蓄	25
资本折旧	50
政府转移支付	120
企业间接税	75
政府购买	200
社会保险金	130
个人消费支出	500
公司未分配利润	100
公司所得税	50
个人所得税	80

解：(1) 国内生产总值 = 消费 + 总投资 + 政府购买 + 净出口

= 500 + (125 + 50) + 200 + 15

= 890(亿美元)

(2) 国内生产净值 = 国内生产总值 − 资本折旧

= 890 − 50

= 840(亿美元)

(3) 国民收入＝国内生产净值－企业间接税
      ＝840－75
      ＝765(亿美元)
(4) 个人收入＝国民收入－公司未分配利润－公司所得税
      －社会保险金＋政府转移支付
      ＝765－100－50－130＋120
      ＝605(亿美元)
(5) 个人可支配收入＝个人收入－个人所得税
      ＝605－80
      ＝525(亿美元)

9. 假定某国某年自然失业率为5％，实际失业率为7％。

(1) 若该国潜在GDP每年以2％的速度增长，根据奥肯定律，要想使该国在2年内实现充分就业，该国经济每年应以多快速度增长？

(2) 若该国实际GDP每年以4％的速度增长，则要多少年才能实现充分就业？

解：(1) 根据奥肯定律，实际失业率每高于自然失业率1％，则实际GDP低于潜在GDP 3％，现在实际失业率高于自然失业率2％，而该国潜在GDP每年又以2％的速度增长，因此，要想使该国在两年内实现充分就业，该国经济每年应增长5％。

(2) 若该国实现GDP每年以4％的速度增长，则需要3年才能实现充分就业。

第十三单元
国民收入决定：收入-支出模型

引 言

本单元习题主要体现下列概念和原理。

1. 产出和支出是相互作用的：支出决定产出和收入，同时产出和收入决定支出。收入与支出的相互作用及其变动决定了 GDP 水平及其波动。在国民收入决定的凯恩斯模型中，假设供给曲线是水平的，当总需求变化时，只会导致产出的变化，而不会导致价格的变化，所以本单元涉及的变量值都是实际值而不是货币计量的名义值。

2. 两部门经济假设：(1) 只存在家庭和企业部门，而不存在政府和国外部门；(2) 企业投资是自发的，即投资为外生变量；(3) 折旧和企业未分配利润为零。意愿的或计划的总需求 AD 由意愿的或计划的家庭消费 C 和企业投资 I 构成。当总产出(或总收入)Y 与该总需求(或总支出)均衡时，有 $Y=C+I$。同时，均衡产出等于意愿的或计划的消费与储蓄之和，即 $Y=C+S$。由此得 $I=S$ 即经济要达到均衡时，意愿投资必须等于意愿储蓄。当 $I>S$ 时，产出会增加；当 $I<S$ 时，产出会减少，最终都将达到均衡收入水平。这里要注意与上一单元的国民收入核算等式 $I=S$ 的区别，那里指的是实际发生或事后的投资和储蓄始终相等，其原因在于非意愿存货投资已包含于事后的投资中。假设消费函数为 $C=a+bY$，a 为自发消费部分，

自发投资为 I,可由消费函数来推导均衡的国民收入水平为 $Y = \dfrac{a+I}{1-b}$。储蓄函数为 $S=Y-C=-a+(1-b)Y$。从 $I=S$ 中也可推导出均衡的国民收入为 $Y = \dfrac{a+I}{1-b}$。

假设本期消费是上期收入的函数:$C_t = a+bY_{t-1}$;而本期收入为本期消费和投资之和,即 $Y_t = C_t + I_t$,则有差分方程 $Y_t = bY_{t-1} + a+I_t$,其解为 $Y_t = \left(Y_0 - \dfrac{a+I_t}{1-b}\right)b^t + \dfrac{a+I_t}{1-b}$,该方程动态地表示了投资变化导致的国民收入水平的变化过程。$|b|<1$ 是该方程有稳定值的条件,其值为 $Y_t^* = \dfrac{a+I_t}{1-b}$。

3. 三部门经济是在两部门经济的基础上加进了政府部门,也就是在经济中考虑进了税收和政府支出的因素。税收、政府支出(包括政府购买和政府转移支付)都是财政政策工具。本模型的假设条件在两部门模型的基础上再加上一个假设:税收仅指个人所得税,其他税收先撇开。

假设税收函数为 $T = T_0 + tY$,t 为边际税率($0<t<1$),政府转移支付为 TR,则可支配收入为 $Y_D = Y - T + TR = TR - T_0 + (1-t)Y$,消费函数由 $C = a+bY$ 变为 $C = a+bY_D = a+(bTR - bT_0)+b(1-t)Y$,边际消费倾向与两部门经济时相比是降低了。

三部门经济宏观均衡时,有 $C+S+(T-TR)=C+I+G$ 成立,此式可变形为 $T-TR-G = I-S$;这意味着,在均衡时,预算盈余(赤字)($T-TR-G$)与意愿投资超过(少于)计划储蓄($I-S$)相对应。

总需求由消费 C、企业投资 I 和政府购买 G 构成,即 $AD = C+I+G = a+b(TR-T_0)+b(1-t)Y+I+G$。当经济均衡时,有 $AD = Y$,可得均衡收入水平 $Y_0 = \dfrac{1}{1-b(1-t)}[a+b(TR-T_0)+$

$I+G]$。由该式可知,由于有了税收,三部门经济中支出乘数为 $\frac{1}{1-b(1-t)}$,比两部门经济时为小。利用该式,可直接求得投资乘数和政府购买支出乘数,政府转移支付乘数,税收乘数(税率 t 不变时)分别为 $K_I=K_G=\frac{1}{1-b(1-t)}$、$K_{TR}=\frac{b}{1-b(1-t)}$ 和 $K_T=\frac{-b}{1-b(1-t)}$。

平衡预算乘数是指政府购买和税收变动相等数量而使政府预算不变(注意是变动量相等,而不论原先政府预算是盈余还是赤字)所会导致国民收入的变化对政府收支变动的比率,这一乘数为 $k_B=1$。

4. 充分就业预算盈余 BS^* 衡量的是在充分就业的收入水平或潜在产出时的预算盈余,以 Y^* 表示充分就业的收入可有 $BS^*=tY^*-\overline{G}-\overline{TR}$。实际的预算盈余为 $BS=tY-\overline{G}-\overline{TR}$。两者的差额为 $BS^*-BS=t(Y^*-Y)$。

5. 四部门经济即开放经济,在三部门经济基础上加上国外部门。在小国假定下,出口为 X(给定的外生变量),进口为 $M=M_0+mY(m>0)$,则均衡产出水平 $Y=C+I+G+X-M$,可得均衡产出水平 $Y_0=\frac{1}{1-b(1-t)+m}(a+I+G-bT_0+bTR+X-M_0)$,以 Y_0 对 X 求导,可得对外贸易乘数 $\frac{dY}{dX}=\frac{1}{1-b(1-t)+m}$。一般情况下,外贸乘数大于1,同时,由前式可知四部门经济的投资乘数、政府购买乘数、转移支付乘数、税收乘数等都相应地小于三部门经济时的乘数,这主要是由于在开放经济中国民收入的变化有"溢出效应"。

选 择 题

1. 关于总支出曲线的描述,以下哪种描述是正确的?(　　)

A. 截距为负,斜率小于45°线的斜率

B. 截距为负,斜率大于45°线的斜率

C. 截距为正,斜率小于45°线的斜率

D. 截距为正,斜率大于45°线的斜率

2. 如果在消费-收入图上,消费曲线向上移动,这意味着消费者( )。

A. 由于减少收入而减少了储蓄 S

B. 由于增加收入而增加了储蓄 S

C. 不是由于增加收入,而是其他原因使储蓄 S 增加

D. 不是由于增加收入,而是其他原因使储蓄 S 减少

3. 在两部门经济中,均衡发生于( )之时。

A. 实际储蓄等于实际投资

B. 实际的消费加实际的投资等于产出值

C. 计划储蓄等于计划投资

D. 总支出等于企业部门的收入

4. 当消费函数为 $C=a+bY$,$a>0$,$0<b<1$,这表明,平均消费倾向( )。

A. 大于边际消费倾向   B. 小于边际消费倾向

C. 等于边际消费倾向   D. 以上三种情况都可能

5. 在凯恩斯的两部门经济模型中,如果边际消费倾向值为 0.8,那么自发支出乘数值必是( )。

A. 1.6   B. 2.5   C. 5   D. 4

6. 如果投资支出 I 突然下降,那么凯恩斯模型预期( )。

A. GDP 将开始持续下降,但最终下降将小于投资 I 的下降

B. GDP 将迅速下降,其量大于投资 I 的下降

C. GDP 将迅速下降,其量小于投资 I 的下降量,但将没有进一步下降趋势

D. GDP 将开始持续下降,直至下降量大大超过投资 I 的下降量

7. 如果由于计划投资支出的减少而导致原来 GDP 的均衡水平改变,可以预期( )。

A. GDP 将下降,但储蓄 S 将不变

B. GDP 将下降,但储蓄 S 将上升

C. GDP 和储蓄 S 都将下降

D. GDP 不变,但储蓄 S 下降

8. 在凯恩斯的收入决定模型中,如果计划储蓄等于 240 亿元,计划投资等于 200 亿元,则( )。

A. 将导致非计划的库存投资,从而收入下降

B. 收入必须上升以使条件 $I=S$ 成立

C. 节俭悖论预示着人们越节俭将会导致储蓄曲线越向下移动

D. 为使经济达到均衡,投资将会上升至 240 亿元

9. GDP 的均衡水平与充分就业的 GDP 水平的关系是( )。

A. 两者完全等同

B. 除了特殊的失衡状态,GDP 均衡水平通常就意味着是充分就业时的 GDP 水平

C. GDP 的均衡水平完全不可能是充分就业的 GDP 水平

D. GDP 的均衡水平可能是也可能不是充分就业的 GDP 水平

10. 线性消费曲线与 45°线之间的垂直距离是( )。

A. 自发性消费　　　　　　B. 储蓄

C. 收入　　　　　　　　　D. 总消费

11. GDP 高于均衡水平,意味着( )。

A. 从收入流量中漏出的储蓄 S 大于注入收入流量的投资 I

B. 计划的消费支出 C 的总额超过计划投资 I 的总额

C. GDP 偶然沿着消费曲线超过收入平衡点

D. 计划投资 I 的总额和计划消费 C 总额之和超过现值 GDP 水平

12. 下列哪一种情况不会使收入水平增加？(　　)

A. 自发性支出增加　　　　B. 自发性税收下降

C. 自发性转移支付增加　　D. 净税收增加

13. GDP 低于均衡水平,就会出现(　　)。

A. 从收入流量中漏出的储蓄 S 大于注入收入流量的投资 I

B. 计划的消费支出 C 的总额超过计划投资 I 的总额

C. GDP 偶然沿着消费曲线超过收入平衡点

D. 计划投资 I 的总额和计划消费 C 总额之和超过现值 GDP 水平

14. 如果由于投资支出下降而导致 GDP 下降,可预期(　　)。

A. 消费 C 和储蓄 S 将上升

B. 消费 C 和储蓄 S 将下降

C. 消费 C 将下降,但储蓄 S 将上升

D. 消费 C 将上升,但储蓄 S 将下降

15. 如果其他情况不变,净税收增加会使(　　)。

A. 总支出曲线上移 $b\overline{\Delta T_n}$

B. 总支出曲线下移 $b\overline{\Delta T_n}$

C. 漏出(储蓄和税收)曲线下移 $b\overline{\Delta T_n}$

D. 以上几种情况都可能

(说明：b 是边际消费倾向,$\overline{\Delta T_n}$ 是净税收增加量)

16. 如果 GDP 是均衡水平,则要求(　　)。

A. 收入总额必须正好等于消费者从收入中来的计划的支出加上计划的储蓄

B. GDP 总额必须正好等于计划储蓄总额与计划投资总额之和

C. 消费者支出总额必须正好等于收入的收支平衡水平

D. 所得收入总额必须正好等于全体消费者从收入中来的计划支出加上计划投资总额

17. 若其他情况不变,所得税的征收将会使(　　)。

A. 支出乘数和税收乘数都增大

B. 支出乘数增大,净税收入乘数变小

C. 支出乘数和净税收入乘数都变小

D. 支出乘数变小,而净税收入乘数变大

18. 在一个不存在政府和对外经济往来的经济中,若现期 GDP 水平为 5 000 亿元,消费者希望从中支出 3 900 亿元于消费,计划投资支出总额为 1 200 亿元,这些数字表明( )。

A. GDP 不处于均衡水平,将下降

B. GDP 不处于均衡水平,将上升

C. GDP 处于均衡水平

D. 以上三种情况都可能

19. 如果边际储蓄倾向为 0.3,投资支出增加 60 亿元,可以预期,这将导致均衡水平 GDP 增加( )。

A. 20 亿元　　B. 60 亿元　　C. 180 亿元　　D. 200 亿元

20. 下面哪种情况使国民收入增加最多?( )

A. 政府对高速公路的修建开支增加 250 亿元

B. 政府转移支付增加 250 亿元

C. 个人收入所得税减少 250 亿元

D. 企业储蓄减少 250 亿元

21. 当下列哪种情况发生时,充分就业的预算盈余将增加?( )

A. 经济进入衰退期　　　　B. 社会福利开支增加

C. 降低收入税税率　　　　D. 政府转移支付减少

22. 四部门经济与三部门经济相比,乘数效应( )。

A. 变大

B. 变小

C. 不变

D. 变大、变小或不变均有可能,不能确定

23. 假定净出口函数是 $x = \bar{x} - my$,净出口余额为零,则增加投资支出将( )。

A. 使净出口余额和收入增加

B. 收入增加,但使净出口余额变为负值

C. 收入增加,但对净出口余额没有影响

D. 收入不受影响,但净出口余额变为负值

24. 考察改变税率 t,改变前税率为 t_0,改变后为 t',改变量为 Δt;税率改变前的均衡国民收入为 Y_0,改变后为 Y',变化量为 ΔY,则有( )。

A. ΔY 与 Δt 同方向变化,Y_0 越大,导致 $|\Delta Y|$ 越大;t_0 越大,导致的 $\left|\dfrac{\Delta Y}{Y_0}\right|$ 越大

B. ΔY 与 Δt 同方向变化,Y_0 越大,导致 $|\Delta Y|$ 越小;t_0 越大,导致的 $\left|\dfrac{\Delta Y}{Y_0}\right|$ 越小

C. ΔY 与 Δt 反方向变化,Y_0 越大,导致 $|\Delta Y|$ 越大;t_0 越大,导致的 $\left|\dfrac{\Delta Y}{Y_0}\right|$ 越大

D. ΔY 与 Δt 反方向变化,Y_0 越大,导致 $|\Delta Y|$ 越大;t_0 越大,导致的 $\left|\dfrac{\Delta Y}{Y_0}\right|$ 越小

答　案

1. C 2. D 3. C 4. A 5. C 6. D 7. C
8. A 9. D 10. B 11. A 12. D 13. D 14. B
15. B 16. D 17. C 18. B 19. D 20. A 21. D
22. B 23. B 24. D

第十三单元 国民收入决定：收入-支出模型

分析讨论题

1． 为什么西方宏观经济学家通常会假定产量是由总需求决定的？

答： 宏观经济学之所以通常假定产量决定于总需求，可以从企业的行为上作出回答。在正常条件下，大多数企业总是在有某种超额生产能力的情况下运转。例如，美国制造业生产能力的平均利用率约86%。一些机器闲置着作为备用品，另一些机器只在三班中开两班。同样，劳动力不总处于充分就业状态，即使是充分就业时，西方社会也大约有5%—6%的劳动力处于所谓自然失业状态。因此，一旦市场对产品需求增加时，企业就有相当大余地通过增加生产能力的利用率来增加生产，企业可以把以前每年雇的工人召回，或让一些工人加班加点，增加生产。同样，当需求下降时，企业也会作出同样反应，减少生产。因此，把经济社会作为一个整体看，可以把整个社会的产量看作是由总需求决定的。在短期内，总需求的波动会引起GDP的波动。

2． 怎样理解凯恩斯的"有效需求"概念？假如某一年的总供给变得大于总需求，国民收入和就业将发生什么变化？凯恩斯认为应采取何种对策？

答： 凯恩斯所讲的有效需求，是指社会上商品总供给价格和总需求价格达到均衡状态时的总需求。所谓供给价格是指导致企业肯雇佣一定数量工人生产一定数量产品时所必需取得的收益，这收益必须等于生产这些产品所付出的生产要素的成本加上预期的利润，所有产品供给价格之和即总供给价格；所谓需求价格是指企业预期社会上人们用来购买其产品的价格，总需求价格是全部企业预期社会上人们愿意用来购买全部商品的价格的总和。总供给价格和总需

39

求价格都随就业量增加而增加。当总需求价格大于总供给价格时,亦即一定就业量下预期收益会超过诱致这一就业量所必需的收益时,企业会扩大生产,增雇工人;相反,则会缩减生产,减少雇员。只有当总供给价格和总需求价格相等时,企业才能获得最大预期利润,从而生产既不扩大,也不缩小,达到均衡状态,这时总需求就是有效需求。

因此,假定某一年的总供给变得大于总需求,同时存在着失业,表明有效需求不足,于是失业率就会上升,国民收入水平就会下降。凯恩斯认为,这时就需要由政府出来用膨胀总需求的财政政策(如增加政府支出或降低税收)或货币政策(增加货币供给)对经济加以干预,以降低失业率,提高国民收入水平。

3. 试述凯恩斯的国民收入决定模型与他以前的经济学有关理论的主要区别。

答: 凯恩斯的经济理论主要是针对 20 世纪 30 年代的大危机提出的,认为危机发生的原因是总需求不足,政府应利用财政政策干预经济。而凯恩斯以前的经济学理论,都认为供给能自动创造需求,总供给总是和总需求保持均衡的。可用图 13-1 形象地指出两种经济理论的主要区别。

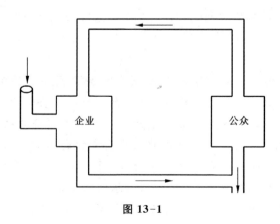

图 13-1

第十三单元　国民收入决定：收入-支出模型

将经济的流通领域画成一只可以自我循环的环形管道，其中两个关键性的枢纽顺次为"企业"和"公众"。前者是整个社会企业的总和，后者为由消费者所构成的整体。当"公众"向"企业"购买消费品和劳务时，代表国民收入的水便从"公众"的枢纽流入"企业"，当"企业"向"公众"购买生产要素时，同一数量的水又以工资、利润和租金的形式流回到"公众"的手中。如此循环往返。大的水流量代表高额的国民收入，即国民经济处于繁荣状态，小的水流量代表较低的国民收入，即国民经济处于萧条状态。管中的水流量有大有小，如何解释这种变化？

管道右下方的孔是代表储蓄的漏水孔，管道在上方的孔是投资的进水孔。如果由储蓄孔中漏掉的水多于从投资的进水孔进来的水，那么，管中流动的水量便要减少，即国民收入下降；反之，如果从投资进入的水多于储蓄所漏掉的，那么，管中流水量便要增加，即国民收入上升。凯恩斯以前的经济学家认为，储蓄和投资自然会有相等的趋势。他们的理由是：储蓄形成资本的供给，投资形成资本的需求，当储蓄大于投资即当资本供给超过需求时，利率下降，从而抑制储蓄，刺激投资，使储蓄大于投资的局面得到改变；反之，当投资大于储蓄即资本供不应求时，利率会上升，从而刺激储蓄，抑制投资，使投资大于储蓄的局面得到改变。总之，利率会作为调节储蓄和投资的杠杆使储蓄自动转化为投资。因此，自动控制储蓄的漏水孔和投资的进水口就能使国民收入的流量处于充分就业状态。这便是古典宏观经济学的基本原理。

凯恩斯以前的经济学，即传统经济学，从萨伊到马歇尔一直抱住原始形式的萨伊定律不放，认为储蓄和投资总是连接在一起的，储蓄孔漏掉的水自然也就等于投资孔注入的水，投资恒等于储蓄，总供给恒等于总需求，流通过程中的国民收入永远处于充分就业状态，国家也就没有必要对宏观经济进行干预。而凯恩斯主义则宣称：投资孔和储蓄孔之间并无管道相连。投资未必经常等于充分就业状态时的储蓄，总供给未必经常等于总需求。关于这一点，凯恩斯用消费函数中的边际消费倾向递减律来说明：随着收入的增加，收入中用于消费部分越来越少，储蓄越来越多，造成总需求不足。因而管道中的国民收入会上下波动，为稳定宏观经济运行，国家必须干预经济活动。

传统经济学和凯恩斯主义在理论上显然是互相矛盾的。为消除这种矛盾，以萨缪尔森为首的新古典综合派声称：投资与储蓄的相等是宏观经济运行的一般情况，而两者的背离不过代表特殊事例。因此，凯恩斯主义是传统经济学说的一个特例，两者在理论上并无矛盾之处，因此，西方经济学界中的新剑桥学派指责新古典综合理论是改头换面地回到了凯恩斯以前的传统理论。

4. 总支出曲线和总需求曲线有什么区别？

答： 总支出曲线表示在每一收入水平上的总支出量 AE，如图13-2(a)示，AE 线与 $45°$ 线的交点表示总支出等于总收入。AE_0 线表示其他情况不变时，价格水平为 P_0 时的总支出曲线，有 $AE=C+I+G+NX$，AE_0 线与 $45°$ 线的交点决定收入水平为 Y_0；AE_1 线表示价格水平上升为 P_1 时的总支出曲线，AE_1 线与 $45°$ 线的交点决定的收入水平为 Y_1。总需求曲线表示与不同的价格水平所对应的需求量之间的关系，如图13-2(b)示。由图13-2(a)可导出图13-2(b)。将不同价格和相应的均衡产量或收入(也等于总支出)的组合点连接

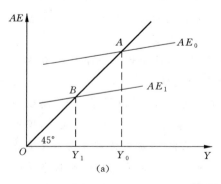
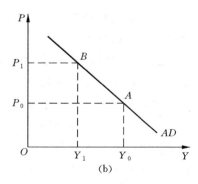

图 13-2

起来,就得到总需求曲线 AD。价格水平越高,总需求量或者说均衡总支出量越小;反之亦然。也即价格水平与总需求量之间存在反向变化的关系。这是由于:(1) 价格水平上升时,人们就需要更多的货币从事交易活动。如果货币供给没有增加,货币交易需求增加,利率上升,这将使投资和收入水平下降。(2) 价格水平上升,以货币表示的资产(如现金、存款)的购买力下降。人们实际所有的财富减少了,消费和投资水平就会下降。(3) 价格水平上升,导致名义收入水平增加,由于税率的累进性,从而使消费者税收负担增加,实际可支配收入下降,消费和投资水平会因而下降。(4) 国内物价水平上升,本国公民购买外国货增加,外国公民购买本国(指物价水平上升的国家)货减少,因而净出口减少。

如果价格水平不变,那么,一定价格水平上的总支出就是那时的总需求。

5. 政府购买和政府转移支付都属于政府支出,为什么计算总需求时只计进政府购买而不包括政府转移支付,即为什么 $Y=C+I+G+(X-M)$ 而不是 $Y=C+I+G+TR+(X-M)$?

答:政府增加转移支付,虽然对总需求也有影响,但这种影响是通过增加人们可支配收入进而增加消费支出实现的。如果把转移支付也计入总需求,就会形成总需求计算中的重复计算。例如,政府增加 10 亿元转移支付,边际消费倾向假定为 0.8,则会使消费增加 8 亿元。在此,首轮总需求增加是 8 亿元,而不是 18 亿元。如果把 10 亿元转移支付也看作是增加的总需求,就是重复计算,一次是 10 亿元,一次是 8 亿元。

6. 在均衡产出水平上,是否计划存货投资和非计划存货投资都必然为零?

答:当处于均衡产出水平时,计划存货投资一般不为零,而非计划存货投资必然为零。这是因为均衡产出本来指总支出等于总产出的状态,这意味着非计划存货投资(企业非意愿的即非计划存货)不存在或者说等于零,但是企业的计划存货是计划投资的一部分,即使在均衡产出水平上也通常会存在,不可能为零。

7. 能否说如果边际消费倾向递减,平均消费倾向也一定递减;反之,平均消费倾向递减,边际消费倾向也一定递减?

答: $MPC = \dfrac{dc}{dY}$, $APC = \dfrac{c}{Y}$

假定消费函数为 $c = a + bY$

则 $MPC = b$, $APC = \dfrac{c}{Y} = \dfrac{a}{Y} + b$

从这个公式可以看到,如果边际消费倾向 b 递减,则 APC 一定递减。但是不能反过来说 APC 递减,MPC 也一定递减,因为即使 MPC(即 b)不变,APC 也会随收入 Y 的增大而变小(因为 a 是常数,Y 变大时,$\dfrac{a}{Y}$ 会越来越小,从而 APC 递减)。

8. 有时候一些西方经济学家断言,将一部分国民收入从富者转给贫者,将提高总收入水平,你认为他们的理由是什么?

答:他们的理由是,富者的消费倾向较低,储蓄倾向较高,而贫者的消费倾向较高(因为贫者收入低,为维持基本生活水平,他们的消费支出在收入中的比重必然大于富者),因而将一部分国民收入从富者转给贫者,可提高整个社会的消费倾向,从而提高整个社会的总消费支出水平,于是总收入水平就会随之提高。

9. 什么叫消费倾向?能否说边际消费倾向和平均消费倾向一般是大于 0 而小于 1?

答:消费倾向就是消费支出和收入的关系,又称消费函数。消费支出和收入的关系可以从两个方面加以考察,一是考察消费支出变动量和收入变动量的关系,这就是边际消费倾向$\left(MPC=\dfrac{\Delta C}{\Delta Y}\right.$或 $\left.MPC=\dfrac{\mathrm{d}C}{\mathrm{d}Y}\right)$,二是考察一定收入水平上消费支出量和该收入量的关系,这就是平均消费倾向$\left(APC=\dfrac{C}{Y}\right)$。边际消费倾向总大于0而小于1,因为一般说来,消费者增加收入后,既不会分文消费不增加$\Big($即 $MPC=\dfrac{\Delta C}{\Delta Y}=0\Big)$,也不会把增加的收入全用于增加消费,一般情况是一部分用于增加消费,另一部分用于增加储蓄,即$\Delta Y=\Delta C+\Delta S$,因此,$\dfrac{\Delta C}{\Delta Y}+\dfrac{\Delta S}{\Delta Y}=1$,所以,$\dfrac{\Delta C}{\Delta Y}=1-\dfrac{\Delta S}{\Delta Y}$。只要$\dfrac{\Delta S}{\Delta Y}$不等于1或0,则$0<\dfrac{\Delta C}{\Delta Y}<1$。可是,平均消费倾向就不一定总是大于0而小于1。当人们收入很低甚至是零时,也必须消费,那么借钱也要消费,这时,平均消费倾向就会大于1。例如,在图13-3中,当收入低于Y_0时,平均消费倾向就大于1。从图中可见,当收入低于Y_0时,消费曲线上任一点与原点相连的连线与横轴所形成的夹角总大于45°,因而这时$\dfrac{C}{Y}>1$。

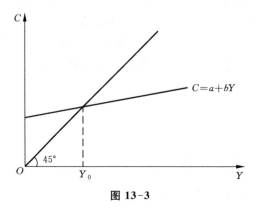

图13-3

10. 有的学生问:"我难以理解宏观经济学。有时收入变化似乎引起消费变化,有时消费变化似乎引起收入变化,不知哪个对?"

答: 两种说法都对。假定有消费函数 $C = a + bY_D$,在此,自发消费 a 增加会引起消费 C 增加,从而使总需求(总支出)增加,进而会引起收入增加,而收入增加又会进而引起消费增加,即式中 bY_D 增加,这就是引致消费。引致消费增加反过来又使收入进一步增加,因此,这两种说法都正确,说明消费支出和收入是相互影响、相互促进的。

11. 消费支出波动比国内生产总值波动要平稳的主要原因是什么?

答: 从长期来看,消费支出和国内生产总值按相同的比率增长。但从短期或从经济周期角度来看,消费支出和国内生产总值都有波动,消费支出的波动幅度比国内生产总值要小。这是由于,国内生产总值中包含折旧、税收、公司未分配利润等项内容,而个人可支配收入则不包含这些;个人可支配收入包含诸如失业保险和社会保险等政府转移支付,而国内生产总值中不包含这些。由于税收和政府转移支付的存在,因而当经济衰退时(即国内生产总值减少时),税收减少,政府给个人的转移支付增加,使得个人可支配收入的减少量小于经济衰退程度(即国内生产总值的减少量);反之,当经济高涨时(即国内生产总值增加时),税收增加,政府给个人的转移支付减少,使得个人可支配收入的增加量小于经济高涨程度(即国内生产总值的增加量)。税收和转移支付起到了自动稳定器的作用,个人可支配收入的波动幅度要小于国内生产总值的波动幅度。而消费支出则依赖于个人可支配收入,显然,消费支出波动幅度要比国内生产总值小,即消费支出波动比国内生产总值波动要平稳。

12. 消费和消费支出有何区别?

答: 一般来说,消费品可分为三类:耐用消费品、非耐用消费品和劳务。耐用消费品的特征是消费期常常会持续一年以上,比如汽车。非耐用消费品是在购买的当年就消费完的,而劳务则是购买和消费同时进行的。

消费是指消费者购买消费品后的消费过程,消费支出则指消费者购买消费品的开支。从数量上来看,消费和消费支出的区别在于耐用消费品的消费和消费支出(购买)上。由于耐用消费品的消费期不仅是购买的当年,而要连续几年;而耐用消费品的购买是在某一年一次性完成的,因此,消费的波动要比消费支出平稳。

13. 假定每个消费者希望在每一收入水平上多储蓄一些,储蓄函数如何变动?并用图形表示。

答: 假设消费函数为 $C=a+bY$,则储蓄函数为 $S=Y-C=-a+(1-b)Y$。题意可以有多种理解:(1)储蓄在收入 Y 中的比例增加即边际储蓄倾向 $\dfrac{\mathrm{d}S}{\mathrm{d}Y}=1-b$ 增加为 $1-b'$。变化后的储蓄函数为 $S'=-a+(1-b')Y$,储蓄曲线绕 A 点作逆时针方向转动,如图 13-4(a)所示。(2)在每一收入水平上增加的储蓄量相等,这意味着边际储蓄倾向不变,a 值发生变化(a 变小)。变化后的储蓄函数为 $S'=-a'+(1-b)Y$,储蓄曲线平行上移,如图 13-4(b)所示。(3)是前述两种情况的综合,储蓄曲线既有平行移动,又有转动,如图 13-4(c)所示。

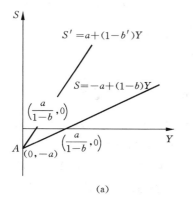

(a)

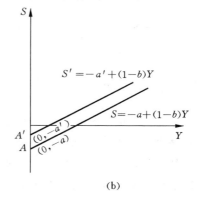

(b)

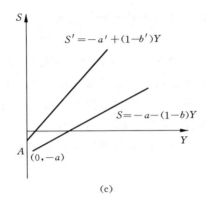

图 13-4

14. 试在一张图上作出用消费函数和储蓄函数决定同一均衡收入的两种画法。

答： 在两部门经济中，消费函数为 $C=a+bY$，计划投资为外生的 I，决定均衡收入水平的方程组为：

$$\begin{cases} C=a+bY \\ Y=c+I \end{cases} \quad 解得\ Y=\frac{a+I}{1-b}$$

上述是用消费函数来决定均衡收入。下面用储蓄函数来决定均衡收入。储蓄函数 $S=Y-C=-a+(1-b)Y$，由方程组：

$$\begin{cases} I=S & （投资等于储蓄）\\ S=-a+(1-b)Y & （储蓄函数） \end{cases}$$

可求得均衡收入 $Y=\dfrac{a+I}{1-b}$，与前述结果一致，作图 13-5。

我们用前述各等式来理解图 13-5，特别要注意直线与纵轴的截距、直线的斜率和各直线的交点情况。这里值得一提的是，C 线与 $45°$ 线的夹角并不等于 S 线与 Y 轴的夹角，也即这两种决定均衡收入的图形之间，不能简单地由一个图形经过旋转、翻转而得到另一个图形。

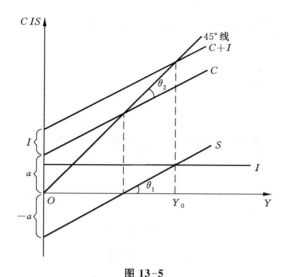

图 13-5

下面我们来证明上述结论。假设储蓄线与 Y 轴的夹角为 θ_1,消费线(即 C 线)与 45°线的夹角为 θ_2(如图 13-5 示),只要证明 $\theta_1 \neq \theta_2$,也就证明了上述结论。

储蓄函数 $S = -a + (1-b)Y$,斜率为 $(1-b)$

则 $$\theta_1 = \text{arctg}(1-b)$$

消费函数 $c = a + bY$,斜率为 b,则消费线与 Y 轴的夹角为 $\text{arctg}\, b$,根据三角函数中正切函数公式,有

$$\text{tg}\,\theta_2 = \frac{1-b}{1+b}$$

则 $\theta_2 = \text{arctg}\,\dfrac{1-b}{1+b}$,显然 $\text{arctg}\,\dfrac{1-b}{1+b} < \text{arctg}(1-b)$,即 $\theta_2 < \theta_1$。得证。

15. 按照凯恩斯观点,增加储蓄对均衡收入会有什么影响?什么是"节俭的悖论"?试解释。

答: 储蓄和投资来决定国民收入的模型可用图 13-6 来描述:

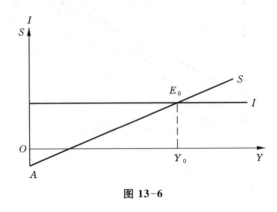

图 13-6

交点 E_0 表示计划的投资等于储蓄,这点决定了均衡收入水平 Y_0。

假设消费函数为 $C=a+bY$,则储蓄函数为 $S=-a+(1-b)Y$,则增加储蓄也就是减少消费,即减少消费函数中的 a、b 值。a 变小,意味着图 13-6 中储蓄线上移;b 变小,表示着图中储蓄线以图 13-6 中的 A 为圆心逆时针转动。这两者均会导致均衡点 E_0 向左移动,也就是使均衡收入下降。

增加储蓄会导致均衡收入下降,这是凯恩斯主义的观点。增加消费或减少储蓄会通过增加总需求而引起国民收入增加,经济繁荣;反之,减少消费或增加储蓄会通过减少总需求而引起国民收入减少,经济萧条。由此得出一个看来是自相矛盾的推论:节制消费增加储蓄会增加个人财富,对个人是件好事,但由于会减少国民收入引起萧条,对整个经济来说却是坏事;增加消费减少储蓄会减少个人财富,对个人是件坏事,但由于会增加国民收入使经济繁荣,对整个经济来说却是好事。这就是所谓的"节俭的悖论"。

凯恩斯主义上述观点的前提假设是:经济中资源没有得到充分利用,从而限制国民收入增加的就不是总供给,而是总需求。凯恩斯的这一理论主要是针对 30 年代大危机的情况提出的,当时工人大量失业、设备闲置。在这种情况下,增加总需求,当然可以增加国民收入,使经济走出低谷。但是我们不能把凯恩斯的这种理论普遍化。这是因为:(1)凯恩斯所用的是一种短期分析,即假设生产能力、技术条件等都是不变的。资源未得到充分利用也是短期现象。在长期中,经济的发展,国民收入的增加仍然要依靠生产能力的提高、资本的增加、技术的进步。这样,在长期中经济增长就取决于储蓄率的提高,而不是消费的增加。(2)各国情况不同,因而,不能将之到处照搬。对于总供给不足的国家,这种理论就完全不适用。

16. 储蓄是存量还是流量?

答: 存量指某一时点上的量值,流量指某一时期内发生变化的量值。储蓄是存量还是流量,要看这里储蓄的含义是什么。如果这里储蓄是指储蓄余额,例如,某家庭在某年某月某日储蓄金额已达3万元,这显然就是存量。但经济学中储蓄通常指人们在一定时期获得的可支配收入扣除消费支出后的余额,政府储蓄指政府一定时期内财政收入和财政支出间差额。这种储蓄就不是存量而是流量。因为收入、支出都是流量,其差额也必然是流量,否则的话,国民收入核算中的储蓄-投资恒等式以及宏观经济均衡中的意愿投资和意愿储蓄相等或不相等这些命题就都不能成立,因为投资是流量,流量是不能和存量相等不相等的。

17. 什么叫乘数效应?为什么会产生乘数效应?

答: 总支出的某一增量能带来总产出或者说总收入的数倍放大效应称为乘数效应,这倍数就是乘数。为什么会产生乘数效应,因为总支出和总收入之间存在互动关系。总支出决定总产出,产出的产品或劳务销售以后形成了收入。这收入中的一部分又将形成消费支出,构成新一轮总支出的一部分,进而带来总产出或总收入的又一轮增长,如此循环往复,总产出得到多次增长,直到总支出被经济体完全吸收。例如,投资100万元的支出造成100万元GDP增加,化为各生产要素所有者收入。如果边际消费倾向是80%,于是100万元收入中有80万元用于消费支出,使GDP又增加80万元。这80万元中又有64万再用于增加消费,使GDP即收入又增加64万元,如此循环往复,使最初的100万元投资支出最终造成500万元的收入增加,这样,倍数或者称乘数就是5。可见,乘数大小与边际消费倾向有关。边际消费倾向越大,即总支出增加带来的总收入中用于增加消费的部分越大,乘数就会越大,原因就在于总支出和总收入之间存在的互动关系越大。但是乘数效应的理论是否正确,要以经济中是否有足够的闲置资源为前提条件,下面乘数理论的适用性讲到了这一点。

18. 乘数效应大小与哪些因素有关?为什么乘数效应在两部门经济中大于三部门经济,三部门经济中大于四部门经济?

答:乘数效应来源于总支出和总收入间的互动关系。在两部门经济中,乘数效应大小与边际消费倾向有关。边际消费倾向越大,即增加的收入中用于增加消费的部分越大,乘数就越大;反之,用于储蓄的部分越大,乘数就越小。储蓄是增加收入中漏出的部分即不用于消费支出的部分。可见,乘数效应大小也可说取决于增加收入中漏出的大小,与漏出大小成反向变化关系。在三部门经济中,收入中除储蓄外,又多了一个税收的漏出。税收是人们缴给政府的,不能用来消费。税率越高,即收入中漏出部分越大,乘数效应就会越小。在四部门经济中,乘数效应还与边际进口倾向有关,因为边际进口倾向越高,表示支出增加形成的收入中会有更大一部分流向外国产品,减少了对国内总产出的作用。总之,乘数效应大小都与漏出大小有关,包括边际储蓄倾向、边际税率和边际进口倾向。这样,我们也就不难理解乘数效应为什么两部门经济中大于三部门经济,三部门经济中大于四部门经济了。

19. 在三部门经济中,设有消费函数 $C = a + bY_D$,可支配收入

$Y_D=Y-T+TR$,税收函数 $T=T_0+tY$,T_0 和 t 分别表示自发税收和边际税率,再假设投资 I、政府购买 G 和政府转移支付 TR 都是外生变量,试求税收乘数表达式并举例说明。

答: 为说明这个问题,我们先举个例子。假定消费函数是 $C=100+0.75Y_D$,税收函数 $T=40+0.2Y$,意愿投资 $I=2\,000$,政府购买 $G=1\,300$(以上单位都是亿美元),政府转移支付 $TR=0$,在这些假定条件下,均衡的国民收入 $Y=\dfrac{100-0.75\times40+2\,000+1\,300}{1-0.75\times(1-0.2)}=10\,000$(亿美元),如果实行一项减税政策,减少税收 800 亿美元,这一行为如何影响国民收入呢?

减税 800 亿美元,立即使人们可支配收入增加 800 亿美元,从而使消费增加 $800\times0.75=600$ 亿美元,这是减税后第一轮总需求(总支出)的增加量。这 600 亿增加的收入中有 20% 要缴税,从而余下可支配收入为 480 亿美元。这 480 亿美元按边际消费倾向引致的消费支出为 $480\times0.75=360$ 亿美元。这是减税后第二轮总需求的增加量。这 360 亿中又有 20% 要纳税,剩下的 288 亿美元又按 0.75 的边际消费倾向引致下一轮消费支出的增加量为 216 亿美元。这是减税后第三轮总支出的增量。这样,最终收入的变化是 $\Delta Y=600+600\times0.8\times0.75+600\times0.8\times0.75\times0.8\times0.75+\cdots\cdots600(0.8\times0.75)^{n-1}$

即 $\Delta Y=600(1+0.6+0.6^2+\cdots+0.6^{n-1})$

亦即 $\Delta Y=600\times\dfrac{1}{1-0.6}=1\,500$ 亿美元。

这就是说,减税 800 亿美元最终使国民收入增加 1 500(亿美元)。这 1 500 和 800 之比率即 $\Delta Y/\Delta T=1.875$,就是税收乘数,可用 K_T 表示。由于税收变化和国民收入变化是反方向的,因此税收乘数的代数值是负的。

从上述例子中可知,税收乘数可用简单代数加以推导。如果用 ΔY、ΔT、b、t 分别表示收入变化量、税收变化量、可支配收入的边际消费倾向和边际税率,则有

$$\Delta Y = b\Delta T + b(1-t)\Delta T + b(1-t)^2\Delta T + b(1-t)^3\Delta T + \cdots$$
$$+ b(1-t)^n\Delta T$$
$$= [1 + b(1-t) + b(1-t)^2 + b(1-t)^3 + \cdots$$
$$+ b(1-t)^{n-1}]\Delta T$$

显然,中括号内数列是一个无穷递缩等比数列,因此有 $\Delta Y = \dfrac{b}{1-b(1-t)}\Delta T$,这样,$K_T = \dfrac{\Delta Y}{\Delta T} = \dfrac{b}{1-b(1-t)}$。由于收入与税收变动方向相反,因此,$K_T = \dfrac{-b}{1-b(1-t)}$。

20. 在上题中,如果政府增加 800 亿美元转移支付,会对国民收入产生怎样的影响?

答: 增加 800 亿美元转移支付,最终会使收入增加 1 500 亿美元,其计算过程和公式与上题中计算税收乘数一样,只是转移支付乘数的符号和税收乘数相反,是正的,因为转移支付增加会使国民收入增加。如果用 K_{TR} 表示转移支付,则 $K_{TR} = \dfrac{b}{1-b(1-t)}$。本例中,$K_{TR} = 1.875$,因此,$\Delta TR = 800$,则 $\Delta Y = 1\,500$(亿美元)。

21. 如果增加政府购买支出和政府转移支付各 200 亿美元,对国民收入的影响是否相同? 如果减税 200 亿美元,对国民收入的影响又将如何?(假定都是比例所得税情况下,边际消费倾向为 0.8,税率是 0.25)

答: 按题意,政府购买支出乘数是 $K_g = \dfrac{1}{1-b(1-t)} = \dfrac{1}{1-0.8\times 0.75} = 2.5$,因此,增加政府购买 200 亿美元将使国民收入增加量为

$$\Delta Y = K_g \cdot \Delta G = 2.5 \times 200 = 500(亿美元)$$

同样，政府转移支付乘数为 $K_{TR} = \dfrac{b}{1-b(1-t)} = \dfrac{0.8}{1-0.8 \times 0.75} = 2$，因此，增加政府转移支付 200 亿美元，将使国民收入增加量为

$$\Delta Y = K_{TR} \cdot \Delta T_{TR} = 2 \times 200 = 400(亿美元)$$

税收乘数绝对值与政府转移支付乘数相等，只是符号相反，即 $K_T = \dfrac{-b}{1-b(1-t)} = \dfrac{-0.8}{1-0.8 \times 0.75} = -2$。因此，减税 200 亿美元将使国民收入增加量为

$$\Delta Y = K_T \cdot \Delta T = 200 \times 2 = 400(亿美元)$$

政府购买与投资一样，一上来就会使总需求增加，而转移支付和减税都要通过影响消费支出再影响总需求，因此，对总需求影响在数量上有所区别。

22. 什么是平衡预算乘数？比例所得税情况下平衡预算乘数是否仍等于 1？

答： 平衡预算乘数指政府收入和支出以相同数量增加或减少时国民收入变动对政府收支变动的比率。在比例所得税情况下，平衡预算乘数仍旧等于 1。那是因为，所谓平衡预算总是指 $\Delta T = \Delta G$（假定 TR 不变），而收入的变化总是由总支出变化决定的，即 $\Delta Y = \Delta C + \Delta I + \Delta G$。假定投资不变即 $\Delta I = 0$，则 $\Delta Y = \Delta C + \Delta G$，而 $\Delta C = b\Delta Yd = b(\Delta Y - \Delta T)$，因此，有 $\Delta Y = b(\Delta Y - \Delta T) + \Delta G = b(\Delta Y - \Delta G) + \Delta G$（$\because \Delta T = \Delta G$），移项得到 $\Delta Y(1-b) = \Delta G(1-b)$，可见 $\Delta Y / \Delta G = 1-b/1-b = 1$ 或 $K_B = \Delta Y / \Delta G = 1$。

23. 假设采取增加政府购买和减少转移支付同一数量，即 $\Delta G = -\Delta TR$，试问：

(1) 这一政策将导致均衡收入水平上升还是下降？为什么？

(2) 预算盈余 ΔBS 会怎样变化？

答:(1)可预期由此将导致均衡收入水平上升。这是因为政府购买乘数大于转移支付乘数,当增加政府购买和减少转移支付同一数量时,增加政府购买所导致的扩张效应大于减少转移支付而带来的紧缩效应。

经济模型为

$$\begin{cases} C = a + bY_D \\ Y_D = Y - T + TR \\ T = T_0 + tY \\ Y = C + I + G \end{cases}$$

可得均衡收入水平 Y_0 为

$$Y_0 = \frac{1}{1-b(1-t)}[a + I + G + b(TR - T_0)]$$

由上式可得政府购买乘数 K_G 和转移支付乘数 K_{TR}

$$K_G = \frac{1}{1-b(1-t)}$$

$$K_{TR} = \frac{b}{1-b(1-t)}$$

$$\Delta Y = K_G \cdot \Delta G + K_{TR} \cdot \Delta TR = \frac{1-b}{1-b(1-t)} \cdot \Delta G = \Delta G > 0$$

故均衡收入水平将上升。

(2) 由于 $BS = T - G - TR$,故 $\Delta BS = \Delta T - \Delta G - \Delta TR$
由于 $|\Delta G| = |-\Delta TR|$,故 $\Delta BS = \Delta T$

$$\Delta T = (T_0 + tY') - (T_0 + tY_0) = t(Y' - Y_0) = t \cdot \Delta Y$$

由于均衡收入增加,即 $\Delta Y > 0$,所以 $\Delta BS = t \cdot \Delta Y > 0$,即预算盈余将增大。

24. 假设我们扩展本章的三部门模型,使转移支付不再是外生变量,而是取决于收入水平 Y。转移支付的变化与收入 Y 的变化呈反向关系,即收入高时,失业救济金一类转移支付会减少,于是有 $TR = \overline{TR} - pY$,p 表示收入每增加 1 美元,TR 则减少 p 美元,$p > 0$。求:

（1）均衡收入水平；
（2）内生变量 ΔTR 和 ΔY 之间的数量关系；
（3）投资乘数 K_I,政府购买乘数 K_G,税收乘数 K_T,并将这些乘数值与扩展前模型相应的乘数值作比较,作出解释。

答:（1）扩展后的模型为

$$\begin{cases} Y = C + \overline{I} + \overline{G} \\ C = a + b \cdot Y_D \\ Y_D = Y - T + TR \\ T = T_0 + tY \\ TR = \overline{TR} - pY \end{cases}$$

可解得均衡收入水平 Y 为

$$Y = \frac{1}{1-b(1-t-p)}[a + b(\overline{TR} - T_0) + \overline{I} + \overline{G}]$$

（2）利用（1）中表达式,用 Y 对转移支付求偏导得转移支付乘数 $K_{TR} = \dfrac{b}{1-b(1-t-p)}$,即内生变量 ΔTR 和 ΔY 之间的数量关系。

显然,内生变量 ΔTR 和 ΔY 之间的数量关系值与扩展前模型的转移支付乘数值相比,只是分母中都增加了一个 $(-p)$。

（3）利用（1）中均衡收入表达式,用 Y 对投资和政府购买求偏导得相应的乘数值

投资乘数 $K_I =$ 政府购买乘数 $K_g = \dfrac{1}{1-b(1-t-p)}$

关于税收乘数,其绝对值和转移支付乘数相同,只是符号相反,即

$$税收乘数 K_T = \frac{-b}{1-b(1-t-p)}$$

上述乘数绝对值与扩展前期模型相比变小了,这是因为转移支付的变化与收入(或产出)的变化是呈反向关系的,故由转移支付变化而引起的需求变化是与收入(或产出)变化相反的,从而起到平衡收入变化的作用。比如,当扩大投资,或增加政府支出,或减税时,这将导致产出增加。但同时,由于产出(或收入)增加,导致转移支付减少,导致可支配收入的增加幅度比收入增加的幅度小,从而消费的增加幅度也小,总需求增加的幅度也小。反之,则亦然。这可起到稳定经济波动的作用,这个机制是自动调整的,故称为经济内在的"自动稳定器"。

25. 税收、政府购买和转移支付这三者对总支出的影响方式有何区别?

答:总支出由消费支出、投资支出、政府购买支出和净出口四部分组成。

税收并不直接影响总支出,它是通过改变人们的可支配收入,从而影响消费支出,再影响总支出。税收的变化与总支出的变化是反方向的。当税收增加(税率上升或税收基数增加)时,导致人们可支配收入减少,从而消费减少,总支出也减少。总支出的减少量数倍于税收增加量,反之亦然。这个倍数就是税收乘数。

政府购买支出直接影响总支出,两者的变化是同方向的。总支出的变化量也数倍于政府购买变化量,这个倍数就是政府购买乘数。

政府转移支付对总支出的影响方式类似于税收,是间接影响总支出,也是通过改变人们的可支配收入,从而影响消费支出及总支出。并且政府转移支付乘数和税收乘数的绝对值是一样大的。但与税收不同的是,政府转移支付的变化是政府购买总支出同方向变化

的,但政府转移支付乘数小于政府购买乘数。

上述三个变量(税收、政府购买和政府转移支付)都是政府可以控制的变量,控制这些变量的政策称为财政政策。政府可以通过财政政策来调控经济运行。

例如,增加1美元的政府支出使总需求增加1美元,因为政府购买直接就是对最终产品的需求。可是增加1美元的转移支付和减少1美元的税收时,只是使人们可支配收入增加1美元,若边际消费倾向是0.8,则消费支出只增加0.8美元,这0.8美元才是增加1美元转移支付和减税1美元对最终产品需求的第一轮增加,这一区别使政府转移支付乘数、税收乘数大小相等,方向相反,同时使政府购买乘数的绝对值大于政府转移支付乘数和税收乘数。

26. 试述乘数理论的适用性。

答: 公式 $\Delta Y = \alpha \cdot \Delta A$ 中,α 为乘数值,ΔA 为自发支出的变化,它包括投资变化 ΔI,政府购买变化 ΔG 和转移支付变化 ΔTR 等因素,这个公式表明了自发需求变化导致产出以 α 倍变化。这个理论反映了现代经济的特点,即由于经济中各部门之间的密切关系,某一部门支出(即需求)的增加必然在经济中引起其他部门的连锁反应,从而使收入以 α 倍值增加。

一般说来,需求的增加有两个后果:一是价格水平上升;二是产出水平(即收入水平)上升。只有当经济中存在没有得到充分利用的资源时,并且假定自发需求变化时,利率、汇率等都不变化,则自发需求增加 ΔA 会导致收入水平增加 $\alpha \cdot \Delta A$。当经济中已实现了充分就业时,即没有可利用的闲置资源时,自发需求增加 ΔA 只会导致价格水平上升而不会使产出水平(或实际收入水平)上升。一般情况下,需求的增加将导致价格水平和产出水平同时上升,上升幅度一般不等。还应该指出,有时经济中的大部分资源没有得到充分利用,但由于某一种或几种重要资源处于"瓶颈状态",这也会限制乘数发挥作用。因为这种"瓶颈状态"会使利用其他闲置资源成为不可能。

27. 在经济处于均衡水平时,改变政府购买 G、政府转移支付 TR 最终会导致政府预算盈余如何变化?

答: 政府预算盈余为 $BS = TA - G - TR = T_0 + tY - G - TR$($TA$ 代表总税收)。当我们改变政府购买 G、政府转移支付 TR 和税率 t 时,都会导致国民收入 Y 的变化,也会导致预算盈余的变化。

当政府购买变化 ΔG 时(假设其他两个政策变量即 TA 和 TR 不变),由于乘数作用,收入变化 $\Delta Y = \dfrac{1}{1-b(1-t)} \cdot \Delta G$,政府预算盈余的变化 ΔBS 为

$$\Delta BS = \Delta TA - \Delta G = t \cdot \Delta Y - \Delta G$$
$$= \left[\dfrac{t}{1-b(1-t)} - 1\right] \cdot \Delta G$$

得 $\Delta BS = -\dfrac{(1-b)(1-t)}{1-b(1-t)} \cdot \Delta G$

从上式可见,政府预算盈余的变化与政府购买变化是反方向的(政府购买增加,预算盈余减少),且变化的数量小于 ΔG(因为 $0 < \dfrac{(1-b)(1-t)}{1-b(1-t)} < 1$)。

当政府转移支付变化 ΔTR 时(也假设其他两个政策变量不变),由于乘数的作用,收入变化 $\Delta Y = \dfrac{b}{1-b(1-t)} \cdot \Delta TR$,政府预算盈余的变化 ΔBS 为

$$\Delta BS = \Delta TA - \Delta TR = t \cdot \Delta Y - \Delta TR$$
$$= \left[\dfrac{t \cdot b}{1-b(1-t)} - 1\right] \cdot \Delta TR$$

得 $\Delta BS = -\dfrac{1-b}{1-b(1-t)} \cdot \Delta TR$

很显然，政府预算盈余的变化与政府转移支付的变化是反方向时，且变化的数量小于 $\Delta TR \left(因为 0 < -\dfrac{1-b}{1-b(1-t)} < 1 \right)$。

28. 为什么不能简单地用预算盈余或预算赤字的变化当作判断财政政策是扩张还是紧缩性的标准？

答： 实施扩张性财政政策即增加政府支出或降低税收会使国民收入增加，同时会减少预算盈余或增加预算赤字；反之亦然。因此一般容易把预算盈余或赤字的变化当作判断财政政策是扩张的还是紧缩性的标准。但实际上预算盈余或赤字的变化可能有两方面原因，一是经济情况本身的变动，即经济繁荣时国民收入水平上升，税收自动增加，政府转移支付自动减少，从而预算盈余就增加或赤字减少；相反，经济萧条时，相反情况就会出现。二是财政政策变动引起的财政盈余和赤字的变动，即上面所提情况。可见，不能仅凭预算盈余或赤字的变化当作判断财政政策是扩张还是紧缩的标准。如果是经济情况本身变动引起，就与财政政策本身无关。

29. 什么叫充分就业预算盈余，为什么充分就业预算盈余的变化能显示出财政政策变动的方向？

答： 所谓充分就业预算盈余是指既定的政府预算在充分就业的国民收入水平即潜在的国民收入水平上所产生的政府预算盈余。如果这种盈余为负值，就是充分就业预算赤字。充分就业预算盈余不同于实际的预算盈余。后者是以实际的国民收入水平来衡量的预算状况，因此二者的差别就在于充分就业的国民收入与实际的国民收入水平的差距。由于把国民收入固定在充分就业水平上，充分就业预算盈余就能消除经济中收入水平周期性波动对预算状况的影响，从而能更准确反映财政政策对预算状况的影响，为判断财政政策是扩张还是紧缩提供一个较准确的依据。若充分就业预算盈余增加了或赤字减少了，财政政策就是紧缩性的；反之亦然。

计 算 题

1. 假设某二部门经济社会的消费函数为 $C=100+0.8Y$,投资为 50(单位:10亿美元)。

(1) 求均衡收入、消费和储蓄。

(2) 如果当时实际产出(即 GDP 或收入)为 800,企业非意愿存货积累为多少?

(3) 若投资增至 100,求增加的收入。

(4) 若消费函数变为 $C=100+0.9Y$,投资仍为 50,收入和储蓄各为多少? 投资增至 100 时收入增加多少?

(5) 消费函数变动后,乘数有何变化?

解:(1) 均衡收入为 $Y = \dfrac{100+50}{1-0.8} = 750$

消费为 $C = 100 + 0.8 \times 750 = 700$

储蓄为 $S = Y - c = 750 - 700 = 50$

储蓄也可以从储蓄函数中求:$S = -a + (1-b)Y = -100 + 0.2 \times 750 = 50$

(2) 企业非意愿存货积累为 $800 - 750 = 50$

(3) 若投资增至 100,则收入 $Y' = \dfrac{100+100}{1-0.8} = 1\,000$,比原来的收入 750 增加 $250(\Delta Y = Y' - Y = 800 - 750 = 50)$

(4) 消费函数变化后的收入为 $Y = \dfrac{100+50}{1-0.9} = 1\,500$

储蓄为 $S = -a + (1-b)Y = -100 + (1-0.9) \times 1\,500 = 50$

若投资增至 100,则收入 $Y = \dfrac{100+100}{1-0.9} = 2\,000$,比原来收入 $1\,500$

增加 500($\Delta Y = 2\,000 - 1\,500 = 500$)

（5）消费函数从 $C = 100 + 0.8Y$ 变为 $C = 100 + 0.9Y$ 以后,乘数从 $5\left(K = \dfrac{1}{1-0.8} = 5\right)$ 变为 $10\left(K = \dfrac{1}{1-0.9} = 10\right)$。

2. 假设某经济社会储蓄函数为 $S = -1\,000 + 0.25Y$，投资从 300 增加到 500 时，均衡收入增加多少？若本期消费是上期收入的函数，即 $C = a + bY_{t-1}$，试求投资从 300 增至 500 过程中第 1、2、3、4 期收入各为多少？

解： 当 $S = -1\,000 + 0.25Y$，$I = 300$ 时，$Y = \dfrac{1\,000 + 300}{0.25} = 5\,200$

当投资增至 $I = 500$ 时，$Y = \dfrac{1\,000 + 500}{0.25} = 6\,000$

若消费是上期收入的函数，则投资从 300 增至 500 过程中，第 1、2、3、4 期收入分别为

$Y_1 = 0.75 \times 5\,200 + 1\,000 + 500 = 5\,400$

$Y_2 = 0.75 \times 5\,400 + 1\,000 + 500 = 5\,550$

$Y_3 = 0.75 \times 5\,550 + 1\,000 + 500 = 5\,662.5$

$Y_4 = 0.75 \times 5\,662.5 + 1\,000 + 500 = 5\,746.875$

上述各期收入也可从差分方程的通解中直接解出，这里差分方程的通解为 $Y_t = \left(Y_0 - \dfrac{a + I_t}{1-b}\right)b^t + \dfrac{a + I_t}{1-b}$。

式中，Y_t 表示任何一期收入，Y_0 表示初始收入或产量，在本例中即 5 200，I_t 表示任何一期投资，本例中为 500，b 为边际消费倾向，本例中为 0.75，a 表示自发消费，本例中为 1 000，若求第 3 期收入，则可代入求解：$Y_3 = \left(5\,200 - \dfrac{1\,000 + 500}{1 - 0.75}\right) \times 0.75^3 + \dfrac{1\,000 + 500}{1 - 0.75} = -337.5 + 6\,000 = 5\,662.5$

3. 假定某经济中有如下行为方程

消费：$C = 100 + 0.6Y_D$

投资：$I = 50$

政府购买：$G = 250$

税收：$T = 100$

试求：

(1) 均衡收入(Y)和可支配收入(Y_D)；

(2) 消费支出(C)；

(3) 私人储蓄(S_P)和政府储蓄(S_G)；

(4) 乘数(K_I)。

解：(1) $Y = 100 + 0.6(Y - 100) + 50 + 250$

得 $Y = 340/0.4 = 850$

$Y_D = 850 - 100 = 750$

(2) $C = 100 + 0.6 \times 750 = 550$

(3) $S_P = 750 - 550 = 200$

$S_G = 100 - 250 = -150$

(4) $K_I = \dfrac{1}{1 - 0.6} = 2.5$

4. 假定某经济社会的消费函数为 $C = 100 + 0.8Y_D$（Y_D 为可支配收入），投资支出为 $I = 50$，政府购买 $G = 200$，政府转移支付 $TR = 62.5$，税收 $T = 250$（单位均为 10 亿），试求：

(1) 均衡的国民收入；

(2) 投资乘数、政府购买乘数、税收乘数、转移支付乘数和平衡预算乘数。

解：(1) 可支配收入 $Y_D = Y - T + TR = Y - 250 + 62.5$

$= Y - 187.5$

$Y = C + I + G = 100 + 0.8 \times (Y - 187.5) + 50 + 200$

$$= 100 + 0.8Y - 150 + 50 + 200$$
$$= 0.8Y + 200$$

得均衡收入 $Y = \dfrac{200}{0.2} = 1\,000$

（2）投资乘数 $K_I = \dfrac{1}{1-b} = \dfrac{1}{0.2} = 5$

政府购买乘数 $K_G = \dfrac{1}{1-b} = \dfrac{1}{0.2} = 5$

税收乘数 $K_T = \dfrac{-b}{1-b} = \dfrac{-0.8}{0.2} = -4$

转移支付乘数 $K_{TR} = \dfrac{b}{1-b} = \dfrac{0.8}{0.2} = 4$

平衡预算乘数 $K_B = k_G + K_T = \dfrac{1-b}{1-b} = 1$

5. 假定某经济社会的消费函数 $C = 30 + 0.8Y_D$，税收 $T = 50$，投资 $I = 60$，政府支出 $G = 50$，净出口函数 $NX = 50 - 0.05Y$，求：

（1）均衡收入；

（2）在均衡收入水平上净出口余额；

（3）投资乘数；

（4）投资从 60 增加到 70 时的均衡收入和净出口余额；

（5）当净出口函数从 $NX = 50 - 0.05Y$ 变为 $NX = 40 - 0.05Y$ 时的均衡收入和净出口余额；

（6）变动国内自发性支出 10 和变动自发性净出口 10 对净出口余额的影响何者大一些，为什么？

解：（1）可支配收入 $Y_D = Y - T = Y - 50$

消费 $C = 30 + 0.8(Y - 50)$
$$= 30 + 0.8Y - 40$$
$$= 0.8Y - 10$$

均衡收入 $Y = C + I + G + NX$

$$= 0.8Y - 10 + 60 + 50 + 50 - 0.05Y$$
$$= 0.75Y + 150$$

得均衡收入 $Y = \dfrac{150}{0.25} = 600$

(2) 净出口余额 $NX = 50 - 0.05Y$
$$= 50 - 0.05 \times 600 = 20$$

(3) 投资乘数 $K_I = \dfrac{1}{1 - 0.8 + 0.05} = 4$

(4) 投资从 60 增加到 70 时，$Y = C + I + G + NX$
$$= 0.8Y - 10 + 70 + 50 + 50 - 0.05Y$$
$$= 0.75Y + 160$$

得均衡收入 $Y = \dfrac{160}{0.25} = 640$

净出口余额 $NX = 50 - 0.05Y$
$$= 50 - 0.05 \times 640 = 18$$

(5) 当净出口函数从 $NX = 50 - 0.05Y$ 变为 $NX = 40 - 0.05Y$ 时的均衡收入：$Y = C + I + G + NX$
$$= 0.8Y - 10 + 60 + 50 + 40 - 0.05Y$$
$$= 0.75Y + 140$$

得均衡收入 $Y = \dfrac{140}{0.25} = 560$

净出口余额 $NX = 40 - 0.05Y$
$$= 40 - 0.05 \times 560 = 12$$

(6) 自发投资增加 10 使均衡收入增加 40(640－600＝40)，自发净出口减少 10(从 $NX = 50 - 0.05Y$ 变为 $NX = 40 - 0.05Y$) 使均衡收入减少额也是 40(600－560＝40)，然而，自发净出口变化对净出口余额的影响更大一些，自发投资增加 10 时，净出口余额只减少 2(20－18＝2)，而自发净出口减少 10 时，净出口余额减少 8(20－

12＝8)。其原因是,收入因投资增加而增加 40 时,仅使净出口余额减少收入的 5% 即 2,而自发净出口减少使收入减少 40 时,虽然使净出口增加收入的 5% 即 2,但由于自发净出口减少了 10,两者相抵,净出口还是减少了 8。

6. 假定上题中消费函数、投资、政府支出及净出口函数都不变,但税收从定量税变为比例税,其税收函数为 $T=6.25+0.15Y$,试求:

(1) 均衡收入;

(2) 若投资从 60 增加到 70 时,均衡收入增加多少?

(3) 为什么本题中投资增加 10 所增加的收入比上题中投资增加 10 所增加的收入要少一些?

解:(1) $Y=C+I+G+NX$
$=30+0.8(Y-6.25-0.15Y)+60+50+50-0.05Y$
$=0.63Y+185$

得均衡收入 $Y=\dfrac{185}{0.37}=500$

(2) 若投资从 60 增至 70,均衡收入:
$Y=30+0.8(Y-6.25-0.15Y)+70+50+50-0.05Y$
$=0.63Y+195$

得 $Y=\dfrac{195}{0.37}=527$

均衡收入增加 27(527－500＝27)。

(3) 本题中投资增加 10 所增加的收入为 27,而上题中投资增加 10 所增加的收入为 40(640－600＝40),之所以会发生这种差别,是因为本题中税收为比例税收,因而投资乘数变小了。在上题中,投资乘数为 $K_I=\dfrac{1}{1-0.8+0.05}=4$,而本题中,投资乘数为 $K_I=\dfrac{1}{1-0.8(1-0.15)+0.05}=\dfrac{1}{1-0.68+0.05}=2.7$。

7. 在一个封闭经济中,有如下方程式:

$$Y = C + I + G \quad (\text{收入恒等式})$$
$$C = 100 + 0.9Y_D \quad (\text{消费函数})$$

当投资 $I = 300$ 亿美元,政府购买 $G = 160$ 亿美元,税率 $t = 0.2$,$T_0 = 0$,问:

(1) 当收支平衡时,收入水平为多少?乘数为多少?

(2) 假设其他条件不变而政府购买 G 增加到 300 亿美元时,新的均衡收入水平为多少?

(3) 假定其他条件不变而投资从 300 亿增至 400 亿美元,新的均衡收入为多少?

(4) 假设投资不是外生变量,而是内生地由方程 $I = 300 + 0.2Y$ 决定时,新的均衡收入水平和乘数为多少?

解: (1) 由方程组

$$\begin{cases} Y = C + I + G \\ C = 100 + 0.9Y_D \\ Y_D = Y - T \\ T = 0.2Y \end{cases}$$

可解得 $Y = \dfrac{a + I + G}{1 - b(1-t)} = \dfrac{100 + 300 + 160}{1 - 0.9 \times (1 - 0.2)}$

$= 2\,000$(亿美元)

即均衡收入水平就是 2 000 亿美元。

根据三部门经济模型中的乘数公式,有

投资乘数 $K_I = \dfrac{1}{1 - b(1-t)} = \dfrac{1}{1 - 0.9 \times (1 - 0.2)} = \dfrac{25}{7}$

政府购买乘数 $K_G = \dfrac{25}{7}$(与投资乘数相等)。

税收乘数(税率不变时) $K_T = -\dfrac{b}{1-b(1-t)}$

$= -\dfrac{0.9}{1-0.9\times(1-0.2)}$

≈ -0.32

(2) 由上题公式,可直接得出当政府购买增加为300亿美元时的均衡收入水平为

$$Y' = \dfrac{a+I+G'}{1-b(1-t)} = \dfrac{100+300+300}{1-0.9\times(1-0.2)} = 2\,500(亿美元)$$

也可根据政府购买乘数,得 $Y' = Y + K_G \cdot \Delta G = 2\,000 + \dfrac{25}{7} \times (300-160) = 2\,500$(亿美元),其结果相同。

(3) 由第(1)题公式,可直接得出当投资增加为400亿美元时的均衡收入水平为

$$Y' = \dfrac{a+I'+G}{1-b(1-t)} = \dfrac{100+400+160}{1-0.9\times(1-0.2)}$$
$$= 2\,357.1(亿美元)$$

也可根据投资乘数,得 $Y' = Y + K_I \cdot \Delta I = 2\,000 + \dfrac{25}{7} \times (400-300) = 2\,357.1$(亿美元),其结果相同。

(4) 由方程组

$$\begin{cases} Y = C+I+G \\ C = 100+0.9Y_D \\ Y_D = Y-T \\ T = tY \\ I = 300+0.2Y \end{cases}$$

可解得 $Y = \dfrac{a+G+300}{1-b(1-t)-0.2} = \dfrac{100+160+300}{1-0.9\times(1-0.2)-0.2}$

$= 7\,000$(亿美元)

新的均衡水平是7 000亿美元。

由上式可得投资乘数和政府购买乘数 $K_I = K_G = \dfrac{dY}{dG} = \dfrac{1}{1-b(1-t)-0.2} = \dfrac{1}{0.08} = 12.5$，显然比原来的乘数要大。

税收乘数 $K_T = -\dfrac{b}{1-b(1-t)-0.2}$

$= -\dfrac{0.9}{1-0.9\times(1-0.2)-0.2} = -11.25$

8. 假设某经济社会的消费函数 $C = 100 + 0.8Y_D$，意愿投资 $I = 50$，政府购买性支出 $G = 200$，政府转移支付 $TR = 62.5$（单位：亿美元），税率 $t = 0.25$，$T_0 = 0$，试求：

(1) 均衡收入；

(2) 投资乘数，政府购买乘数，税收乘数，转移支付乘数以及平衡预算乘数；

(3) 假定该社会达到充分就业所需要的国民收入为 1 200，试问：(a) 用增加政府购买；(b) 或减少税收；(c) 或用增加政府购买和税收同一数额（使预算平衡）来实现充分就业，各需要多少数额？（均不考虑货币市场作用，即不考虑货币需求变动对利率从而对投资和消费的影响。）

解：（1）由方程组

$$\begin{cases} C = 100 + 0.8Y_D \\ Y_D = Y - tY + TR \\ Y = C + I + G \end{cases}$$

可解得 $Y = \dfrac{100 + 0.8TR + I + G}{0.2 + 0.8t}$

$= \dfrac{100 + 0.8\times 62.5 + 50 + 200}{0.2 + 0.8\times 0.25} = 1\,000$（亿美元）

故均衡收入水平为 1 000 亿美元。

(2) 我们可直接根据三部门经济中有关乘数的公式,得到乘数值:

投资乘数 $K_I = \dfrac{1}{1-b(1-t)} = \dfrac{1}{1-0.8(1-0.25)} = 2.5$

政府购买乘数 $K_G = 2.5$（与投资乘数相等）

税收乘数 $K_T = -\dfrac{b}{1-b(1-t)} = -\dfrac{0.8}{1-0.8\times(1-0.25)}$
$= -2$

转移支付乘数 $K_{TR} = \dfrac{b}{1-b(1-t)} = \dfrac{0.8}{1-0.8\times(1-0.25)} = 2$

平衡预算乘数 $K_B = K_G + K_T = 2.5 - 2 = \dfrac{1}{2}$

(3) 本小题显然要用到各种乘数。原来均衡收入为 1 000 亿美元,现在需要达到 1 200 亿元,则缺口 $\Delta Y = 200$ 亿美元。

(a) 增加政府购买 $\Delta G = \dfrac{\Delta Y}{K_G} = \dfrac{200}{2.5} = 80$（亿美元）

(b) 减少税收 $\Delta T = \dfrac{200}{|K_T|} = \dfrac{200}{2} = 100$（亿美元）

(c) 增加政府购买和税收各 400（亿美元）

9. 假定在上一题中加入进口因素,并假定净出口函数为 $NX = 50 - 0.05Y$,试求:

(1) 均衡收入;

(2) 投资乘数、政府支出函数及税收乘数,并与上题中求出的乘数比较,说明这些乘数的值变大了还是变小了。为什么?

解: (1) 由模型

$$\begin{cases} C = 100 + 0.8Y_D \\ Y_D = Y - tY + TR \\ NX = 50 - 0.05Y \\ Y = C + I + G + NX \end{cases}$$

解得

$$Y = \frac{1}{1-0.8(1-t)+0.05}(100+0.8TR+I+G+50)$$

$$= \frac{1}{1-0.8\times(1-0.25)+0.05}\times(150+0.8\times62.5+50+200)$$

$$= \frac{1}{0.45}\times 450$$

$$= 1\,000(亿美元)$$

(2) 投资乘数、政府购买乘数,政府转移支付乘数分别是:

投资乘数 $K_I = \dfrac{1}{1-0.8(1-t)+0.05} = \dfrac{1}{0.45} \approx 2.22$

政府购买乘数 $K_G \approx 2.22$;

政府转移支付乘数 $K_{TR} = \dfrac{0.8}{1-0.8\times(1-0.25)+0.15} \approx 1.45$

我们利用开放经济中的乘数公式得

税收乘数 $K_T = \dfrac{-0.8}{1-0.8\times(1-0.25)+0.05} \approx -1.45$

本题中各乘数值(绝对值)比上题的乘数值小,这是因为总需求的变化会"溢出"到国外。

10. 利用第 8 题中的模型:

(1) 当 $I=50$ 时,预算盈余 BS 之值为多少?

(2) 当 I 从 50 增加到 100 时,BS 为多少?

(3) 上面(1)(2)中 BS 变化的原因是什么?

(4) 假定充分就业收入 $Y^*=1\,200$,当 $I=50$ 或 $I=100$ 时,充分就业预算盈余 BS^* 为多少?

(5) 假定 $I=50$ 和 $G=250$,而充分就业收入仍等于 $1\,200$,BS^* 是多少?

解:(1) 已知在第 8 题中,$I=50$ 时,均衡收入 $Y=1\,000$,这时预算

盈余 $BS = tY - \overline{G} - \overline{TR} = 0.25 \times 1\,000 - 200 - 62.5 = -12.5$(亿美元)

(2) 当 I 增加到 100 时，均衡收入为：$Y = \dfrac{a + b\,\overline{TR} + I + G}{1 - b(1-t)} =$

$\dfrac{100 + 0.8 \times 62.5 + 100 + 200}{1 - 0.8(1 - 0.25)} = \dfrac{450}{0.4} = 1\,125$(亿美元)

这时预算盈余 $BS = 0.25 \times 1\,125 - 200 - 62.5 = 18.75$(亿美元)。

(3) 上面(1)(2)中 BS 变化的原因是投资增加以后，均衡收入增加了，从而税收增加了，但预算支出未变化，因而预算盈余 BS 从赤字(-12.5)变成了盈余(18.75)。

(4) 若充分就业收入 Y^* 为 1 200，当 $I = 50$ 时，充分就业预算盈余 $BS^* = tY^* - \overline{G} - \overline{TR} = 300 - 200 - 62.5 = 37.5$(亿美元)。

当 $I = 100$ 时，充分就业预算盈余 BS^* 没有变化，仍等于 37.5(亿美元)。

(5) 如果 $I = 50$，$\overline{G} = 250$，$Y^* = 1\,200$，则 $BS^* = tY^* - \overline{G} - \overline{TR} = 0.25 \times 1\,200 - 250 - 62.5 = 300 - 312.5 = -12.5$(亿美元)。

11. 假设在某一个三部门经济中，初始均衡状态时已知变量为：税率 $t = 0.2$，均衡收入 $Y_0 = 100$ 万元，边际消费倾向为 $b = 0.8$。现在设税率减至 $t' = 0.1$，政府购买减少 10 万元，即 $\Delta G = -10$ 万元。求新的均衡收入 Y'，税收变化量 ΔTA 和政府预算盈余的变化 ΔBS。

解： 由于税率变化而导致收入变化为

$$\Delta Y_T = -\dfrac{1}{1 - b(1-t)} b \cdot Y_0 \cdot \Delta t$$

$$= -\dfrac{1}{1 - 0.8 \times (1 - 0.1)} \times 0.8 \times 100 \times (-0.1)$$

$$= 28.56(万元)$$

由于减少政府购买而导致的收入变化为

$$\Delta Y_G = \dfrac{1}{1 - b(1-t)} \cdot \Delta G = \dfrac{1}{1 - 0.8 \times (1 - 0.1)} \times (-10)$$

$$= -35.7(万元)$$

总的均衡收入变化为 $\Delta Y = \Delta Y_T + \Delta Y_G = 28.56 + (-35.7)$
$$= -7.14(万元)$$
因而新的均衡收入水平 $Y' = Y_0 + \Delta Y = 100 - 7.14$
$$= 92.86(万元)$$
税收的变化量 $\Delta T = t'Y' - t \cdot Y_0 = 0.1 \times 92.86 - 0.2 \times 100$
$$\approx -10.71(万元)$$
政府预算盈余的变化 $\Delta BS = \Delta T - \Delta G - \Delta TR$
$$= -10.71 - (-10)$$
$$= -0.71(万元)$$

第十四单元
消费和投资理论

引　言

本单元习题主要体现下列概念和原理。

1. 绝对收入假说：凯恩斯在《通论》中提出，消费支出和收入之间有稳定的函数关系，消费函数若假设为 $C=a+bY$，其中 $a>0$，$0<b<1$，C、Y 分别是当期消费和收入，b 为边际消费倾向，在这个消费函数中，b 是不变的。但凯恩斯提出，边际消费倾向随收入 Y 的增加而递减。平均消费倾向 $\left(\dfrac{C}{Y}\right)$ 也随收入增加而有递减趋势。但实证研究发现事实并非如此，这就是"消费函数之谜"。其后的各种消费理论正是为解释此谜而提出的。

2. 相对收入假说：由杜森贝里(J. S. Duesenberry)提出，他认为：(1) 人们的消费会相互影响，有攀比倾向，即"示范效应"，人们的消费不决定于其绝对收入水平，而决定于同别人相比的相对收入水平；(2) 消费有习惯性，某期消费不仅受当期收入影响，而且受过去所达到的最高收入和最高消费的影响。消费具有不可逆性，即所谓"棘轮效应"。

3. 持久收入理论：由美国经济学家弗里德曼提出，认为居民的消费不取决于现期收入，而取决于居民一生中的持久收入。居民收入分为持久收入和暂时收入,持久收入指在相当长时间里可以得到的收入,是一种长期平均的、预期可得的收入,一般用过去几年的平均收入来表示。暂时收入指在短期内得到的收入,是一种暂时性偶然的收入,可能是正值(意外获得的奖金),也可能是负值(遗失或者被盗)。只有持久收入才能影响人们的消费。

持久收入理论的要点是:家庭趋向于在时间过程中平滑地消费,家庭对稳定消费的偏好超过对不稳定消费的偏好。其含义包括:(1)暂时性收入对消费的影响很小。(2)持久收入影响消费。(3)短期边际消费倾向小于长期边际消费倾向。该理论的缺陷包括:(1)没有考虑流动性约束,借贷市场是不完全的;(2)消费者可能缺乏远见,并不根据一生收入来计划消费,而是在一个较短的时间里考虑问题;(3)存在不确定性问题,消费者未来的收入并非固定,而是不确定的,人只能对未来的收入进行预期,而预期很难是准确的。

4. 生命周期理论:又称消费与储蓄的生命周期理论,由莫迪利亚尼等人提出。凯恩斯认为,决定消费的收入为绝对收入;而莫迪利亚尼认为,决定消费的收入是人一生中的全部预期收入。莫迪利亚尼等人根据新古典经济学理性消费者和效用最大化的假设,使用边际效用分析工具对个人消费行为进行分析,然后从个人消费之和中得出社会总消费,从而建立起生命周期理论。该理论把人的一生分为工作时期和退休时期,人一生的劳动收入是整个工作期间的劳动收入。除了劳动收入之外,消费者还有财产收入。这两者是人一生中能够用于消费的全部收入。因此,消费函数的基本形式可以写为

$$C = a \cdot WR + b \cdot YL$$

式中,WR 是财产收入;a 是财产收入的边际消费倾向;YL 是劳动收入;b 是劳动收入的边际消费倾向。消费者为了使一生的消费总效用最大化,就要使每年的消费都相等,这样,现期的消费就不取决于现期的收入,而是取决于一生的收入。于是,工作期间消费者不会消费掉全部收入,而会储蓄一部分用于退休期的消费,从而保

证退休期间的消费与工作期间的消费相等。在工作期间,收入大于消费,储蓄不但为正,而且还是一个增加的过程;退休期间,收入小于消费,储蓄不但为负,而且还是一个减少的过程。当生命结束时,储蓄用完,一生的收入等于消费,工作期的正储蓄等于退休期的负储蓄。消费者一生中消费与储蓄的这种规律,也就是消费与储蓄的生命周期的含义。这是生命周期理论对凯恩斯绝对收入假说的重要修正。

5. 理性预期学派认为,消费者是理性的,是前向预期决策者,会利用经验及信息对未来收入进行预测,从而作出消费安排,而不仅由过去收入的平均值作为持久收入。把理性预期和前述的生命周期假说、持久收入假说结合在一起称为前向预期消费理论。

在对前向预期消费理论进行实证研究时发现:实际的短期边际消费倾向大于理论值,即消费者对暂时性收入变化的反应太敏感。原因有两个:(1)不能正确地预期未来收入,即不能正确区分收入变化是暂时性还是永久性的;(2)消费者受到流动性约束。

6. 实际利率 r(当预期通胀率较小时,有 $r=$ 名义利率 $-$ 预期通胀率)影响消费和储蓄。一方面,实际利率是现期消费和未来消费(即储蓄)的相对价格,消费和实际利率成反向变动;另一方面,由于已积累的资产能得到由利率带来的收益,又使得消费和实际利率有同方向变动趋向。因而,利率对消费和储蓄的影响是不明确的,有争议的。实际数据表明几乎没有什么影响。

消费对收入的滞后调整源于收入水平对经济变化所作出的逐步调整。由于提高的收入水平只是逐步地提高消费水平,所以收入调整过程在时间上也是逐步的,这个调整过程可用动态乘数来描述。收入变化在经济的不同时期对消费者影响程度不同,衰退时影响大,繁荣时影响小。

7. 投资理论:尽管投资在总需求中比重要比消费小得多,但由于投资支出的波幅要比消费大得多,因此可以用来解释很大份额的经济波动幅度;同时,投资也是经济长期增长和有效运行的首要决定因素之一,因而研究投资理论就很有必要。与前述内容相联系,一般而言,高储蓄与高投资是相对应的。本单元主要从投资的需求出发分析企业固定投资、住宅投资和存货投资。

8. 存货投资包括原材料、正在生产中的货物和待售产品。存货有两个职能——管道职能和缓冲职能。存货投资周期与经济周期有密切关系。存货投资的波动要比其他投资的波动大。

9. 企业意愿资本存量取决于资本边际收益和边际成本的均衡点,资本存量 K 是预期产出 Y、劳动力的实际工资率 ω 和资本租用成本 rc(实际利率+折旧率)的函数。有 $\frac{\partial K}{\partial Y} > 0$,$\frac{\partial K}{\partial \omega} > 0$,$\frac{\partial K}{\partial rc} < 0$ 成立。

企业固定投资的新古典理论认为投资率取决于厂商调整他们的资本存量到意愿水平的速度,即有公式 $I = s(K^* - K_{-1})$,$0 < s \leqslant 1$,s 越小,投资 I 对 rc、Y、ω 的反应就越弱。投资的加速数模型是投资逐步调整的一个特例,有公式 $I = v(Y - Y_{-1}) = v\Delta Y$,$v$ 为资本产出比率。它预期投资需求是与 Y 的变动成比例的。这个模型没有考虑租用成本 rc 和劳动力价格 ω 的变化。

经验表明,企业固定投资对产出的变化的反应有很长时滞,其有两个原因:(1)对未来持久产出的预期有时滞;(2)投资过程中投资实物的延迟。

托宾的投资 q 理论强调投资与股票市场的联系。q 被定义为企业的股票市场价值除以企业资本的重置成本。当 q 大于 1 时,意味着股票市场每股资本的价格大于资本的实际成本,企业经营者购置新的资本能够提高企业资本的市场价值,企业会进行新的投资,反之企业经营者不会进行新的投资。

10. 住宅投资理论是从对住宅存量的需求出发的,其需求受财富、其他投资方式可得的实际收益和拥有住宅的净实收益所决定。

住宅价格由给定时点的住宅存量需求和住宅存量供给相互作用决定。住宅投资率由现行房价下建房者供给住宅率决定。由于利率在住宅租用成本中占很大比重,故住宅需求对利率很敏感,住宅投资易受货币政策影响。

选 择 题

1. 边际消费倾向是指( )。

A. 在任何收入水平上,总消费对总收入的比率

B. 在任何收入水平上,由于收入变化而引起的消费支出的变化

C. 在任何收入水平上,当收入发生微小变化时,由此而导致的消费支出变化对收入水平变化的比率

D. 以上答案都不正确

2. 在国民收入和生产中的个人储蓄可以明确表示为( )。

A. 家庭所有资产的总额

B. 当期所得收入中不用于消费部分

C. 当期所得收入中仅用于购买证券或存入银行的部分

D. 家庭所持有的所有资产总额减去他们的负债总额

3. 如果人们不是消费其所有收入,而是将未消费部分存入银行或购买证券,这在国民收入的生产中是( )。

A. 储蓄而不是投资

B. 投资而不是储蓄

C. 既非储蓄又非投资

D. 是储蓄,但购买证券部分是投资

4. 在本题图 14-1 中,实线 CC 是某些家庭的消费-收入线。如果消费支出总额为 EA,那么可支配收入值必定为( )。

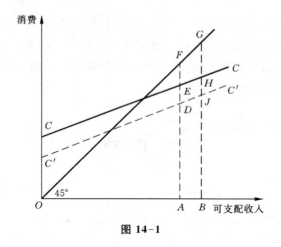

图 14-1

A. AB B. FD C. DA D. FA

5. 本题在图 14-2 中,如果消费-收入实线上移到虚线 $C'C'$ 的位置,这表示(　　)。

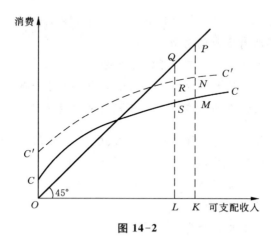

图 14-2

A. 由于可支配收入增加,而导致消费支出增加

B. 在任何给定的收入水平上,家庭或社会决定消费更多,储蓄更少

C. 在任何给定的收入水平上,家庭或社会决定消费变小,储蓄变多

D. 以上均对

6. 在第 5 题图 14-2 中,如果消费-收入线是实线 CC,可支配收入总额为 OK,那么其储蓄总额必定为( )。

A. PK　　　B. MK　　　C. PM　　　D. NM

7. 在第 4 题图 14-1 中,消费支出由 HB 变为 EA 时,这是由于( )。

A. 在每个收入水平,支出消费变多,储蓄变少

B. 可支配收入由 OB 减至 OA

C. 可支配收入由 OA 增至 OB

D. 在每个收入水平,支出消费变少,储蓄变多

8. 消费-收入图形意指( )。

A. 消费支出正好等于收入水平

B. 消费支出额外的收入部分

C. 在不同的收入水平,一个家庭(或社会)将支出多少金额在消费上

D. 在低收入时,家庭的消费支出比他们的收入总额多

9. 凯恩斯认为,一般的家庭是按如下方式从收入中支出消费的( )。

A. 当收入增加时,收入中的消费支出比例增大

B. 除了很低的收入水平外,各收入水平中的消费支出比例是相同的

C. 各收入水平中的消费支出比例是相同的

D. 当收入增加时,收入中消费支出比例是减小的

10. 一个家庭当其收入为零时,消费支出为 2 000 元;而当其收入为 6 000 元时,其消费支出为 6 000 元,在图形上,消费和收入之间成一条直线,则其边际消费倾向为( )。

A. $\dfrac{2}{3}$　　　B. $\dfrac{3}{4}$　　　C. $\dfrac{4}{5}$　　　D. 1

11. 根据生命周期假说,消费者的消费对积累的财富的比率的变化情况是( )。

A. 在退休前,这比率是下降的;退休后,则为上升

B. 在退休前后,这个比率都保持不变

C. 在退休前后这个比率都下降

D. 在退休前,这个比率是上升的,退休后这比率为下降

12. 根据持久收入理论,下列哪一项是正确的? ( )

A. 收入的变动总是在一段时间之后才会影响消费

B. 个人在给定年度的消费与利率有很大关系

C. 个人在某年的消费与他之前的最高收入有密切关系

D. 以上都不对

13. 持久收入消费理论告诉我们( )。

A. 短期支出乘数比长期乘数大

B. 短期支出乘数比长期乘数小

C. 短期支出乘数与长期乘数没有区别

D. 短期支出乘数等于1

14. 实际利率与储蓄之间的关系为( )。

A. 实际利率上升,将导致储蓄上升

B. 实际利率上升,将导致储蓄下降

C. 实际利率上升,既可能导致储蓄上升,也可能导致储蓄下降,两者之间的关系难以确定

D. 实际利率上升,不会导致储蓄有任何改变,两者没有任何关系

15. 当市场对某种产品的需求在某一年突然增加时,预期将导致( )。

A. 厂商马上增加固定资产投资,扩大生产规模,以适应市场需求

B. 厂商保持生产规模不变

C. 厂商增加对原材料和劳动力的投入,其增加的产出就是市场

需求的增加量

D. 厂商增加对原材料和劳动力的投入,其增加的产出一般小于市场需求的增加量

16. 经验表明长期消费函数是一条过原点的直线,所以( )。

A. 边际消费倾向小于平均消费倾向

B. 边际消费倾向等于平均消费倾向,且为常数

C. 边际消费倾向大于平均消费倾向

D. 平均储蓄倾向等于1

17. 相对收入假说使短期和长期消费函数一致起来,因为它指出了( )。

A. 短期消费函数在长期将上移

B. 持久消费是持久收入的函数

C. 当消费函数变化时,人们变得越来越富有

D. 消费决定于个人已有的最高收入及相对的收入水平

18. 根据相对收入假说,消费倾向在下述哪种情况较高?( )

A. 教育程度较低   B. 社会地位较低

C. 拥有较多流动资产   D. 周围人群消费水平较高

19. 投资的组成部分中最容易波动的是哪一部分?( )

A. 固定资产投资   B. 债券的购买

C. 存货投资   D. 住宅投资

20. 企业进行存货投资的目的是( )。

A. 满足将来的商品需求   B. 批量采购可以降低成本

C. 平稳生产   D. 以上都是

21. 投资往往是易变的,其主要原因之一是( )。

A. 投资很大程度上取决于企业家的预期

B. 消费需求变化得如此反复无常以致影响投资

C. 政府开支代替投资,而政府开支波动剧烈

D. 利率水平波动相当剧烈

22. 当企业的资本存量达到意愿的资本存量时,则(   )。

A. 资本的边际收益最大

B. 资本的边际成本最小

C. 资本的边际收益等于边际成本

D. 资本的租用价格最低

23. 衰退时厂商减少投资的原因是(   )。

A. 企业留存盈利下降

B. 厂商对投资利润的预期变得悲观

C. 由于风险提高,银行惜贷

D. 以上都是

24. 如果资本的生产率提高的话,我们可以预期(   )。

A. 资本需求将下降

B. 资本产出将下降

C. 预期净收入流的现值将下降

D. 最优资本存量将上升

25. 根据投资理论,(   )。

A. 当资本折旧率上升时,资本需求保持不变

B. 如果利率上升速度与通胀率相等,资本需求将下降

C. 如果通胀率比利率上升更快,资本需求曲线并不变

D. 如果通胀率比利率下降更快,厂商将宁愿有一更小的资本存量

26. 下列哪一项是正确的?(   )

A. 当重置投资固定不变时,总投资比净投资更平稳

B. 当重置投资固定不变时,净投资比总投资更平稳

C. 重置投资等于 $v \cdot \Delta Y$

D. 当资本-产出比减少时,净投资比 $v \cdot \Delta Y$ 大

第十四单元 消费和投资理论

27. 在生产中,资本的租用成本减少将导致( )。

A. 资本将更加密集,资本-产出比率下降

B. 资本将更加密集,资本-产出比率增加

C. 资本变为不密集,资本-产出比率减少

D. 资本变为不密集,资本-产出比率增加

28. 根据投资的加速数模型,( )。

A. 投资与 GDP 成比例

B. 投资的波动与 GDP 的波动成比例

C. 投资的波动与 GDP 成比例

D. 投资与 GDP 的波动成比例

29. 依据托宾的投资 q 理论,q 大于 1,意味着( )。

A. 企业愿意进行新的投资

B. 企业资本存量过大

C. 企业的股票价值小于资本重置成本

D. 企业不会进行新的投资

30. 住宅投资在哪些方面受到货币政策的影响?( )

A. 实际利率的改变影响住宅投资的回报率

B. 紧缩性的货币政策会导致银行进行信贷配给

C. 名义利率的变化会影响住宅投资者的支付能力

D. 以上都正确

31. 在其他条件不变的情况下,下列哪项政策对当年的宏观经济影响最大?( )

A. 一项永久性的个人收入所得税减少和一项永久性的投资税收减免

B. 一项临时性的个人收入所得税减少和一项永久性的投资税收减免

C. 一项永久性的个人收入所得税减少和一项临时性的投资税

收减免

D. 一项临时性的个人收入所得税减少和一项临时性的投资税收减免

答　案

1. C　2. B　3. A　4. D　5. B　6. C　7. B
8. C　9. D　10. A　11. A　12. D　13. B　14. C
15. D　16. B　17. D　18. D　19. C　20. D　21. A
22. C　23. D　24. D　25. D　26. A　27. B　28. D
29. A　30. D　31. C

分析讨论题

1. 凯恩斯的消费理论与古典学派的理论有什么区别？

答：古典学派的理论认为，利率上升会增加储蓄，抑制消费，因而消费与储蓄都和利率有关，但凯恩斯认为，消费与收入有关，是收入的函数，即 $C=f(Y)$，若以线型方式表示，可写成 $C=a+bY$，其中，b 是边际消费倾向(MPC)，而平均消费倾向 $APC=\dfrac{a}{Y}+b$。

2. 凯恩斯的消费函数有哪些特性？

答：凯恩斯的消费函数有如下一些特性：

第一，消费是现期收入(可支配收入)的函数，随收入增减而增减；

第二，边际消费倾向大于0，小于1，即 $0<MPC<1$；

第三，平均消费倾向随收入增加而降低，即使边际消费倾向不变也如此。

3. 什么是"消费函数之谜"?

答:"消费函数之谜"是指根据实际消费统计资料研究的结论与消费函数理论之间的矛盾。20 世纪 40 年代后期,美国经济学家研究了消费的时间序列资料发现,根据短期消费数据得出的结论与根据长期消费数据得出的结论并不一致,而已有的消费函数理论(凯恩斯的绝对收入假说)又无法解释两者的不一致。理论与实际的矛盾被称为消费函数之谜。

根据对 1929—1941 年间每年消费统计资料的研究,估算出的消费函数是:$C = 47.6 + 0.73Y$。在上式中,47.6 表示自发消费为 476 亿美元,Y 代表可支配收入,0.73 是可支配收入的边际消费倾向。研究表明,平均消费倾向是递减的,边际消费倾向相当低。美国经济学家 S·库兹涅茨等人研究了长期消费统计资料,得出 1869—1898 年、1884—1913 年和 1904—1933 年的平均消费倾向分别为 0.867、0.867 和 0.879。而且还发现了在长期内平均消费倾向与边际消费倾向都相当稳定,并没有递减的趋势。凯恩斯的绝对收入假说关于边际消费倾向递减和边际消费倾向低于平均消费倾向的结论与库兹涅茨关于长期消费统计资料研究得出的结论不一致。而且,凯恩斯的绝对收入假说也无法解释短期与长期消费行为的不一致性。正是这个消费函数之谜推动了消费函数理论研究的发展。

4. 试述消费者平稳消费的理论基础。

答: 基本理由是消费者的边际效用递减规律。比较两种极端消费方案:一种是两个时期内的任何一个时期消费数值相等;另一种是在某个时期全部收入消费掉,而在另一个时期内一文不花。消费的边际效用递减规律表明,在后一种情况下,最好将富裕时期的一些消费转用于匮乏时期。这样富裕时期的效用损失会小于匮乏时期获得的效用。这种由于消费转移而增加的效用,只要这两个时期内消费方面有任何差别,就会始终存在。因而,消费者有将其所有收入平均地消费于各个时期的倾向,即消费者愿意平稳消费。当然,将其所有收入平均地消费于各时期仅是消费者的主观愿望。实际上，由于收入和价格水平的不确定性（即未被预期到的收入和价格水平的变化）以及消费者本人受意外事件的影响，消费者各个时期的消费水平总是有一定幅度的变化的，只是变化幅度较小。这符合实际的观察。

5. 试述凯恩斯的边际消费倾向递减规律与经济稳定性之间的关系。

答：在凯恩斯的绝对收入假设中，边际消费倾向随收入的增加而逐渐递减。凯恩斯认为经济在没有达到充分就业的状态时仍可以处于一种稳定状态。这种稳定状态的存在正与边际消费倾向递减相关。具体地说，当社会的实际收入下降时，由于边际消费倾向递减（即收入增加时，消费增加的幅度比收入增加幅度小一些；收入减少时，消费减少的幅度比收入减少的幅度小一些），消费量不会同比例减少，这样就不会使经济进一步衰退。这就是说，边际消费倾向递减实际上起了一种自动稳定器的作用，使经济不会过度繁荣，也不会过度衰退、萧条，而处于充分就业水平之下又在最低就业水平之上的稳定状态。

6. 前向消费理论和简单的凯恩斯消费函数之间的区别是什么？

答：简单的凯恩斯消费函数形式为 $C=a+bYD$，即消费者的消费仅与他们当期的可支配收入 YD 呈线性关系。但事实并不是如此，消费者的消费量波动比他们的可支配收入的波动要小，长期边际消费倾向大于短期边际消费倾向。这是简单的凯恩斯消费函数所无法解释的。为弥补该缺陷，经济学家先后提出了持久收入假说和生命周期假说，由于其相似性而统称为前向消费理论。其重要特征是预期的收入和当前收入一样也影响消费，消费者面临的是跨时期的预算约束，而不是当期收入的约束。

该理论区别了暂时性收入变化的边际消费倾向和收入持久变化的边际消费倾向。比如减免税收，由此导致的可支配收入的增加，消费量也将增加,其值为边际消费倾向乘以收入的变化值。暂时性税收减免所引起的消费者一生可支配的收入的增加量远小于持久性税收减免所引起的消费者一生可支配收入的增加量,从而导致消费的增加量也相应小一些。

前向消费理论的另一特点是预期的收入变化也将影响当前消费。假如政府预先公布了将来某一年起将有持久性的税收减免,于是,消费者知道他们一生的可支配收入将增加,从而将即刻增加当前消费。实证研究也基本证实了前向消费理论的上述特点。

7. 信贷消费行为与前向性消费理论有什么关系?

答:这里所说的前向消费理论(the Forward-Looking Theory of Consumption)是指米尔顿·弗里德曼的持久收入理论和弗朗科·莫迪利亚尼的生命周期理论。这两个理论尽管存在一定差别,但都体现了一个基本思想:单个消费者并不是简单地根据当前的绝对收入来做消费决策,而是根据终生的或持久的收入来作决策,即单个消费者是前向预期决策者。按照前向预期消费理论,消费者不只单单考虑本年度可支配收入,还把他们在将来可能获得的可支配收入考虑进去,当他们要购买住宅或汽车之类需要大量资金,而如果他们目前的收入和已积累起来的货币不足以支付如此巨大的金额时,就可以凭借信用的手段用贷款来完成购买行为,用以后逐年逐月获得的收入来归还贷款。这样,消费者就可以提前获得消费品的享受。可见,这种理性的信贷消费行为是建立在前向消费理论基础上的。

8. 什么因素影响耐用品的消费支出?为什么耐用品消费支出比较易变?

答:影响耐用品消费的因素很多,有三方面因素特别重要:

第一,实际利率。实际利率上升会影响如小汽车之类的购买。

第二,获得信贷的困难程度。耐用品大多要贷款购买,因而获得信贷越困难,耐用品购买就越困难。

第三,未来收入的不确定性。未来收入越不确定,人们越不愿也不能购买耐用品。

暂时不买耐用品,意味着只能仍旧使用旧的耐用品,而不像不买食品那样难以度日。因此,对耐用品的消费支出较易变化。

9. 信贷配给的存在如何使消费对当前收入的依赖比面向未来的消费理论所表明要大?

答:面向未来的消费理论认为,人们消费对当前收入的依赖性不大,因为即使当前没有足够的收入来消费,但只要预期未来能获得较高收入,则可以通过借贷使消费支出远远超过当前收入能够达到的水平。然而,信贷配给的存在往往使这种说法的真实性大打折扣,因为信贷配额存在意味着你当前并不能想借多少钱就能够借到多少钱,一旦你借不到钱或借不到足够的钱,你的消费事实上就在很大程度上不得不依赖当前的收入,而不是预期的未来收入。例如,当住房信贷政策收紧时,比方说本来可贷款房价的 80%,收紧为只能贷款房价的 60% 或 50%,一些家庭可能就无力购房或只能购小一些的住房。

10. 依据哪种理论,一个暂时性减税对消费影响最大?依据哪种理论,社会保障金的一个永久性上升对消费影响最大?依据哪种消费理论,持续较高的失业保险金对消费影响最大?

答:依据凯恩斯消费理论,一个暂时性减税会增加人们当前收入,因而对消费影响最大。依据生命周期理论,社会保障金的一个永久性上升可以减少老年时代的后顾之忧,减少当前为退休后生活准备的储蓄,因而会增加消费;依据持久收入消费理论,持续较高的失业保险金等于增加了持久收入,因而可增加消费。

11. 哪种消费理论预言总储蓄将依赖于总人口中退休人员和年轻人的比例?这种关系是什么?

答:生命周期理论认为,年轻人要为自己年老生活作储蓄准备,因此,年轻人对退休人员比例提高时,总储蓄会增加。反之,退休人员对年轻人比例上升,总储蓄会下降,因为退休人员不储蓄,而消耗已有储蓄。

12. 如果政府使借钱变得更容易——也许是通过制订计划帮助人们得到贷款,你预期消费行为对当前收入将变得更敏感还是更不敏感?为什么?

答: 将变得更不敏感,因为如果当前收入下降不足以维持原有消费水平时,人们可通过借钱维持原有消费水平,而不必降低消费。

13. 你预期股票市场大崩溃将如何影响消费和收入之间的关系?你预期房价急剧上升将如何影响消费和收入的关系?你的预期将如何根据消费者是凯恩斯型、生命周期型还是持久收入型而各不相同?

答: 面向未来的消费理论(前向消费理论)强调,没有理由认为一个人现在的消费应该与他当前收入有关,人们消费多少应该与他的富裕程度有关。资本收益或资产价值的变化会改变一个人的财富,当股票或不动产(如房产)价格上升,拥有这些资产的人将会提高他们的消费水平,因此,股票市场大崩溃,并且人们预期这一变化将持续,人们会减少消费,而房价急剧上升并且人们预期这一变化会持续下去,人们会增加消费。这是生命周期型和持久收入型理论的观点,凯恩斯理论则认为,如果资产价值变化带来了收入的变化,则会影响消费,否则不会影响消费。

14. 试述影响消费的非收入因素。

答: 在影响消费的因素中,收入当然是最重要的因素,但影响消费的因素还有许多,忽视了这些因素就无法完整地解释消费问题。这些因素包括:

(1) 金融资产。包括家庭所拥有的现金、存款、股票、债券等资产,它们与消费是正相关的。也就是说,金融资产越大,消费越高;反之亦然。

(2) 利息率。利息率对消费的影响是双重的:收入效应和替代效应。收入效应是指利息率上升将增加消费者储蓄所带来的利息收入,从而增加当前消费;反之,则相反。替代效应是指利息率上升将倾向于使消费者以将来的消费来替代现时的消费,也即人们更加愿意储蓄,从而减少当前消费。由于这两个效应的作用是相反的,并难以确定哪个效应占主导地位,所以也就难以确定利息率对消费的影响。实证研究也证明了这一点。

(3) 价格水平。价格水平与消费的关系有两点:第一,价格水平对整个消费水平的影响,即价格水平变动对收入中消费与储蓄的划分的影响。一般说来,价格水平上升,会促使消费者提高当前消费而降低未来消费(即储蓄);当价格上升较厉害时,即通货膨胀严重时,货币像"烫手的山芋",人们都不愿持有货币而想持有实物,会导致商品抢购风。第二,价格变动对实际收入所发生的影响。如果价格水平的变动与名义收入是同步的,即价格水平变动基本上不影响实际收入,那么,消费也就不会由于价格变动而变动。如果实际收入变化,则可用收入与消费之间关系的理论来解释其结果。

在价格变动而实际收入不变的情况下,还要考虑货币幻觉对消费的影响。如果人们没有货币幻觉,就不会影响消费。但如果某些家庭只看到物价上涨而没有看到名义收入有相应的增加,他们就会认为自己实际收入减少了,于是会减少储蓄而增加消费,以维持平稳的消费水平。这种情况下,消费实际上是增加了。还有一种情况是有些家庭只看到名义收入的增加而没有看到物价水平的上升,他们就会认为自己的实际收入增加了,就会增加储蓄减少消费。这种情况下,消费实际上减少了。就整个社会而言,第二、第三种情况大体上可以互相抵消,因而不存在货币幻觉。

(4) 收入分配。消费支出取决于可支配收入,而不同收入水平家庭的边际消费倾向是不一样的。一般来说,高收入家庭的边际消费倾向低,低收入家庭的边际消费倾向高。因而,如果收入分配更加均等化,则会提高整个社会的消费倾向。收入的均等化可通过税收和转移支付来实现。

但是,我们应注意,上述观点是从绝对收入假说中得出的。而根据生命周期假说和持久收入假说,消费与一生或持久收入有关,收入分配的变动不会对消费有什么影响。另外,也由于收入分配的变动是缓慢的。因而,总的来说,收入分配均等化虽有利于增加消费,但这种影响不会是重要的。

(5) 人口的增长。显然多一张嘴就要多一份消费,人口发展得越快,消费总量增加越快。

(6) 消费品存量。根据消费品存量调整假说,对耐用消费品而言,若家庭存量越大,对它的现期购买就越少。因而,消费品存量的大小与消费支出的多少呈反向关系;对于非耐用消费品而言,消费品存量不起作用,起作用的是消费习惯。也即过去在非耐用消费品上支出越大,其现期支出也越大。但总的来说,消费品存量对总消费品支出的影响是不确定的。

另外,消费还受人口的年龄结构、消费结构和风俗习惯等因素影响。

15. 试分析实际利率对消费的影响。

答:与此题等价的是"分析实际利率对储蓄的影响",因为收入中除去消费部分后的余额就是储蓄。

实际利率对消费的影响有替代效应(即现期消费和将来消费或储蓄之间的替代)和收入效应(储蓄能使收入增加)。

先分析替代效应。假如你能按名义利率 NR 借款或放款,并且一单位商品在今年的价格是 P_t,如果你今年减少一单位商品的消费,你将会有 P_t 之"节省"到将来消费,这就是储蓄,并且挣得报酬率 NR,那样,你到明年将会有 $P_t(1+NR)$ 元可用于消费。如果明年

的价格水平是 P_{t+1}，那么明年你就能购买到 $P_t(1+NR)/P_{t+1}$ 单位消费品，明年你得到的额外消费是 $P_t(1+NR)/P_{t+1}-1$，由于通胀率 $\pi=\dfrac{P_{t+1}-P_t}{P_t}$，上式可以改写为 $\dfrac{NR-\pi}{1+\pi}$。如果 π 很小，那么就有 $\dfrac{NR-\pi}{1+\pi}=NR-\pi$。当你正在考虑是今年消费还是明年消费时，你并不知道明年的价格，但你有对明年价格水平的预期。因此，你只能使用预期价格变动率或预期通货膨胀率，将它记作 π^e 来代替价格变动率。实际利率从而就成为 $R=NR-\pi^e$，即实际利率 R 等于名义利率 NR 减去预期通货膨胀率 π^e（注意此式有个前提条件就是 π^e 足够小）。

　　如果实际利率是正的，公众就有一种推迟消费支出的动机。如果他们不至于等得不耐烦，他们就会那样做。经济学家对于这种不耐烦是用所谓时间偏好率来衡量的。如果实际利率高于时间偏好率，人们倾向于将他们在今年的一部分消费推迟到明年。如果实际利率很高，今年的消费将可能很低。这一因素使得消费和实际利率呈反方向变动，而储蓄则和实际利率同方向变动。

　　再来分析收入效应。如果实际利率上升，家庭就能从积累起来的资产中获得更高的收益。这将改善家庭的经济状况，消费就将上升。显然，在这里，消费是与实际利率同方向变动的。也即储蓄是和实际利率反方向变动的。

　　由上可知，替代效应和收入效应的作用是相反的，两者相互抵消的趋势使得实际利率对于消费（和储蓄）的作用是不确定的。实证研究也同样证实了这一点。

16. 假如消费者一生平稳地消费其所有收入，储蓄无利息。(1) 假设你赚的钱和你的邻居一样多，但你比他健康，预期比他长寿，你将比他消费多还是少？为什么？(2) 假如在 T 年时预计到退休后每年有退休金 X 元，消费方程式 $C=\dfrac{WR}{NL-T}+\dfrac{WL-T}{NL-T}\cdot YL$

如何改变？（式中，WR 为 T 年时的财富，NL 为预期寿命，WL 为工作期限，YL 为工作时的年收入。）

答：(1) 可根据生命周期假说来分析此题。分两种情况讨论：① 当你和你的邻居预期寿命小于工作年限 WL，即未到退休就已结束生命时，尽管你比邻居长寿些，但两人年年都可能把年收入 YL 消费完，两人的消费会一样多。② 当你预计在退休后寿命才结束。这样无论你邻居是在退休前还是在退休后结束生命，你的消费都应比他小。因为你每年的消费为 $C_1 = \dfrac{WL}{NL_1} \cdot YL$；而你的邻居的消费如下：(a) 当邻居在退休前死去，他每年消费 YL。显然他比你多消费。(b) 当邻居在退休后死去，他的消费为 $C_2 = \dfrac{WL}{NL_2} \cdot YL$。而据题意，$NL_1 > NL_2$ 显然就有 $C_1 < C_2$，即你比邻居少消费。

(2) 消费者在 T 年时预计到退休后每年可得退休金 X 元，根据平稳消费的假设，他会把退休后的全部退休金（假定不考虑留遗产给下一代）均匀地分于其后的 $(NL-T)$ 年的消费中。由于有了退休金，而使消费者今后每年增加消费

$$\Delta C = \frac{NL - WL}{NL - T} \cdot X$$

故原消费方程式变为

$$C = \frac{WR}{NL - T} + \frac{WL - T}{NL - T} \cdot YL + \frac{NL - WL}{NL - T} \cdot X$$

17. 在生命周期假设中，消费对积累的储蓄比率一直至退休时都是下降的，(1) 为什么？是有关消费的什么假设导致这个结果？(2) 在退休以后，这个比率如何变化？

答：(1) 根据生命周期假设，消费者每年消费 $C = \dfrac{WL}{NL} \cdot YL$，则

退休前每年储蓄为 $S = YL - C = \dfrac{NL - WL}{NL} \cdot YL$。至 T 年($1 \leqslant T \leqslant WL$)时,积累的储蓄 $WR = S \cdot T = \dfrac{NL - WL}{NL} YL \cdot T$,则消费对积累的储蓄比率为 $C/WR = WL/(NL - WL) \cdot T$,显然,随着 T 的增大,消费对积累的储蓄比率 C/WR 逐渐减小。这主要是由"消费者将其工作收入均匀地用于其一生的消费",即平稳消费这一假设导致的。

(2)在退休以后,消费者每年消费还是 $C = \dfrac{WL}{NL} \cdot YL$,而积累的储蓄为 $WR = \dfrac{NL - WL}{NL} YL \cdot WL - (T - WL) \cdot C = \dfrac{NL - T}{NL} \cdot YL \cdot WL$,其中 $WL \leqslant T \leqslant NL$,则消费对积累的储蓄比率为 $L/WR = \dfrac{1}{NL - T}$,显然,随着 T 的增大,消费对积累的储蓄比率也逐渐增大。

对上述两小题中的积累的储蓄和消费的关系可用图 14-3 表示。

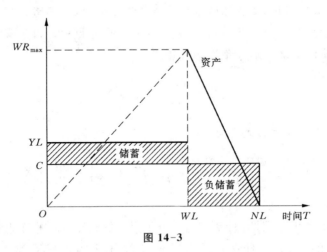

图 14-3

举个例子,设某人预期寿命 $N = 60$(指活到 80 岁,因为从 20 岁工作开始算起,故 $N = 60$),工作期限为 $WL = 40$(指 20 岁开始工作,到 60 岁退休),工作时年收入 $YL = 1$ 万元,则每年消费为:

$$C = \frac{WL \cdot YL}{NL} = \frac{40 \times 1}{60} = \frac{2}{3}(万元),每年积蓄 S = \frac{NL - WL}{NL} \cdot YL =$$

$$\frac{60-40}{60} \times 1 = \frac{1}{3}(万元),到退休时共积累财富 WR = \frac{40}{3}(万元),在 65$$

岁时,即 $T = 45$(20 岁算起),已消费积累的财富 $\frac{2}{3} \times 5 = \frac{10}{3}$(万元),

尚余 $WR = \frac{40-10}{3} = 10(万元)\left[\frac{60-40}{60} \times 1 \times 40 - (45-40) \times \frac{2}{3} = \right.$

$\left. \frac{40}{3} - \frac{10}{3} = 10(万元) \right]$。

18. 假若在消费中考虑利率的因素,为什么短期边际消费倾向略高于实际利率?

答:无论是生命周期假说还是持久收入假说,都可说明短期边际消费倾向略高于实际利率。我们先作如下假设:在长为 n 年的期限(如果是生命周期假说,则 n 为寿命;若是持久收入假说,则为参与收入平均的年限,一般也较大)内,消费者在考虑了实际利率因素后会计划每年的消费支出。现在假定消费者得到暂时性收入增加 ΔY。如果消费者准备将 ΔY 留给后代,而自己只消费其利息,则由此而带来的每年增加的消费量为 $\Delta Y \cdot r$,短期边际消费倾向为 $\frac{\Delta Y \cdot r}{\Delta Y} = r$。但在消费理论中,一般假定消费者将平稳地消费其所有收入,因而近似地可以认为今后每年增加的消费量为 $\left(\frac{\Delta Y}{n} + \Delta Y \cdot r\right)$,从而短期边际消费倾向为 $\left(\frac{1}{n} + r\right)$,但 $\frac{1}{n}$ 较小,故短期边际消费倾向略高于实际利率。

19. 什么是相对收入假说中的"棘轮效应"?

答:相对收入假说认为,消费者的消费决策往往不是一种理性的计划,而是取决于消费习惯。消费习惯的形成受各种因素影响,特别重要的是个人在收入最高时期所达到的消费标准对消费习惯的形成有重要影响。消费习惯形成之后有不可逆性,从而消费本身也就有不可逆性,即易于向上调整而难于向下调整。尤其是在短期中,暂时性收入的减少并不会使消费减少相应的量。这种不可逆性就是"棘轮效应"。

20. 生命周期理论怎样能解释长期消费函数的稳定性及短期消费的波动性?

答: 在生命周期假说中的消费函数为 $C = a \cdot WR + c \cdot YL$
上式两边除以可支配收入 Y_D,可得

$$C/Y_D = a \cdot \frac{WR}{Y_D} + c \cdot \frac{YL}{Y_D}$$

从上式可看出,如果财产与可支配收入的比率 WR/Y_D 是不变的,且可支配的劳动收入与可支配收入的比率 YL/Y_D 也是不变的,那么,上式表明消费与可支配收入的比率 C/Y_D,即可支配收入的平均消费倾向也是不变的。但如果财产与可支配收入的比率 WR/Y_D 是可变的,则消费倾向就是可变动的。

从长期来看,财产与可支配收入的比率大致是不变的,可支配收入中劳动收入的份额 YL/Y_D 也是大致不变的,因而,长期平均消费倾向是稳定的,长期边际消费倾向与平均消费倾向大致相等。这样就证明了库兹涅茨的实证研究的结论:在长期中消费函数是稳定的。

但在短期中,财产与可支配收入的比率 WR/Y_D 是变动的,其原因主要是资产市场的价格变动。公众所持有的股票、债券的价值是财产的一部分并包括在财产 WR 中。当证券市场繁荣时,股票债券价格高,公众的财产也就增多,从而会增加消费;而当证券市场萧条,股票、债券价格低,公众财产就减少,从而减少消费,这就是说,短期资产市场的波动会影响短期消费行为,使短期中的消费波动。

21. 根据生命周期假说,如果其他条件不变,一个国家规定其公民的退休年龄提前五年,那么预期该国总消费占 GDP 的比重将发生什么样的变化?

答: 根据生命周期假说,个人是在一生中来计划他们的消费和储蓄的,他们预期一生的平均收入,然后决定消费,以使其一生中实现稳定的消费。

如果一国的公民提前退休,那么他们一生中用于工作的时间将减少,退休的时间将延长。人们将不得不在工作期间每年储蓄更多,才能保证更长退休年限的稳定消费。因此,工作期间的储蓄将更多,消费更少。从宏观经济整体来看,总消费占 GDP 的比重将下降。

但在退休金支付是在现收现付制度安排下,提前退休的制度刚开始实施的时候,总消费占 GDP 的比重并不会明显下降,原因在于受该项政策影响而提前退休的人的退休金是从目前正在工作的人们的退休保险金中支付的,他们并没有对应的储蓄增加,消费也并没有明显下降。

22. 什么是投资,人们日常生活中讲的投资与经济学里讲的投资有什么区别?

答: 投资一般指经济主体为获取预期收益而垫付货币或其他资源(货币也是资源,是资源的价值形式)于某些事项的经济活动。这个定义包含:① 谁来投资?即投资的主体,是各级政府企业还是个人。② 为什么投资?是为了获利,即取得效益,除了经济效益,还包括社会效益和环境效益。③ 怎样投资?或者说投资方式,是用货币资金添置固定资产、流动资产等实物资产的直接投资,还是用来购买股票、债券等形成金融资产的间接投资,或者是用于开发高新技术之类的风险投资。以上所讲投资还不是经济学中所说的投资定义。

在经济学中,投资是指增加或替换资本资产(包括厂房和住宅建筑,购买机器设备以及存货投资)的支出。投资可分固定资产投资(增加新厂房、新设备、营业用建筑物和住宅)、存货投资(即生产者增加存货)两大类。固定资产投资分为两类:一类是替换旧设备、旧厂房之类的重置性投资,可称重置投资;另一类是新增加购置的厂房、设备等所谓净投资。

23. 试简析投资波动剧烈的原因。

答:简单说,有三个原因:(1)加速原理;(2)厂商预期的不确定性;(3)投资时间的灵活性。下面分别加以叙述。

(1)加速原理。这一理论假设,投资只和产量变动有关,即在一个时期内资本存量 K 调整到意愿资本存量 K^* 水平(并假设意愿的资本-产出比率 v 为常数)与资本的租用成本无关,而只和产量变化成比例,则有 $I_t = K_t - K_{t-1} = K_t^* - K_{t-1}^* = vY_t - vY_{t-1} = v(Y_t - Y_{t-1})$。这一式子表明,当期投资 I_t 取决于产出的变动 $(Y_t - Y_{t-1})$ 和资本-产出比率 v。由于 $v > 1$,所以,投资变动大于产出变动。

(2)厂商预期的不确定性。这是由凯恩斯提出的。他用本能冲动(Animal Spirits)这个词来说明投资者的乐观和悲观情绪。厂商的预期受其情绪影响而易变动,预期无实在的根据,故投资者作出决策所依据的基础是不可靠的,这样,投资也极易变动。

(3)投资时间的灵活性。投资是在长期中进行的,投资的具体时期则是易于变动的。比如企业要进行投资时,经济正处于衰退,企业无法肯定衰退会在何时结束,从而就会把投资延期,等到经济开始复苏时再投资,从而导致在经济复苏时可能会出现投资过多的现象。这样,投资时间的灵活性就加剧了投资波动。这表明投资与国民收入的变动是紧密相关的。

24. 存货包括哪些货物?为什么要拥有存货?

答:存货包括原材料、半成品和待售的制成品。以美国为例,存货数量巨大。存货对每年销售量比率达到 23%—25%(注意要区分存货和存货投资。存货是存量,而存货投资是流量,存货的变化就是存货投资)。存货对于生产和销售都是必不可少的,有以下几个

理由:

（1）存货是保证销售稳定的必要条件。一方面,由于市场需求千变万化,厂商不能完全预测得到;另一方面,货物不能立即被生产出来或立即从制造商那儿得到,存货销售者必须拥有一定量的存货以及时满足市场需求。

（2）存货是保证生产过程顺利进行的一个必要条件。现代生产是一个连续的过程,需要有原材料、半成品等必要储备才能保证生产的连续进行。在原材料、半成品及生产过程中难免会出现一些意外情况,有了存货就能免遭停工待料的损失。

（3）存货调节可使企业的生产过程稳定地维持在一定水平上。由于在生产线上不断变动其产出水平的代价是昂贵的,而市场需求又经常波动,因此企业不可能不断变动其产出水平来满足市场波动需求。企业要稳定其产出水平,就要让存货来调节,当产量大于市场需求时,并不扩大生产,而是减少存货。反之亦然。

（4）保持一定量的存货可降低成本。对厂商而言,大批量订购货物的成本小于经常订购货物的成本。当然,拥有存货也是有成本的。在这里,厂商就是要使拥有存货的成本和订购货物的各种成本之和最小。

（5）在生产线上的存货也是不可避免的,例如,连续不断运转的机器中总需要有一些原材料在加工,否则就不能连续生产。

25. 影响意愿存货量的因素有哪些?

答: 存货有一个意愿水平,即在这一水平上,生产和销售能正常进行,或者说,在这一水平上存货投资成本和收益相等。高于意愿水平的存货是非意愿存货。

存货投资的收益,是保持一定的存货维持生产的正常进行,确保销售顺利,避免意外情况所引起的损失等方面带来的好处;存货投资的成本,是存货所占用资金机会成本及存货需要付出的仓库、保管和损耗的费用。这两者的均衡就决定了意愿存货水平。意愿存货水平取决于以下这些因素：

（1）订货成本和获得存货的快慢。厂商在购买原材料时要和买方进行谈判，联系并签订合同，这都要消耗人力、物力、财力，为此而支付的费用称为订货成本。订货成本越低，获得存货越快，则意愿存货水平就越低；反之，则越高。

（2）市场需求的不确定性。市场对于本厂产品需求越不稳定，意愿存货水平就越高；反之，则越低。因为在需求不稳定时，就需要更多的存货来适应市场需求的变化。

（3）长期销售水平。在一般情况下，存货和销售量保持一个固定比例关系。长期销售水平越高，意愿存货水平就越高；反之亦然。

（4）利率水平。存货要占用资金，因此，利率水平越高，意愿存货水平就越低；反之亦然。

（5）存货的其他开支，这包括仓库和保管设备费用，保管人员的费用，以及存货在贮存期的损耗等。这些费用越高，存货的水平就越低；反之亦然。

在以上各种因素中，前面三项影响存货投资的收益，后面两项影响存货投资的成本。如果我们考虑通货膨胀因素，则应该在收益中加上购进存货和卖出存货的差价收益。

26. 为什么说仅从存货数量的变化看不能得出经济运行的正确结论？

答： 在正常情况下，存货与销售量保持一个固定的比例。但有两种情况会使存货水平比正常水平高。第一种情况是销售量出人意料地低，企业不得不把卖不出去的产品作为存货投资，存货大量增加，高出正常水平的存货为非意愿存货。这种情况常在经济衰退时出现。第二种情况是销售量之高超出意料，企业为了适应市场需要而提高存货水平，这时高出正常水平的存货投资是意愿的。这种情况常在经济繁荣时出现。

从上述可知，同样是存货数量上升，却是在截然相反的经济运行状态中出现的,所以光从存货数量的变化来看不能得出经济运行状态的正确结论。

27. 试述存货投资与经济周期的关系。

答： 存货的调整有一个很重要的因素,就是厂商对未来的预期,根据预期使存货达到合理水平。但这种预期在经济周期中往往是不正确的,从而使存货波动大于 GDP 水平的波动。具体过程如下：在经济繁荣开始时,GDP 水平增长很快,销售量也增加。这意味着厂商正在逐步用完从前的存货。这时厂商对未来抱乐观态度,要大幅度增加存货。当衰退开始时,销售量开始下降,但生产水平仍很高。这时产品超过其销售额,存货开始积累。但在衰退初期,由于预期有"惯性",厂商还未从前期繁荣中清醒过来,厂商预期有高销售额,就决定积累存货准备将来销售。随着存货的积累,厂商意识到存货已太多;另外,随着销售量下降,根据意愿存货-销量比基本不变原则,意愿存货水平下降,厂商开始抱悲观态度,大量非意愿存货需要减少,从而就缩减产量。存货投资在经济周期中的作用正是非意愿存货和意愿存货变动相结合的结果,它加剧了经济的周期性波动。

28. 什么是企业固定投资？应怎样分析企业的固定投资决策过程？

答： 企业生产必须有厂房设备等固定资本。这些固定资本总量就是企业固定资本存量。为了保持和扩大这种固定资本存量所要做的支出就是企业固定投资。为了避免与建造住宅上的固定资本投资相混淆,这种在设备、厂房上的固定资本投资有时又称非住宅固定资本投资,一般就可简称企业固定投资。

作为企业,考虑进行多少固定投资时必须作两方面决策：首先要决定需要多少厂房和设备,即企业理想的资本存量如何决定;其次要决定以多快速度购买设备和建设厂房,即如何决定投资量。简言之,前者是资本存量决策,后者是投资流量决策。

29. 试用新古典边际分析方法讨论在企业固定投资中,意愿资本存量由哪些因素决定?

答: 新古典经济学假定,企业活动追求利润极大,而利润极大必须做到资本的边际收益等于边际成本,因而企业为生产一定产量所需要的意愿资本存量取决于资本的边际收益和边际成本的均衡。

资本的边际收益是生产中每多用1单位资本所增加的收益,它等于资本的边际产量和产品价格的乘积,而资本的边际成本指生产中每多用1单位资本而多花费的成本。由于可假定资本设备的使用为租用,因此,资本使用成本又可称资本租用成本或租用价格。如边际收益大于边际成本,企业就会增加资本存量,直到相等为止。随着资本使用量的增加,资本边际收益会递减(这是由于边际产量递减,微观经济学已告诉了我们),因此,不管资本的边际成本是否会随资本使用量增加而增加,在资本使用量变动过程中,必然存在一个边际收益和边际成本相等的均衡点,它决定资本存量规模。于是,企业意愿资本存量一方面取决于资本边际收益,另一方面取决于资本边际成本或者说租用成本。

从资本的边际收益看,资本存量规模取决于产量水平,因为要以相同的资本生产较多产量时,必须多用劳动,而多用劳动又提高了资本的边际收益(这也是微观经济学告诉我们的)。为了使边际收益和没有变化的资本租用成本相等,企业将多使用资本,如图14-4所示。

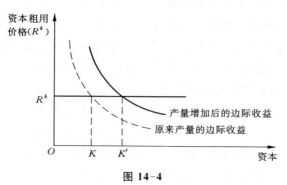

图 14-4

从资本的边际成本或租用成本看,成本高低一是取决于市场利息率,利率越高,资金成本即资本租用价格越高;二是取决于劳动成本,即工资率,工资率越高,使用资本的代价就相对地越低。

把上述两方面结合起来看,企业对资本存量需求主要由下列三因素决定:(1)资本存量需求随计划产量上升而上升;(2)资本存量需求随市场利率上升而下降;(3)资本存量需求随工资上升而上升。可用下列公式描述企业想要有的资本存量 $K^* = \lambda(w/R^k)Y$,式中 K^* 是意愿资本存量,w 是工资率,Y 是企业计划产量水平,R^k 是资本租用价格。公式表示,企业想要有的资本存量等于 λ 乘以工资率和资本租用价格的比率,再乘以计划产量。

30. 除了市场利息率,影响资本使用成本或租用价格的因素还有哪些?

答: 资本使用成本除了市场利率外,还有其他一些因素,如折旧、通货膨胀、税收等。

折旧包括资本的物质损耗和精神损耗。折旧率越高,使用资本的成本就越高(因为折旧要计入资本使用成本),从而资本需求会越小。

通货膨胀也影响资本使用成本,因为通货膨胀率越高,一定名义利率(货币利率)水平上的实际利率就越低,从而资本使用成本就越低,因而预期通货膨胀率越高,资本需求量越大。

税收也影响资本使用成本。当政府允许企业每年从其投资支出中扣除一定比例的税收(称投资税收减免)时,就降低了资本使用成本,从而会增加资本需求。

31. 略述新古典主义的投资需求函数,如何从这一需求函数中推导出加速原理?

答: 弄清了企业意愿资本存量由哪些因素决定以后,就不难弄清企业如何进行投资决策的问题了。投资等于资本存量的变化,即

$I = K - K_{-1}$,这里 I 表示投资,K 表示资本存量,K_{-1} 表示上一期资本存量。如果企业要使它的资本存量 K 等于想要有的资本存量 K^*,则只要把 K^* 代入 $I = K - K_{-1}$,这样就得到了企业投资需求函数 $I = K^* - K_{-1}$,或 $I = \lambda(W/R^k)Y - K_{-1}$。如果用 v 代表 $\lambda(W/R^k)$,那么上述投资需求函数就可写成:$I = vY - K_{-1}$。如果企业每期都调整资本存量,以使 $K^* = vY$,则本期的意愿资本存量为 $K = K^* = vY$,上期的意愿资本存量为 $K_{-1} = K^*_{-1} = vY_{-1}$,于是投资需求函数就变为 $I = vY - vY_{-1} = v(Y - Y_{-1}) = v\Delta Y$。这就是说,投资水平取决于产量变化 ΔY,产量对投资的作用系数称为加速数。在这里,v 就是加速数,说明产量对投资作用的理论称为加速原理。

32. 什么是投资过程中的滞后?为什么会有这种滞后?

答:根据投资需求函数,似乎企业会把资本存量立即调整到它想要有的水平。然而,实际上企业并不是立即会做到这一点,许多今年的投资是去年、前年甚至更远以前投资决策的产物,这就是投资过程中的滞后现象。产生这种投资滞后现象是有原因的:第一,企业必须要有一个计划与筹措投资项目资金的时间;第二,投资不能过分影响正常的生产,如果迅速调整资本存量,会分散企业管理层的注意力,影响当前正在进行的生产。因此,企业只能通过投资将它们的资本存量逐步地调整到理想的水平。考虑到投资过程中的滞后,投资需求函数须修正为 $I = \bar{s}(K^* - K_{-1})$。$\bar{s}$ 越小,资本存量调整越慢,投资需求对它的决定因素(计划产量、资本租用价格和工资率)就反应越弱。

33. 哪些情况是与严格的投资加速数模型相背离的?

答:投资的加速数模型认为投资需求 I 与产出变化 ΔY 成等比例关系,即 $I = v \cdot \Delta Y$。式中 v 表示资本-产出比,又称加速数。下列情况是与该模型相背离的:(1)资本存量不可能立即对预期产出的变化作出反应。是否追加资本将取决于企业对预期产出的信心。当预期产出是暂时性的和不能实现的可能性较大时,厂商就不会去扩大生产量。再说,由于资本的物化(即由货币形式的资本转化为可用来直接生产的实物资本)需要时间以及供应资本品工业的订单积压,追加资本是有时滞的。(2)技术将改变资本的使用方式,进一步导致资本-产出比变化。技术进步将使资本变得更加有效率,导致资本替代劳动力,从而资本-产出比增加。(3)使用资本或其他经济资源的成本可能改变。比如,投资税减免将降低投资成本,劳动力价格上升将导致资本替代劳动。这些都将使资本更加密集,资本-产出比率增加。

34. (1)假设现制定并公布来年有一个持续一年的投资税收抵免(减免)政策,则这一做法对近几年(四五年)内的投资有何影响?

(2)假如上述政策是长期的,则又有何影响?

(3)简述投资税收减免政策对调控经济的作用。

答: 投资税收减免就是政府允许企业在其投资支出中扣除一定比例的税收,这会降低资本租用成本,从而增加意愿资本存量。由于投资是在长期中进行的,一项工程的投资往往需要多年才能完成,具体在什么时期、投资多少是有灵活性的。

(1)按题意,由于税收减免政策仅持续一年,企业将充分利用该优惠政策,将几年内的投资相当集中地在来年中完成,而大量减少今年及来年以后各年的投资。

(2)按照题意,由于投资税收减免政策是长期的,因此对投资时间的确定就影响不大。长期投资税收减免会长期地减少资本租用成本,从而增加意愿资本存量,即增加投资量,但这投资量是长期均匀分布的。

(3)由上可知,政府运用投资税收减免这一政策可以使投资在时间上提前或延后,而投资波动是引起经济波动的主要原因,故可以将投资税收减免政策作为稳定经济的重要政策手段。在经济衰退时,可增加投资税收减免来刺激投资或使投资提前;而在经济繁荣时也可通过减少投资税收减免来抑制投资或使投资推后,这样就有稳定经济的作用。但是也应注意:由于企业的预期和政府在该政策时间和力度选择上的失误,可能反而加剧经济波动。

35. 什么是企业投资决策中的未来收益现值分析法?

答: 前面几题中分析的企业投资决策属新古典主义投资理论。实际上,企业在作具体投资决策时,并没有像这种理论那样去全面考虑投资需求的各种决定因素,而是很实际地运用一种所谓投资未来收益的现值分析法或称贴现的现金流量分析法。这种方法是,企业在决定某项投资时,首先要考虑这项投资能提供收益的年限及各年的收益,然后要考虑一系列未来收益按现行市场利率折成现值是多少;再将此现值和投资成本(为购买一台设备所费的成本)价格相比,如现值大于投资成本价格,则此项投资就是合算的,否则就是不合算的。举一例说,假定花 1 000 美元买一设备,使用期限为 2 年,全部损耗光。再假定这台设备第一年收益为 525 美元,第二年收益为 661.5 美元,假定市场利率为 5%,则该项投资未来收益的现值是 $\frac{525}{1+0.05}+\frac{661.5}{(1+0.05)^2}=$ $500+600=1 100$ 美元。显然,该项投资未来收益的现值大于该项投资的成本价格 1 000 美元,因此,这一投资项目是值得的。

投资未来收益的现值大于投资成本价格,实际上就是凯恩斯所说的资本边际效率大于市场利息率,因为凯恩斯所说的资本的边际效率是指未来收益折算成现值恰好等于新增资本设备的重置成本的贴现率。下面举一例说明。假定花 1 000 美元买一台设备,使用 1 年报废,且残值也为零,其收益为 1 100 美元,显然,资本边际效率为 10%,因为 $1 000=\frac{1 100}{1+0.1}$;如果当时市场利率为 9%,则此未来收益按市场利率折成的现值为 1 009 美元。显然,这项现值 1 009 美元大于资本供给价格 1 000 美元,因此,该资本设备的投资是值得的。在这里,投资未来收益按市场利率折成的现值大于投资成本价格,和资本边际效率大于市场利率其实是一回事。

36. 住宅存量的供需与新住宅供给之间有什么关系?

答: 住宅存量的需求受住房本身价格、财产、其他资产实际收益和拥有住宅的净实际收益等因素影响。住宅需求曲线如图 14-5(a) 所示,纵轴 P_H 代表住宅价格,横轴 H 代表住宅存量。除了住宅价格以外的其他三个因素都会导致需求曲线的移动。例如,人们财产增加,需求会增加,DD_0 会右移到 DD_1,相反,其他资产收益增加,这时住宅的相对收益下降,住宅需求曲线就会左移。在一定时点上,住宅供给量是固定的,如图 14-5(a) 的垂直线。这是因为住宅建筑需要较长时间,其供给对价格变动不能作出迅速反应。这样,住宅存量的需求曲线和供给曲线相交,就决定了住宅的均衡价格 P_H^0。

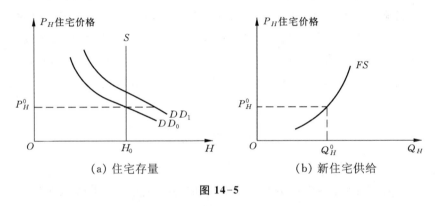

图 14-5

再来看住宅的流量供给,如图 14-5(b) 所示,纵轴 P_H 仍代表住宅价格,横轴 Q_H 代表住宅供给流量。FS 就是供给曲线,说明了在每个价格水平上愿意提供的住宅量,这是流量。由图 14-5(a) 决定了住宅价格 P_H^0,再据图 14-5(b),在价格 P_H^0 下,提供新住宅为 Q_H^0。

从时间序列上看,由于每年有住宅流量 Q_H 进入住宅存量 H,同时,住宅中也有部分旧房因年久而报废,退出住宅存量 H,故住宅供给曲线 SH 会随时间推移而不断左右移动。当新造的住宅数量大于报废的旧住宅量时,住宅供给曲线会右移,反之则会左移。

37. 为什么货币政策对住宅投资影响特别大?

答：货币政策是通过利率变动发挥作用的，而住宅投资对利率变动十分敏感，因为购买住房要靠长期抵押贷款，这种长期贷款有固定利率，并在贷款期中按月归还。由于贷款数额大、期限长，因此，利率影响就很大。利率的稍微变动都会使购房成本差别很大，因此，住宅需求对利率最为敏感。当利率上升时，对住宅的需求就会下降，从而住宅售价会下降，新住宅建设速度就会放慢，即住宅投资需求就下降。

对房地产开发商来说，住宅投资的资金大多也靠贷款。由于住宅投资贷款数量大，期限一般也在1年以上，因此，利率变动对建房成本影响也特别大。利率上升，建房成本上升，如果住房售价不变，房地产商利润要下降；如果售房价格上升，又会影响住房需求即房屋的销路。无论从哪方面看，都会使住宅投资需求减少。

计 算 题

1. 假设某人生命周期分为四个时期，头三个时期收入依次为30、60、90万元，第四个时期收入为0，如图14-6所示。假设利率为0，试问：

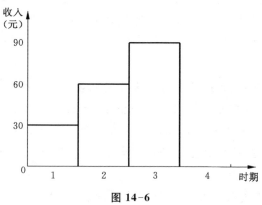

图 14-6

(1) 假设该人想要在其一生中平稳地消费,且不受到预算约束。试求其消费水平,并指出哪个时期为储蓄?哪个时期为负储蓄?其值为多少?

(2) 与(1)相反,假设该人想要平稳地消费但受到流动性约束,试求其在各个时期的消费量。

(3) 接着第(2)小题,假设该人在期初接受外来财富为13万元,消费者是如何使用这13万元的?当外来财富为23万元时,又是如何使用的?

解:(1) 由于该人想要在其一生中平稳地消费,则其一生的收入应等于各个时期的均匀消费支出之和。其收入为 $30+60+90=180$(万元)。消费则为四个时期,由于不受预算约束,则每期消费为 $\frac{180}{4}=45$ 万元。将其与各期收入相对照可得

第一期:负储蓄15万元;

第二期:储蓄15万元;

第三期:储蓄 $90-45=45$(万元);

第四期:负储蓄45万元。

(2) 当没有受到流动性约束时,平稳消费水平为每期45万元,比第一期收入要大。现在假设该人受到流动性约束,则该人第一期只能消费其全部收入30万元。

从第二期开始,假设没有受到流动性约束时,平稳消费水平为每期 $\frac{60+90}{3}=50$ 万元,小于第二、三期的收入。故流动性约束的假设对这几期的消费不产生影响,第二、三、四期的消费为每期50万元。

(3) 在期初接受外来财富13万元,加上其收入30万元后,显然还是小于其平稳消费水平$\left(\text{注意此时平稳消费水平为} 45+\frac{13}{4}=48.25(\text{万元})\right)$,故该人将在第一期消费完全部外来财富13万元,其消费为 $30+13=43$(万元)$\Big)$。

第二、三、四期的消费量仍如同第(2)小题的 50 万元。

当外来财富为 23 万元时,在第一期,此时加上其收入 30 万元,大于其平稳消费水平 $45+\dfrac{23}{4}=50.75$(万元);第二、三期的收入均大于此值,故在这里,流动性约束的假设实际上对消费不产生任何实际的影响,消费者将平稳地消费其全部收入和外来财富。其消费量为每期 50.75 万元。外来财富 23 万元是这样被消费掉的:第一期 $50.75-30=20.75$(万元);第二、三期为零;第四期为 $23-20.75=2.25$(万元)。

2. 假设消费函数为 $C=200+0.9Y_p$,其中 Y_p 是持久可支配收入。同时假设消费者的持久可支配收入是当年加上前一年的加权平均:$Y_p=0.7Y_D+0.3Y_{D-1}$,其中 Y_D 是当年可支配收入。

(1) 假设第一年和第二年的可支配收入都是 6 000 元,则第二年的消费为多少?

(2) 假设第三年的可支配收入增至 7 000 元,并在将来一直保持这个收入,则第三、第四年以及以后各年的消费为多少?

(3) 短期边际消费倾向和长期边际消费倾向各为多少?如何解释上一小题?

解:(1) 由于消费者连续两年的可支配收入都是 6 000 元,根据题中持久收入的形成公式,第二年的持久收入为 6 000 元,则消费为

$C_2=200+0.9Y_{p2}=200+0.9\times 6\,000=5\,600$(元)

(2) 第三年的持久收入为

$Y_{p3}=0.7\times 7\,000+0.3\times 6\,000=6\,700$(元)

第三年的消费为

$C_3=200+0.9Y_{p3}=200+0.9\times 6\,700=6\,230$(元)

第四年的持久收入为

$Y_{p4}=0.7\times 7\,000+0.3\times 7\,000=7\,000$(元)

第四年的消费为

$C_4 = 200 + 0.9Y_{p4} = 200 + 0.9 \times 7\,000 = 6\,500(元)$

由于以后的收入一直维持在 7 000 元,则第四年以后的持久收入也一直保持在 7 000 元,因而消费也将一直保持在 6 500 元这一水平上。

(3) 短期边际消费倾向表明的是消费和当年收入之间的关系,将持久收入公式代入消费函数,有

$$C = 200 + 0.9(0.7Y_D + 0.3Y_{D-1})$$

短期边际消费倾向为

$$\frac{\partial c}{\partial Y_D} = 0.63$$

长期边际消费倾向表明的是消费和长期收入(持久收入)之间的关系,直接由消费函数可得到长期边际消费倾向为

$$\frac{\partial c}{\partial Y_p} = 0.9$$

第三年的可支配收入比前一年增加 1 000 元,则该年消费的增加额为短期边际消费倾向乘以该年可支配收入的增加值,即 $0.63 \times 1\,000 = 630(元)$。第四年与第三年相比,当年的可支配收入没有变化,但持久收入增加了 $0.3 \times (7\,000 - 6\,000) = 300(元)$,因而消费的增加额为长期边际消费倾向乘以持久收入的增加值,即 $0.9 \times 300 = 270(元)$。第四年与第二年相比,持久收入增加了 1 000 元,因而第四年比第二年消费的增加额也是长期边际消费倾向乘以持久收入的增加值,即 $0.9 \times 1\,000 = 900(元)$。

3. 假定有消费方程式 $C = aWR + bY_P$;持久收入 $Y_P = \theta Y_D + (1-\theta)Y_{D-1}$,现有具体的消费方程:$C = 0.045WR + 0.55Y_D + 0.17Y_{D-1}$。试求 θ 值。

解：将持久收入的等式代入到消费方程式后可得

$$C = aWR + b\theta Y_D + b(1-\theta)Y_{D-1}$$

与具体的消费方程

$$C = 0.045WR + 0.55Y_D + 0.17Y_{D-1}$$

对照,可得相应的系数之间有如下关系

$$\begin{cases} b\theta = 0.55 \\ b(1-\theta) = 0.17 \end{cases}$$

解此方程组,可得

$$\theta = \frac{55}{72}$$

4. 本题涉及消费理论中的持久收入假说。假设持久收入是按过去 5 年的平均收入计算的,也即

$$Y_P = \frac{1}{5}(Y_0 + Y_{-1} + Y_{-2} + Y_{-3} + Y_{-4})$$

消费函数为 $C = 0.9Y_P$

(1) 如果你在过去 10 年中每年收入 10 000 元,则持久收入是多少?

(2) 假设下一年 ($t+1$ 期)你赚 15 000 元,新的持久收入是多少?

(3) 你的今年和下一年消费是多少?

(4) 短期边际消费倾向是多少? 长期的又是多少?

(5) 假设从下一期($t+1$ 期)开始持续赚 15 000 元,利用上述等式,图示每期的持久收入值。

解：(1) 将最近 5 年年收入 10 000 元代入 $Y_P = \frac{1}{5}(Y_0 + Y_{-1} +$

$Y_{-2}+Y_{-3}+Y_{-4}$),持久收入为 10 000 元。

(2) 新的持久收入 $Y'_P = \frac{1}{5}(15\,000 + 10\,000 + 10\,000 + 10\,000 + 10\,000) = 11\,000$(元)

(3) 今年的持久收入为 10 000 元,故今年消费 $C = 0.9Y_P = 9\,000$(元)

下一年持久收入为 11 000 元,故下一年消费 $C = 0.9Y_P = 9\,900$(元)

(4) 消费 $C = 0.9Y_P = 0.9 \times \frac{1}{5}(Y_0 + Y_{-1} + Y_{-2} + Y_{-3} + Y_{-4})$
$= 0.18(Y_0 + Y_{-1} + Y_{-2} + Y_{-3} + Y_{-4})$

得 $\frac{dC}{dY_{-i}} = 0.18 (i = 0, 1, 2, 3, 4)$

故短期边际消费倾向为 0.18。

由 $C = 0.9Y_P$,得 $\frac{dC}{dY_P} = 0.9$

故长期边际消费倾向为 0.9。

(5) $t+1$ 期持久收入,如上,$Y_{Pt+1} = 11\,000$ 元

$t+2$ 期持久收入,$Y_{Pt+2} = \frac{1}{5} \times (15\,000 + 15\,000 + 10\,000 + 10\,000 + 10\,000) = 12\,000$(元)

$t+3$ 期持久收入,$Y_{Pt+3} = \frac{1}{5} \times (15\,000 + 15\,000 + 15\,000 + 10\,000 + 10\,000) = 13\,000$(元)

$t+4$ 期持久收入,$Y_{Pt+4} = \frac{1}{5} \times (15\,000 + 15\,000 + 15\,000 + 15\,000 + 10\,000) = 14\,000$(元)

$t+5$ 期持久收入,$Y_{Pt+5} = \frac{1}{5} \times (15\,000 + 15\,000 + 15\,000 + 15\,000 + 15\,000) = 15\,000$(元)

$t+6$ 期及以后各期，$Y_{P_{t+6}}\cdots=15\,000(元)$

图 14-7 所示如下。

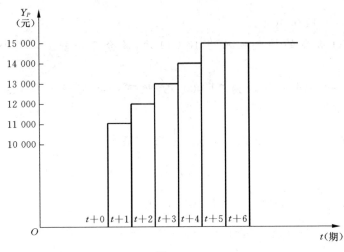

图 14-7

5. 表 14-1 是一个投资工程的现金流量。

表 14-1　　　　　　　　　　　　　　　　　单位：万元

第一年	第二年	第三年
－200	100	120

当(1) 利率为 5％时；(2) 利率为 10％时。厂商应进行这一工程吗?

解：用现金流量折现分析法。当净收益折现值大于零时，就应投资这一工程；反之，就不应投资。

(1) 净收益折现值 $= -200 + \dfrac{100}{1+0.05} + \dfrac{120}{(1+0.05)^2} = 4.08(万元)$

其值大于零，故应投资这一工程。

(2) 净收益折现值 $= -200 + \dfrac{100}{1+0.1} + \dfrac{120}{(1+0.1)^2} = -9.92(万元)$

其值小于零,故不应投资于这一工程。

6. 一个预期长期实际利率是 3% 的厂商正在考虑一个投资项目清单,每个项目都需要花费 1 万美元,但这些项目在回收期长短和回收数量上不同。第一个项目将在两年内回收 1.2 万美元;第二个项目将在三年内回收 1.25 万美元;第三个项目将在四年内回收 1.3 万美元。哪些项目值得投资?如果预期利率是 5%,你的答案有变化吗?(假设价格稳定)

解: 第一个项目两年内回收 1.2 万美元,实际利率是 3%,其现值是 $\frac{1.2}{1.03^2} = 1.13$ 万美元,大于 1 万美元,故值得投资。

同理可计得第二个项目回收值的现值是 $\frac{1.25}{1.03^3} = 1.144$ 万美元,大于 1 万美元,也值得投资。

第三个项目回收值的现值为 $\frac{1.3}{1.03^4} = 1.155$ 万美元,也值得投资。

如果预期利率是 5%,则上面三个项目回收值的现值分别是: $\frac{1.2}{1.05^2} = \frac{1.2}{1.1025} = 1.089$ 万美元, $\frac{1.25}{1.05^3} = 1.08$ 万美元, $\frac{1.3}{1.05^4} = 1.069$ 万美元。因此,也都值得投资。

7. 考虑上题中项目,并重新评估它们,这一次假设通货膨胀率是每年 4%,回收资金以当时的名义美元计算,试计算这些项目是否值得投资。

解: 如果预期通胀率是每年 4%,则 1.2 万美元,1.25 万美元,1.3 万美元的现值分别是 $1.2/1.04^2 = 1.1095$(万美元), $1.25/1.04^3 = 1.111$(万美元)和 $1.3/1.04^4 = 1.111$(万美元),再以 3% 的利率折成现值,分别为: $1.1095/1.03^2 = 1.046$(万美元), $1.111/1.04^3 = 1.016$(万美元)和 $1.111/1.03^4 = 0.986$(万美元)。

从上述结果可知,当年通胀率为 4%,利率是 3% 时,第一、第二个项目仍可投资,而第三个项目不值得投资。

同样的结果也可以用另一种方法得到:由于年通胀率为 4%,实际利率为 3%,因此名义利率为 7%,这样,三个项目回收值的现值分别为:$\frac{1.2}{1.07^2} = \frac{1.2}{1.145} = 1.048$(万美元),$\frac{1.25}{1.07^3} = \frac{1.25}{1.225} = 1.020$(万美元),$\frac{1.3}{1.07^4} = \frac{1.3}{1.311} = 0.991$(万美元)。

8. 假设一个企业是由发行股票建立,每股所得(每股的收益)E 为 2.5 元,市场利率为 $K_r = 20\%$,共发行了 10 000 股,厂商真实资产的置换成本为 125 000 元。(1) 求该企业的市价和 q 值;(2) 市场利率 K_r 从 20% 降至 18% 时,求该企业的市价和 q 值。

解:(1) 企业的市价等于该企业每股所得除以市场利率 K_r 再乘上发行的股票数,有

$$\text{企业市价} = 10\,000 \times \frac{E}{K_r} = 10\,000 \times \frac{2.5}{0.2} = 125\,000(\text{元})$$

$$q = \frac{\text{企业市价}}{\text{置换成本}} = \frac{125\,000}{125\,000} = 1$$

(2) 用类似方法得

$$\text{企业市价} = 10\,000 \times \frac{E}{K_r'} = 10\,000 \times \frac{2.5}{0.18} = 138\,888.89(\text{元})$$

$$q' = \frac{\text{企业市价}}{\text{置换成本}} = \frac{138\,888.89}{125\,000} = 1.11$$

即 q 值增大了。

9. 考虑一个两时期的模型,假设生产函数是 $Q = 2K^{1/2}$,第一时期的资本存量 $K_1 = 100$,名义利率是 13%,预期通货膨胀率是 3%,求

(1) 如果资本不折旧,第二时期的最优投资是多少?

(2) 如果资本每年折旧 11%,第二时期的最优投资是多少?

答:(1) 企业意愿资本存量取决于资本边际收益和边际成本的均衡点。第二时期资本的边际收益可以由生产函数得到

$$MP_{K_2} = \frac{\partial Q}{\partial K_2} = K_2^{-1/2}$$

第二时期资本的边际成本=实际利率+折旧率=13%−3%=10%

因此第二时期的企业意愿资本存量可以求解下式得到

$$K_2^{-1/2} = 10\%, \quad K_2 = 100$$

于是当折旧率 $d = 0$ 时,第二时期最优投资为

$$I = K_2 - (1-d)K_1 = 100 - 100 = 0$$

(2) 如果资本每年折旧 11%,则第二时期资本的边际成本=实际利率+折旧率=13%−3%+11%=21%

因此第二时期的企业意愿资本存量可以求解下式得到

$$K_2^{-1/2} = 21\%, \quad K_2 = 22.76$$

于是当折旧率 $d = 11\%$ 时,第二时期最优投资为

$$I = K_2 - (1-d)K_1 = 22.76 - 100 \times 0.89 = -66.24$$

10. 假设投资需求函数为 $I = 0.2(K^* - K_{-1})$,其中 K^* 为意愿资本存量,$K^* = 0.01(Y/R)$,Y 为产出、R 为利率。假设没有折旧。

(1) 当第一年产出为 2 000 元,利率为 0.05 时,求意愿资本存量;

(2) 当在第 0 年时的资本存量为 200 元时,求第一年的投资水平;

(3) 假设产出和利率为常数,则第二、第三年以及以后各年的投资为多少?

解:(1) 直接利用公式,有

$$K^* = 0.01(Y/R) = 0.01 \times \frac{2\,000}{0.05} = 400(元)$$

(2) 根据投资需求函数可知,由实际资本向意愿资本水平的调整是逐步进行的。直接利用公式

$$I_1 = 0.2(K^* - K_{-1}) = 0.2 \times (400 - 200) = 40(元)$$

(3) 当产出和利率为常数时,意愿资本存量不变(即为 400 元)。根据上一小题,第一年的资本存量为 $200 + 40 = 240(元)$,则第二年的投资为

$$I_2 = 0.2 \times (400 - 240) = 32(元)$$

第二年的资本存量为 $240 + 32 = 272(元)$,第三年的投资为

$$I_3 = 0.2 \times (400 - 272) = 25.6(元)$$

在以后各年中,投资量每年将递减 1/5,直至为零。此时,实际资本达到意愿资本水平。

11. 本题使用科布-道格拉斯函数形式来研究投资行为。意愿资本存量为 $K^* = \dfrac{v \cdot Y}{rc}$,其中 v 为常数。该式表示意愿资本 K^* 与产量 Y 成正比变化,与租用成本 rc 成反比变化。假设 $v = 0.3$,$Y = 2.5 \times 10^9$ 元,$rc = 0.15$。

(1) 计算意愿资本存量;

(2) 现假设 Y 增至 3×10^9 元,相应的意愿资本存量为多少?

(3) 假设在预期收入变化以前,资本存量在意愿水平;可假设投资的逐步调整模型 $I = \lambda(K^* - K_{-1})$ 中 $\lambda = 0.4$,在预期收入变化以后的第一年投资为多少?第二年为多少?

(4) 第(3)中的投资是总投资还是净投资?

解:(1) 直接利用公式 $K^* = \dfrac{vY}{rc}$,将有关数值代入得

$$K^* = \frac{0.3 \times 2.5 \times 10^9}{0.15} = 5 \times 10^9 (元)$$

(2) 类似于上一小题,得

$$K^* = \frac{0.3 \times 3 \times 10^9}{0.15} = 6 \times 10^9 (元)$$

(3) 逐步调整模型的投资公式,$I = \lambda(K^* - K_{-1})$,有

第一年投资为

$$I_1 = 0.4 \times (6 \times 10^9 - 5 \times 10^9) = 4 \times 10^8 (元)$$

第二年投资为

$$I_2 = 0.4 \times (6 \times 10^9 - 5 \times 10^9 - 4 \times 10^8)$$
$$= 2.4 \times 10^8 (元)$$

(4) 第(3)中的投资为净投资。因为总投资中的重置投资只是补偿折旧,不会导致资本存量的增加。

第十五单元 货币的需求和供给

引 言

本单元习题主要体现下列概念和原理。

1. 货币的主要职能:一是作为商品和服务的交换媒介,使得交易不必存在"双方的需要完全一致";二是作为价值尺度,确定商品和服务交换的比例;三是价值储藏手段,没有严重的通货膨胀,货币能长久地保存其价值。

2. 货币需求及其动机。持有货币会丧失以其他形式持有财富可能带来的收益,人们之所以要持有货币,是出于交易的需要、预防的需要和投机的需要。

3. 货币的交易和预防需求是收入的增函数,也和利率有关。货币交易需求的"平方根法则"是 $M = \sqrt{\dfrac{tcY}{2r}}$,它表明,交易需求量是收入($Y$)和交易成本($tc$)的增函数,是利率($r$)的减函数。

4. 货币投机需求是利率的减函数。当利率上升时,投机的货币需求减少;利率下降时,投机的货币需求增加。

5. 货币数量论。古典的货币数量论有两种表达形式:交易方程式和剑桥方程式。前者是 $MV = Py$;后者是 $M = KPy$,$K = \dfrac{1}{V}$。现代货币数量论表达的货币需求函数是 $m = \dfrac{M}{P} = f\left(Y, w, r_m, r_b, r_e, \dfrac{1}{P} \cdot \dfrac{\mathrm{d}P}{\mathrm{d}t}, u\right)$。

6. 凯恩斯和修正的凯恩斯式货币需求函数。凯恩斯的货币需求函数是 $m = \dfrac{M}{P} = L_1(y) + L_2(r)$；修正的凯恩斯式货币需求函数是 $m = \dfrac{M}{P} = L_1(y, r) + L_2(r)$。

根据凯恩斯理论,当利率降到临界程度时,货币供给增加再不能使利率下降,经济处于"流动性陷阱"之中。

7. 银行体系由商业银行和中央银行构成。商业银行主要业务是接受存款和发放贷款。商业银行资产负债表中的资产主要由未偿还贷款、政府债券和准备金(包括库存现金)组成,负债主要包括存款和净资产。中央银行是发钞的银行,是银行的银行,它还负责通过控制货币供给和信贷的可获得性来稳定宏观经济,并通过管理银行体系来确保金融健康。

8. 货币供给概念。货币供给有广义和狭义之分。狭义的货币供给指 $M0$ 和 $M1$。$M0$ 指通货净额,$M1$ 指银行体系以外流通的通货加上商业银行的活期存款,公式为 $M1 = Cu + D$。广义的货币供给有 $M2$ 和 $M3$。$M2$ 指 $M1$ 加定期存款和储蓄存款。$M3$ 指银行体系以外流通的通货和各类银行机构及非银行金融机构的各种存款的总和。

金融创新使 $M1$ 和 $M2$ 中出现了许多新内容,如可转让支付命令账户、自动转账账户、回购协议、货币市场互助基金等。

9. 影响货币供给的因素。如果把货币供给定义为通货加活期存款,则影响货币供给的变量有通货存款比率、准备率和基础货币。

通货存款比率主要由公众支付习惯决定,也受其他一些因素影响。准备率包括法定准备率和超额准备率。法定准备率由中央银行决定。超额准备率的多少,则受市场利率和银行向中央银行借款时的贴现率的影响。基础货币又称高能货币或强力货币,是存款扩张的基础,包括通货和银行准备金。

10. 货币创造乘数。基础货币能带来货币供给的扩张倍数即货币创造乘数。可用公式表示为 $\frac{M}{H} = \frac{Cu/D+1}{Cu/D+RR/D+ER/D}$,公式显示,现金存款比率和准备率越小,货币乘数越大。凡影响准备率的因素,都会影响货币创造乘数。

11. 货币供给函数。指货币供给与影响货币供给的诸因素之间的关系。影响货币供给的因素有基础货币和货币乘数。

12. 货币政策及其工具。货币政策指中央银行通过变动货币供给量影响利率、投资和国民收入的政策,其工具包括变动法定准备率、再贴现率和公开市场业务等。

13. 当货币需求等于货币供给时,货币市场就达到均衡。由于货币供给量的大小主要是由中央银行控制的,所以在分析货币市场时,通常把货币供给量看作是既定的外生变量,以 M_s 表示。这样,货币市场的均衡可通过利率调节货币需求以达到某个给定的货币供给量。货币市场均衡用公式表示为 $\frac{M_s}{P} = ky - hr$。

14. 金融危机对传统货币金融理论的启示。

选 择 题

1. 下列各项都是近似货币的例子,除了( )。
A. 大额定期存款   B. 旅行支票
C. 隔夜回购协议   D. 储蓄存款

2. 下列哪一项的流动性最强?( )
A. 政府发行的一年期国债   B. 活期储蓄存款
C. 半年期的定期存款   D. 银行承兑汇票

3. 在美国,绝大部分狭义的货币供给是( )。
   A. 钞票　　　　　　　　B. 通货
   C. 活期存款　　　　　　D. 自动转账账户

4. 现代货币的本质特征在于( )。
   A. 作为支付手段而被普遍接受
   B. 作为价值贮存手段
   C. 作为商品计价单位
   D. 作为延期支付手段

5. 下面哪一项不影响货币需求?( )
   A. 一般物价水平　　　　B. 银行利率水平
   C. 公众支付习惯　　　　D. 物品和劳务的相对价格

6. 绝大多数的人们拥有货币的最主要原因是( )。
   A. 交易动机　　　　　　B. 投机动机
   C. 预防动机　　　　　　D. 均衡财富

7. 如果人们工资增加,则增加的将是( )。
   A. 货币的交易需求　　　B. 货币的预防需求
   C. 货币的投机需求　　　D. 上述三方面需求中任何一种

8. 下面哪一项会增加货币的预防需求?( )
   A. 估计股票价格会上涨　B. 害怕政府倒台
   C. 职工减少工资　　　　D. 物价普遍上涨

9. 货币的交易需求不仅和收入有关,还和货币变为债券或储蓄存款的交易费用、市场利率有关,因此( )。
   A. 交易需求随收入和交易费用增加以及利率提高而增加
   B. 交易需求随收入和交易费用增加以及利率下降而增加
   C. 交易需求随收入和交易费用减少以及利率提高而增加
   D. 交易需求随收入和交易费用减少以及利率下跌而增加

10. 当利率降得很低时,人们购买债券的风险将会( )。
   A. 变得很小   B. 变得很大
   C. 可能很大,也可能很小   D. 不发生变化

11. 人们在( )情况下倾向于减少持有货币。
   A. 债券价格趋于下降   B. 债券价格趋于上升
   C. 债券收益率不变   D. 债券价格不变

12. 下列哪一项不会直接影响实际货币余额的持有水平?( )
   A. 属联储系统的商业银行的数目
   B. 实际收入水平
   C. 价格水平
   D. 利率水平

13. 某国对实际货币余额需求减少,可能是由于( )。
   A. 通货膨胀率上升   B. 利率上升
   C. 税收减少   D. 总产出增加

14. 灵活偏好曲线表明( )。
   A. 利率越高,债券价格越低,人们预期债券价格越是会下降,因而不愿购买更多债券
   B. 利率越高,债券价格越低,人们预期债券价格回涨可能性越大,因而越是愿意更多购买债券
   C. 利率越低,债券价格越高,人们购买债券时需要的货币就越多
   D. 利率越低,债券价格越高,人们预期债券可能还要上升,因而希望购买更多债券

15. 如果灵活偏好曲线接近水平状,这意味着( )。
   A. 利率稍有变动,货币需求就会大幅度变动
   B. 利率变动很大时,货币需求也不会有很多变动
   C. 货币需求丝毫不受利率影响
   D. 以上三种情况都可能

16. 下列哪一项业务属商业银行的金融中介职能范围？（　　）

A. 接受储蓄存款

B. 给电视机厂放一笔贷款

C. 接受活期储蓄存款和定期存款

D. 以上都是

17. 下列哪一项是商业银行的负债？（　　）

A. 库存现金　　B. 贷款　　　C. 证券投资　　D. 活期存款

18. 中央银行有多种职能,只有(　　)不是其职能。

A. 制定货币政策　　　　　　B. 为成员银行保存储备

C. 发行货币　　　　　　　　D. 为政府赚钱

19. 法定准备率高低和存款种类的关系,一般说来是(　　)。

A. 定期存款的准备率要高于活期存款的准备率

B. 定期存款的准备率要低于活期存款的准备率

C. 准备率高低和存款期限无关

D. 以上几种情况都存在

20. 银行向中央银行申请贴现的贴现率提高,则(　　)。

A. 银行要留的准备金会增加

B. 银行要留的准备金会减少

C. 银行要留的准备金仍不变

D. 以上几种情况都有可能

21. 市场利率提高,银行准备金会(　　)。

A. 增加　　　　　　　　　　B. 减少

C. 不变　　　　　　　　　　D. 以上几种情况都可能

22. 商业银行的储备如低于法定储备,它将(　　)。

A. 发行股票以筹措资金　　　B. 增加贷款以增加资产

C. 提高利率以吸引存款　　　D. 收回部分贷款

23. 商业银行之所以会有超额储备,是因为( )。

A. 吸收的存款太多

B. 未找到那么多合适的贷款对象

C. 向中央银行申请的贴现太多

D. 以上几种情况都有可能

24. 商业银行向中央银行要求增加贴现是为了( )。

A. 增加贷款　　　　　　B. 减少吸收存款

C. 增加储备　　　　　　D. 以上都可能

25. 货币乘数大小与多个变量有关,这些变量是( )。

A. 法定准备率　　　　　B. 现金存款比率

C. 超额准备率　　　　　D. 以上都是

26. 如果银行想把存款中的10%作为准备金,居民户和企业想把存款中的20%作为现金持有,则货币乘数是( )。

A. 2.8　　　B. 3.3　　　C. 4　　　D. 10

27. 中央银行在公开市场上卖出政府债券是企图( )。

A. 收集一笔资金帮助政府弥补财政赤字

B. 减少商业银行在中央银行的存款

C. 减少流通中基础货币以紧缩货币供给,提高利率

D. 通过买卖债券获取差价利益

28. 在哪种情况下,政府买进政府债券不会引起货币供给量增加?( )

A. 公众把中央银行的支票换成现金,保留在手中

B. 公众把中央银行的支票存入商业银行

C. 公众用中央银行的支票偿还债务

D. 公众用中央银行的支票增加消费支出

29. 中央银行在公开市场上买进政府债券的结果将是( )。

A. 银行存款减少　　　　　B. 市场利率上升
C. 公众手里的货币增加　　D. 以上都不是

30. 财政部向(　　)出售政府债券时,基础货币会增加。
A. 居民　　　　　　　　　B. 企业
C. 商业银行　　　　　　　D. 中央银行

31. 中央银行最常用的政策工具是(　　)。
A. 法定准备率　　　　　　B. 公开市场业务
C. 再贴现率　　　　　　　D. 道义劝告

32. 中央银行变动货币供给可通过(　　)。
A. 变动法定准备率以变动货币乘数
B. 变动再贴现率以变动基础货币
C. 公开市场业务以变动基础货币
D. 以上都是

```
                    答    案
    1. B    2. B    3. C    4. A    5. D    6. A    7. A
    8. B    9. B   10. B   11. A   12. A   13. B   14. B
   15. A   16. D   17. D   18. D   19. B   20. B   21. B
   22. D   23. B   24. A   25. D   26. B   27. C   28. A
   29. C   30. D   31. B   32. D
```

分析讨论题

1. 现代货币的本质特征是什么?

答:现代货币的本质特征是作为支付手段而被普遍接受,这一特征决定了货币的基本功能。货币的功能有三：一是作为商品和劳务的交换媒介；二是作为价值尺度，确定商品和劳务相交换的比率；三是作为价值贮存手段。如果货币不能作为被普遍接受的支付手段，则既不能当作交换媒介，也不能作为价值尺度，更不能作为价值贮存手段。

2. 什么叫 M0 和 M1？

答：根据资产流动性标志，货币存量可划分为若干不同层次，各国政府和中央银行发行的钞票和铸币及辅币即通货最具有流动性，随时可作为流通手段和支付手段投入流通。但并非所有现钞都计入货币供应量。要从发行的钞票中扣除各金融机构的库存现金，即通货发行额减去金融机构的库存现金，其剩余部分即"通货净额"才计入货币供给量，这部分货币供给量可作为货币供给的第一层次，一般用 M0 表示。

银行体系以外流通的通货（即通货净额）加上商业银行的活期存款，称为 M1，这是狭义的货币供应量。通货最具有流动性，而活期存款也可以随时提取，开出支票就可以当现钞用，不需要任何中间周转的手续，因此活期存款可看作现钞货币，它和通货一起就构成 M1。

3. 什么叫 M2？

答：M2 指银行体系以外流通的通货和商业银行体系中各种存款的总和，是广义的货币供应量。这"各种存款"包括定期存款和储蓄存款，它们虽然不及活期存款那样具有流动性，不能随时作支付手段用，但这些存款实际上也比较容易转变为活期存款而作为支付手段，因而也包括在广义的货币供应量范围内。显然，广义的货币已不像 M1 那样只涉及作为交换媒介的货币，还包括了作为价值贮藏的货币。货币主义的主要代表弗里德曼认为，货币是"购买力的暂栖所"。从这个角度分析，定期存款和储蓄存款显然也是货币，因而也应包括在货币供应量范围之内。美国现行 M2 的定义是：M2 =

$M1+$所有金融机构(10万美元以下)的定期存款+储蓄存款+商业银行隔夜回购协议+美国非银行居民在联储系统会员银行的加勒比海的隔夜欧洲美元存款+货币市场流通的互助基金存款。

4. 什么是 $M3$?

答: 指银行体系以外流通的通货和各类银行机构及非银行金融机构的各种存款的总和。由于商业银行以外的各种专业银行及接受存款的其他金融机构所接受的储蓄存款和各种不同期限的定期存款,与商业银行的定期存款和储蓄存款没有本质区别,都具有高度的货币性质,因此也应包括在货币供应量范围之内。美国现行 $M3$ 的定义是: $M3=M2+$所有存款机构的大面额(10万美元以上)定期存单+商业银行、储蓄银行及贷款协会的定期回购协议。

5. 货币的供给可区分为 $M1$、$M2$ 和 $M3$,为什么宏观经济学经常把注意力集中在 $M1$ 上?

答: 宏观经济学之所以把注意力集中在 $M1$ 上是因为: 第一, $M1$ 是中央银行最容易控制的货币供给,货币政策必须通过容易施加影响的货币供给量来实施,而 $M2$ 和 $M3$ 中有不少与银行系统没有直接联系,难以控制;第二,经济学研究货币对经济的作用,关键要研究货币的交换媒介功能,而 $M1$ 是最直接和交换媒介相联系的。

6. 什么是电子货币?电子货币是怎样产生的?

答: 电子货币是一组有关信息的数据构成的特殊信息,即观念化的货币信息,也可称为数字货币。目前人们使用的信用卡、储蓄卡、借记卡、IC卡、消费卡、电话卡、交通卡、煤气卡、电子支票、电子钱包、网络货币、智能卡和支付宝等都属于电子货币。人们使用电子货币交易时(如刷卡购物、用餐、乘车等),实际上交换的是相关信息,这些信息输送到开设这种业务的商家后,交易双方进行更方便、快捷的结算。

电子货币是信息技术和加密技术高度发展的产物,是电子商务需求时代金融机构追求最大利润的一种业务创新。人们刷卡消费时,售货商家要向有关金融机构支付一定费用,这种电子货币的使用可以提高货币流通效率,节省货币流通费用和商品交易费用。

7. 电子货币的发展,将来会不会取代现金、存款等成为独立的交易货币?

答: 不会,因为所有电子货币都必须在原有现金或存款基础上才能发行使用。例如,你的电话充值卡或交通卡里必须有钱,否则只是空卡。你用借记卡支付购物,卡里也要有钱,透支也有额度限制,透支了必须连本加利及时归还。可见,电子货币并非独立通货形式。电子货币必须同比例兑换成传统货币(现金或存款)才能完成借贷和支付。电子货币目前也不能独立执行价值尺度和价值贮藏手段职能。电子货币不是独立的通货形式,不能独立发行,只能以别的货币作为发行和流通的基础,因此还只是在传统货币支持下流通的二次货币形式,是信息数字货币。

8. 电子货币的发行与流通对现有货币供给有无影响?

答: 尽管电子货币并非独立通货,但其发行与流通对现有货币供给还是有影响的。由于货币供给和货币创造乘数有关,而影响货币创造乘数的因素包括法定和超额准备金率以及现金漏损即现金占存款的比率。电子货币发展会使公众少用现金,这对商业银行而言就是现金漏损率下降。同时,电子货币使用也会使银行更精确计算出每天所需准备的头寸,从而可降低超额准备率,因此即使不影响法定准备金制度,货币乘数也会变大,使基础货币的稍微变动造成货币供给量变动更多。

9. 什么是货币需求? 人们需要货币的动机有哪些?

答: 货币需求是指人们在不同条件下出于各种考虑对货币的需

要,或者说是个人、企业和政府对执行流通手段(或支付手段)和价值贮藏手段的货币的需求。

人们在一定时期可用各种形式拥有其有限的财富,他以货币形式拥有的财富多些,则以其他形式(如实物资产及股票、债券等金融资产)拥有的财富就会少些。拥有其他形式的资产会带来收益,而以货币形式持有财富通常不会带来收益(比方说1万元钱放在手中哪怕10年也仍只是1万元)。既然如此,人们为什么总要持有一定的货币余额呢?人们宁肯把不能生息的货币贮存在手边,而不是把货币换成能带来收入的资产拥有,按凯恩斯的说法,是出于以下几种动机:

一是对货币的交易需求,指家庭或厂商为交易的目的而形成的对货币的需求。它产生于人们收入和支出的非同步性。如果收入和支出时间是完全同步的,就不会需要有闲置的货币放在手边。如人们货币收入常是按月、按季,甚至按年获得的,但支出都是经常不断的,这就产生了对货币的交易需求。

二是对货币的预防性需求,指人们为应付意外事故而形成的对货币的需求,它产生于未来收入和支出的不确定性。如人们为应付疾病、工伤事故和其他不测事变而需要留些货币在身边。

三是投机性需求,指由于未来利率的不确定,人们为避免资产损失或增加资本收入而及时调整资产结构而形成的对货币的需求。例如,人们预期债券价格会上升时,需要及时买进债券,以便以后卖出时得到收益,这样就产生了对货币的投机需求。

10. 怎样理解货币的交易性需求是收入的增函数?

答: 人们出于交易动机而对货币的需求量是随收入增减而增减的。例如,如果一个人每月收入1 800美元,并在1个月内均匀地支出全部金额即每天支出60美元,那么他每天相应保留的货币额,在每月第一天、第二天、第三天依次为1 800美元、1 740美元、1 680美元,而每月倒数第一天、第二天、第三天依次为0美元、60美元、120

美元。可见,他的月平均货币余额即交易性货币需求为 900 美元,即第一天和最后一天,第二天和倒数第二天,第三天和倒数第三天等等的货币持有额的平均数。如果他收入和支出增加为原来的 2 倍,则所需货币额也增加 2 倍。如果他的收入改为周薪制,即每月支付 4 次,每周支付 450 美元,则他平均持有的货币金额为 225 美元。可见,货币的交易需求量随收入增加而增加,随收入次数增加而减少。于是,交易需求量、收入和收入的流通速度之间存在一定函数关系。可用公式表示为 $L_1=Y/V$,其中 L_1 代表交易需求量,Y 代表货币收入,V 代表收入流通速度。其中 V 凯恩斯认为在短期内几乎稳定不变,因此 L_1 只随收入 Y 变化而正比例地变化,或者说是收入的增函数。

11. 什么是货币的交易性需求的"平方根法则"?

答:货币的交易需求不仅和收入有关,事实上和利率也有关,因为持有货币会失去利息收入,因而人们持有货币量对利率变化也不会没有反应。凯恩斯虽然也承认利率对货币需求有影响,但他把这种影响局限于投机需求上,而凯恩斯之后,西方经济学家关于货币需求研究的重要贡献之一就是强调利率在决定交易需求的大小上也是重要的。这一研究成果就是所谓交易需求的"平方根法则"。这一法则是由凯恩斯学派的鲍莫尔和托宾提出的。

为说明这一法则,可假定某人每月名义收入 1 800 美元,用 $Y_N=1\ 800$ 美元表示,如果 30 天内均匀支出,则如上所述,他平均持有货币金额为 900 美元。假定他为了获利,每月得到收入以后,先将 900 美元放入储蓄存款账户,到月中即第 16 日(那时上半月的 900 美元已用完)取出再花费,则可得到 900 美元存款 15 天的利息收入。如果他想在该月买进和卖出公债各一次,情况也是如此。如果他打算买卖公债 3 次,他就要在 $t=0$ 时,即月初用收入的 2/3 购买公债(或存入银行),即 1 200 美元买公债,然后在 $t=1/3$(即 10 日结束)时,即正好手头现金(600 美元)用光时卖出公债一半,即 600 美元,再在 $t=$

2/3（即第 20 日结束时）又值手头空乏时再卖出剩下的 600 美元公债。所以，两次交易时（即买卖公债各一次）最初购买公债的数目为 $\frac{1}{2}Y=900$ 美元，三次交易时最初购买公债量为 $\frac{2}{3}Y=600$ 美元，四次交易时为 $\frac{3}{4}Y=450$ 美元。由此可见，如果他进行 n 次交易，则他最初购买量为 $\left(\frac{n-1}{n}\right)Y$。

由于期初公债持有量为 $\left(\frac{n-1}{n}\right)Y$，而期末为零，所以公债平均持有量（或储蓄量）为 $\left(\frac{n-1}{2n}\right)Y$。如果该时期利率为 r，则收益为 $R=\left(\frac{n-1}{2n}\right)Yr$。这样看来，似乎该消费者进行交易的次数就越多越好。然而情况并非如此，因为每次交易都要耗费成本。例如，他要跑银行花时间，他要打电话花时间和电话费，他要给每次交易支付手续费。现在假定每次交易耗费的总成本为 tc，则 n 次交易成本为 ntc。

显然，他要获得最大利益的话，其交易次数必须是使收益和耗费的成本的差额为最大的次数。这一差额即利润是

$$\pi = \left(\frac{n-1}{2n}\right)Yr - ntc$$

根据最大值原理对 n 求一阶导数，得

$$\pi' = \frac{2Yr}{4n^2} - tc = 0 \quad 即$$

$$n^2 = \frac{Yr}{2tc} \quad 或 \quad n = \sqrt{\frac{Yr}{2tc}}$$

由于他平均的公债持有量（或储蓄量）为 $\frac{n-1}{2n}Y$，因此，他平均的货币持有量为 $M = \frac{Y}{2} - \frac{n-1}{2n}Y = \frac{Y}{2n}$。

将上述 $n = \sqrt{\dfrac{Yr}{2tc}}$ 代入得

$$M = \dfrac{Y}{2\sqrt{\dfrac{Yr}{2tc}}} \quad \text{或} \quad M = \sqrt{\dfrac{tcY}{2r}}$$

这就是货币交易需求的平方根法则。从这一法则可见,交易需求随收入和交易费用增加而增加,随利率提高而下降。

12. 怎样理解预防性货币需求是收入的增函数?

答:当收入水平上升时,人们需要较多货币作预防不测之用,也有能力积蓄较多货币作预防用。但为预防需要而持有的货币越多,牺牲的利益或者说损失利息收入也越多。因此,预防性需求也是利率的减函数,但在一般情况下,预防性货币需求受利率影响而变动的量不太大,因而只把它看作是收入的增函数。

13. 持有支付利息的货币(如活期存款)的机会成本是什么?

答:利率衡量持有货币的机会成本,利率越高,表示人们持有货币的机会成本即所放弃的利息收入越高,因而人们越是不愿多持有货币,即货币需求随利率上升而下降。如果活期存款也有利息,则持有支付利息的货币的机会成本就是这种活期存款的利率与持有其他金融资产(如债券)的利率之间的差额。例如,假如持有100元债券一年可获利息为6元,而持有100元活期存款一年的利息为2元,则持有这100元活期存款的机会成本就是4元。

14. 什么是传统的货币数量论?

答:货币数量论是一种关于货币数量和价格水平之间存在一个直接的比例关系的理论。在传统的古典理论中,表示这种直接比例关系的主要方法有两种:一是所谓交易方程式,一是所谓剑桥方程式。

交易方程式是美国耶鲁大学欧文·费雪提出的,其方程式是

$$MV=Py$$

这里,M 表示货币数量,V 表示货币收入的流通速度,即每1美元在购买中周转的次数,P 表示价格水平,y 表示实际产量,或者说是按基期价格计算的实际收入水平。这一方程式说的是货币数量乘以货币周转次数等于价格水平乘实际产量。

剑桥方程式是英国剑桥学派代表人物阿·马歇尔提出的,其方程式是

$$M=KPy$$

M、P、y 仍旧分别代表货币存量、价格水平和实际产量或收入,K 则表示货币余额需求在货币收入中所占份额。例如,假定 $K=\frac{1}{4}$,是说社会所持有的货币余额为购买产品的年支出量的 $\frac{1}{4}$。

上述两个方程式都只是恒等式,它们都只表明等式左右边必然是相等的。因此,算术上看,V 和 K 互为倒数,即 $V=\frac{1}{K}$ 或 $K=\frac{1}{V}$。如果我们用 K 去除剑桥方程式,$\frac{1}{K}M=Py$,就得到费雪的交易方程式 $MV=Py$。

这两个方程式只是古典货币数量论的不同表述,其基本思想都是一致的。古典理论家对 V、P、y 分别作了三个重要的假定:第一,假定货币流通速度是一个常数,至少在短期内稳定不变;第二,物价能随供求变化立即作出相应调整;第三,因而实际产量总能保持在充分就业的水平上。这样,就得到了货币数量论的重要结论:货币存量 M 的任何变化都会带来价格水平同等比率的变化。

尽管这两个等式表述了一个类似形式的货币需求函数,但两者强调的角度还是有一定区别。费雪的交易方程式关心的是一个经济社会

为实现一定交易量所必需的货币量;而剑桥方程式关心的是,假定必须实现的交易额是一定的,个人所愿意持有的货币数量应有多少。

1929—1933年的经济大萧条动摇了货币数量论。在这期间,货币的供给和价格的同时下跌虽然看来接近货币数量论,但货币流通速度大大下降了,而不是稳定不变,实际产量也大大下降了,而不是保持在充分就业水平上。这些事实需要新理论来解释,凯恩斯的理论应运而生了。

15. 什么是凯恩斯的货币需求函数?

答: 凯恩斯认为,货币的交易需求和预防需求主要取决于收入,而投机需求取决于利率,因此,凯恩斯的货币需求函数可用下式表示

$$m = \frac{M}{P} = L_1(y) + L_2(r)$$

假定 $L_1(y) = ky$,$L_2(r) = A - hr$

则 $L = L_1 + L_2 = ky + A - hr$

这里,L 表示实际货币需求,实际的货币需求是指具有不变购买力的货币需求,亦即用价格指数调整过的货币需求。k 表示产量或收入中为交易所需要的货币份额,$h = \frac{\Delta L_2}{\Delta r}$ 或 $h = \frac{dL_2}{dr}$,说明每当利率变动一个百分点时,货币需求变动多少,y 表示实际收入。

假定用 $m = \frac{M}{P} = L$ 表示货币需求,则 $m = \frac{M}{P} = ky + A - hr$ 或 $M = (ky + A - hr)P$,这就是名义的货币需求函数表达式,即凯恩斯的货币需求函数。

16. 什么是修正的凯恩斯式的货币需求函数?

答: 上面说过,按鲍莫尔和托宾的货币交易需求的"平方根法则",不仅货币投机需求决定于利率,交易需求也和利率有关,即 L_1 不仅是收入的增函数,也是利率的减函数。因此,根据他们的理论对

凯恩斯的货币需求函数作补充修改后的货币需求函数可表示为

$$m = L_1(y, r) + L_2(r)$$

或

$$m = \frac{M}{P} = L(y, r)$$

17. 什么叫"流动性陷阱"?

答: 凯恩斯提出,货币需求是利率的减函数,即利率下降时货币需求会增加,然而当利率下降到一定程度或者说临界程度时,即债券价格上升到足够高度时,人们购买生息的债券会面临亏损的极大风险。这时,人们估计,如此高的债券价格只会下降,不会再上升,于是他们就会不肯再买债券,而宁肯保留货币在手中。在这种情况下,货币供给的增加就不能使利率再降低,因为人们手中即使有多余的货币,也不肯再去买债券,从而不会使债券价格再上升,即利率不会再下跌。在这种情况下,就说经济正处于"流动性陷阱"之中。这时实行扩张货币政策就对利率和投资从而对就业和产出不会有效果。

18. 什么是货币主义的货币需求函数?

答: 货币主义的主要代表人物和创始人米尔顿·弗里德曼认为,货币需求是指消费者和企业对具有不变购买力的货币的需求,消费者需要货币,是因为人们手中有了现款可以有安全感,企业需要货币是为了支付工资或其他开支,从而使生产可以进行。把消费者和企业加在一起,整个社会对货币的需求量可以用下列公式表示

$$m = \frac{M}{P} = f\left(Y, w; r_m, r_b, r_e, \frac{1}{P} \cdot \frac{\mathrm{d}P}{\mathrm{d}t}; u\right)$$

这里,Y 为永久性收入;

w 为物质财富(非人力财富)在总财富中所占的比例;

r_m 为预期的货币收益率;

r_b 为预期的债券收益率；

r_e 为预期的股票收益率；

$\frac{1}{P} \cdot \frac{dP}{dt}$ 为预期的物质资产收益率，即通货膨胀率；

u 为其他影响货币需求的变量。

在这里，弗里德曼认为，对货币的需求基本上决定于：(1) 总财富；(2) 各种形式财富的报酬。他所谓的总财富不仅包括物质财富，还包括所谓人力财富，因而总财富的量值无法从统计中得到，为此，他就用"永久性收入"作为代表（因为现期收入容易波动，因此，他用一个过去、现在和将来收入的加权平均数即永久性收入为代表）。至于 w 即物质财富在总财富中所占比例，为什么也是货币需求决定的因素，他的说法是，财富可分为人力财富（个人的挣钱能力）和非人力财富即物质财富，而人力财富非常不易实现，如对劳力需求很少时，就难以把人力财富变为收入，人力财富在总财富中所占比率越大，对货币需求就将越大，因此，非人力财富占总财富的比率也是货币需求决定中一个重要变量。r_m 为预期的货币收益率，也指货币的名义报酬率。当货币以通货方式出现时，名义报酬率为零；货币以收取服务费为条件的活期存款方式出现时，名义报酬率为负；货币以有利息的活期存款和定期存款形式出现时，名义报酬率为正。这些货币收益率会影响人们对货币的需求。至于预期的债券收益率和预期的股票收益率，则包括利息、股息、红利及这些资产价格的变动，这些资产数量增加时，对货币需求显然会减少。$\frac{1}{P} \cdot \frac{dP}{dt}$ 即通货膨胀率之所以也会影响货币需求，是因为通货膨胀率上升时，房屋、土地等物质资产的价格会随之上升，因而取得收益。

从弗里德曼所列出的货币需求函数关系不难看出，货币主义的货币需求函数不过是传统的货币数量论的变形。传统的货币数量论公式是 $\frac{M}{P} = kY$ 或 $MV = PY$。如果把 k 或 V 看作 r_m、r_b、r_e、

$\frac{1}{P} \cdot \frac{dP}{dt}$ 以及 w 等因素共同作用的结果,则弗里德曼的货币需求函数就和剑桥方程式或交易方程式十分类似。现代货币数量论与传统的货币数量论也有些区别:(1)传统货币数量论把 V 或 k 当作由制度决定的一个常数,而现代货币数量论则把 V 看作几个可观察到的变量 $\left(\text{如} r_m, r_b, r_e, \frac{1}{P} \cdot \frac{dP}{dt}\right)$ 的稳定函数;(2)传统的货币数量论方程式中的 Y 是现期收入(交易)水平的代表,而现代货币数量论方程式中的 Y 代表的是永久性收入;(3)传统货币数量论认为货币数量增加会使物价同比例上涨,但现代货币数量论认为,货币数量增加在短期内既可使物价上升,也可使产量上升,只有在长期内才全部表现为物价水平上升。

19. 通货膨胀会对货币需求产生什么影响?

答:通货膨胀意味着货币丧失购买力,因而通货膨胀使人们持有货币有了成本。例如,假定某年经济通货膨胀率为20%,则年初的1元钱到年末时只值0.83元(1元÷1.2=0.83元),这丧失的0.17元就是持币成本,这和持币丧失的利息收入所产生的成本一样。显然,通货膨胀率越高,持币成本就越高。如果年通货膨胀率为100%,则年初的1元钱到年末时其购买力只有0.5元。于是,人们就会减少对货币的需求,即一有钱就会想把它快快地用掉,以免持在手上丧失购买力,于是,货币流通速度就会加快。当人们具有很高的通货膨胀预期时,人们对货币的需求相对于他们的货币收入而言就会大大减少。

20. 下列因素可能以何种方式影响货币需求?

(1)向支票账户支付利息; (2)信用卡更容易得到; (3)电子化的资金转账变得更为普遍。

答:(1)向支票账户支付利息,等于降低了持有货币的机会成本,从而会增加货币需求。

(2) 信用卡更容易得到,降低了货币需求,因为完成一大笔交易,用不着像过去那样必须持有足够数量的货币。

(3) 电子化资金转账变得更为普遍,大大降低了货币需求。

21. 什么叫货币供给?

答:货币供给可以分为狭义的货币供给和广义的货币供给。狭义的货币供给就是 $M1$ 供给,广义的货币供给还包括 $M2$、$M3$ 供给。货币供给是一个存量概念,它是一个国家在某一时点上(例如 1995 年 12 月 31 日)所保持的不属于政府和银行的货币供给总和。拿 $M1$ 来说,就是该国在某一时点上所持有的不属政府和银行的硬币、纸币和活期存款的总和。

22. 什么叫基础货币或货币基础?

答:基础货币(Monetary Base)又译货币基础,指商业银行的准备金与社会公众所持有的现金之和。基础货币是银行体系乘数扩张、货币创造的基础。当中央银行向商业银行供应或收缩基础货币时,通过商业银行的派生存款创造或收缩过程,可使市场货币供应量多倍扩张或收缩,因此,基础货币是一种活动力强的货币,具有高能量,故又称"强力货币"或"高能货币"(High-Powered Money)。例如,当公众将 100 美元现金存入银行时,若法定准备率为 20%,则在没有超额储备及存款中没有现金漏出情况下可使存款派生到 500 美元,若中央银行给商业银行增加 100 美元准备金,同样可有 500 美元派生存款。

23. 假定把狭义的货币供给定义为通货加活期存款,即 $M = Cu + D$,则影响货币供给的部门和变量有哪些?

答:有公众、银行和中央银行,因为公众(家庭和企业)对通货和活期存款的需求会影响货币的构成,而活期存款又是银行的负债,中央银行则对货币供给起最重要的作用,三者的交互作用决定着货币供给。与此相适应,通货存款比率、准备率和基础货币或者说强力货币就成为影响货币供给的三个最主要的变量。

24. 央行对货币供给的变化,可能出现的三种反应是什么?

答:如果中央银行增加了货币供给,可能出现的三种反应是:

第一,把增加的货币仅仅作为增加的存款余额,即货币持有量增加,经济其他部分不发生变化。经济衰退时,这种结果最容易出现,这时货币政策相对无效。

第二,那些得到额外货币的人增加支出,从而提高总需求。当经济中有剩余生产能力时,产出会增加,这时货币政策有效。

第三,人们把额外货币用来增加支出,但经济中若没有剩余生产能力的话,这时物价会上升。

25. 政府参与银行系统的两个主要原因是什么?

答:政府参与银行系统的两个主要原因或者说目的是:

第一,保护消费者,即保护储户的资金安全,如规定法定准备率,以及组织存款保险,可使储户放在银行里的钱得到安全保障;

第二,稳定经济活动水平,如利用货币政策稳定经济。

26. 美国政府为减少银行挤兑采取了什么措施?

答:美国政府为减少银行挤兑采取的措施有:

(1) 规定法定准备率,并要求把法定准备金交存于中央银行,中央银行充当"最后贷款者",储户就不必挤兑了;

(2) 政府对银行规定法定资本额,银行必须保持净资产对存款的一定比率,如果银行投资失败,很多贷款无法收回,银行仍有钱退还储户,以保护储户免受银行破产之苦;

(3) 成立联邦存款保险公司,联邦银行必须购买保险,使存款得到保障。

27. "只要央行随时准备贷款给任何具有正净资产的银行,就没有必要规定法定准备金。支持银行系统稳定性的是中央银行扮演的最后贷款者角色,以及致力于保障银行金融活力的一些政策——比如规定法定净资产政策。"你认为这话对吗?

答:不对。美联储为保证银行系统的稳定性,减少挤兑的威胁所实行的三个层次的保护措施,各有各的作用,不能相互取代。规定法定净资产政策是为了保护储户免受银行破产之苦,当银行无法收回贷款时,仍有能力还储户的钱。但是,如果银行投资并未失败,贷款不是无法收回,而是尚未到期而没有收回,储户却大量要取款时,银行会面临流动性缺乏的风险,这时银行就需要向央行暂时贷款来满足储户的需求,法定准备金制度是针对缺乏流动性而实施的保护,因此,上述说法是不正确的。

28. 什么是通货-存款比率?它由哪些因素决定?

答:通货-存款比率指公众持有现金和活期存款的比率,简称通货比率。这一比率主要由公众支付习惯决定,也受从银行取得现金的便利性影响。当从银行取得现金十分容易时,个人就不会多持现金。许多西方经济学家认为,以下因素也会影响通货-存款比率:一是开设活期存款账户的成本,成本提高时,这一比率也会提高;二是隐蔽性交易的规模和程度,为逃避税收的隐蔽性交易增加时,这一比率也会提高;三是人们对流动性和安全性的偏好,由于现金最具流动性和安全性,因而这一比率随流动性偏好增强而提高。

通货-存款比率是货币乘数大小的决定因素之一,这一比率越高,货币扩张乘数会越小。

29. 什么是准备率?决定准备率的因素有哪些?

答:准备金占其存款总额的比率是准备率。准备率由法定准备率和超额准备率构成。

法定准备率指中央银行规定的各商业银行和存款机构必须达到

的存款准备金占其存款总额的比率。存款的种类不同,银行的规模不同,法定准备率就不同,定期存款准备率低于活期存款准备率,小银行的准备率高于大银行。法定准备率在各个地区之间也会有差别。

超额准备率指商业银行超过法定要求数量保留的准备金占其存款总额的比率。银行在决定超额准备率时一般都会考虑以下几个因素:一是利息率,在其他条件不变时,金融资产利率提高,银行会减少超额准备,反之,则增加超额准备;二是再贴现率,在生利资产的利息率一定时,再贴现率提高,银行会降低超额准备率。

银行在决定持有多少准备金时,主要考虑持有准备金所放弃的利息,即机会成本,因而利率提高会促使银行要尽量减少储备。此外,银行还要考虑存款净流量的不确定性,流出流入的现金量变化越大,即越不确定,则要求有的准备率会越高。

30. 什么是货币乘数?货币乘数大小主要和哪些变量有关?

答:一单位高能货币能带来若干倍货币供给,这若干倍即货币创造乘数,也就是货币供给的扩张倍数。如果用 H、Cu、RR、ER 分别代表高能货币、非银行部门持有的通货、法定准备金和超额储备金,用货币供给量 M 和活期存款 D 代入

则
$$H = Cu + RR + ER \quad (1)$$
$$M = Cu + D \quad (2)$$

则
$$\frac{M}{H} = \frac{Cu + D}{Cu + RR + ER}$$

再把该式分子分母都除以 D,则得

$$\frac{M}{H} = \frac{Cu/D + 1}{Cu/D + RR/D + ER/D}$$

这就是货币乘数,在上式中,Cu/D 是现金存款比率,RR/D 是法定准备率,ER/D 是超额准备率。

从上式可见,现金存款比率越小,货币乘数越大;而法定准备率和超额准备率越大,货币乘数越小。

31. 为什么货币乘数会随市场利率水平而提高,随贴现率提高而下降?

答: 市场利率上升时,银行持有准备金的机会成本上升,因而会降低准备率,从而提高货币乘数。贴现率提高,银行会增加超额准备金,从而使准备率提高,并使货币乘数变小。

32. 什么是货币供给函数?

答: 货币供给函数指货币供给与影响货币供给的诸因素之间的关系,从货币乘数公式可知

$$M = \frac{Cu/D + 1}{Cu/D + RR/D + ER/D} \times H$$

可见,当高能货币存量 H 给定时,货币供给随货币乘数增加而增加,而货币乘数又和银行存款准备率(包括法定的和超额的)以及现金存款比率有关,其中,最主要是和存款准备率有关。银行超额准备率会随市场利率提高而下降,随中央银行贴现率下降以及活期存款净流量不确定性下降而下降,而法定准备率则由中央银行决定。

当货币乘数给定时,货币供给量随基础货币增加而增加。中央银行主要通过变动再贴现率和公开市场操作来变动基础货币。当再贴现率下降,银行向中央银行借款增加,即准备金增加或者说基础货币增加。当中央银行通过公开市场业务买进公债时,流通中基础货币也增加。

33. 为什么中央银行的货币政策工具主要是变动法定准备率、再贴现率和公开市场操作?

答: 从货币供给函数可知,影响货币供给的,一是货币乘数,另

一是基础货币。从货币乘数看,中央银行可通过提高或降低法定准备率来降低或提高货币乘数,从而在基础货币量不变时影响派生存款量。从基础货币看,一方面中央银行可通过变动再贴现率影响商业银行向中央银行的借款数量,从而影响准备金;另一方面可通过公开市场操作直接增加或减少基础货币。中央银行买进公债券时,市场上基础货币量就会增加;卖出公债券时则基础货币量就会减少。

34. 什么是公开市场业务?这一货币政策工具有些什么优点?

答: 公开市场业务又称公开市场操作,是指中央银行在金融市场公开买卖有价证券和银行承兑票据,从而调节货币存量的一项业务活动。其目的一是要影响货币存量和市场利率,二是要利用证券买卖来稳定商业银行的准备金数量,抵消市场自发波动因素的干扰,进而达到稳定货币供给或市场利率的目的。

作为货币政策的最主要工具,公开市场操作有以下为其他政策工具难以比拟的明显优点:一是能按中央银行主观意图进行,不像贴现政策那样,中央银行只能用贷款条件或变动借款成本的间接方式鼓励或限制其借款数量;二是中央银行可通过买卖政府债券把商业银行的准备金有效控制在自己希望的规模;三是操作规模可大可小,交易方法的步骤也可随意安排,更便于保证准备金比率调整的精确性;四是不像法定准备率及贴现率手段那样具有很大的行为惯性(准备率及贴现率不是那样可以轻易变动),在中央银行根据市场情况认为有必要改变调节方向时,业务容易逆转。

35. 为什么在严重的衰退中,货币供给变化不能带来投资水平的提高?

答: 在严重衰退中货币供给变化不能带来投资水平提高的原因,按凯恩斯的看法可能有这样两点:

第一,在经济衰退时,货币需求曲线较平缓,就是说,货币需求对利率反应十分敏感。由于衰退时利率水平较低,人们的货币需求很大,这种情况接近流动性陷阱局面,因而货币供给增加不会带来利率明显下降。

第二,在衰退中,投资对利率反应不敏感,人们对经济不看好,即使利率很低,厂商也不愿增加投资。这样,货币政策在衰退时作用就较小。

36. 为什么美联储(美国的中央银行)在扩大信用时会遇到困难?

答:美联储增加货币供给只是增加了银行贷款的能力,能否贷款还要取决于银行的意愿。当贷款拖欠率较高时,银行就会对贷款丧失兴趣。如果银行的净资产因早先贷款的拖欠而减少很多,它们就将不愿意贷款。再说,当很多银行破产时,整个银行系统的贷款意愿和能力都会受到影响。所有这些都是美联储在扩大信用时可能会遇到的困难。

37. 按照资产组合理论,货币政策影响经济的机制是什么?

答:按照托宾的资产组合理论,货币政策影响经济的机制是:货币供给增加──→利率下降──→股票价格上升──→企业更多投资。而凯恩斯的观点是:货币供给增加,利率下降,投资成本下降,投资需求增加。显然,托宾的资产组合理论与凯恩斯理论有差别。

38. 如果货币政策对利率完全没有影响,货币政策能否对投资或消费有影响?

答:即使货币政策对利率完全没有影响,可利用的信用规模理论也可以用来说明货币政策对投资和消费的影响。这就是:当货币供给增加时,准备金增加了,厂商从银行获得贷款更容易了,从而厂商将进行更多的投资,消费者将购买更多的商品,特别是耐用品。

39. 什么叫信贷配给?在什么情况下会出现信贷配给?为什

么银行宁愿实行信贷配给,而不愿向高风险的借款人收取更高的利率?

答:信贷配给是指尽管借款人愿意以现行利率借款,但放贷人限制借款人能够贷到的金额。当银行察觉到政府实行紧缩性的宏观政策(财政政策和货币政策),或宏观经济正陷于衰退时,银行为规避风险会实行信贷配给制度。

银行实行信贷配给而不向高风险的借款人收取更高的利率,主要原因是防止出现逆向选择。喜爱风险的贷款人愿意接受高利率,但在经济不景气的情况下,高风险的项目失败的可能性很高;而有偿还能力的贷款人不愿意接受高利率的贷款。为防止逆向选择的风险,银行宁愿实行信贷配给。

40. 什么是次贷危机引发的金融危机?

答:2008年起,一场由美国次贷危机引发的金融危机席卷了全球。这场危机有深刻社会历史背景。20世纪90年代,美国在信息技术等高科技进步支撑下,经济连续多年走强并滋生了泡沫。90年代末网络经济泡沫破裂时经济本该作出调整,但刚上台的小布什政府不希望调整。考虑到房地产业上下游关联几十个产业,政府就出台了一系列刺激政策,包括给缺乏还贷能力的次级客户发放房贷,用购买的住房作为抵押物。为刺激经济,美联储(央行)还多年大幅降息。这样,美国的房价一路上涨。由于抵押物一路增值,次级贷款似乎也成了优质资产,被只顾逐利的金融机构包装成获利的抵押贷款债券,并和其他优质资产一次次打包出售。在过分金融自由化环境下,美金融生态环境出现了社会信用恶化、监管缺失、市场秩序混乱、信息不对称、道德风险等一系列问题。被打包出售的美国金融资产不仅在国内大量销售,还在国外大量销售。这样,金融衍生产品价值链越拉越长,终于在美联储加息时房地产按揭贷款环节发生断裂,泡沫终于被刺穿,大量次级贷款作抵押的债券收益化为乌有,包含次级债券的大量金融资产迅速身价大跌,造成许多大金融机构发生了支付危机,连雷曼兄弟公司这样著名的老牌金融机构也不得不破产倒闭。这就是次贷危机引发的严重全球金融危机。

41. 这场金融危机给我们的启示有哪些?

答: 主要有以下启示:

第一,不能过分相信经济自由化而放弃应有监管,所谓"有效市场"发出的价格信号并不完全可靠。包含次贷债券在内的金融资产被一次次打包后实际已面目全非,投资者已根本弄不清这样的资产的真实价格应是多少。资产评级公司在利益驱动下尽量会使债券评级更高。在这种情况下,金融衍生品价格怎会不失灵?因此,政府有关部门应有监管,决不能放弃和放松。

第二,必须正确理解和处理虚拟经济和实体经济的关系。货币金融市场是实体经济正常运行的血脉,而虚拟经济就离不开货币金融市场,它指资本脱离了实体经济(包括工、农、交运、邮电、建筑物等物质生产活动和商业、教育、文化、艺术等精神产品和服务)。虚拟经济产生于实体经济发展的内在需要,建立在实体经济基础上,为实体经济服务。虚拟经济发展可提高社会资源配置效率和实体经济运行效率。资本证券化和衍生工具可为实体经济提供良好运行环境,为企业分散风险,但虚拟经济发展往往与投机活动共存。虚拟经济提供的资本配置效率取决于虚拟资本的高度流动性,而这种流动性要靠投机活动来实现,虚拟经济提供的风险避险的功能如套期保值业务,其风险也要靠投机者来分摊。虚拟经济相比实体经济所具有的高风险、高收益特征,很容易吸引大批资金从事这类投机活动,而投机活动过度又会使虚拟经济过度膨胀而形成经济泡沫。这种泡沫一旦破裂会形成金融危机,对实体经济发展产生多方面危害。例如,金融中介机构损失资本会削减贷款,从而抑制经济活动;又如,资产价格下降会使消费者和企业削减消费和投资;又如,金融危机爆发会引发人们到银行挤兑,并使他们对经济的担忧被极度放大而对经济形成很大冲击,造成经济波动。

第十五单元 货币的需求和供给

计 算 题

1. 假定一国有下列资料(见表 15-1)。

表 15-1 单位:亿美元

小额定期存款	1 050
大额定期存款	425
活期存款	345
储蓄存款	375
通　货	130

试计算 $M1$、$M2$、$M3$ 各为多少?

解: $M1 = 130 + 345 = 475$(亿美元)

$M2 = 475 + 1\,050 + 375 = 1\,900$(亿美元)

$M3 = 1\,900 + 425 = 2\,325$(亿美元)

2. 一个储蓄社如果具有如下资产和债务:600 万美元公债和准备金;4 000 万美元存款,3 600 万美元的未清偿贷款。试求银行净资产。

解: 银行净资产为资产和负债的差额

$(600 + 3\,600) - 4\,000 = 200$(万美元)
资产　　　　负债　　净资产

3. 假定名义货币存量为 1 000 亿美元,试问价格水平下降 20% 及上升 20% 时,实际货币存量变为多少?

解: 价格水平下降 20% 时,$\dfrac{M}{P} = \dfrac{1\,000}{0.8} = 1\,250$ 亿美元,即增加 25%;

价格水平上升 20% 时，$\frac{M}{P} = \frac{1\,000}{1.2} = 833.3$ 亿美元，即减少 16.7%。

4. 假定为交易而持有的货币一年中平均购买最终产品和劳务 4 次，试问对货币的交易需求占名义国民收入的百分之几？如果名义的 GDP 为 10 000 亿美元，货币交易量为多少？

解：货币交易需求量占名义国民收入的百分比为 25%。如果名义 GDP 为 10 000 亿美元，则货币交易需求量为 2 500 亿美元。

5. 假定某人每月的收入是 1 600 美元，储蓄存款账户中每月利率是 0.5%，交易成本是 1 美元，试问他最好交易几次，他持有的平均现金金额是多少？如果这个人收入增加到 1 800 美元，他的货币需求会变化多少？

解：假定该人交易两次，即一次在月初把一半收入变成储蓄存款，另一次在月中取出，则他平均持有的货币是收入的 1/4，即 $1\,600/4 = 400$。若交换 n 次，则平均持有的收入为 $1\,600/2n$。若月利率是 0.5%，则丧失的利息或者说机会成本为 $YN/2n \times r = 1\,600/2n \times 0.005 = 4/n$。再加上每次交易成本为 1 美元，则 n 次交易成本为 n 美元。总成本 $TC = 4/n + n$。

最好的交易次数应是总成本最小的次数，为此，可令

$$\frac{dTC}{dn} = -4/n^2 + 1 = 0$$

得 $n = 2$，即最优交易次数。

因此，他平均持有的现金金额为：$YN/2n = 1\,600/4 = 400$ 美元。

假如他的月收入为 1 800 美元，则根据上述方法求出的 n 为 2.12 次。显然，不可能交易 2.12 次，而仍只能是整数 2 次，因此，他平均持有货币余额为 $1\,800/(2\times 2) = 450$ 美元，即货币需求会增加 50 美元。

6. 若货币交易需求为 $L_1 = 0.20Y$，货币投机性需求 $L_2 = 2\,000 - 500r$。

(1) 写出货币总需求函数。

(2) 当利率 $r = 6$，收入 $Y = 10\,000$ 亿美元时，货币需求量为多少？

(3) 若货币供给 $M_s = 2\,500$ 亿美元，收入 $Y = 6\,000$ 亿美元时，可满足投机性需求的货币是多少？

(4) 当收入 $Y = 10\,000$ 亿美元，货币供给 $M_s = 2\,500$ 亿美元时，货币市场均衡时利率为多少？

解：(1) $L = L_1 + L_2 = 0.20Y + 2\,000 - 500r$

(2) $M_d = 0.2 \times 10\,000 + 2\,000 - 500 \times 6 = 1\,000$（亿美元）

(3) $2\,500 = 0.2 \times 6\,000 + L_2$，$L_2 = 1\,300$（亿美元）

(4) $2\,500 = 0.2 \times 10\,000 + 2\,000 - 500r$，$r = 3\%$

7. 假定现金存款比率 $W = 0.38$，准备率（包括超额准备率）$r = 0.18$，试问货币乘数为多少？若增加基础货币 100 亿美元，货币供给增加多少？

解： 货币乘数 $mm = \dfrac{1+W}{W+r} = \dfrac{1.38}{0.38+0.18} = 2.46$

若增加基础货币 100 亿美元，则货币供给增加 $\Delta M = 100 \times 2.46 = 246$ 亿美元。

8. 假定法定准备率是 0.12，没有超额准备，对现金的需求是 1 000 亿美元。

(1) 假定总准备金是 400 亿美元，货币供给是多少？

(2) 若中央银行把准备率提高到 0.2，货币供给变动多少？（假定总准备金仍是 400 亿美元）

(3) 中央银行买进 10 亿美元政府债券（存款准备金率是 0.12），货币供给如何变动？

解：(1) 货币供给 $M = 1\,000 + 400/0.12 = 4\,333$（亿美元）

(2) 当准备金率提高到 0.2,则存款变为 400/0.2＝2 000 亿美元,现金仍是 1 000 亿美元,因此货币供给为 1 000＋2 000＝3 000 亿美元,即货币供给减少了 1 333 亿美元。

(3) 中央银行买进 10 亿美元债券,即基础货币增加 10 亿美元,则货币供给增加:$\Delta M = 10 \times \dfrac{1}{0.12} = 83.3$(亿美元)。

9. 假定某经济中有 2 000 万张 10 美元的纸币。

(1) 如果人们把所有货币作为通货(现金)持有,货币量是多少?

(2) 如果人们把所有货币作为活期存款持有,而且银行保持百分之百准备金,货币量是多少?

(3) 如果人们持有等量的通货和活期存款,而且银行保持百分之百准备金,货币量是多少?

(4) 如果人们把所有货币作为活期存款持有,而且银行保持 10% 的准备率,货币量是多少?

(5) 如果人们持有等量的通货和活期存款,而且银行保持 10% 的准备率,货币量是多少?

解:(1) 货币量是 $M = 10$ 美元 $\times 2 000$ 万张 $= 2$ 亿美元

(2) 货币量仍是 2 亿美元,因为银行的每一笔存款都减少了通货并增加了等量的活期存款,因此,如果银行全以准备金持有所有存款的话,银行不会影响货币供给。

(3) 货币量仍是 2 亿美元。

(4) 货币量是 $2 000 \times 10 \times \dfrac{1}{0.1} = 20$ 亿美元

(5) 货币量是通货加派生存款,即 $M = 1 + 1 \times \dfrac{1}{0.1} = 11$ 亿美元

10. 计算下列每种情况的货币乘数:

(1) 货币供给为 5 000 亿元,基础货币为 2 000 亿元。

(2) 存款为 5 000 亿元,通货为 1 000 亿元,准备金为 500 亿元。

(3) 准备金为 500 亿元,通货为 1 500 亿元,准备金与存款的比率为 0.1。

解:(1) 货币乘数 $mm = \dfrac{M}{H} = \dfrac{5\,000}{2\,000} = 2.5$

(2) 根据货币乘数公式:$mm = \dfrac{M}{H} = \dfrac{Cu/D + 1}{Cu/D + RR/D}$(这里 Cu 表示现金即通货,D 表示存款,RR 表示准备金),则代入得

$$mm = \dfrac{1\,000/5\,000 + 1}{1\,000/5\,000 + 500/5\,000} = \dfrac{1.2}{0.3} = 4$$

(3) 已知 $RR/D = 0.1$,可知存款为 $D = \dfrac{500}{0.1} = 5\,000$(亿元)

再代入货币乘数公式 $mm = \dfrac{Cu/D + 1}{Cu/D + RR/D}$
$= \dfrac{1\,500/5\,000 + 1}{1\,500/5\,000 + 500/5\,000} = \dfrac{1.3}{0.4} = 3.25$

第十六单元
国民收入决定：IS-LM 模型

引 言

本单元主要体现下列概念和原理。

1. IS 曲线的含义和由来。 IS 曲线表示满足收入-支出均衡条件式、投资函数、消费函数(储蓄函数)、净出口函数的所有利率(r)和收入(Y)的组合。它是所有收支均衡点的集合。在两部门经济中，假如消费函数为 $C=a+bY$，投资函数为 $I=e-dr$，则均衡收入为

$$Y=\frac{a+e}{1-b}-\frac{d}{1-b}r$$

其中，$\frac{1}{1-b}$ 为简单支出乘数，假定用 K_e 表示，则上式可写为

$$Y=K_e(a+e)-K_e dr$$

或

$$r=\frac{a+e}{d}-\frac{1}{K_e d}Y$$

设 $a+e=\overline{A}$

则 $Y=K_e\overline{A}-K_e dr$ 或 $r=\frac{\overline{A}}{d}-\frac{1}{K_e d}Y$

上式即 IS 方程式,其几何图形为 IS 曲线,在 IS 曲线上的每一个 r 与 Y 的对应点均满足 $Y=C+I$ 或 $I=S$ 的均衡条件,表示产品市场处于均衡状态。

需要说明的是,在 IS-LM 模型中,假定价格水平不变,即 $p=1$,因而收入、消费、投资、政府购买、出口、进口、净出口等变量的实际量值(一般用小写字母即 y、c、i、g、x、m、nx 表示)和名义量值(一般用大写字母即 Y、C、I、G、X、M、NX 表示)是相等的,在本单元及以后几单元中,都用大写字母表示。

2. IS 曲线的斜率。 从 IS 方程式 $r=\dfrac{\overline{A}}{d}-\dfrac{1}{K_e d}Y$ 中可见,IS 曲线的斜率为负值,利率与收入呈反方向变化。IS 曲线的斜率的绝对值为 $\dfrac{1}{K_e d}$,因此,IS 曲线的倾斜程度取决于支出乘数 K_e 和投资需求的利率系数 d,即投资需求对于利率变动的反应程度或者说敏感程度,而 K_e 又取决于边际消费倾向 b。当 b 不变时,d 越大,则 IS 曲线越平缓;当 d 不变时,b 越大,则 IS 曲线也越平坦。IS 曲线负斜率的必要条件是投资需求和利率反方向变动。

3. IS 曲线的移动。 在投资对利率的反应度 d 和边际消费倾向 b 不变条件下,自主性支出 $\overline{A}$(自主消费 a 和自主投资 e)变动会引起 IS 平行移动,移动幅度取决于 $\overline{A}$ 变动的数量和 K_e 的大小。如果投资函数和储蓄函数〔它由消费函数决定,方程式可写为 $S=-a+(1-b)Y$〕的斜率发生变动,IS 曲线斜率会变动。

4. 三部门和四部门经济的 IS 曲线。 设政府购买为 $G=\overline{G}$,税收函数为 $T=T_0+ty$,净出口函数为 $NX=X-M$。由于收入增加时,进口会增加,利率上升时,会吸引更多外国资金流入,从而会增加对本国货币的需求,使外汇市场上本币升值,外币贬值。汇率的这种变化会抑制出口,刺激进口,使净出口减少。可见,净出口和收入及利率都呈反方向变化,所以,净出口函数可以写作 $NX=g-my-nr$(这里 g 是一个常数,代表包括国外收入作用在内的所有其他影响。

m 是边际进口倾向,指收入增加 1 单元,进口增加的量,n 表示国内利率变动一个百分点对净出口的影响)。投资函数为 $I=e-dr$,政府转移支付为 $TR=\overline{TR}$,可支配收入为 $Y_D=Y-T+TR$,消费函数为 $c=a+bY_D$,则均衡收入为

$$Y=\frac{a+e+\overline{G}+g-bT_0+b\overline{TR}}{1-b(1-t)+m}-\frac{d+n}{1-b(1-t)+m}r$$

设 $a+e+\overline{G}+g-bT_0+b\overline{TR}=\overline{A}$,同时把 $\dfrac{1}{1-b(1-t)+m}$ 看成是二部门经济中自发支出乘数的扩大,即 $\dfrac{1}{1-b(1-t)+m}=K_e$,则仍有

$$Y=K_e\overline{A}-K_e(d+n)r$$

或

$$r=\frac{\overline{A}}{d+n}-\frac{1}{K_e(d+n)}Y$$

现在,如自发性支出即注入(a、e、$\overline{G}$、$\overline{TR}$、$\overline{X}$)或自发性"漏出"(T_0、M_0)发生变化,则 IS 会移动,IS 的斜率仍由 d、b 和税率 t 以及边际进口倾向 m 决定。

5. **LM 曲线含义和由来**。LM 曲线表示在固定的货币供给水平上,满足货币需求等于货币供给关系式的所有利率 r 和收入 Y 的组合。在 LM 曲线上的所有点均表示货币的需求等于货币的供给的均衡状态。假设名义货币供给由中央银行控制,为外生变量($\overline{M}$),且价格水平不变($P=1$),货币交易需求为 $L_1=kY$,投机需求为 $L_2=J-hr$,则货币需求函数为 $L=kY+J-hr$。这样,货币市场均衡时有

$$kY+J-hr=\overline{M}$$

或

$$r=\frac{k}{h}Y+\frac{J}{h}-\frac{\overline{M}}{h}$$

此即 LM 方程式。

假定 $J=0$, LM 方程可进一步简化为

$$kY - hr = \overline{M}\ \text{或}$$

$$r = \frac{k}{h}Y - \frac{\overline{M}}{h}$$

6. LM 曲线的斜率。从 LM 方程可见,LM 曲线斜率为 k/h。LM 曲线的斜率由 k(货币交易需求对收入的敏感程度)和 h(货币投机需求对利率的敏感程度)决定。在 k 相对稳定的情况下,LM 斜率主要决定于 h。降低 h 会使 LM 斜率绝对值增大。当 h 极大时,LM 呈水平线;当 $h=0$ 时,LM 为垂直线。在许多情况下,LM 曲线上斜率具有先是水平状,后是向上倾斜,最后是垂直形状的三个区域(即凯恩斯区域、中间区域和古典区域)。

7. LM 曲线的移动。无论是货币需求还是货币供给变动,都会引起 LM 移动。通常假设货币需求较稳定,因此,LM 移动主要由货币供给变动引起。货币供给增加使 LM 曲线向右平行移动 $\Delta Y = \Delta M(1/k)$;反之亦然。h 和 k 的变动则会使 LM 斜率变动。

8. 均衡收入和均衡利率的决定。两个市场同时均衡只会发生在一个唯一的收入水平和利率水平上。均衡利率和均衡收入可通过求解 IS 和 LM 的联立方程式而得。

$$Y = \frac{hKe}{h+kdKe}(\overline{A}) + \frac{dKe}{h+kdKe}(\overline{M})$$

如 $P \neq 1$,则上式应为 $Y = \dfrac{hKe}{h+kdKe}(\overline{A}) + \dfrac{dKe}{h+kdKe}\left(\dfrac{\overline{M}}{P}\right)$

9. 两个市场的失衡。当收入与利率的组合点在 IS 曲线的左下方,有 $I > S$,即有对产品的超额需求,在 IS 曲线的右上方,则有 $S > I$,即有超额供给;当收入与利率的组合点在 LM 曲线左上方时,则有货币的超额供给,即 $M_s > L$,在 LM 右下方时,则有货币的超额需求,即 $L > M_s$。

10. 失衡的调整。在市场经济条件下,两个市场的失衡可通过市场调整达到均衡。$I>S$ 时,生产或收入会增加,$I<S$ 时,生产或收入会减少;$L>M_s$ 时,利率会上升,$L<M_s$ 时,利率会下降,调整结果会使两个市场同时达到均衡。

11. 两个市场均衡点同时变动。如果 IS 曲线和 LM 曲线移动,均衡收入和利率会发生变动。

选 择 题

1. IS 曲线表示满足( )关系。
A. 收入-支出均衡　　　　　　B. 总供给和总需求均衡
C. 储蓄和投资均衡　　　　　　D. 以上都对

2. 如果投资对利率非常敏感,那么( )。
A. IS 曲线陡峭　　　　　　　B. IS 曲线平坦
C. LM 曲线陡峭　　　　　　　D. LM 曲线平坦

3. IS 曲线为 $Y=500-2\,000r$,下列哪一个利率和收入水平的组合不在 IS 曲线上?( )
A. $r=0.02, Y=450$　　　　B. $r=0.05, Y=400$
C. $r=0.07, Y=360$　　　　D. $r=0.10, Y=300$

4. 在 IS 曲线上存在储蓄和投资均衡的收入和利率的组合点有( )。
A. 一个　　　　　　　　　　　B. 无数个
C. 一个或无数个　　　　　　　D. 一个或无数个都不可能

5. 自发投资支出增加 10 亿美元,会使 IS 曲线( )。
A. 右移 10 亿美元
B. 左移 10 亿美元

C. 右移支出乘数乘以 10 亿美元

D. 左移支出乘数乘以 10 亿美元

6. 给定消费 $C = 40 + 0.8Y_D$，净税收 $T_n = 20$，投资 $I = 70 - 400r$，净税收增加 10 单位使 IS 曲线( )。

A. 右移 10 单位 B. 左移 10 单位

C. 右移 40 单位 D. 左移 40 单位

7. 净税和政府购买性支出的等量增加，使得 IS 曲线( )。

A. 不变

B. 向右平移 $K_B \cdot \Delta G$ 单位

C. 向左平移 $K_B \cdot \Delta G$ 单位(这里 K_B 指平衡预算乘数)

D. 向右平移 ΔG 单位

8. 水平状的 LM 曲线表示( )。

A. 利息率对货币投机需求影响最大

B. 利息率对货币投机需求影响最小

C. 货币需求对利息率影响最大

D. 货币需求对利息率影响最小

9. 假定货币供给量和价格水平不变，货币需求为收入和利率的函数，则收入增加时( )。

A. 货币需求增加,利率上升   B. 货币需求增加,利率下降

C. 货币需求减少,利率上升   D. 货币需求减少,利率下降

10. 假定货币需求函数为 $L = kY - hr$，货币供给增加 10 亿美元而其他条件不变，则会使 LM ( )。

A. 右移 10 亿美元

B. 右移 k 乘以 10 亿美元

C. 右移 10 亿美元除以 k (即 $10/k$)

D. 右移 k 除以 10 亿美元(即 $k/10$)

11. 利率和收入的组合点出现在 IS 曲线右上方,LM 曲线左上方的区域中,则表示( )。

A. 投资小于储蓄,且货币需求小于货币供给

B. 投资小于储蓄,且货币供给小于货币需求

C. 投资大于储蓄,且货币需求小于货币供给

D. 投资大于储蓄,且货币需求大于货币供给

12. 如果利率和收入都能按供求情况自动得到调整,则利率和收入的组合点出现在 IS 曲线左下方,LM 曲线右下方的区域中时,有可能( )。

A. 利率上升,收入下降　　　　B. 利率上升,收入增加

C. 利率上升,收入不变　　　　D. 以上三种情况都可能发生

13. 流动性偏好理论暗示着( )。

A. 当利率上升时,实际货币余额需求会下降

B. 当利率上升时,实际货币余额需求会上升

C. 利率对实际货币余额需求无任何影响

D. 当利率上升时,产出水平将上升

14. 如果货币需求的利率弹性无穷大,那么中央银行增加货币供给会使( )。

A. 利率下降　　　　　　　　B. 产出增加

C. 投资增加　　　　　　　　D. 以上都不是

15. 当投资支出与利率负相关时,产品市场上的均衡收入( )。

A. 与利率不相关　　　　　　B. 与利率负相关

C. 与利率正相关　　　　　　D. 随利率下降而下降

16. 如果 IS 方程为 $Y=K_e\overline{A}-K_e dr$ (K_e 为支出乘数),则 IS 曲线斜率变小的原因是( )。

A. K_e 变大,d 变大　　　　B. K_e 变小,d 变小

C. K_e 变大,d 变小　　　　D. K_e 变小,d 也变小

第十六单元 国民收入决定：IS-LM 模型

17. 若 LM 方程为 $Y=750+2\,000r$，当货币需求与供给均衡时，利率和收入为(　　)。

　　A. $r=10\%$, $Y=750$　　　　B. $r=10\%$, $Y=800$

　　C. $r=10\%$, $Y=950$　　　　D. $r=10\%$, $Y=900$

18. 如果货币市场均衡方程为 $r=\dfrac{k}{h}\cdot Y-\dfrac{M}{hP}$，则引致 LM 曲线变得平坦是由于(　　)。

　　A. k 变小，h 变大　　　　B. k 和 h 同比例变大

　　C. k 变大，h 变小　　　　D. k 和 h 同比例变小

19. 货币市场和产品市场同时均衡出现于(　　)。

　　A. 各种收入水平和利率上

　　B. 一种收入水平和利率上

　　C. 各种收入水平和一定利率水平上

　　D. 一种收入水平和各种利率水平上

20. 货币供给增加使 LM 曲线右移，若要使均衡收入变动接近于 LM 曲线的移动量，则要求(　　)。

　　A. LM 和 IS 曲线都陡峭

　　B. LM 和 IS 曲线都平坦

　　C. LM 曲线陡峭，IS 曲线平坦

　　D. IS 曲线陡峭，LM 曲线平坦

21. 自主性净出口 $\Delta \overline{X}$ 增加时会(　　)。

　　A. 使 IS 曲线右移 $K_e\Delta X$ 量　　B. 使 IS 曲线左移 $K_e\Delta X$ 量

　　C. 使 IS 曲线斜率变大　　　　D. 使 IS 曲线斜率变小

22. 假定 IS 和 LM 曲线交点所表示的均衡国民收入低于充分就业的国民收入。根据 IS-LM 模型，如果不让利息率上升，政府应该(　　)。

　　A. 增加投资

B. 在增加投资的同时增加货币供给

C. 减少货币供给

D. 减少货币供给的同时减少投资

答 案

1. D 2. B 3. A 4. B 5. C 6. D 7. B
8. A 9. A 10. C 11. A 12. B 13. A 14. D
15. B 16. A 17. C 18. A 19. B 20. C 21. A
22. B

分析讨论题

1. 什么是 IS-LM 模型?

答: IS-LM 模型是描述产品市场和货币市场之间相互联系的理论结构。在产品市场上,国民收入决定于消费、投资、政府支出和净出口加起来的总支出或者说总需求水平,而总需求尤其是投资需求要受到利率影响,利率则由货币市场供求情况决定。就是说,货币市场要影响产品市场;另一方面,产品市场上所决定的国民收入又会影响货币需求,从而影响利率,这又是产品市场对货币市场的影响。可见,产品市场和货币市场是相互联系、相互作用的,而收入和利率也只有在这种相互联系、相互作用中才能决定。描述和分析这两个市场相互联系的理论结构,就称为 IS-LM 模型。

2. 怎样理解 IS-LM 模型是凯恩斯主义宏观经济学的核心?

答: 凯恩斯理论的核心是有效需求原理,认为国民收入决定于有效需求,而有效需求原理的支柱又是边际消费倾向递减、资本边际效率递减以及心理上的流动偏好这三个心理规律的作用。这三个心理规律涉及四个变量：边际消费倾向、资本边际效率、货币需求和货币供给。在这里，凯恩斯通过利率把货币经济和实物经济联系了起来，打破了新古典学派把实物经济和货币经济分开的两分法，认为货币不是中性的，货币市场上的均衡利率要影响投资和收入，而产品市场上的均衡收入又会影响货币需求和利率，这就是产品市场和货币市场的相互联系和作用。但凯恩斯本人并没有用一种模型把上述四个变量联系在一起。汉森、希克斯这两位经济学家则用 IS-LM 模型把这四个变量放在一起，构成一个产品市场和货币市场之间相互作用如何共同决定国民收入与利率的理论框架，从而使凯恩斯的有效需求理论得到了较为完善的表述。不仅如此，凯恩斯主义的经济政策即财政政策和货币政策的分析，也是围绕 IS-LM 模型而展开的，因此可以说，IS-LM 模型是凯恩斯主义宏观经济学的核心。

3. *IS* 曲线向右下倾斜的假定条件是什么？

答： *IS* 曲线向右下倾斜的假定条件是投资需求是利率的减函数，以及储蓄是收入的增函数。即利率上升时，投资要减少，利率下降时，投资要增加，以及收入增加时，储蓄要随之增加，收入减少时，储蓄要随之减少。如果这些条件成立，那么，当利率下降时，投资必然增加，为了达到产品市场的均衡，或者说储蓄和投资相等，则储蓄必须增加，而储蓄又只有在收入增加时才能增加。这样，较低的利率必须和较高的收入配合，才能保证产品市场上总供给和总需求相等。于是当坐标图形上纵轴表示利率，横轴表示收入时，*IS* 曲线就必然向右下倾斜。如果上述前提条件不存在，则 *IS* 曲线就不会向右下倾斜。例如当投资需求的利率弹性无限大时，即投资需求曲线为水平状时，则 *IS* 曲线将成为一条水平线。再如，如果储蓄不随收入而增加，即边际消费倾向如果等于1，则 *IS* 曲线也成为水平状。由于西方学者一般认为投资随利率下降而增加，储蓄随收入下降而减少，因此一般可假定 *IS* 曲线为向右下倾斜的。

4. LM 曲线向右上倾斜的假定条件是什么？

答： LM 曲线向右上倾斜的假定条件是货币需求随利率上升而减少，随收入上升而增加。如果这些条件成立，则当货币供给既定时，若利率上升，货币投机需求量减少（即人们认为债券价格下降时，购买债券从投机角度看风险变小，因而愿买进债券而少持币），为保持货币市场上供求平衡，货币交易需求量必须相应增加，而货币交易需求又只有在收入增加时才会增加，于是，较高的利率必须和较高的收入相结合，才能使货币市场均衡。如果这些条件不成立，则 LM 曲线不可能向右上倾斜。例如，古典学派认为，人们需要货币，只是为了交易，并不存在投机需求，即货币投机需求为零，在这种情况下，LM 曲线就是一条垂直线。反之，凯恩斯认为，当利率下降到足够低的水平时，人们的货币投机需求将是无限大（即认为这时债券价格太高，只会下降，不会再升，从而买债券风险太大，因而人们手头不管有多少货币，都不再愿去买债券），从而进入流动性陷阱，使 LM 曲线呈水平状。由于西方学者认为，人们对货币的投机需求一般既不可能是零，也不可能是无限大，是介于零和无限大之间，因此，LM 曲线一般是向右上倾斜的。

5. 分析研究 IS 曲线和 LM 曲线的斜率及其决定因素有什么意义？

答： 分析研究 IS 曲线和 LM 曲线的斜率及其决定因素，主要是为了分析有哪些因素会影响财政政策和货币政策效果。

在分析财政政策效果时，比方说分析一项增加政府支出的扩张性财政政策效果时，如果增加一笔政府支出会使利率上升很多（LM 曲线比较陡峭时就会这样），或利率每上升一定幅度会使私人部门投资下降很多（IS 曲线比较平坦时就会这样），则政府支出的"挤出效应"就大，从而扩张性财政政策效果较小，反之则反是。可见，通过分析 IS 和 LM 曲线的斜率以及它们的决定因素就可以比较直观地了解财政政策效果的决定因素：使 IS 曲线斜率较小的因素（如投资对利率较敏感,边际消费倾向较大从而使支出乘数较大,边际税率较小从而也使支出乘数较大),以及使 LM 曲线斜率较大的因素(如货币需求对利率较不敏感以及货币需求对收入较为敏感),都是使财政政策效果较小的因素。

在分析货币政策效果时,比方说分析一项增加货币供给的扩张性货币政策效果时,如果增加一笔货币供给会使利率下降很多(LM 曲线陡峭时就会这样),或利率上升一定幅度会使私人部门投资增加很多(IS 曲线比较平坦时就会这样),则货币政策效果就会很明显,反之则反是。可见,通过分析 IS 和 LM 曲线的斜率以及它们的决定因素就可以比较直观地了解货币政策效果的决定因素:使 IS 曲线斜率较小的因素以及使 LM 曲线斜率较大的因素,都是使货币政策效果较大的因素。

6. 为什么要讨论 IS 曲线和 LM 曲线移动?

答: 在 IS-LM 框架中,引起 IS 和 LM 曲线移动的因素很多,如政府购买、转移支付、税收、进出口等的变动都会使 IS 移动,而实际货币供给和货币需求变动都会使 LM 移动,这些移动都会引起均衡收入和利率的变动。例如,政府减税使人们可支配收入增加,在其他情况不变时,消费支出水平就会上升。再如,汇率变动,比方说本国货币贬值,在其他情况不变时会使出口增加,进口减小,从而使净出口增加,IS 曲线也会向右上方移动。同样,在价格水平不变时增加名义货币供给或减少名义货币需求,或者在货币名义供求不变时价格水平下降,都会使 LM 曲线向右下方移动。在诸多使 IS 曲线和 LM 曲线移动的因素中,西方学者特别重视财政政策和货币政策的变动。政府实行扩张性财政政策,IS 曲线向右上方移动,收入和利率同时上升,并且与不同斜率的 IS 和 LM 曲线相交,可清楚表现出财政政策的效果。同样,政府实行扩张货币的政策,LM 曲线向右下方移动,利率下降,收入增加,并且与不同斜率的 IS 和 LM 曲线相交,可清楚表现出货币政策的效果。因此,西方学者常常用

IS-LM 模型作为分析财政政策和货币政策及其效果的简明而直观的工具。这也可以说是西方学者讨论 IS 曲线和 LM 曲线移动的主要目的之一。

7. 金融危机对 IS-LM 模型有什么影响？

答： 目前宏观经济学仍然认为，在短期，需求决定产出，因此，IS 曲线仍然是理解短期产出变动的关键。这是因为人们储蓄得更多会导致需求下降，进而使产出下降。反过来，商品需求依赖于消费者和企业能获得贷款的利率（不是央行设定的利率）和对未来的预期。金融危机造成的未来的不确定性和悲观情绪会降低对商品的需求并影响目前的经济复苏。

在 LM 曲线方面，传统的 LM 曲线是央行关注货币供给量的工具，而现在央行更关注的是利率。在传统上，产出增加会导致货币需求增加，使利率上升，但金融危机发生后就不是如此。现在央行把政策利率作为主要货币工具，通过调整货币供给来实现利率，以保持经济不下滑。

以上两种变化会影响传统的 IS-LM 模型。传统理论的 IS-LM 方程中出现的利率相同，经过市场调整，利率和收入一致之处会达到产品市场和货币市场的一般均衡。但金融危机后，情况并非如此。为了应对危机，政府往往利用政策决定利率，如以低利率作为政策利率。因此，金融危机以后，出现了两种利率，除市场利率外，还有政策利率，这种政策利率应放入 LM 方程，消费者和企业用这个政策利率进入 IS 方程，然后研究货币市场（金融体系）如何决定两种利率（市场的和政策的）之间的差异。这样，可显示出原来资本市场的作用，也可以显示出金融危机后流动性的作用，分析金融危机发生后产生的挤兑等问题带来的流动性困难，这是金融危机后对 IS-LM 模型的扩展。在这个扩展的模型中，可以分析各种冲击对货币金融市场和经济的影响。

第十六单元 国民收入决定：IS-LM 模型

8. 什么是投资需求的利率弹性？假定投资需求函数为 $I = e - dr$，则 d 是不是投资的利率弹性？

答： 投资需求的利率弹性是指投资需求量对利率变动的反应程度，用投资需求量变动的百分比和利率变动的百分比来表示。可用公式表示为

$$\varepsilon_d = \frac{投资需求量变动的百分比}{利率变动的百分比} = \frac{\Delta I/I}{\Delta r/r} = \frac{\Delta I}{\Delta r} \cdot \frac{r}{I}$$

或

$$\varepsilon_d = \lim_{\Delta \to 0} \frac{\Delta I}{\Delta r} \cdot \frac{r}{I} = \frac{dI}{dr} \cdot \frac{r}{I}$$

假定投资需求函数为 $I = e - dr$，则投资需求的利率弹性可表示为

$$\varepsilon_d = -d \cdot \frac{r}{I}$$

例如，若投资需求函数为 $I = 6\,000 - 900r$，当 $r = 5$（通常，$r = 5$，表示利率为 5%）时的投资需求的利率弹性为

$$\varepsilon_d = -900 \times \frac{5}{1\,500} = -3（当 r = 5 时，I = 6\,000 - 900 \times 5 = 1\,500）$$

它表示，在这一利率水平上（$r = 5\%$），投资增加或减少的百分比为利率下降或提高的百分比的 3 倍，可见，在这里，d 并不是投资的利率弹性，而是指投资对利率变动的敏感程度。在这一投资函数中，当利率为不同水平时，其弹性是不同的，当 $r = 6$ 时，其弹性即为

$$\varepsilon_d = -900 \times \frac{6}{600} = -9（I = 6\,000 - 900 \times 6 = 600）$$

它表示，在利率 $r = 6\%$ 时，投资增加或减少的百分比为利率下降或提高的百分比的 9 倍。可是，d 的含义则不同，它表示不管利率

处于何水平,利率每上升或下降一个百分点,则投资需求量总减少或增加900。若 d 不是900,而是1000,则表示利率每变动一个百分点时,投资总反方向地变动1000的量值。

9. 消费函数中的自发消费支出和边际消费倾向变动时,IS 曲线会有什么变动?

答:若消费函数用 $C=a+bY$ 表示,自发消费 a 增加或减少,会使 IS 向右上或左下平行移动,而边际消费倾向 b 增大或变小,则使 IS 曲线斜率变小或变大。原因是 b 变大表示同样收入中会有更多的收入用于消费支出,留下作储蓄的更少了,为使储蓄和一定利率水平上的投资相等,现在需要有更多的收入才能产生相应的储蓄,从而要有更多的收入和一定的利率相结合才能使 $I=S$,这就使 IS 曲线变得更为平缓。

10. 边际税率和边际进口倾向变大时,IS 曲线斜率会发生什么变化?

答:在四部门经济中,IS 曲线的斜率为 $\dfrac{-1}{K_e(d+n)}$ 或 $-\dfrac{1-b(1-t)+m}{d+n}$。从这个式子可知,当边际税率 t 和边际进口倾向 m 变大而其他情况不变时,IS 曲线斜率的绝对值会变大,即 IS 曲线会变得更为陡峭。其根本原因是,税收、进口和储蓄一样,是一种漏出,因此,提高边际税率和边际进口倾向与提高边际储蓄倾向一样,会使较少的收入就得到一个较大的储蓄量,从而支持一个较大的投资量,所不同的只是,提高边际税率是增加政府的边际储蓄倾向,提高边际进口倾向是增加国外部门的边际储蓄倾向。

11. 为什么利率和收入的组合点位于 IS 曲线右上方时,反映产品市场上供过于求的情况?

答：产品市场上供过于求是指储蓄大于投资的情况。在 IS 曲线右上方的任何收入和利率的组合点之所以都表明储蓄大于投资,这是因为相对于一定收入而言,利率太高了,从而使该收入提供的储蓄超过了该利率所导致的投资,或者是相对于一定利率而言,收入太高了,从而该利率所导致的投资水平低于该收入所提供的储蓄。这些情况可用图 16-1 表示。

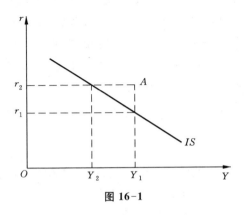

图 16-1

在图 16-1 中,A 点位于 IS 曲线之上,相对于收入 Y_1,利率 r_2 太高了,若利率为 r_1,则 $I=S$,然而 $r_2 > r_1$,由 r_2 所决定的投资小于 r_1 决定的投资,从而使由 r_1 决定的储蓄大于 r_2 决定的投资。$S > I$ 的情况也可以这样说,相对于利率 r_2 而言,收入 Y_1 太高了,若收入为 Y_2,则 $I=S$。然而,$Y_1 > Y_2$,由 Y_1 决定的储蓄大于 Y_2 决定的储蓄,从而使由 r_1 决定的储蓄大于 r_2 决定的投资。

12. 假定货币需求函数可表达为 $\dfrac{Md}{P}=ky+J-hr$,LM 曲线斜率和 k 与 h 有何关系?为什么?

答：货币市场均衡时有：$\dfrac{M_s}{P}=ky+J-hr$ 或 $r=\dfrac{ky}{h}+\dfrac{J}{h}-\dfrac{M_s}{Ph}$,

此即 LM 的代数表达式,式中 $\frac{k}{h}$ 即 LM 曲线的斜率,可见,LM 曲线斜率与 k(表示货币需求对收入变动的敏感程度)成正向变动,即 k 越大,LM 越陡峭,与 h(表示货币需求对利率变动的敏感程度)成反向变动,即 h 越大,LM 越平缓。其原因在于 k 越大,表示利率不变时一定收入变化所需货币(交易需求)变化越大,或者说一定的货币交易需求量变化所要求的收入变化越小,因此货币市场均衡时,一定货币供给变化时所要求的收入变化也越少,从而使 LM 越陡峭。LM 曲线斜率与 h 成反方向变化是因为,h 越大,表示收入不变时一定利率变化所需货币量(投机需求)变化越大,或者说,一定的货币需求(投机需求)所要求的利率变化越小。因此,货币市场均衡时,一定货币供给量变化所要求的利率变化越小,从而使 LM 越平缓。

13. 什么是 LM 曲线的三个区域,其经济含义是什么?

答: LM 曲线上斜率的三个区域分别指 LM 曲线从左到右所经历的水平线、向右上方倾斜线、垂直线的三个阶段。LM 曲线这三个区域被分别称为凯恩斯区域、中间区域、古典区域。其经济含义指,在水平线阶段的 LM 曲线上,货币的需求曲线已处于水平状态,对货币的投机需求已达到利率下降的最低点"流动性陷阱"阶段,货币需求对利率敏感性极大。凯恩斯认为:当利率很低,即债券价格很高时,人们觉得用货币购买债券风险极大,因为债券价格已这样高,从而只会跌不会涨,因此买债券很可能亏损,人们有货币在手的话,就不肯去买债券,这时,货币投机需求成为无限大,从而使 LM 曲线呈水平状态。由于这种分析是凯恩斯提出的,所以水平的 LM 区域称为凯恩斯区域。在垂直阶段,LM 曲线斜率为无穷大,或货币的投机需求对利率已毫无敏感性,从而货币需求曲线的斜率($1/h$)趋向于无穷大,呈垂直状态表示不论利率怎样变动,货币的投机需求均为零,从而 LM 曲线也呈垂直状态(k/h 趋向于无穷大)。由于"古典学派"认为货币需求只有交易需求而无投机需求,因此垂直的 LM 区域称为古典区域,介于垂直线与水平线之间的区域则称为"中间区域"。

14. 如果经济中的收入和利率的组合不在 IS 和 LM 的交点上,市场能否使产品市场和货币市场的这种非均衡走向均衡?

答: 只要不发生金融危机这样的冲击,只要生产能随产品市场供求而变动,利率能随货币市场供求而变动,则产品市场和货币市场中的非均衡可以通过调整逐步走向均衡。例如,若利率和收入的组合点在 IS 曲线和 LM 曲线之上,则一方面表示这时储蓄大于投资,另一方面表示货币供给大于货币需求。在这种非均衡情况出现时,只要市场机制能充分起作用,则储蓄大于投资(即产品市场上供过于求)会导致生产收缩,货币供给大于货币需求会导致利率下降,经过多次调整,一定会使收入和利率趋向两个市场同时达到均衡的地步。

15. 在 IS 和 LM 两条曲线相交时所形成的均衡收入是否就是充分就业的国民收入?为什么?

答: 两个市场同时均衡时的收入不一定就是充分就业的国民收入。这是因为 IS 和 LM 都只是表示产品市场上供求相等和货币市场上供求相等的收入和利率的组合,因此,两条曲线的交点所形成的收入和利率也只表示两个市场同时达到均衡的利率和收入,它并没有说明这种收入一定是充分就业的收入。当整个社会的有效需求严重不足时,即使利率甚低,企业投资意愿也较差,这也会使较低的收入和较低利率相结合达到产品市场的均衡,即 IS 曲线离 IS 曲线坐标图形上的原点 O 较近,当这样的 IS 和 LM 曲线相交时,交点上的收入往往就是非充分就业的均衡收入。

16. 如果产品市场和货币市场没有同时达到均衡而市场又往往能使其走向同时均衡或者说一般均衡,为什么还要政府干预经济生活?

173

答: 上两题中说过,产品市场和货币市场的非均衡尽管通过市场的作用可以达到同时均衡,但不一定能达到充分就业收入水平上的同时均衡,因此,还需要政府运用财政政策和货币政策干预经济生活,使其达到充分就业或消除通货膨胀。

17. 为什么政府支出增加会使利率和收入均上升,而中央银行增加货币供给会使收入增加而利率下降?

答: 政府支出的增加意味着总需求(或总支出)的增加,这将使产量和收入增加,从而增加对货币的交易需求量,在货币供给量不变的条件下(或 LM 曲线不变),新增加的货币需求会使利率上升,最终引起投机动机的货币需求的下降来保证货币市场均衡。这个过程,在 IS-LM 模型上,表现为在 LM 曲线不变条件下,IS 曲线向右移动,总需求的增加引起收入和利率的同时增加。中央银行增加货币供给量,而货币需求不变的话,利率将会下降,从产品市场看,在 IS 曲线上,在既定投资函数上,利率的下降会导致投资和国民收入的增加,这个过程表现为在 IS 曲线不变条件下,LM 曲线向右移动,并导致利率下降和国民收入上升。

18. 西方学者认为 IS-LM 模型存在哪些问题?

答: IS-LM 模型来源于英国经济学家希克斯发表于 1937 年的文章,是为了说明凯恩斯利息理论和他的整个理论体系相协调一致的问题,以后逐渐演变成教科书说明该理论体系的一个重要工具。但许多西方经济学者认为,该模型至少有几个缺点。

一是如果 IS 和 LM 两条曲线交点要真正成为国民收入均衡点,必须假设两个市场的均衡是独立形成的,即一条曲线移动不会引起另一条曲线移动。但这一假设并不存在,因为这两条曲线并不相互独立,而是相互影响和依存的。例如,经济萧条时投资前景黯淡使投资水平下降,IS 向左移动,按 IS-LM 模型,移动的 IS 与不变的 LM 相交于一个新的均衡点,在这一点上利率和收入都比以前降低了。

可是这种说法并不正确,因为萧条时,企业减少对投资的需求的同时也会增加对货币的需求(经济萧条时产品难卖,头寸紧张)。这样,IS 曲线左移时 LM 曲线也会左移,结果收入会以更大幅度下降,而利率不一定下降。还有许多例子可说明这两条曲线并不相互独立。于是 IS-LM 模型就在很大程度上失去了它理论上和政策上的意义。

二是 IS 和 LM 的形状受一系列因素影响。例如,说 IS 向右下方倾斜是建立在投资是利率的减函数这一条件上,但是在市场经济中投资要同时受许多因素(利率、利润、社会环境、制度等)影响。因此投资和利率不可能必然存在一种负线性关系,从而 IS 曲线不一定向右下方倾斜。同样,储蓄也受多种因素影响,也不一定是收入的增函数,这也可能使 IS 不一定向右下倾斜。

三是英国剑桥学派坚决反对 IS-LM 模型分析,其原因是这个模型用一套联立方程代替了凯恩斯的因果次序,从而模糊了凯恩斯理论中最本质的东西:投资决定收入,收入决定储蓄。利率在凯恩斯有效需求理论中是不重要的,它在收入创造过程是由外生因素所决定,而 IS-LM 模型把利率看成决定储蓄和投资的主要因素,这就把凯恩斯理论恢复到古典经济学结构中去了。

四是 IS-LM 模型分析得出的结论也不一定与事实相符合。例如,按 IS-LM 模型分析,投资崩溃时,可以用扩张性货币政策加以挽救,这显然不符合事实。1929 年大萧条中,西方银行中存在超额准备金,并不缺乏资金来源。可见,这时货币政策并不能解决大萧条问题。

计 算 题

1. 假定:(1) 消费函数为 $C=50+0.8Y$,投资函数为 $I=100-5r$;(2) 消费函数为 $C=50+0.8Y$,投资函数为 $I=100-10r$;(3) 消费函数为 $C=50+0.75Y$,投资函数为 $I=100-10r$(价格

水平都不变)。

(a) 求(1)(2)和(3)的 IS 曲线。

(b) 比较(1)和(2)说明投资对利率更为敏感时,IS 曲线斜率将发生什么变化。

(c) 比较(2)和(3)说明边际消费倾向变动时,IS 曲线斜率将发生什么变化。

解:(a) 由 $C=a+bY, I=e-dr$ 和 $Y=C+I$ 可知

$$Y = a + bY + e - dr$$

此时 IS 曲线将为 $r = \dfrac{a+e}{d} - \dfrac{1-b}{d}Y$

于是由(1)的已知条件 $C=50+0.8Y$ 和 $I=100-5r$ 可得(1)的 IS 曲线为

$$r = \frac{100+50}{5} - \frac{1-0.8}{5}Y$$

即 $\quad r = 30 - \dfrac{1}{25}Y \cdots\cdots ①$

同理由(2)的已知条件可得(2)的 IS 曲线为

$$r = \frac{100+50}{10} - \frac{1-0.8}{10}Y$$

即 $\quad r = 15 - \dfrac{1}{50}Y \cdots\cdots ②$

同样由(3)的已知条件可得(3)的 IS 曲线为

$$r = \frac{100+50}{10} - \frac{1-0.75}{10}Y$$

即 $\quad r = 15 - \dfrac{1}{40}Y \cdots\cdots ③$

(b) 由(1)和(2)的投资函数比较可知(2)的投资行为对利率更为敏感,而由(1)和(2)的 IS 曲线方程①和②比较可知(2)的 IS 曲

线斜率(绝对值)要小于(1)的 IS 曲线斜率,这说明在其他条件不变的情况下,投资对利率越敏感即 d 越大时,IS 曲线的斜率(绝对值)越小。

(c) 由(2)和(3)的消费函数比较可知(2)的边际消费倾向较大,而由(2)和(3)的 IS 曲线方程②和③比较可知(2)的 IS 曲线斜率(绝对值)要小于(3)的 IS 曲线斜率,亦说明在其他条件不变的情况下,边际消费倾向越大即 b 越大时,IS 曲线的斜率(绝对值)越小。

2. 假定货币需求函数为 $L = 0.2Y + 100 - 5r$ 且价格水平不变 ($P = 1$)。

(1) 若名义货币供给量为 250,找出货币需求与供给均衡时的 LM 曲线;

(2) 若名义货币供给量为 300,找出货币需求与供给均衡时的 LM 曲线,并与(1)中 LM 曲线比较有什么不同;

(3) 对于(2)中这条 LM 曲线,若 $r = 10$,$Y = 1\,100$,货币需求与供给是否均衡,若非均衡,利率该如何变化。

解:(1) 在价格水平不变 $P = 1$ 时,若已知货币需求函数为 $L = 0.2Y + 100 - 5r$ 和名义货币供给量为 250,则 LM 曲线为:$0.2Y - 5r + 100 = 250$

即 $$r = -30 + \frac{1}{25}Y$$

(2) 若名义货币供给量为 300,同样根据(1)中所用的方法可得货币需求与货币供给均衡时的 LM 曲线为:$0.2Y + 100 - 5r = 300$

即 $$r = -40 + \frac{1}{25}Y$$

与(1)中 LM 曲线 $r = -30 + \frac{1}{25}Y$ 相比会发现,(2)的 LM 曲线位于(1)的 LM 曲线的右下方,且两者平行,这说明货币供给增加会引致 LM 曲线向右下平行移动。

（3）当 $r=10$，$Y=1\,100$ 时，货币需求量为 $L=0.2\times1\,100-5\times10=170$，对于(2)中 LM 曲线来讲，货币供给 300，此时货币需求小于货币供给，处于非均衡状态，存在利率下降的压力。

3. 假定名义货币供给量用 M 表示，价格水平 $P=1$，货币需求用 $L=kY-hr$ 表示。

(1) 求 LM 曲线的代数表达式，找出 LM 曲线斜率表达式；

(2) 找出 $k=0.20$、$h=10$，$k=0.20$、$h=20$，$k=0.10$、$h=10$ 时，LM 斜率的值；

(3) 当 k 变小时，LM 曲线的斜率如何变化，h 增大时 LM 曲线的斜率如何变化；

(4) 若 $k=0.2$，$h=0$，LM 曲线变化如何。

解：(1) 由 $L=\dfrac{M}{P}$，由于假定 $P=1$，因此，LM 曲线代数表达式为

$$kY-hr=M$$

即

$$r=\left(-\frac{M}{h}\right)+\frac{k}{h}Y$$

其斜率代数表达式为 k/h。

(2) 当 $k=0.20$，$h=10$ 时，LM 曲线斜率为

$$\frac{k}{h}=\frac{0.20}{10}=0.02$$

当 $k=0.20$，$h=20$ 时，LM 曲线斜率为

$$\frac{k}{h}=\frac{0.20}{20}=0.01$$

当 $k=0.10$，$h=10$ 时，LM 曲线斜率为

$$\frac{k}{h}=\frac{0.10}{10}=0.01$$

(3) 由于 LM 曲线斜率为 $\frac{k}{h}$,因此当 k 越小时,LM 曲线斜率越小,其曲线越平坦,当 h 越大时,LM 曲线斜率也越小,其曲线也越平坦。

(4) 若 $k=0.2$,$h=0$,则 LM 曲线为 $0.2Y=M$

即 $$Y=5M$$

此时 LM 曲线为一垂直于横轴 Y 的直线,$h=0$ 表明货币需求与利率的大小无关,这正好是 LM 的古典区域情况。

4. 假定某经济中有 $C=100+0.75Y_D$,$I=125-600r$,$G=50$,$T=20+0.2Y$,$TR=0$。

(1) 推导 IS 方程。

(2) 求 IS 曲线斜率。

(3) 当 $r=15\%$ 时,Y 是多少?如果充分就业收入 $Y_f=465$,应增加多少政府支出才能实现充分就业?

(4) 当增加政府支出 $\Delta G=10$ 时,收入增加多少?

解:(1) $Y=C+I+G=100+0.75(Y-20-0.2Y)$
$$+125-600r+50=260+0.6Y-600r$$

IS 方程为 $Y=650-1\,500r$

(2) IS 的斜率为 $1/1\,500=0.000\,667$(绝对值)

(3) $r=0.15$ 时,$Y=650-225=425$,若 $Y_f=465$,缺口 $\Delta Y=465-425=40$,这时政府支出乘数 $K_g=\dfrac{1}{1-b(1-t)}=\dfrac{1}{0.4}=2.5$,故要充分就业,需增加政府支出 $\Delta G=\dfrac{40}{2.5}=16$。

(4) 当 $\Delta G=10$ 时,收入增加为 $\Delta Y=10\times 2.5=25$。

5. 假定某经济中消费函数为 $C=0.8(1-t)Y$,税率 $t=0.25$,投资函数为 $I=900-50r$,政府购买 $\overline{G}=800$,货币需求为 $L=0.25Y+$

$200-62.5r$,实际货币供给为 $\dfrac{\overline{M}}{P}=700$,试求:

(1) IS 曲线。

(2) LM 曲线。

(3) 两个市场同时均衡时的利率和收入。

解:(1) 这是一个引入政府的三部门经济模型,因此在已知 $C=0.8(1-t)Y$,$t=0.25$,$I=900-50r$ 和 $\overline{G}=800$ 的条件下,由恒等式 $Y=C+I+\overline{G}$ 可得 IS 曲线为

$$Y=0.8(1-0.25)Y+900-50r+800$$

化简得

$$Y=4\,250-125r, 即为所求的 \ IS \ 曲线。$$

(2) 在货币需求 $L=0.25Y+200-62.5r$,货币供给 $\dfrac{\overline{M}}{P}=700$ 的已知条件下,由货币供给等于货币需求,得 LM 曲线为

$$0.25Y+200-62.5r=700$$

化简得

$$Y=2\,000+250r, 即为所求的 \ LM \ 曲线。$$

(3) 由 IS 曲线和 LM 曲线联立得

$$\begin{cases} Y=4\,250-125r \\ Y=2\,000+250r \end{cases}$$

解方程组得两个市场同时均衡时的均衡利率 $r=6$,均衡收入 $Y=3\,500$。

6. 已知 IS 方程为 $Y=550-1\,000r$,边际储蓄倾向 $MPS=0.2$,利率 $r=0.05$。

(1) 如果政府购买性支出增加 5 单位,新旧均衡收入分别为多少?

(2) IS 曲线如何移动?

解：(1) $r=0.05$ 时，$Y=550-50=500$。

$MPS=0.2$，则 $MPC=0.8$，因此政府购买支出乘数 $Kg=\dfrac{1}{1-0.8}=5$，政府支出增加 $\Delta G=5$，则 $\Delta Y=5\times 5=25$，故新的均衡收入为：$Y'=500+25=525$

(2) IS 曲线水平右移 $\Delta Y=Kg\Delta G=5\times 5=25$，故新的 IS 曲线为 $Y'=550-1\,000r+25=575-1\,000r$

7. 假定某经济中收入恒等式为 $Y=C+I+G+NX$，且消费函数为 $C=100+0.9(1-t)Y$，投资函数为 $I=200-500r$，净出口函数为 $NX=100-0.12Y-500r$，货币需求为 $L=0.8Y+200-2\,000r$，政府支出 $G=200$，税率 $t=0.2$，名义货币供给 $M=1\,000$，价格水平不变为 $P=1$，试求：

(1) IS 曲线。

(2) LM 曲线。

(3) 产品市场和货币市场同时均衡时的利率和收入。

(4) 两个市场同时均衡时的消费、投资和净出口值。

解：(1) 这是一个引入政府、外贸的四部门经济模型。在 C，I，G，NX 为已知的条件下，由

$Y=C+I+G+NX$ 得

$$\begin{aligned}Y&=100+0.9(1-t)Y+200-500r+200+100-0.12Y-500r\\&=100+0.9(1-0.2)Y+200-500r+200+100-0.12Y-500r\\&=600+0.6Y-1\,000r\end{aligned}$$

整理化简得 IS 曲线为 $Y=1\,500-2\,500r$

(2) 在名义货币供给 $1\,000$ 和价格水平为 1 的情况下，实际货币供给为 $1\,000$，由货币需求与货币供给相等得 LM 曲线为

$1\,000=0.8Y+200-2\,000r$

化简得 $Y=1\,000+2\,500r$

(3) 由 IS 和 LM 曲线联立得 $1\,500-2\,500r=1\,000+2\,500r$

$r = 0.10$

$Y = 1\,000 + 2\,500 \times 0.10 = 1\,250$

故产品市场和货币市场同时均衡时的均衡利率为 $r = 0.10$,均衡收入为 $Y = 1\,250$。

(4) 将均衡收入 $Y = 1\,250$,利率 $r = 0.10$ 分别代入消费、投资、净出口函数得

$C = 100 + 0.9(1 - t)Y$

$\quad = 100 + 0.9 \times (1 - 0.8) \times 1\,250 = 1\,000$

$I = 200 - 500r = 200 - 500 \times 0.10 = 150$

$NX = 100 - 0.12Y - 500r$

$\quad = 100 - 0.12 \times 1\,250 - 500 \times 0.10 = -100$

8. 假定 $Y = C + I + G$,消费需求为 $C = 800 + 0.63Y$,投资需求为 $I = 7\,500 - 20\,000r$,货币需求为 $L = 0.1\,625Y - 10\,000r$,价格水平为 $P = 1$,试计算当名义货币供给是 6 000 亿美元,政府支出 7 500 亿美元时的 GDP 值,并证明所求的 GDP 值等于消费、投资和政府支出的总和。

解: 由 $Y = C + I + G$,知 IS 曲线为

$Y = 800 + 0.63Y + 7\,500 - 20\,000r + 7\,500$

即 $0.37Y = 15\,800 - 20\,000r$

化简得

$$r = \frac{15\,800}{20\,000} - \frac{0.37}{20\,000}Y \quad\quad (1)$$

在 $P = 1$ 的情况下,由货币供给等于货币需求可得 LM 曲线为

$0.1\,625Y - 10\,000r = 6\,000$

化简得

$$r = -\frac{6\,000}{10\,000} + \frac{0.1\,625}{10\,000}Y \quad\quad (2)$$

联立(1)(2)得

$$\frac{15\,800}{20\,000} - \frac{0.37}{20\,000}Y = -\frac{6\,000}{10\,000} + \frac{0.1\,625}{10\,000}Y$$

化简整理得

　　$Y = 40\,000$ 亿美元为所求的 GDP 值；

此时 $r = -\dfrac{6\,000}{10\,000} + \dfrac{0.1\,625}{10\,000} \times 40\,000 = \dfrac{500}{10\,000} = 0.05$

　　则 $C = 800 + 0.63 \times 40\,000 = 26\,000$（亿美元）

　　$I = 7\,500 - 20\,000r = 7\,500 - 20\,000 \times 0.05$

　　　$= 6\,500$（亿美元）

而 G 已知为 7 500 亿美元，则

$C + I + G = 26\,000 + 6\,500 + 7\,500 = 40\,000 = Y$

这说明所求的 GDP 值正好等于消费、投资和政府支出的总和，总收入和总支出相等。

第十七单元
国民收入决定：总需求-总供给模型

引 言

本单元习题主要体现下列概念和原理。

1. 总需求函数。 总需求函数表示产品市场和货币市场同时达到均衡时的价格水平与国民收入间的依存关系。描述这一函数的曲线称为总需求曲线。所谓总需求，是指整个经济社会在每一个价格水平下对产品和劳务的需求总量，它由消费需求、投资需求、政府支出和国外需求构成。在其他条件不变的情况下，当价格水平提高时，国民收入水平就下降；当价格水平下降时，国民收入水平就上升。总需求曲线向下倾斜，其机制在于：第一，价格水平上升，使货币需求增加，货币供给不变时利率必上升，从而使国民收入下降，此即利率效应；第二，价格水平上升，意味着人们实际所有财富减少，他们的消费和投资能力下降，进而国民收入水平下降，此即实际余额效应；第三，价格水平导致人们名义收入上升而进入更高纳税等级，税负增加，实际收入下降，进而消费、投资和国民收入下降；第四，价格水平上升使出口减少、进口增加，并使外资流入下降，而对外投资增加，这些都降低本国国民收入。

2. 总需求曲线的斜率和移动。 总需求曲线的斜率反映价格水平变动一定幅度使国民收入(或均衡支出水平)变动多少。从 IS-LM

模型分析中可知,价格水平变动引起实际货币余额变动会使 LM 移动,进而影响收入水平,而 LM 移动究竟会使均衡收入变动多少,取决于 IS 曲线和 LM 曲线的斜率。IS 曲线斜率不变时,LM 曲线越陡(货币需求对利率变动越不敏感,即 h 越小,以及货币需求对收入变动越敏感,即 k 越大),则 LM 移动时收入变动就越大,从而 AD 曲线越平缓;相反,LM 曲线斜率不变时,IS 曲线越平缓(即投资需求对利率变动越敏感或边际消费倾向越大),则 LM 曲线移动时收入变动越大,从而 AD 曲线也越平缓。我们已知,两部门经济中,产品市场和货币市场同时均衡时收入为

$$Y = \frac{hK_e}{h+kdK_e}(\overline{A}) + \frac{dK_e}{h+kdK_e}\left(\frac{M}{P}\right)$$

式中,d 表示投资对利率的敏感程度,K_e 表示自发支出乘数,h 和 k 分别表示货币需求对利率和收入的敏感程度。从上式可以看出,当 d、K_e 不变且 k 比较稳定时,若 h 越小,则 P 上升一定幅度使 $\frac{M}{P}$ 下降一定量时,国民收入 Y 就减少得越多;反之,P 下降一定幅度使 $\frac{M}{P}$ 上升一定量时,国民收入 Y 就增加得越多,因此,AD 曲线就越平缓。同时,当 h 和 k 既定时,如果 d 和 K_e 越大,即 IS 曲线越平缓,则实际货币余额 $\frac{M}{P}$ 变动时,收入变动也会越大,从而 AD 曲线也越平缓。

当政府采取扩张性财政政策,如政府支出扩大($\overline{A}$ 增加),或扩张性货币政策($\overline{M}$ 增加),都会使总需求曲线向右上方移动;反之,则向左下方移动。

3. 总供给函数。总供给函数表示总产出量与一般价格水平之间的依存关系。描述这种关系的曲线称为总供给曲线。所谓总供给是指经济社会在每一价格水平上提供的商品和劳务的总量。总供给曲线根据生产函数和劳动力市场的均衡推导而得。当资本存量一定

时,总产量水平随就业量的增加而增加,但边际产出递减。就业量取决于劳动力市场的均衡。劳动力的需求是实际工资率的减函数,可写为 $N_d = N_d\left(\dfrac{W}{P}\right)$,实际工资越低,劳动力需求越大;劳动力的供给是实际工资的增函数,可写为 $N_s = N_s\left(\dfrac{W}{P}\right)$,实际工资越低,劳动力供给越小。当劳动力需求等于劳动力供给时,就决定了劳动力市场上的均衡就业量。在短期,就业量的变化是引起总供给水平变化的最重要的因素;在长期,资本积累的变化、技术进步等都会影响总供给水平。

总供给曲线的斜率取决于劳动力市场对货币工资变动能作何反应。对企业或劳动者来讲,重要的是实际工资而不是名义工资。实际工资是名义工资与价格水平的比率,当名义工资上升的幅度低于价格上升的幅度时,实际工资就会下降;反之,实际工资就会上升。如果工资和物价可以自由变化,那么,就业量的决定就完全独立于价格水平的变化。因为物价上升时,名义工资水平就会同比例上升,劳动力市场将恢复到原来的均衡,就业量也恢复到原来的水平。这样,就业量就不随物价水平的变化而变化,从而总产出也不随价格水平的变化而变化。因此,当价格水平具有完全的伸缩性时,实际产出量主要由潜在产出决定,不受价格水平的影响。供给曲线是一条位于充分就业产出水平的垂直线,可称它为长期总供给曲线,或古典总供给曲线。

当名义工资具有向下的刚性时,总供给曲线就是一条向右上方倾斜的曲线。这时,现实经济中即使存在失业,工资水平也不会下降;但当劳动力处于过度需求状况时,工资却可向上调整。这样,在刚性的名义工资水平下,如果物价上升,实际工资水平就会下降,劳动力需求就会扩大,经济的就业量和总产出就会增加,总供给曲线就会向上倾斜。总产出随着价格水平的提高而提高。可把这条供给曲线称为短期总供给曲线,或凯恩斯主义供给曲线。

随着价格水平的上升,对劳动力需求增加,劳动力市场上失业率逐渐减少。当劳动力市场达到充分就业状态时,价格水平的上升就会导致对劳动力的过度需求的出现,这样,名义工资就会随物价同比例上升,使就业量始终维持在充分就业水平,从而物价水平上升时,产出也始终保持在充分就业的产出水平上。经济的总供给曲线在短期内向右上方倾斜,在长期就变为一条位于充分就业产出水平上的垂直线。

卢卡斯总供给曲线 $Y=\overline{Y}+\alpha(P-P^e)$ 是卢卡斯(Robert Lucas)在微观基础之上引入信号提取推导得到的。由于增加了预期的因素,因此该曲线又被称为附加预期的总供给曲线。关于卢卡斯总供给曲线的推导及说明见第二十一单元。

4. 总供给、总需求与价格水平。当经济的总供给等于总需求时,经济就决定了这一时期的实际产出、就业水平、利率水平和价格水平。在古典的总供给-总需求模型中,总供给曲线是一条垂直线,价格水平的变化不影响经济的就业量和总产出水平。任何由于总需求或总供给的波动而造成的总供给与总需求不相等,理论上都可通过价格水平的变化使经济恢复到原先的均衡,而不需要任何经济政策。例如,由于货币供给量的扩大(或者政府支出增加,出口增加等),经济的总需求曲线向右移动。这样,在原来的价格水平下,经济的总需求就超过了总供给,价格水平即上升。在需求方面,随着价格水平上升,货币市场上实际货币供给开始减少,利率水平上升,投资缩减,总需求开始减少。总需求与总供给的差距也开始缩小。只要总需求还大于总供给,价格水平就持续上涨,直到总供给等于总需求。结果,价格水平与货币供给量同比例增加,利率、总产出、就业量以及总需求都恢复到原来的水平。

当经济的非均衡来自供给方面的波动时,如石油供给的减少,垂直的总供给曲线会向左移动,造成经济在原有的价格水平下总需求超过总供给。只要总供给不随价格水平的变化而调整,价格水平就持续上升直到总需求重新等于总供给。结果,总产出与就业水平下降,价格水平、利率上升,总需求量下降。

在凯恩斯主义的总供给-总需求模型中,供给曲线由于名义工资的向下刚性而向上倾斜,就业量和产出水平都会随价格水平的变化而变化。当总需求扩大时,实际工资的下降就会增加就业量,从而扩大产出。

选 择 题

1. 价格水平上升时,会( )。
A. 减少实际货币供给并使 LM 曲线右移
B. 减少实际货币供给并使 LM 曲线左移
C. 增加实际货币供给并使 LM 曲线右移
D. 增加实际货币供给并使 LM 曲线左移

2. 下列哪一观点是不正确的?( )
A. 当价格水平的上升幅度大于名义货币供给的增长时,实际货币供给减少
B. 当名义货币供给的增长大于价格水平的上升时,实际货币供给增加
C. 在其他条件不变的情况下,价格水平上升,实际货币供给减少
D. 在其他条件不变的情况下,价格水平下降,实际货币供给减少

3. 当( )时,总需求曲线更平缓。
A. 投资支出对利率变化较敏感
B. 支出乘数较小
C. 货币需求对利率变化较敏感
D. 货币供给量较大

4. 当( )时,总需求曲线变得陡峭。
A. 货币需求变动对收入变动的敏感变小

B. 私人部门投资变动对利率变动不敏感

C. 支出乘数较小

D. 货币需求变动对收入变动的敏感变大

5. 总需求曲线( )。

A. 当其他条件不变时,政府支出减少时会右移

B. 当其他条件不变时,价格水平上升时会左移

C. 在其他条件不变时,税收减少会左移

D. 在其他条件不变时,名义货币供给增加会右移

6. 在既定的劳动需求函数中( )。

A. 产品价格上升时,劳动需求减少

B. 产品价格上升时,劳动需求增加

C. 价格水平和名义工资同比例增加时,劳动需求增加

D. 价格水平和名义工资同比例增加时,劳动需求减少

7. 当劳动力的边际产出函数是 $800-2N$(N 是使用劳动的数量),产品的价格水平是 2 美元,每单位劳动的成本是 4 美元时,劳动力的需求量是( )。

A. 20 单位   B. 399 单位   C. 800 单位   D. 80 单位

8. 当( ),古典总供给曲线存在。

A. 产出水平是由劳动力供给等于劳动力需求的就业水平决定时

B. 劳动力市场的均衡不受劳动力供给曲线移动的影响时

C. 劳动力需求和劳动力供给立即对价格水平的变化作出调整时

D. 劳动力市场的均衡不受劳动力需求曲线移动的影响时

9. 如果( ),总供给与价格水平正相关。

A. 摩擦性与结构性失业存在

B. 劳动力供给立即对劳动力需求的变化作出调整

C. 劳动力需求立即对价格水平的变化作出调整,但劳动力供给

却不受影响

D. 劳动力供给立即对价格水平的变化作出调整,但劳动力需求却不受影响

10. 假定经济实现了充分就业,总供给曲线是垂直线,减税将(   )。

A. 提高价格水平和实际产出

B. 提高价格水平但不影响实际产出

C. 提高实际产出但不影响价格水平

D. 对价格水平和实际产出均无影响

11. 与10题中假定相同,若政府支出增加,则(   )。

A. 利率水平上升,实际货币供给减少

B. 利率水平上升,实际货币供给增加

C. 利率水平上升,不影响实际货币供给

D. 对利率水平和实际货币供给均无影响

12. 假定经济尚未实现充分就业,总供给曲线有正斜率,那么减税会使(   )。

A. 价格水平上升,实际产出增加

B. 价格水平上升但不影响实际产出

C. 实际产出增加但不影响价格水平

D. 实际产出和价格水平都不变

13. 与12题中假定相同,增加政府支出会提高(   )。

A. 产出和价格水平

B. 均衡产出和实际工资

C. 均衡产出和实际利率

D. 以上都可能

14. 下列哪一项不属于供给冲击?(   )

A. 工会要求工人工资提高

B. 干旱使得农作物减产

C. 货币供给增加

D. OPEC 提高原油价格

15. 技术革命会使得(　　)。

A. 短期和长期总供给曲线都向左移

B. 短期和长期总供给曲线都向右移

C. 短期总供给曲线不变,长期总供给曲线右移

D. 短期总供给曲线右移,长期总供给曲线不变

16. 当总供给曲线有正斜率,大部分产品的原材料的价格上升时,总供给曲线会移向(　　)。

A. 右方,价格水平下降,实际产出增加

B. 左方,价格水平下降,实际产出增加

C. 右方,价格水平上升,实际产出减少

D. 左方,价格水平上升,实际产出减少

17. 当总供给曲线有正斜率,成本中可变成本所占的份额下降时,总供给曲线移向(　　)。

A. 左方,价格水平下降,实际产出增加

B. 右方,价格水平下降,实际产出增加

C. 左方,价格水平上升,实际产出减少

D. 右方,价格水平上升,实际产出减少

18. 总供给曲线右移可能是因为(　　)。

A. 其他情况不变而厂商对劳动需求增加

B. 其他情况不变而所得税增加了

C. 其他情况不变而原材料涨价

D. 其他情况不变而劳动生产率下降

19. 要素价格上升对总需求和总供给的影响是(　　)。

A. 总需求不变而总供给增加

B. 总需求不变而总供给减少

C. 总需求增加而总供给不变

D. 总需求减少而总供给不变

答　案

1. B　2. D　3. A　4. B　5. D　6. B　7. B
8. C　9. C　10. B　11. A　12. A　13. A　14. C
15. B　16. D　17. B　18. A　19. B

分析讨论题

1. 什么是总供给？

答：一般说来，总供给是指一个国家在一定时期的生产能力，有时也称为充分就业产量，就是各种生产资源都得到充分利用时能够生产的产量。它和总需求-总供给模型中的总供给概念有一定区别。总需求-总供给模型中的总供给是对应一定价格水平的总产出水平，而这里的总供给是一定时期的总生产能力，与价格水平没有关系。总生产能力在劳动力、资本等生产要素总量增加时或者生产要素的效率更高时就会提高，即总供给会增加。因此，总供给往往和经济增长联系一起。但是，在一定时期，总供给就是那个时期的潜在的GDP水平。

2. 总需求曲线向右下倾斜时为什么可能相对无弹性？

答：总需求曲线向右下倾斜，是因为价格水平下降，总支出增加，即总支出曲线向上移动，与45°线相交形成的均衡收入增加，因而呈现出总需求与价格水平之间的负向关系。但是，价格水平下降只会使总支出曲线略有上移。这是因为,价格水平下降虽然会使消费增加,但消费不仅取决于当前实际收入变动,而且面向未来,因而消费增加不如收入上升得快。同时,价格下降使收入增加时,税收也会因之增加,进口也会增加,这些都是阻止总需求增加的原因。不仅如此,价格下降也会挫伤厂商投资意愿和能力,这些都使价格水平下降时均衡产出水平只有略微增加,从而使总需求曲线可能相对无弹性,即产出增加幅度可能不会像价格下降幅度那样大。

3. 总需求曲线移动的因素有哪些?

答: 在给定的价格水平上,任何使总支出曲线向上或向下移动的因素,都会使总需求曲线移动。这些因素主要有:(1) 消费需求尤其是消费者对耐用品购买的变化;(2) 投资需求的变化;(3) 政府支出和税收的变化;(4) 净出口的变化。例如,政府支出增加或税收减少,会使总需求曲线右移,扩张性财政政策实行时情况即如此。

4. 怎样理解总供给曲线通常有一个正斜率?

答: 总供给曲线表示总产出量与一般价格水平之间的关系。总供给曲线具有正斜率是指总产出与价格水平之间具有同方向变动关系。然而,究竟是产出变动引起价格变动,还是价格变动引起产出变动,经济学家有种种说法。

一种说法是产出变动引起价格变动,即认为产出增加导致就业增加,失业率下降,进而导致名义工资上升。由于工资是产品成本主要构成部分,因此,名义工资上升会导致产品价格上升。反之亦然。其实,菲利普斯曲线也含有这类看法。

另一种说法是价格变动引起产出变动。这里面又包含多种讲法。一种讲法是经济中总产出是各行各业中所有厂商产出的总和,而厂商生产多少与产品价格有关,价格越高,厂商生产会越多,因此,总供给曲线会向上倾斜。

另一种比较流行的说法是,产品价格上升时,工资水平不会立即同比例相应上升。这或者是由于工资的变动会受劳动合同约束,在合同期内,即使物价上升了,工资也并不会立即跟着上升;或者是由于工人对价格的预期滞后于实际,价格上升时,工人并不立即要求工资同比例上升。不管哪种情况,都意味着价格水平上升时,实际工资在下降,因而厂商会增加就业与生产。

5. 古典总供给曲线为什么是垂直的?

答: 古典学派(包括新古典经济学家)认为,劳动力市场总是处在充分就业的均衡状态。如果充分就业了,那么,即使产品价格水平上升也不会使产量高于现行水平,这个水平就是充分就业产量水平,因此,总供给曲线垂直于充分就业的产出水平上。劳动力市场之所以总是处在充分就业状态,是因为他们假定,名义工资会随劳动供求状况立即充分调整。例如,总需求上升导致产品价格上升时,对劳动需求也会增加,名义工资也会立即相应上升,于是,实际工资不变,就业和产量依旧维持在原来的充分就业水平上。事实上,由于本来就实现了充分就业,总需求上升时,厂商也无法获得更多劳动力,因此,产出也不会增加。

6. 为什么劳动力供给曲线为正斜率?当工作的负效用减少时,或者在有更多的人进入就业队伍时,劳动力供给曲线会如何变化?

答: 通常可假定劳动力在闲暇和工作之间会优先选择闲暇。但当单位劳动所能获得的实际工资增加时,也会刺激劳动力提供更多的劳动。这样,劳动力供给与实际工资之间呈正相关关系。如果劳动的负效用降低,即人们在给定的实际工资水平下愿意提供更多的劳动,那么劳动力供给曲线就会向右移动。如果有更多的人加入就业队伍中,劳动力供给曲线也会向右移。

7. 总供给曲线移动的因素有哪些?

答：促使总供给曲线移动的主要因素大致有：(1)天灾人祸。严重的自然灾害或战争会减少经济中资本数量，从而使任一数量的劳动能够生产的产量减少了，于是总供给曲线会左移。(2)技术变化。例如，技术进步会使既定的资源生产出更多的产量，从而使总供给曲线右移。(3)风险承担意愿的变化。如果经济生活中风险增加，厂商愿意供给的数量会减少，从而总供给曲线会左移。(4)进口商品价格变化。如进口品价格上升，厂商生产成本上升，因而厂商在原有产品价格水平上生产减少，从而使总供给曲线左移。(5)劳动意愿的变化。如果人们更偏好闲暇，在既定工资水平上劳动供给会减少，从而使总供给曲线左移。

8. 降低工资对总需求和总供给有何影响？产品价格降低对劳动需求和劳动供给有何影响？它们之间的相互作用对经济调整有什么含义？

答：降低工资会使总供给曲线向右移动，因为工资较低时，对于任一给定的价格水平，厂商愿意供给更多的产品（产品价格既定，工资低即成本低从而利润高）。但降低工资就是降低人们收入并进而降低消费需求，从而会使总需求曲线左移。

产品价格下降会使劳动需求曲线向左移动（劳动的需求由劳动的边际产品价值决定，边际产品价值 $VMP_L = MP_L \cdot P_x$，因而产品价格 P_x 下降时，VMP_L 下降，劳动需求下降），这导致工资下降，工资下降又可能使总供给曲线向右下方移动，总需求曲线左移，结果可能产生一个价格水平降低而产出相对不变的新均衡。图形可由读者自己作出。

9. 考虑一个厂商在看到自己生产的产品价格上升时所面临的问题，该厂商将以下面一种预期为依据，重新安排生产计划。

(1) 预期它支付的工资和投入品的价格将不上升；

(2) 预期它支付的工资和投入品的价格将以与产品价格同样的

幅度上升,但这要花几年时间;

(3) 预期它支付的工资和投入品的价格将很快以与产品价格同样的幅度上升。

根据上述哪种预期,厂商将对供给数量作很小变动?根据哪种预期将作较大变动?什么时候这种变动是暂时的?

答:根据第一种预期,厂商将对供给数量作较大变动,因为产品价格上升而工资和投入品价格不上升,则利润可以增加,扩大生产是有利的。

根据第二种预期,厂商将对供给量作较小变动,且这种变动是暂时的,因为暂时变动,利润还可增加,但变动不会很大,因为工资和投入品迟早要与产品价格同样上升,使增加生产变为无利可图。

根据第三种预期,厂商将对供给量基本不变动,因为工资和投入品与价格以同样幅度很快变动,使扩大生产无利可图。

10. 为什么名义工资不会经常变动?

答:名义工资虽然和一般产品价格一样要受供求关系调节,即供不应求时上升,供过于求时下跌,但劳动力市场和产品市场毕竟还有所不同。工人在就业时要与企业签订1年或更长时间的雇佣合同,其中规定合同期内工人的工资水平及其他就业条件。一旦就业,企业就不希望轻易调换工人,工人也不希望经常变动职业和工作单位。这样,在劳动力市场上有失业存在时,企业也不会随便辞退原有工人而以低薪雇新工人,因为新工人没有原有工人的技术及熟练程度。在劳动力市场上供不应求时,工人也无法要求提高工资,因为有合同限制。因此,即使当工人意识到价格水平在上升从而使自己的实际工资下降时,其名义工资也无法立即调整。

11. 如图 17-1 所示,解释在 P_1 水平下经济为何不均衡,其均衡的调整过程怎样?

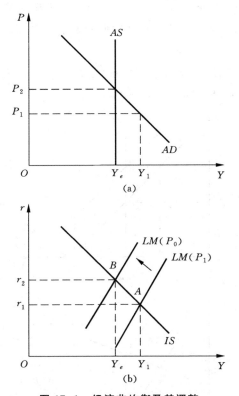

图 17-1 经济非均衡及其调整

答: 在假定的经济中,总供给曲线 AS 为一垂直线,意味着总产出水平不受价格变化的影响,Y_e 为经济充分就业时的产出水平。从货币与产品市场均衡推导出的 AD 曲线呈负斜率,如图 17-1(a) 所示。

在 P_1 的价格水平下,总需求 Y_1 超过了总产出 Y_e,经济处于供不应求的状况,价格水平就会上升。价格水平上升时,由于总供给曲线垂直,劳动力市场上劳动力供需随价格水平的变化而立即调整,从而不影响就业量和产出水平。在货币市场上,价格水平上升,实际货币供给下降,从而导致 LM 曲线向左上移动,均衡从 A 点移动到 B 点。结

果利率水平从 r_1 上升到 r_2，总需求水平从 Y_1' 下降到 Y_e，如图 17-1(b) 所示。价格从 P_1 上升到 P_2，总供给重新等于总需求。

12. 总需求曲线 AD 和总供给曲线 AS 如图 17-2(a)所示在充分就业产出水平 Y_e 和价格 P_0 处达到均衡。试问：

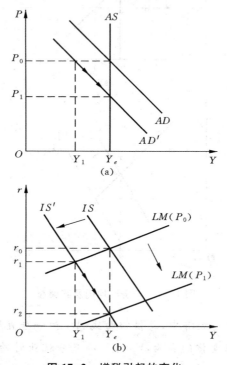

图 17-2　增税引起的变化

（1）在其他条件不变时，若提高税收，会对 IS、LM 和 AD 曲线产生什么影响？

（2）解释价格水平如何调整由增税所引起的非均衡。

答：（1）增税将使 IS 曲线向左移至 IS'（因为增税会降低消费和投资需求），如图 17-2(b)；在 P_0 的价格水平下，总需求减少，AD 向左移至 AD'，如图 17-2(a)。这时总需求 Y_1 低于充分就业产出水

平 Y_e。

（2）如果价格可以自由变化，价格水平就会下降。如图 17-2(a)，从 P_0 下降到 P_1，沿着 AD' 曲线直到总需求重新等于 Y_e。价格水平的下降使货币市场上实际货币供给增加，LM 曲线向下移至 $LM(P_1)$，如图 17-2(b)，利率从 r_1 下降到 r_2，总需求增加到 Y_e。经济重新恢复均衡。

13. 用 IS 和 LM 曲线说明，为什么在古典供给情况下货币是中性的？

答： 如图 17-3(b)中所示，总供给曲线 AS 垂直于充分就业产出 Y_f 水平上，当货币供给增加时，LM 曲线右移到 LM'，见图 17-3(a)，相应地，总需求曲线从 AD 右移到 AD'，在原来价格水平(P_0)有一

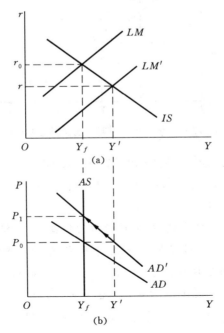

图 17-3 古典供给情况下货币中性

超额需求,在图 17-3(b)中即 $Y_f Y'$ 的水平距离。在古典总供给情况下,产量不可能扩大,超额需求只会引起价格水平向上移动(如箭头所示),直到 P_1 为止,价格水平上升引起实际货币供给 $\left(\dfrac{M}{P}\right)$ 减少,在图 17-3(a)中,LM' 仍向左上方移动,回到 LM 位置,结果,价格上升了,产出没有变化,显示出货币中性。

14. 经济初始的均衡位于点 E_0,如图 17-4,如果技术进步使总供给曲线向右移至 AS',试解释:

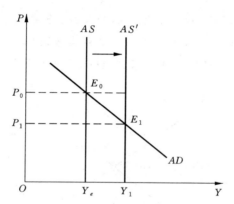

图 17-4 技术进步引起产出及其结构变化

(1) 经济通过价格水平的变化所进行的调整。

(2) 考虑经济的总产出结构,即消费、投资、政府支出和净出口各占总产出的份额是否会改变?

答:(1) 由于技术进步,生产能力的提高,在价格水平 P_0 下,经济的总供给 Y_1 就超过了 Y_e 的总需求水平;价格水平就会从 P_0 下降到 P_1;实际货币供给将增加,LM 曲线向右下移动;利率水平下降,经济中对利率水平变化反应较敏感的私人部门投资会增加。

(2) 如果税率不变,政府支出也不变的话,利率降低将使总产出中私人部门的投资需求扩大;同时,总收入的增加还会扩大人们的消费需求。对净出口的影响并不确定,价格水平下降会使出口扩大,但同时收入的提高也增加了进口需求。

15. 在充分就业的均衡点 E_0 上,如图 17-5,政府支出减少会使 AD 曲线向左移至 AD',价格水平 P_0 随即下降。试问:

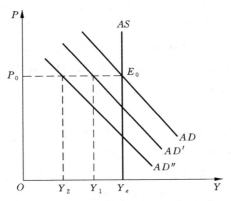

图 17-5　政府支出减少引起的经济变动

(1) 考虑到人们对价格水平变化的预期,总需求曲线是否会进一步左移至 AD'' 的位置?为什么?

(2) 价格水平将如何变化才能调整经济的总需求不足状况?

(3) 是否需要使用经济政策来纠正价格水平下降所产生的不稳定效果?

答:(1) 减少政府支出,经济的价格水平在将来一定时期就会下降,也就意味着在将来人们可以以更低的价格购买商品和劳务。这样,如果预期价格水平要下降,私人部门的消费和投资都会暂时推迟,总支出中 $(C+I)$ 部分在现期就会减少。结果,总需求曲线就进一步向左移至 AD''。换句话说,政府支出减少,使总产出从 Y_e 下降到 Y_1;人们对价格水平下降的预期又进一步使总产出从 Y_1 下降到 Y_2。

(2) 事实上,价格下降的预期不仅有可能推迟现期的消费,而且还会降低私人部门投资;不仅如此,在普遍的价格下降预期中,私人部门投资的利率弹性会下降,即对应于一定量的利率下降,人们所愿增加的投资额会减少。这样,总需求曲线可能由于紧缩预期而向左移。这就意味着,为使经济重新恢复均衡(充分就业水平下)所需要的价格水平的下降幅度可能更大。这又会进一步加剧人们的紧缩预期,经济便陷入持续的萧条。所以,理论上通过价格水平的调整经济可以自动恢复均衡。但现实中,由于预期的存在,经济却会持续陷入萧条。

(3) 考虑到预期的影响,政府可以使用扩张性的经济政策(如名义货币供给扩大,减税等)使 AD 曲线重新移回到 AD 的位置。经济的紧缩状况可以得到缓解,而且时间也可以缩短。

16. (1) 在古典总供给-总需求模型中,当政府支出增加时,价格水平、总产出、利率和就业量如何变化?

(2) 为什么古典模型中存在"货币中性"性质?

答:(1) 在古典模型中,政府支出的增加将使总需求曲线向右上移动,价格水平上升;实际货币供给减少,利率上升;总产出和就业水平都不变。这里政府支出的增加,将导致私人部门的投资被"完全挤出"。

(2) 当总供给曲线为垂直线时,名义货币供给的变化会导致价格水平同比例变化。由于实际货币供给保持不变,名义货币供给的变化就不影响利率水平和产出构成。从这个意义上讲,名义货币变化就是中性的。

17. 在凯恩斯主义总供给-总需求模型中,经济在图 17-6 中点 E_0 处到达均衡,请问:

(1) 在其他条件不变的情况下,原材料的单位实际成本增加,对均衡产出和价格水平有何影响?

(2) 如果此时名义工资具有向下刚性,(1)中的非均衡会作怎样的调整? 当价格从 P_0 上升到 P_1 时,工人能够要求更高的名义工资吗?

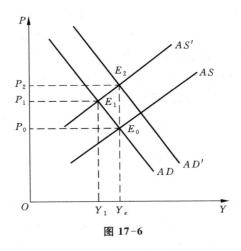

图 17-6

(3) 当价格与工资水平可完全伸缩,又没有实施需求稳定的经济政策,在经济重新恢复充分就业水平的均衡时,名义工资和价格水平有何变化?

(4) 什么样的需求稳定政策应该用来修正(1)中的非均衡?

(5) 如果原材料单位实际成本的增加只是暂时的,又如何影响(1)中的非均衡?

答:(1) 总供给曲线将左移至 AS'。产出水平沿着 AD 曲线下降到 Y_1,价格水平从 P_0 上升到 P_1。

(2) 当名义工资保持 W_0 的水平,又没有需求稳定政策的话,经济的产出将维持 Y_1 的水平,它低于充分就业水平。这时,一方面价格水平从 P_0 上升到 P_1,实际工资下降;另一方面由于就业和产出都低于充分就业水平,名义工资不会下降,工人也不能要求一个更高的工资水平。

(3) 当劳动力市场是完全竞争,名义工资可伸缩时,产出和就业低于充分就业水平就会使名义工资下降。名义工资下降减少了单位产出的成本,总供给曲线即从 AS' 右移至 AS。经济在 Y_e 和 P_0 水平重新达到均衡。

(4)如果政府增加其支出、减税或扩大名义货币供给,就可把总需求曲线向右移至 AD' 的位置。扩张性的需求政策虽可使产出恢复到 Y_e 的充分就业水平,但会导致价格水平进一步上升,即从 P_0 上升到 P_2。

(5)如果原材料成本的增加只是暂时的,那么 AS 曲线左移至 AS' 后,经过一段时期后,随着原材料成本的下降,还会恢复到 AS 的位置。实际产出的下降,价格水平的上升也只是暂时的。

18. 什么是实际余额效应?它与庇古效应和凯恩斯效应的关系是什么样的?

答:实际余额效应解释了价格水平下降导致消费和投资都增长的现象。实际余额效应是以色列经济学家帕廷金把庇古效应和凯恩斯效应结合在一起提出来的,他考虑到了价格变动对商品市场的影响,也考虑到了价格变动对货币市场的影响。

当价格水平下降时,人们持有货币的实际价值就会上升,在原有的消费和投资模式下就会有多余的货币实际价值,这一部分增加的货币实际价值可以被用来购买商品和服务,导致消费增加进而促进就业和国民收入(凯恩斯效应),也可以用于借贷,导致货币供给增加,利率下降,投资增加,进而促进就业和国民收入(庇古效应)。

于是价格下降导致的实际余额效应既能增加消费,也能增加投资。

计 算 题

1. (1)名义货币供给为150(单位:亿美元),价格水平为1,实际货币需求函数为 $0.2y - 4r$ 时(这里 r 为利率水平,y 为实际国民收入),求解货币市场均衡的 LM 方程。

(2)在其他条件不变的情况下,如果价格水平上升到 1.2,LM 方程如何变化?

(3)画图说明价格水平变化对货币市场均衡的影响。

第十七单元 国民收入决定:总需求-总供给模型

解:(1)当实际货币需求等于实际货币供给时,货币市场达到均衡,即

$$\frac{\overline{M}}{P} = 0.2y - 4r$$

当 $\overline{M} = 150$, $P = 1$ 时,LM 方程为

$y = 750 + 20r$

(2)如果 $P = 1.2$,那么

$150/1.2 = 0.2y - 4r$

即:$y = 625 + 20r$

(3)当价格水平上升时,若利率 r 为 10% 时,实际货币供给从 950 亿美元下降到 825 亿美元,LM 曲线向左上移动至 LM',如图 17-7 所示。

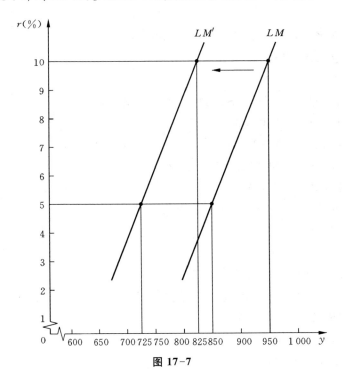

图 17-7

2. (1) 如果消费需求 $C=100+0.8Y_D$ (Y_D 为可支配收入),投资需求 $I=150-6r$,税收 $Tx=50$,政府支出 $G=40$,求解产出市场均衡的 IS 方程。

(2) 如果经济的名义货币供给为 150,货币需求为 $0.2Y-4r$。在 $P=1$ 时,LM 方程为 $Y=750+20r$;在 $P=1.2$ 时,LM 方程为 $Y=625+20r$;在 $P=1.5$ 时,LM 方程为 $Y=500+20r$。求解在 1、1.2 和 1.5 的价格水平下使产品市场和货币市场同时达到均衡的国民收入水平和利率水平。

(3) 如果在 $P=1$ 的价格水平下,名义货币供给从 150 下降到 125 和 100,货币市场与产出市场的均衡有何变化?

解:(1) 当产品市场均衡时,有
$$Y=C+I+G$$
即 $Y=100+0.8(Y-50)+150-6r+40$

整理后,得到 IS 方程为

$Y=1\,250-30r$

(2) 当 $P=1$ 时,IS、LM 方程分别为

$IS: Y=1\,250-30r$

$LM: Y=750+20r$

从 IS 和 LM 联立方程求解,得

$Y=950; r=10\%$

当 $P=1.2$ 时,IS、LM 方程分别为

$IS: Y=1\,250-30r$

$LM: Y=625+20r$

求解可得:$Y=875; r=12.5\%$

同理在 $P=1.5$ 的水平下,求解

$IS: Y=1\,250-30r$

$LM: Y=500+20r$

可得 $Y=800; r=15\%$

这就意味着,总需求水平随价格水平的上升而减少,即 AD 曲线为负斜率;在一定的 $\overline{M}$ 水平下,价格水平上升、实际货币供给减少,利率水平上升。

(3) 如果在 $P=1$ 的价格水平下,名义货币供给从 150 下降到 125 和 100 美元,实际货币供给水平也就相应从 150 下降到 125 和 100 美元。货币市场利率水平上升,国民收入水平将从 950 下降到 875 和 800 美元。

3. 假定劳动力的边际产出函数为 $14-0.08N$,这里 N 是劳动投入量。

(1) 当 $P=1$,单位劳动的名义工资为 4、3、2、1 美元时,劳动力需求各为多少?

(2) 给出劳动力需求方程。

(3) 当 $P=2$ 时,在名义工资分别为 4、3、2、1 美元时,劳动力需求各为多少?

(4) 在其他条件不变时,价格水平上升对劳动力需求有何影响?

解:(1) 在完全竞争的市场上,企业在边际产值等于边际成本(即雇佣单位劳动的名义工资)处决定劳动力的需要量。这里,边际产值为:$P(14-0.08N)$,名义工资为 W,当 $P(14-0.08N)=W$ 时,就决定了价格水平 P 下对应于每个名义工资水平的劳动需要量。于是我们有,当 $P=1$ 时,4 美元的工资水平下就业量为 125 单位 $(14-0.08N=4 \Rightarrow N=125)$;3 美元下为 137.5 单位;2 美元下为 150 单位;以及 1 美元下为 162.5 单位。

(2) 从(1)中我们可求解在 P 和 W 水平下的劳动力需求 N

$$P(14-0.08N)=W$$

$$0.08PN=14P-W$$

这样,劳动力需求函数为

$$N=175-12.5\left(\frac{W}{P}\right)$$

(3) 当 $P=2$ 时,根据(2)中的劳动力需求函数即可求出不同 W 水平下的 N:$W=4$ 时,$N=150$;$W=3$ 时,$N=156.25$;$W=2$ 时,$N=162.5$;$W=1$ 时,$N=168.75$。

(4) 把(1)和(2)中的劳动力需求曲线分别画在一张图里,如图 17-8,我们可看到,在其他条件不变的情况下,价格水平的上升会使劳动力需求曲线从 N_d 向上移至 N_d'。

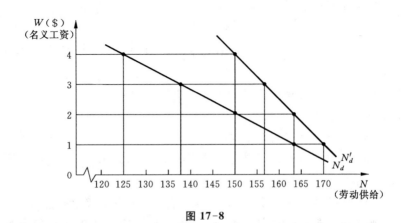

图 17-8

4. 假定劳动力供给函数为 $140+5\left(\dfrac{W}{P}\right)$。

(1) 当 $P=1$,$W=4$、3、2、1 时,劳动力供给各为多少?

(2) 若价格水平上升为 2,(1)中各名义工资水平下的劳动力供给各为多少?

(3) 把(1)和(2)的劳动力供给曲线画在一张图上,比较价格水平变化对劳动力供给曲线的影响(在其他条件不变的情况下)。

解:(1) 在 $P=1$ 的水平下,把 W 的数值分别代入劳动力供给方程 $N_s=140+5(W/P)$,即有:$W=4$ 时,$N=160$;$W=3$ 时,$N=155$;$W=2$ 时,$N=150$;$W=1$ 时,$N=145$。

(2) 若 $P=2$,则:$W=4$ 时,$N=150$;$W=3$ 时,$N=147.5$;$W=$

2 时，$N=145$；$W=1$ 时，$N=142.5$。

(3) 如图 17-9，在其他条件不变时，劳动力供给曲线在价格水平上升时会向上移动，即从 N_s 移动到 N_s'。

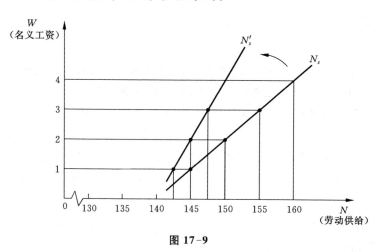

图 17-9

5. 假定经济的短期生产函数是 $Y=14N-0.04N^2$，劳动力需求函数是 $N_d=175-12.5(W/P)$，劳动力供给函数是 $N_s=70+5(W/P)$。

(1) 在 $P=1$ 和 $P=1.25$ 的水平下，求解劳动力市场均衡的就业量。

(2) 求解 $P=1$ 和 $P=1.25$ 水平下经济的短期产出水平。

解：(1) 当价格水平 $P=1$ 时，劳动力市场上劳动力的需求与供给函数分别为

N_d：$N=175-12.5W$

N_s：$N=70+5W$

联立求解方程，即可得

均衡就业量 $N=100$，$W=6$

当 $P=1.25$ 时，用同样的方法求解

$$N_d: N = 175 - 12.5 \cdot \left(\frac{W}{1.25}\right)$$

$$N_s: N = 70 + 5\left(\frac{W}{1.25}\right)$$

可得

$$N = 100, W = 7.5$$

(2) 从(1)中可看出,劳动力市场的均衡不受价格水平变化的影响,在 $P=1$ 和 $P=1.25$ 的水平下,均衡就业都为 100 单位。这时,短期产出就为 $Y = 14N - 0.04N^2 = 1\,400 - 400 = 1\,000$。

6. 假定产品市场上消费 $C = 90 + 0.80Y_D$,投资 $I = 150 - 6r$,税收 $T_x = 100$,政府支出 $G = 100$;货币市场上,名义货币供给 $\overline{M} = 160$,价格水平 $P=1$,货币需求函数为 $0.2Y - 4r$。劳动力市场的假定如第 5 题所述,$N_s = 70 + 5(W/P)$,$N_d = 175 - 12.5(W/P)$;古典总供给曲线为 $Y = 14N - 0.04N^2$。

(1) 当 $P = 1$ 时,求均衡产出 Y、利率 r、就业量 N 及名义工资 W 水平。

(2) 价格水平保持不变,增税 20 美元时,货币与产品市场的均衡如何变化?

(3) 计算由于增税引起的价格水平的变化,以及价格水平的变化对 LM 曲线的影响。

(4) 计算利率水平的变化。

(5) 比较在不同价格水平下 C、I、G 在国民收入中的构成。

(6) 求解不同价格水平下的名义和实际工资。

解:(1) 在题目的假定下,可知 IS、LM 方程分别为

$IS: Y = 1\,300 - 30r$

$LM: Y = 800 + 20r$

这样,在 $P=1$ 的价格水平下,均衡国民收入 $Y = 1\,000$,$r = 10\%$。根据第 5 题的结果,经济在此价格水平下总供给等于总需求,

均衡的就业量 $N=100$,名义工资$=6$,实际工资$=6$。

(2)当增加 20 美元的税收时,即 $T_x=120$,产品市场上有
$$Y=90+0.8(Y-120)+150-6r+100$$
IS 方程就为
$$Y=1\,220-30r$$
在 $P=1$ 的价格水平下,当货币市场也同时达到均衡时,即

IS: $Y=1\,220-30r$

LM: $Y=800+20r$

可得均衡产出 $Y_1=968$, $r_1=8.4\%$。这样,在 $P=1$ 的价格水平下,总供给超过了总需求,价格水平就要下降。

(3)假定价格下降到 P_2 的水平,当总供给重新等于总需求时,就满足

IS: $1\,000=1\,220-30r$

LM: $\dfrac{160}{P_2}=0.2\times 1\,000-4r$

求解可得
$$P_2=0.937\,4,\ r_2=7.33\%$$

这就是说,当增加税收、总需求减少,价格水平就从 1 下降到 $0.937\,4$;LM 曲线向下移到 $LM(P_2)$;$Y=853.4+20r$;利率进一步下降到 7.33%。

(4)利率水平由原来的 10% 因税收增加而减少到 8.4%,再随价格水平下降、实际货币供给增加(从 160 增加到 $160/0.937\,4=170.68$)而进一步下降到 7.33%。

(5)当 $P=1$, $r=10\%$, $T_x=100$, $Y=1\,000$ 时:消费 $C=90+0.8\times(1\,000-100)=810$;$I=150-6\times 10=90$;$G=100$。

当 $P=0.937\,4$, $r=7.33\%$, $T_x=120$, $Y=1\,000$ 时:消费 $C=90+0.8\times(1\,000-120)=794$;$I=150-6\times 7.33=106$;$G=100$。

这样,增加 20 美元的税收,就会使同样的国民收入水平(1 000 美元)中,消费从 810 美元下降到 794 美元,投资从 90 美元上升到 106

美元。

(6) 我们知道(第 5 题的结果),当 $P=1$ 时,均衡的名义工资 $W=6$ 美元。当 $P=0.9374$ 时,劳动力市场上

$N_d: N=175-12.5(W/0.9374)$

$N_s: N=70+5.0(W/0.9374)$

求解可得:名义工资 $W=5.62$

实际工资不受价格水平变动的影响,依然保持 6 美元的水平。

7. 经济的充分就业产出水平为 700 亿美元,在 $P=2$ 时,总需求等于总供给。IS 方程为 $Y=1000-30r$,这里 $C=30+0.8Y_D$,$I=150-6r$,$T_x=100$ 和 $G=100$。LM 曲线为 $Y=500+20r$,这里 $\overline{M}=200$,$P=2$,货币需求为 $0.2Y-4r$。

(1) 当政府支出增加 15 亿美元、总需求扩大、价格水平上升到 2.22 时,IS、LM 方程如何变化?

(2) 求解在 $P=2$ 和 2.22 水平下,r、C 和 I 水平。

(3) 政府支出的增加对产出构成有何影响?

解:(1) 当政府支出从 100 增加到 115 时,产品市场上有

$Y=30+0.8(Y-100)+150-6r+115$

这样,IS 方程为 $Y=1075-30r$

在 $P=2.22$ 时,LM 方程为 $Y=450.45+20r$

(2) 在 $P=2$ 时,利率 r 可从 IS 和 LM 方程联立求解

$\begin{cases} Y=1000-30r \cdots\cdots IS \\ Y=500+20r \cdots\cdots LM \end{cases}$

可得 $r=10\%$,此时 $C=510$,$I=90$

当 $P=2.22$,$G=115$,货币市场与产品市场同时达到均衡时

$IS: Y=1075-30r$

$LM: Y=450.45+20r$

求解可得 $r=12.50\%$，$C=510$，$I=75$

（3）增加 15 亿美元的政府支出就挤出了 15 亿美元的私人部门的投资。

8. 本题讨论将原材料价格纳入总供给后的情况。

（1）求总供给方程。

（2）作图表示由于原材料价格上升而形成不利的供给冲击时经济的自动调整情况以及对供给冲击进行政策调节时经济变动的情况。

解： 本题考查对供给冲击的分析（问题中纳入了原材料价格）。

（1）产品的价格是劳动成本与原材料成本之和：

$$P = \frac{W(1+z)}{a} + \theta P_m$$

其中，P_m：原材料价格；θ：每单位产出的原材料需要量；θP_m：单位成本中来自原材料投入的部分。

用原材料的相对价格 $p_m = \dfrac{P_m}{P}$ 来表示价格水平方程，则 $P = \dfrac{W(1+z)}{a} + \theta P_m$。

可变为 $P = \dfrac{1+z}{1-\theta p_m}\left(\dfrac{W}{a}\right)$，$(\theta p_m < 1)$

那么，总供给方程变成：

$$P_{t+1} = \frac{[1-\theta p_m(t)]}{[1-\theta p_m(t+1)]} \frac{W_{t+1}}{W_t} P_t [1+\lambda(Y-Y^*)]$$

（2）供给冲击分析：如图 17-10 所示。

当发生不利的供给冲击时，原材料的价格上升，p_m 上升，$\dfrac{1-\theta p_m(t)}{1-\theta p_m(t+1)}$ 变大，从而总供给曲线 AS 向左上移到 AS'。

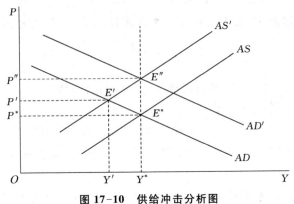

图 17-10 供给冲击分析图

给定工资、边际利润和劳动生产率,原材料真实价格上涨,增加了成本,将会引起价格水平的上涨,总供给曲线向左上移动。直接效应是(滞胀):均衡价格从 P^* 上升为 P',均衡产出从 Y^* 下降为 Y'。

① 经济自动调整过程。

如果没有外来的干预,则经济状态将由 $E^* \to E'$。在 E' 点产出水平小于充分就业水平,总供给曲线不断地向右下降,工资缓慢调整,同时失业将促使工资连带价格水平一同下降,调整沿 AD 曲线进行直到 E^* 点为止。在 E^* 点,经济恢复到充分就业,价格水平和冲击前一样,但名义工资要低于冲击前,因为失业同时迫使名义工资下降。因此,不利的供给冲击降低了真实工资。

② 供给冲击的调节。

当包括原材料和石油价格上涨,总供给曲线上移时,如果政府采取适应性政策,增加总需求,经济移动到 E'',价格上升的幅度和总需求上升的幅度完全一样。货币工资维持不变,经济继续处于充分就业状态,但真实工资由于价格水平上升而下降。其中的调节涉及通货膨胀和失业之间的权衡。

9. 假定短期供给函数为 $Y = 14N - 0.04N^2$,劳动力需求 $N_d =$

$175-12.5\left(\dfrac{W}{P}\right)$,劳动力供给 $N_s=70+5W$。劳动者预期 $P=1$ 的价格水平会持续下去。如果经济开始时位于 1 000 的充分就业产出水平,价格水平为 1,名义工资为 6 美元,实际工资为 6 美元,就业量为 100。试问:

(1) 当政府支出扩大使总需求曲线右移,总产出增加,价格水平上升到 1.10 时,就业量、名义工资、实际工资有何变化?

(2) 当工人要求增加 10% 的名义工资(因为价格水平上升了 10%)使总供给曲线左移,总产出下降,价格水平上升到 1.15 时,就业量、名义工资、实际工资有何变化?

(3) 什么是长期的实际产出、实际工资和就业量?

(4) 为什么实际产出会超过 1 000 美元的充分就业产出水平?

解:(1) 当价格水平上升时,劳动力市场上有:

$N_d: N=175-12.5\left(\dfrac{W}{1.10}\right)$

$N_s: N=70+5W$

均衡时 $W=6.42$,$N=102.08$

这就是说,随着政府支出的增加,均衡就业量从 100 增加到 102 单位,名义工资从 6.00 美元上升到 6.42 美元,实际工资从 6 美元下降到 5.84 美元($6.42\div1.10=5.84$)。

(2) 当工人要求增加 10% 的名义工资水平时,劳动力市场上有

$N_d: N=175-12.5\left(\dfrac{W}{1.15}\right)$

$N_s: N=70+5.0\left(\dfrac{W}{1.10}\right)$

均衡时可得 $W=6.81$,$N=101$

这样,均衡就业量就从 102 单位下降到 101 单位,名义工资从 6.42 美元上升到 6.81 美元,实际工资从 5.84 美元上升到 5.92 美元。

(3) 我们知道,在充分就业产出水平上,总产出为 1 000 美元,实际工资为 6 美元,均衡就业为 100 单位。如果现期劳动力市场上的实际工资水平低于 6 美元、实际就业超过 100 单位时,工人都会要求更高的名义工资。最终,在长期,实际产出会回到 1 000 美元,就业量和实际工资也恢复到 100 单位和 6 美元的水平。

(4) 只要工人不预期原来的价格水平会有所提高,那么,面对价格水平的上升就不会立即反映到名义工资的上升中。工人实际工资水平的下降就会促使工人多就业,使实际产出超过充分就业水平。

10. 假定某经济存在以下关系:

消费:$C = 1\,400 + 0.8Y_D$

税收:$T = tY = 0.25Y$

投资:$I = 200 - 50r$

政府购买支出:$G = 200$

货币需求:$\dfrac{M_d}{P} = 0.4Y - 100r$

名义货币供给:$M_s = 900$

试求:

(1) 总需求函数;

(2) 价格水平 $P = 1$ 时的收入和利率。

解:(1) 先看产品市场均衡:

$C = 1\,400 + 0.8Y_D = 1\,400 + 0.8(Y - 0.25Y) = 1\,400 + 0.6Y$

代入收入恒等式:

$Y = C + I + G = 1\,400 + 0.6Y + 200 - 50r + 200$

$\quad = 1\,800 + 0.6Y - 50r$

得 $0.4Y = 1\,800 - 50r$

IS 曲线的方程:$Y = 4\,500 - 125r$

再看货币市场均衡:

实际货币需求为 $\dfrac{M_d}{P}=0.4Y-100r$,故

名义货币需求为 $M_d=(0.4Y-100r)P$

货币市场均衡时有

$900=(0.4Y-100r)P$

即　$100r=0.4Y-\dfrac{900}{P}$

LM 曲线的方程: $r=0.004Y-\dfrac{9}{P}$

将 LM 曲线的方程代入 IS 曲线的方程得

$Y=4\,500-125\left(0.004Y-\dfrac{9}{P}\right)$

$=4\,500-0.5Y+\dfrac{1\,125}{P}$

移项化简得

总需求函数: $Y=3\,000+\dfrac{750}{P}$

(2) 当 $P=1$ 时:

收入: $Y=3\,000+750=3\,750$

利率: $r=0.004\times 3\,750-9=6$

11. 假定上题中经济的总供给函数为

$$Y=3\,350+400P$$

试求: 总供给和总需求均衡时的收入和价格水平。

解: $AD=AS$,即 $3\,000+\dfrac{750}{P}=3\,350+400P$

有 $400P^2+350P-750=0$

即 $(20P-20)(20P+37.5)=0$

得 $P=1$ 或 $P=-1.875$(应舍去),故

均衡价格水平 $P=1$,收入 $Y=3\,350+400\times 1=3\,750$

可见,总供给和总需求均衡时的收入和价格水平为 $3\,750$ 和 1。

12. 假定上题中经济的充分就业的收入为 $3\,850$,试问:

(1) 若用增加货币供给的政策措施实现充分就业的话,要增加多少货币供给?这时利率将变动到多少?并作草图表示。

(2) 若用增加政府购买实现充分就业的话,要增加多少政府购买性支出?这时利率将变动到多少?并作草图表示。

解:(1) 用增加货币供给实现充分就业的情况,可先作草图 17-11 表示。

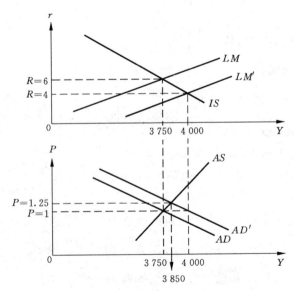

图 17-11 货币供给增加使 AD 右移

从图 17-11 可知,要使经济达到充分就业水平,总需求曲线必须从 AD 右移到 AD',AD' 和 AS 相交之点决定的产量根据假定为 $3\,850$,价格上升了,新的价格水平可从总供给曲线中求得

$3\,850 = 3\,350 + 400P$

$P = 500/400 = 1.25$

然后,将 $P=1.25$ 和 $y=3\,850$ 代入总需求函数,原来的 AD 是 $Y=3\,000+\dfrac{750}{P}$,现在 AD 右移到 AD',右移的水平距离是多少?可令 AD' 为 $y=x+\dfrac{750}{P}$,将 $Y=3\,850$ 和 $P=1.25$ 代入 AD',得 $3\,850=x+\dfrac{750}{1.25}$,得 $x=3\,250$,可见,AD' 比 AD 右移 $250(3\,250-3\,000=250)$。

要使 AD 右移 250,LM 要右移到 LM'。要增加多少货币供给才能使 LM 移到 LM' 呢?可从货币政策乘数中求得

$$\frac{dY}{dM}=\frac{dK_e}{h+kdK_e}$$

K_e 是支出乘数,在本题中,$K_e=\dfrac{1}{1-0.8(1-0.75)}=2.5$

d 是投资的利率系数,在本题中,$d=50$

k 是货币需求的收入系数,在本题中,$k=0.4$

h 是货币需求的利率系数,在本题中,$h=100$

因此,$\dfrac{dY}{dM}=\dfrac{50\times 2.5}{100+0.4\times 50\times 2.5}=\dfrac{125}{150}$

这样,要使 LM 移到 LM',需要增加的货币量为

$\Delta M=250\Big/\dfrac{125}{150}=300$

要求利率变动到多少,必须先求出 LM':

由于货币市场均衡时,$0.4Y-100r=\dfrac{M}{P}$,已知 $M=900+300=1\,200$,$P=1$(因为 AD 到 AD' 是水平移动 250,因此,P 仍是等于 1)。故 LM' 为

$$0.4Y - 100r = \frac{1\,200}{1} \Rightarrow 0.4Y = 100r + 1\,200$$
$$\Rightarrow Y = 250r + 3\,000 \cdots\cdots LM'$$

将 LM' 与 IS 联立求解

$$\begin{cases} Y = 4\,500 - 125r \\ Y = 3\,000 + 250r \end{cases}$$

得 $r = 4$。可见,利率从 6% 下降到了 4%。

(2) 用增加政府购买实现充分就业的情况,可先作草图 17-12 表示。

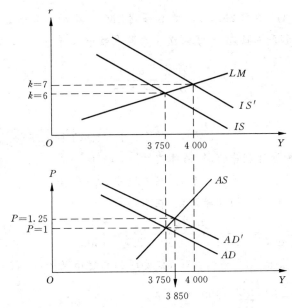

图 17-12 政府支出增加使 AD 右移

从图 17-12 中可知,要使经济达到充分就业水平,总需求曲线同样必须从 AD 右移到 AD',AD' 和 AS 交点决定产量为 3 850,AD 右移的水平距离同样是 250。要使 AD 水平右移 250,若用增加政府支出,就要使 IS 右移到 IS'。要增加多少政府支出,才能使 IS 右移到

IS'，可从财政政策乘数中求得

$$\frac{\mathrm{d}Y}{\mathrm{d}G} = \frac{hK_e}{h+kK_e d} = \frac{100 \times 2.5}{100 + 0.4 \times 50 \times 2.5} = \frac{5}{3}$$

这样，要使 IS 移到 IS'，需要增加的政府购买为

$$\Delta G = 250 \Big/ \frac{5}{3} = 150$$

要求利率变动多少，必须先求出新的 IS 曲线 IS'。

由于产品市场均衡时，$Y = C + I + G = 1\,400 + 0.6Y + 200 - 50r + (200 + 150)$ 得：$0.4Y = 1\,950 - 50r$，IS' 方程为 $Y = 4\,875 - 125r$

将 IS' 与 LM 联立求解

$$\begin{cases} IS': Y = 4\,875 - 125r \\ LM: Y = 250r + 2\,250 (因为 P = 1) \end{cases}$$

得 $r = 7\%$

第十八单元
通货膨胀与失业

引　言

本单元习题主要体现下列概念和原理。

1. 通货膨胀与通货膨胀的衡量。通货膨胀是指经济的物价总水平或一般物价水平在一定时期内持续上升的过程。货币数量论认为价格水平的波动主要是由名义货币供应量的变化而引起的,当经济中纸币的发行量超过商品流通中人们对纸币的实际需要量时,货币就会贬值,物价水平就会普遍持续上涨。把所有商品和劳务的交易价格总额进行加权平均,通货膨胀就表现为一般价格水平的上升。通常用通货膨胀率来衡量通货膨胀的程度,用 P_{t-1} 代表基期的一般物价水平,用 P_t 代表本期的物价总水平,π 为通货膨胀率,那么,通货膨胀率的计算公式为 $\pi=(P_t-P_{t-1})/P_t\times(100\%)$。具体可用三种价格指数来反映通货膨胀率:(1) 消费者物价指数(简称 CPI),又称生活费用指数,指通过计算城市居民日常消费的生活用品和劳务的价格水平变动而得的指数。(2) 生产者价格指数,又称批发价格指数,指通过计算生产者在生产过程中所有阶段上所获得的产品的价格水平变动而得的指数。(3) 国内生产总值价格折算指数,它反映的是所有计入 GDP 的最终产品和劳务的价格水平的变化。

2. 通货膨胀的分类。按物价上涨的速度来划分,通货膨胀可分为爬行的通货膨胀、温和的通货膨胀、飞奔的通货膨胀和恶性通货膨胀四类。按照通货膨胀发生的原因来划分,可把通货膨胀分为需求拉动的通货膨胀、成本推进的通货膨胀和结构性的通货膨胀三类。按通货膨胀能否预期来划分,可把通货膨胀分为可预期的通货膨胀和不可预期的通货膨胀两类。

3. 通货膨胀的原因。如前所述,主要有三类原因导致通货膨胀的发生:(1) 需求拉动的通货膨胀。商品市场上在现有的价格水平下,如果经济的总需求超过总供给水平,就会导致一般物价水平的上升,引起通货膨胀。引起总需求扩大的因素有两大类:一类称为实际因素,诸如消费需求和投资需求扩大,政府支出增加、减税以及一国净出口水平的增加都会使得产品市场上 IS 曲线向右移动,从而使总需求曲线向右移动,使经济在现有的价格水平下总需求超过总供给。另一类是所谓的货币因素,即货币供给量的增加,这会使得 LM 曲线向右移动,也会导致总需求在现有价格水平下增加。在经济没有达到充分就业水平的总供给水平之前,总需求的增加在使价格水平上升的同时,会使产量增加。随着经济接近充分就业的产量水平,总需求再增加,产出就不能再增加,而只会导致价格水平的上升。

(2) 成本推进的通货膨胀。这是指由于生产成本的提高而引起的一般价格水平的上升。生产成本的提高一方面可体现在工资水平上升,原材料和能源等涨价;另一方面也体现在厂商为追逐垄断利润而限制产量,从而引起价格水平的普遍上涨。在现有的价格水平和劳动生产率情况下,工人如果要求提高工资,厂商能够雇佣的工人就会减少,其产量就随之减少,导致供给曲线向左上移动,使总需求水平超过总供给,价格水平上升。与需求拉动的通货膨胀不同的是,在短期,成本推进的通货膨胀将会降低经济的产出水平。

(3) 结构性通货膨胀。指由于特定的经济制度、控制系统、信息系统和决策系统的结构因素或这些结构的变化而引起的通货膨胀。

4. 通货膨胀预期。通货膨胀预期是指经济主体根据所掌握的信息,对与其决策有关的未来通货膨胀率的一种推断。通货膨胀预期的基础是过去的实际通胀率,同时还受到货币供给量、经济增长预期、宏观经济政策预期、农产品价格、大宗产品价格、世界主要货币供给量、热钱数量等因素的影响。如果人们预期物价要涨,就会抢购货物,从而推动物价上涨,因此,通货膨胀预期是导致通货膨胀的重要因素之一。因此预防及控制通货膨胀的重要措施之一就是管理通货膨胀预期。如果通货膨胀是突发的、短期的,人们无法完全预测到,那么,在劳动力市场上,货币工资率的增长会小于物价的上升,就将扩大就业,产量也随之增加。如果通货膨胀是长期的,可被人们事先完全预期到,工人就会要求按物价上涨的速度增加其货币工资率。这样,在劳动力市场上,劳动力供给曲线就与劳动力需求曲线同样幅度移动,经济的就业状况就不会改善,产量水平也不会增加。

5. 通货膨胀的经济效应。主要有两个方面:(1) 通货膨胀的再分配效应。首先,通货膨胀将降低固定收入阶层的实际收入水平。即使就业工人的货币工资能与物价同比例增长,在累进所得税下,货币收入增加使人们进入更高的纳税等级。税率的上升也会使人们的部分收入丧失。其次,通货膨胀靠牺牲债权人的利益而使债务人获利。只要通货膨胀率大于名义利率,实际利率就为负值。(2) 通货膨胀的产出效应。在短期,需求拉动的通货膨胀可促使产出水平的提高,成本推进的通货膨胀却会导致产出水平的下降。需求拉动的通货膨胀对就业的影响是清楚的,它会刺激就业、减少失业;成本推进的通货膨胀在通常情况下,会减少就业。在长期,上述影响产量和就业的因素都会消失。

在通货膨胀期间,债权人要求债务人补偿他因出借的款项购买力下降而遭受的损失,这样市场利率或名义利率水平中就包含了通货膨胀率。在货币市场达到均衡时,通货膨胀率等于名义货币增长率减去实际货币需求增长率。如果货币在长期内持续高速增长,通货膨胀与名义货币增长就会紧密相关。通过发行货币来弥补财政预算赤字会导致通货膨胀。

6. 失业及失业类型。失业是指有劳动能力的人找不到工作的状态,就业是指处于受雇或"自我雇佣"的状态。经济中失业者与就业者的总和,称为劳动力。失业人数占劳动力的百分比称为失业率。失业按其原因可分为以下几类:(1)摩擦性失业,是由于劳动力市场运行机制不完善或因为经济变动过程中的工作转换而产生的失业。(2)季节性失业,指某些行业中由于工作的季节性而产生的失业。(3)周期性失业,指在经济周期中的衰退或萧条阶段因需求下降而产生的失业。(4)需求不足型失业,指由于经济的有效需求水平过低而不足以为每一个愿意按现行工资率就业的人提供就业机会而产生的失业。(5)技术性失业,指由于技术进步,或采用了节约劳动的机器而引起的失业。(6)结构性失业,指因经济结构变化、产业兴衰转移而造成的失业。(7)自愿性失业,指工人所要求得到的实际工资超过了其边际生产率,或在现行的工作条件下能够就业,但不愿接受此工作条件而未被雇佣所造成的失业。与此对应的是非自愿性失业,指具有劳动能力并愿意按现行工资率就业,但由于有效需求不足而得不到工作造成的失业。

7. 充分就业和自然失业率。即使经济能够提供足够的职位空缺,失业率也不会等于零,经济中仍然会存在摩擦性失业和结构性失业。凯恩斯认为,如果消除了"非自愿性失业",失业仅局限于摩擦性失业和自愿失业的话,经济就算实现了充分就业。

自然失业率是货币主义的一个概念,指在没有货币因素干扰的情况下,让劳动力市场和商品市场自发供求力量起作用时,总供给和总需求处于均衡状态时的失业率。所谓没有货币因素干扰,指的是失业率的高低与通货膨胀率高低之间不存在替代关系。因此,自然失业率应等于某一时点上摩擦性和结构性失业占劳动力的百分比。在实际统计中,可用长期的平均失业率来近似地表示自然失业率。影响失业持续时间长短和失业频率高低的因素都会影响自然失业率的高低。

8. 菲利普斯曲线。菲利普斯曲线是菲利普斯根据现实统计资料所给出的反映货币工资变动与失业率之间相互关系的曲线。这种关系可表示为：$\Delta W_t = f(U_t)$，ΔW_t 表示 t 时期的货币工资增长率，U_t 表示 t 时期的失业率，两者具有负相关的函数关系，即：货币工资增长率越高的时候，失业率越低；失业率越高的时候，货币工资增长率越低。菲利普斯曲线自左上方向右下方倾斜。由于工资成本是产品价格的重要构成部分，通货膨胀率与货币工资增长率之间存在相当稳定的正比例关系（两者差额为劳动生产率的增长率），因此通常用通货膨胀率替代货币工资率来描述菲利普斯曲线：通货膨胀率越高，失业率越低；反之则反是。

菲利普斯曲线反映出通货膨胀与失业的替代关系，故可用于分析抑制通货膨胀的对策。在一定的时点上，政府可设置一个经济能够最大限度承受的通货膨胀与失业的界限，通过总需求管理政策把通货膨胀和失业都控制在此界限之内。当通货膨胀率过高时，可通过紧缩性的经济政策使失业率提高，以换取较低通货膨胀率；当失业率过高时，采取扩张性的经济政策使通货膨胀率提高，以获得较低的失业率。

当通货膨胀成为一种持续性的长期现象时，人们对通货膨胀的预期就会使菲利普斯曲线向右上方移动，这时货币工资上涨率 ΔW_t 与失业率 U_t 之间的关系为 $\Delta W_t = f(U_t) + aP_t^e$（$P_t^e$ 表示 t 时期的通货膨胀预期）。这意味着经济现在必须以更高的通货膨胀率才能换取一定的失业率。在长期，如果菲利普斯曲线不断向右移动，换取一定的失业率所需的通货膨胀率就越来越高，最终菲利普斯曲线将成为一条垂直线，这就是长期的菲利普斯曲线。如果经济开始在一个自然失业率的水平下运行，长期菲利普斯曲线就是以自然失业率为出发点的一条垂线。它否认了短期存在的失业和通货膨胀之间的替代关系。由于自然失业率是无法长期消除的，任何政府试图以通货膨胀来消除自然失业率的努力，其结果都只是暂时的。货币主义就持这种观点。但理性预期学派把理性预期和自然失业率概念结合起来，认为菲利普斯曲线不论在短期或在长期均不存在，这样政府采取的对通货膨胀和失业的相机抉择的政策就是无效的。

9. 价格调整与反通胀政策。 菲利普斯曲线所描述的通胀与失业的负相关关系也可用来说明通胀率同实际 GDP 对潜在 GDP 的偏离有正向关系,因为失业率变动与 GDP 水平变动是负相关的,即失业率上升时,实际 GDP 就会越低于潜在 GDP。价格调整方程就是说明通胀率同实际 GDP 对潜在 GDP 偏离有正向关系的。这一方程是 $\pi = f \dfrac{Y_{-1} - Y^*}{Y^*}$,式中 Y_{-1} 和 Y^* 分别表示上期产出水平和潜在产出水平,f 表示通胀对 Y_{-1} 和 Y^* 偏离程度的调整系数。例如,若 $f = 0.3$,$\dfrac{Y_{-1} - Y^*}{Y^*} = 0.1$,则通胀率 $\pi = 3\%$。存在通胀预期时,$\pi = \pi^e + f \dfrac{Y_{-1} - Y^*}{Y^*}$。

价格调整方程表明,控制实际 GDP 和潜在 GDP 偏离程度可控制通胀率,即通过总需求管理就可控制通胀率。用紧缩需求来控制通胀的政策即由此而来。其中,最重要的是冷火鸡政策和渐进主义政策。冷火鸡政策是政府用突然大规模紧缩需求的政策,以名义国内生产总值明显下降和失业率的显著提高为代价,争取消除通胀的政策。渐进主义政策是政府持续不断紧缩总需求,在相当长时间内逐步消除通货膨胀的政策。

另一类反通胀的政策是收入政策,它是政府从控制总供给方面用控制成本来抑制通胀,即使用各种手段控制工资、利息、租金等收入来抑制通胀的政策。

选 择 题

1. 通货膨胀是( )。

A. 货币发行量过多而引起的一般物价水平普遍持续的上涨

B. 货币发行量超过上年货币发行量

C. 货币发行量超过流通中商品的价值量

D. 以上都不是

2. 假定某经济只交易三种商品,且数量不变,已知:

	第一年价格指数	第二年价格指数	消费者第一年支出	权 数
商品 A	100	150	100	1/6
商品 B	100	90	300	1/2
商品 C	100	120	200	1/3

那么,在第一年和第二年间,一般价格水平的上涨率为(　　)。

A. 20%　　B. 16.6%　　C. 11%　　D. 10%

3. 某一经济在 5 年中,货币增长速度为 10%,而实际国民收入增长速度为 12%,货币流通速度不变。这 5 年期间价格水平将(　　)。

A. 上升　　B. 下降　　C. 不变　　D. 上下波动

4. 在充分就业的情况下,下列哪一因素最可能导致通货膨胀?(　　)

A. 进口增加

B. 工资不变但劳动生产率提高

C. 出口减少

D. 政府支出不变但税收减少

5. 已知充分就业的国民收入是 10 000 亿美元,实际国民收入是 9 800 亿美元,边际消费倾向是 80%,在增加 100 亿美元的投资以后,经济将发生(　　)。

A. 需求拉动的通货膨胀　　B. 成本推进的通货膨胀

C. 结构性通货膨胀　　D. 需求不足的失业

6. 在下列引起通货膨胀的原因中,哪一个最可能是成本推进的通货膨胀的原因?(　　)

A. 银行贷款的扩张　　　　　B. 预算赤字
C. 世界性商品价格的上涨　　D. 投资增加

7. 经济处于充分就业均衡时,(　　)。
A. 降低政府支出会使经济的通货膨胀率一直降下去
B. 在短期内降低名义货币供给的增长会降低通货膨胀率但不会影响产量
C. 在短期内降低名义货币供给的增长会降低通货膨胀率和产量水平
D. 在短期内降低政府支出会降低通货膨胀率但不影响产量

8. 当经济处于充分就业均衡状态时,政府支出的增加会使(　　)。
A. 总需求曲线右移,社会总产出增加
B. 总供给曲线右移
C. 总需求曲线和总供给曲线都右移
D. 总需求曲线右移,社会总产出不变,新的均衡位于更高的通货膨胀率水平上

9. CPI 不同于 GDP 折算指数的是 CPI 包含(　　)。
A. 消费者购买的商品价格　　B. 厂商购买的商品价格
C. 出口商品的价格　　　　　D. 进口商品的价格

10. 用 π 表示通货膨胀率,π^e、π_{t-1} 分别为通货膨胀预期和上一期的通货膨胀率,g^w 为名义工资增长率,那么,总供给曲线(　　)。
A. 在 $\pi^e = f(\pi_{t-1})$ 时为正斜率
B. 在 $g^w = f(\pi)$ 时为正斜率
C. 在 $g^w = f(\pi_{t-1})$ 时为垂直线
D. 在 $g^w = f(\pi^e)$ 时为垂直线

11. 通货膨胀的收入分配效应指(　　)。
A. 收入结构变化　　　　　B. 收入普遍上升
C. 收入普遍下降　　　　　D. 债权人收入上升

12. 紧缩通货的需求管理政策(　　)。

A. 会实现较低通货膨胀率而不会引起产量下降

B. 会降低产量,但开始时对通货膨胀没有影响

C. 要求降低政府支出

D. 要求降低名义货币增长率

13. 抑制需求拉动的通货膨胀,应该(　　)。

A. 控制货币供应量　　　　B. 降低工资

C. 解除托拉斯组织　　　　D. 减税

14. 应付需求拉动的通货膨胀可采用(　　)。

A. 人力政策　　　　　　　B. 收入政策

C. 财政政策　　　　　　　D. 三种政策都可以

15. 收入政策主要是用来对付(　　)。

A. 需求拉动的通货膨胀　　B. 成本推进的通货膨胀

C. 结构性通货膨胀　　　　D. 以上都不是

16. 某人正在寻找工作,这种情况可归类于(　　)。

A. 就业　　　　　　　　　B. 失业

C. 非劳动力　　　　　　　D. 就业不足

17. 由于经济萧条而形成的失业属于(　　)。

A. 摩擦性失业　　　　　　B. 结构性失业

C. 周期性失业　　　　　　D. 永久性失业

18. 如果某人由于纺织行业衰落而失去工作,这种失业属于(　　)。

A. 摩擦性失业　　　　　　B. 结构性失业

C. 周期性失业　　　　　　D. 永久性失业

19. 如果某人刚刚进入劳动力队伍尚未找到工作,这是属于(　　)。

A. 摩擦性失业　　　　　　B. 结构性失业

C. 周期性失业　　　　　　D. 永久性失业

20. 下列人员哪类不属于失业人员？（ ）

A. 调动工作的间歇在家休养者

B. 半日工

C. 季节工

D. 对薪水不满意而待业在家的大学毕业生

21. 当经济中只存在（ ）时，该经济被认为实现了充分就业。

A. 摩擦性失业和季节性失业

B. 摩擦性失业和自愿性失业

C. 结构性失业和季节性失业

D. 需求不足型失业

22. 按照货币主义的观点，下面哪些因素最可能使自然失业率永久下降？（ ）

(1) 直接税和间接税的削减。

(2) 货币供给的增加。

(3) 政府对劳动力重新培训的支出的增加。

  A.（1），（2），（3）   B.（1），（2）

  C.（2），（3）   D.（3）

23. 下列关于自然失业率的说法哪一个是正确的？（ ）

A. 自然失业率是历史上最低限度水平的失业率

B. 自然失业率与一国的经济效率之间关系密切

C. 自然失业率恒定不变

D. 自然失业率包含摩擦性失业

24. 按凯恩斯主义观点，以下哪两种情况不可能同时发生？（ ）

A. 结构性失业和成本推进的通货膨胀

B. 结构性失业和需求拉动的通货膨胀

C. 摩擦性失业和需求拉动的通货膨胀

D. 失业和通货膨胀

25. 为减少经济中存在的失业,应采取的财政政策工具是( )。

A. 增加政府支出　　　　　　B. 提高个人所得税

C. 增加失业保险金　　　　　D. 增加货币供给量

26. 菲利普斯曲线说明( )。

A. 通货膨胀导致失业

B. 通货膨胀是由行业工会引起的

C. 通货膨胀率与失业率之间呈负相关

D. 通货膨胀率与失业率之间呈正相关

27. 提出适应性预期的货币主义认为菲利普斯曲线( )。

A. 只存在于短期　　　　　　B. 只存在于长期

C. 在短期和长期均存在　　　D. 在短期和长期均不存在

28. 长期菲利普斯曲线说明( )。

A. 通货膨胀和失业之间不存在相互替代关系

B. 传统菲利普斯曲线仍然有效

C. 在价格很高的情况下通货膨胀与失业之间仍有替代关系

D. 离原点越来越远

29. "滞胀"理论用菲利普斯曲线表示即( )。

A. 一条垂直于横轴的菲利普斯曲线

B. 一条斜率为正的直线

C. 短期菲利普斯曲线的不断外移

D. 一条不规则曲线

30. 长期菲利普斯曲线说明( )。

A. 政府需求管理政策无效

B. 政府需求管理政策只在一定范围内有效

C. 经济主体存在货币幻觉

D. 自然失业率可以变动

答 案

1. A	2. D	3. B	4. D	5. A	6. C	7. C	
8. D	9. D	10. A	11. A	12. D	13. A	14. C	
15. B	16. B	17. C	18. B	19. A	20. B	21. B	
22. D	23. D	24. D	25. A	26. C	27. A	28. A	
29. A	30. A						

分析讨论题

1. 高价格和通货膨胀的区别是什么？

答：把一定时期各种商品的价格与商品的交易量相乘后相加，可得到某一时期的价格总额。选一个时期为基期，购买同等量商品的本期价格总额除以基期价格总额就得到本期的一个价格指数，这个价格指数反映了本期经济的物价总水平或一般物价水平。因此，一般物价水平是衡量一定数量的商品购买所需支付的货币数量的多少，或一定数量的货币所能购买的商品和劳务的数量多少的指标。通货膨胀是价格水平的增长率，它衡量的是从一个时期到另一个时期一般价格水平变动的百分比。因而，通货膨胀率是反映价格水平变动幅度大小的指标。

2. 通货膨胀是否意味着不同商品的价格按相同的比例上升？

答：否。通货膨胀衡量的是平均价格水平的走向，如果说某国或某地区在某一时期消费者价格指数（CPI）上升了 10%，这并不意味着所有商品的价格都同样上升了 10%，而只是平均价格水平上升了 10%。这一"平均"指的是各种商品价格变动的"加权平均"，而非简单的"算术平均"。

3. 比较衡量通货膨胀率的三种指标的变化方向和变化幅度是否一致,并讨论其原因。

答: 通货膨胀率是一般物价水平从一个时期到下一个时期的变化率,它衡量的是货币的购买能力。例如,我们说1981年一篮子商品和劳务的价格水平为272美元,这就意味着同样一篮子商品和劳务在某个基期(例如1967年)按当时价格值100美元的话,在1981年它就值272美元。在1982年它可能值289美元。那么,1981—1982年的通货膨胀率 $\pi = [(289-272)/272] \times 100\% = 6.25\%$。一般价格水平的衡量有两类指标:一类是价格指数(CPI);另一类是折算指数(修正因子)。

最常用的价格指数是消费者物价指数,它测量的是典型的城市家庭的生活成本。在某个基期,如1967年,选择一篮子城市家庭主要消费的消费品及劳务,调整这一篮子商品的数量使其按1967年的价格计算,其价值刚好为100。之后按各年不同的商品价格计算这同一篮子商品和劳务的成本,即可得到各年的CPI,例如假定有表18-1的某国数据。

表18-1 某国 CPI 和 GDP 折算指数

	CPI	GDP 折算指数
1978	195.4	150.4
1979	217.4	163.4
1980	246.8	178.4
1981	272.4	195.6
1982	289.1	207.4

以1967年为基年计算得到1978—1982年各年的CPI数值。从中就可计算出各年间的通货膨胀率:$\pi_{1979} = 11.26\%$,$\pi_{1980} = 13.52\%$,$\pi_{1981} = 10.37\%$,$\pi_{1982} = 6.13\%$。

名义 GDP 与实际 GDP 的比例也可用于测量价格水平,它就是 GDP 折算指数。例如,假定某国 1984 年名义 GDP 值为 36 610 亿美元,以 1972 年为基期,1984 年的实际 GDP 按 1972 年价格计算的产值为 16 390 亿美元,那么 1984 年 GDP 的折算指数就为 $100 \times 36\,610/16\,390 = 223$。这就是说以 1972 年的价格水平为 100,到 1984 年,按 GDP 折算指数计算的价格水平为 223。表 18-1 中给出了以 1972 年为基期的各年的价格水平,从中计算各年间的通货膨胀率分别为:$\pi^*_{1979} = 8.64\%$,$\pi^*_{1980} = 9.18\%$,$\pi^*_{1981} = 9.64\%$,$\pi^*_{1982} = 6.03\%$。

比较两者衡量的通货膨胀率水平,我们发现它们有很大的差异。其原因在于两者所选择的作为计算基础的一篮子商品的种类各不相同。由于 GDP 统计中并不包含进口产品,因而,GDP 折算指数也就没有计算进口商品的价格。相反,CPI 中却包含有进口商品的价格。这样当第二次石油危机爆发时,石油价格上涨,带动进口品价格上涨。因此,以 CPI 衡量的通货膨胀率就高于以 GDP 折算指数衡量的通货膨胀率。

在物价指数中,CPI 与生产者价格指数的变化幅度也常不一致。例如,在战后日本的高速经济增长时期,CPI 衡量的价格水平就远远高于生产者价格指数衡量的价格水平。这是因为 CPI 统计中包含有一部分非贸易品,诸如理发、交通等服务,以及蔬菜等国内生产、国内消费的产品。随着经济进入高速成长时期,日本国内工人工资成本上升,导致这些非贸易品的价格水平大幅上升。与此相对应,在生产者价格指数中占较大比重的进口品与出口品价格,由于日本的高技术、高劳动生产率以及日元与美元的固定汇率,这些商品的价格没有太大的上升。

4. 消费者价格指数能够完美地衡量人们的生活费用吗?

答:消费者价格指数能够在很大程度上反映人们的生活费用,但不能完美地衡量人们的生活费用。

(1) 消费者价格指数的"一篮子"商品和服务组合的种类和数量是固定的,如果一些消费者实际消费的"一篮子"商品和服务的组合及数量与CPI不一致,这些消费者的生活费用及其变化就不能完全在CPI上反映出来。比如目前中国的CPI中食品的权重很高,而高收入者的主要消费支出可能用于医疗保健和个人用品、娱乐、教育、文化用品和服务等,高收入者的生活费用及其变化就会与定期公布的CPI不相一致。

(2) CPI没有考虑到消费者的替代倾向。当商品和服务的价格变动时,它们并不是同比例变动的,一些商品和服务的价格上涨比较明显,一些商品和服务的价格上涨比较缓慢,而另一些商品和服务的价格甚至会下降。对此消费者会进行消费商品和服务的替代,即少消费价格上升明显的商品和服务,多消费价格上升缓慢甚至下降的商品和服务。但CPI的"一篮子"商品和服务的组合是固定的,因此CPI会高估生活费用的变化。

(3) CPI没有考虑到新产品或新服务的出现。当新产品或新服务出现后,消费者有了更多的选择,这意味着消费者为了维持既定生活水平所需要支出的钱可以减少了。因此CPI会高估生活费用的变化。

(4) CPI难以反映和衡量产品和服务质量。如果一种产品和服务的质量提高了,而这种产品和服务的价格保持不变,单位货币的购买力实际上是上升了;反之则反是。但由于CPI的"一篮子"商品和服务的组合是固定的,所以也难以反映和衡量产品和服务质量。

5. 美国历史上一位总统柯立芝曾经提出"通货膨胀是政府拒绝支付债务"。这种说法对吗?

答:这种说法在一定的情况之下是对的。

一般而言,政府是净借贷者。如果通货膨胀是未被预期到的,那么通货膨胀可以降低政府债务的实际价值,从这个意义上说,是政府拒绝支付债务;但如果通货膨胀是被预期到的,那么人们会要求更高的公债名义利率,政府的债务无法降低。

6. 工资上涨会导致消费增加,试问工资推动型通货膨胀可否也看作需求拉动型通货膨胀?

答:不可。工资推动型通货膨胀属成本推进型通货膨胀,因为工资是产品成本的主要构成部分。工资上涨虽然会使消费增加,并引起总需求增加,但总需求增加并不会在任何情况下都引起通货膨胀。按需求拉动型通货膨胀定义,需求拉动型通货膨胀是由于需求增长过度,超过了产量增长速度而引起的通胀。在工资上升引起消费需求上升并进而推动总需求水平上升时,如果经济中有大量过剩生产能力存在,并不一定引起通货膨胀,而可能主要是刺激生产,增加就业。

7. 通货膨胀对名义利率和实际利率的影响在短期和长期有何区别?

答:名义利率是指因贷款所产生的以货币支付来衡量的利率,实际利率是指以商品和劳务来衡量的贷款的报酬或成本。预期的通货膨胀率与名义利率之间存在一种正向关系,它们一起上升,这种关系称为费雪关系。它是以著名的美国经济学家欧文·费雪的名字命名的。通货膨胀率与名义利率和实际利率之间大致存在这样的关系

名义利率＝实际利率＋预期的通货膨胀率

费雪认为在经济的长期均衡中实际利率大致维持一个固定的水平,它取决于经济中的一些实物因素,主要是资本生产率。这样,在长期实际利率近似一个恒定水平,人们按照实际的通货膨胀率不断调整预期的通货膨胀率,名义利率水平又随着通货膨胀率的调整而变化。

例如,在长期,费雪估计大约30年的过程,名义利率可以对通货膨胀作完全调整,名义利率将等于没有通货膨胀时的利率加上通货

膨胀率。

在短期,名义利率不能对通货膨胀作完全调整,且国家很可能在制度上不允许银行对银行存款支付高利息,例如美国1960年后通货膨胀上升的情况。这样实际利率水平就不再恒定。我们把上式重新安排可得到

实际利率 = 名义利率 — 预期的通货膨胀率

有时实际利率可能会非常之高,如1980年以来的美国的情况;也可能为负值,如一些发生剧烈通货膨胀的国家。

8. 如果征税存在时滞,那么通货膨胀对税收和财政赤字有什么影响?

答:如果征税存在明显的时滞,通货膨胀对税收的影响被称为奥利维拉–坦茨效应(Olivera-Tanzi Effect)。

由于税金是在某一时点计算的,但征收却是在以后进行的。例如,某种税收从某年某月起计征或提高其税率,但实际征税要到该年末,则通货膨胀会使赋税在时滞内的实际价值下降,从而使实际税负降低。

一般而言,政府财政赤字的增加会推进通货膨胀,而通货膨胀的奥利维拉–坦茨效应又会使税收收入减少,反过来由于税收减少会增加总需求,从而进一步助推通货膨胀。

9. 假如货币供给量不变,通货膨胀能长久持续下去吗?

答:按照货币主义者的观点,只有在货币供给持续增长时,才会引起持续的通货膨胀,否则总供给曲线与总需求曲线的移动都不会引起持续的通货膨胀。货币供给保持不变,价格的上涨会减少实际货币量,提高利率,削减投资,最终,通货膨胀将会消失。

货币与通货膨胀之间的关系,可通过货币市场均衡时实际货币供给等于实际货币需求的关系推导出来。即在货币市场均衡时

$$\frac{名义货币供给量}{价格水平} = 实际货币需求量$$

这样

$$价格水平 = \frac{名义货币供给量}{实际货币需求量}$$

这是通货膨胀经济学的基本公式,它说明只有名义货币流通量相对于实际货币需求有所增加时,价格水平才会提高。这样,在实际货币需求量保持不变的情况下,如货币供给量不变,价格水平就不会长久持续下去。

另一方面,如果货币供给保持不变,但实际货币需求变化了,也会引起价格水平的上下波动。影响实际货币需求的第一个因素是实际国民收入水平的变化。实际国民收入增长会增加实际货币需求,从而降低价格水平。第二个因素是利率水平,它是持有货币的机会成本,利率水平越高,人们对货币的实际需求就越少。

10. 恶性通货膨胀对宏观经济运行效率将产生哪些不利影响?

答:恶性通货膨胀对宏观经济运行效率产生的不利影响主要包括:

(1)恶性通货膨胀使价格信号扭曲,使厂商无法根据价格提供的信号来决策,造成经济活动的低效率;

(2)恶性通货膨胀使厂商必须经常性地改变其产品或服务的价格,产生因价格改变而发生的菜单成本;

(3)恶性通货膨胀使不确定性提高,引发资源配置向通货膨胀预期有利的领域倾斜,不利于经济的长期稳定发展;

(4)恶性通货膨胀降低人们的货币需求,这会使往返银行的次数增多,以至于磨掉鞋底,经济学上这种成本被称为"皮鞋成本"。

11. 发生了通货膨胀,是否存在自动调整的机制使其逐步消失,试从赋税效应、货币幻觉效应、实际余额效应和利率效应四方面加以分析。

答：一些经济学家认为,发生了通货膨胀,可能存在自动调整的机制：

(1) 赋税效应：通货膨胀──→名义收入增加──→累进税制下的税率提高──→实际收入下降──→消费需求下降──→总需求下降──→通胀压力变小。

(2) 货币幻觉效应：通货膨胀──→劳动者误认为名义收入增加是实际收入增加──→就业增加──→总供给增加──→通胀压力变小。

(3) 实际余额效应：通货膨胀──→货币收入的实际购买力即实际货币余额下降──→消费需求下降──→总需求下降──→通胀压力变小。

(4) 利率效应：通货膨胀──→实际货币余额下降──→货币市场出现超额需求导致利率上升──→投资支出下降──→总需求下降──→通胀压力变小。

12. 为什么通货膨胀有通货膨胀税的说法？它与铸币税是一回事吗？

答：铸币税指的是政府凭借对货币发行权的垄断而获得的对一部分社会资源的索取权,铸币税的数额等于所发行的货币面值与其实际发行成本之间的差额,实际发行成本主要包括纸张成本加印制费等。

如果货币供给的增加触发物价上涨,导致通货膨胀,势必削弱社会公众手中所持有货币的购买力,引起一部分货币购买力由社会公众向货币发行者转移,这种转移犹如一种赋税,因而被称为通货膨胀税。

只要政府发行货币与发行成本之间存在差额,则必定存在铸币税;但如果所发行的货币恰好为经济活动所需要,没有相应出现通货膨胀,则不存在通货膨胀税;只有在过度发行货币引致通货膨胀的时候,才会存在通货膨胀税。

13. 什么是通货膨胀的"皮鞋成本"和"菜单成本"？

答：通货膨胀的"皮鞋成本"(Shoeleather Cost)是指通货膨胀时期，人们如果持有大量货币，因物价上涨持有的这些货币的购买力会下降，一般此时银行存款利率会进行指数化调整，于是人们会尽可能减少货币的持有量。但正常消费需要支付货币，因此人们会比物价稳定时期更频繁地去银行取款，使皮鞋磨损得更快。皮鞋成本是指通货膨胀使人们减少货币持有所带来的成本。

通货膨胀的菜单成本(Menu Cost)是指通货膨胀给企业带来的调整价格的成本。以饭店为例，通货膨胀时期饭店要更换价格表（即菜单）会带来如下的成本，价格的重新核算、菜单的编排和印刷、新菜单的推广等。如果更换菜单的成本高过更换菜单给饭店带来的收益，饭店就不会轻易变动菜单。曼昆等经济学家就以此解释价格的黏性。

当然，恶性通货膨胀会带来其他更严重的一些成本，比如当通货膨胀扭曲了价格体系时，会导致资源配置失调；恶性通货膨胀情况下，货币的交易中介职能会削弱，交易成本大幅上升；未预期到的通货膨胀会扭曲收入分配，进一步影响消费和整体经济。

14. 什么是工资和价格管制？什么是收入指数化调整？各有什么用？

答：收入指数化调整是应对通货膨胀对收入增长负面影响的一种政策，是指定期地根据物价指数对相关的名义收入指标（名义工资、名义利率等）进行调整，力图使实际收入保持不变的做法。例如，在一些工资合同中附加"生活费用调整"（Cost of Living Adjustment，COLA）条款，将货币工资的增加与物价水平的上涨联系起来，使工人工资的实际购买力维持稳定；同样，债券的利息也可以实行指数化，即名义利率随通货膨胀率的变化而同步变化。

收入指数化调整在现实中会受到不少限制。比如因为价格指数的编制与收入的调整都需要一定的时间，收入的调整往往会滞后于物价的实际上升;由于并不是所有的收入合同中都有指数化条款,因此不受指数化条款保护的劳动者或债权人将承受损失。更为重要的是,指数化调整可能强化工资与物价交替上升的机制,从而推动通货膨胀螺旋式上升的惯性。

为打破工资与物价螺旋式上升的惯性,政府会出台工资和价格管制。工资和价格管制(Wage-Price Control)指由政府颁布法令,强行规定工资和物价的上涨幅度,在某些时候,甚至暂时将工资和物价冻结(Wage-Price Freeze)。工资和价格管制一般在战争时期较为常见,但在和平时期,当出现恶性通货膨胀时,政府也可能会实施工资和价格管制。例如美国政府在1971—1974年就曾实行过工资-价格管制,其间1971年尼克松政府还实行过3个月的工资-价格冻结。

工资和价格管制可以在管制期内将通货膨胀压制在一定的范围内,但从世界各国实践来看,其长期的效果并不理想。人们总会找出种种办法来规避管制,变相地提高价格与工资;而且一旦管制造成的经济失衡引起公众的强烈反对,使得管制难以为继而最终被迫放弃时,因管制而得不到释放的价格上涨就可能爆炸性地释放出来。同时,严格的工资-价格管制将严重削弱价格机制在资源配置中的作用,限制了资源依据价格变化的优化配置。

15. 通胀预期与通货膨胀之间是什么关系?怎样管理通胀预期?

答: 通货膨胀预期不是通货膨胀。通胀预期是对通货膨胀的"未来估计",但"未来估计"不等于现实,很多"估计"也从来没有成为现实;通胀预期可以在没有实际通胀的时候较长时期存在,并且不一定必然导致实际通胀。

但通胀预期与实际通胀有着密切联系。通胀预期的基础往往是现实中已经发生的通货膨胀,而且通胀预期是导致通货膨胀的重要原因之一。比如,一旦消费者和投资者形成强烈的通胀预期,认为某些产品和资产的价格会上升,且上升的速度快于存款利率,就会将存款从银行提出,去购买这些产品或资产,以达到保值或对冲通胀的目的。这种预期造成的对产品和资产的需求会导致其价格加速上涨，而且通胀预期与实际通胀可能会相互强化。比如，一旦有实际物价水平的上升，就容易形成通胀预期；而当通胀预期形成后，它不仅会刺激总需求，而且在短期内还会使生产者想"待价而沽"，从而限制总供给，使得社会总供求缺口扩大，物价水平进一步上升；这反过来又会增强人们的通胀预期，由此形成一个正反馈循环，导致通胀预期的自我强化和真实通胀的自我实现。

因此管理通胀预期就非常重要。美国任职时间最长的美联储主席威廉·马丁有一句名言"在盛宴之前撤掉酒杯"，意思就是对通胀的管理不能等通胀恶化了才动作，一定要提前管理，包括对通胀预期的管理。

对应于导致通胀预期的因素，管理通胀预期的政策措施包括：适时采取合适的方式改变流动性过剩的货币环境；合理控制银行的信贷规模；密切关注资产价格的过度上涨，多种手段并举，大力挤压资产泡沫；努力保持国内农产品和资源类产品价格的基本稳定；加强跨境短期资本流动的监测管理；加强政策宣传和舆论引导，控制非理性预期，等等。

16. 摩擦性失业是不是一种自愿性失业？为什么？

答： 不是。自愿性失业是指劳动者不愿意接受现行劳动力市场的工资条件而自愿选择的失业。当工资条件发生变化时，这些人再决定是否就业。摩擦性失业并不具有自愿性。它是因劳动力市场运行机制不完善或因经济变动过程中工作转换而产生的失业。它被看作是一种求职性失业，即一方面存在职位空缺，另一方面存在着与此数量对应的寻找工作的失业者。这是因为劳动力市场的信息具有不完备性，厂商找到所需要的雇员和失业者找到合适的工作都需要花一定的时间。产业结构的调整也会相应引起劳动力在各行业间的调整，通常由于流动成本、职业技能、个人特长或居住地区等原因的存在，会造成劳动者暂时找不到工作的失业。摩擦性失业任何时期都存在,并随着经济结构变化的加快而逐渐增大。

17. 摩擦性失业与结构性失业相比,哪一种失业问题更严重些?

答: 一般说来,结构性失业比摩擦性失业问题更严重些。因为摩擦性失业的失业者都可以胜任可能获得的工作,加强失业(就业)服务机构,增强就业信息,协助劳动者家庭搬家等都有助于减少摩擦性失业,可是结构性失业是由劳动力供求失衡造成的。一些劳动部门需要劳动力,即有职位空缺,但失业者缺乏到这些部门和岗位就业的能力,而这种能力的培训非一朝一夕所能完成,因而结构性失业比摩擦性失业难对付一些。

18. 哪些失业是可以消除的,哪些失业是无法消除的,为什么?

答: 西方学者认为,对于由摩擦性失业和结构性失业所构成的自然失业,只能降低其失业程度,而不可能完全消除。因为摩擦性失业产生的主要原因是劳动力市场的不断变化(如工作岗位、工作单位、家庭地点等的不断变化)及信息不完备性(一些工作岗位需要人,一些人要寻求工作,但互相不通信息),在这两个条件约束下,劳动力流动需要一个过程,因而摩擦性失业不可避免。结构性失业产生于经济结构的变化,而这种结构的变化在经济增长过程中是必然会发生的,从衰落行业中游离出来的劳动者一时适应不了新兴行业的就业要求时,结构性失业必然要发生。因此,摩擦性失业和结构性失业是无法完全消除的。还有如季节性失业也难以消除,因为工作季节性无法消除。另一些失业,如需求不足型失业是有效需求不足引起的。对于这种失业,按凯恩斯主义者的看法,通过国家积极干预经济,设法刺激有效需求,是可以消除的。

19. 能不能说有劳动能力的人都有工作做了才是充分就业?

答: 不能。充分就业并不意味着100%的就业,因为即使有足够的职位空缺,失业率也不会等于零,经济中仍然会存在摩擦性失业和结构性失业。在一个日新月异的经济中,永远会存在职业流动和行业的结构性兴衰,所以总有少部分人处于失业状态。因而充分就业不可能做到有劳动能力的人都有工作。除本单元引言中对充分就业的定义外,另外一些经济学家还认为,如果空缺职位总额恰好等于寻业人员的总额,也就是需求不足型失业等于零的话,经济就实现了充分就业。还有些经济学家认为,如果要提高就业率,必须以通货膨胀为代价的话,那么经济就算实现了充分就业,但那时并不是有劳动能力的人都有工作做了。

20. 什么是菲利普斯曲线?菲利普斯曲线有哪几种类型,分别有什么政策含义?

答: 1958年,在英国任教的新西兰籍经济学家菲利普斯在研究了1861—1957年的英国失业率和货币工资增长率的统计资料后,提出了一条用以表示失业率和货币工资增长率之间替代关系的曲线,在以横轴表示失业率,纵轴表示货币工资增长率的坐标系中,可以画出一条向右下方倾斜的曲线,这就是最初的菲利普斯曲线。以萨缪尔森为代表的新古典综合派经济学家认为工资是产品成本的主要构成部分,因而对价格有决定性的影响,随后将菲利普斯曲线改造为描述失业和通货膨胀之间关系的曲线。改造后的菲利普斯曲线描述了失业率与通货膨胀率之间的替代关系。这就为政府进行总需求管理提供了可选择的菜单。政府可以确定一个失业率与通胀率的可容忍的组合区域,如果实际的失业率和通胀率在这个区域内,政府可以不采取调节政策。但如果实际的失业率和通胀率超出了可容忍的区域,政府可以利用失业率和通胀率之间的替代关系进行调节,可以以提高失业率为代价来降低通胀率,或以提高通胀率为代价来降低失业率。

1968年,货币主义代表人物、美国经济学家弗里德曼提出,菲利普斯曲线忽略了工人对通货膨胀的预期这样一个重要的因素。在劳资双方进行新工资合同谈判时,劳资双方都会对新合同期内的通胀率进行预期,并根据通胀预期调整名义工资水平。所以将菲利普斯曲线调整为附加预期的菲利普斯曲线,即 $\pi - \pi^e = -\varepsilon(u - u^*)$,其中 π^e 为预期的通胀率,u^* 为自然失业率。这意味着附加预期的菲利普斯曲线在预期通胀率水平上与自然失业率相交。货币主义认为,附加预期的菲利普斯曲线仍然是短期菲利普斯曲线,因为在预期的通胀率低于实际通胀率的短期,失业率与通胀率之间仍然存在替代关系,调节总需求的宏观经济政策仍然是有效的。

在长期,人们可以实现理性预期,人们预期的通胀率与实际通胀率迟早会一致,这时工人要求改变名义工资以使实际工资不变,最后会形成长期垂直的菲利普斯曲线,与自然失业率重合。长期菲利普斯曲线表明在长期,不存在失业与通胀之间的替代关系;长期来看,政府运用扩张性需求管理政策不但不能降低失业率,还会使通胀率不断上升。

短期菲利普斯曲线不断右移,不但会形成垂直的长期菲利普斯曲线,甚至可能形成向右上倾斜的正相关曲线。如实际通胀率为 3%,而人们预期为 5%,并以这一预期要求提工资,则企业就会把雇工降到原来水平甚至更低,这就会产生失业与通胀并发的"滞胀"局面。

21. 什么是自然失业率?哪些因素影响自然失业率的高低?

答:对于什么是自然失业率,西方经济学家有不同的说法。通常认为,自然失业率指在没有货币因素干扰情况下,劳动力市场和商品市场自发供求力量发挥作用并达到均衡状态时的失业率,这时只存在摩擦性失业和结构性失业。当实际失业率等于自然失业率时,就算实现了充分就业,因此,自然失业率又称充分就业失业率。

生产力的发展、技术进步以及制度因素是决定自然失业率以及引起自然失业率变化的重要因素。具体包括:(1)劳动者结构的变化。一般说来,青年与妇女的自然失业率高,这些人在劳动力中的所占比重上升时会导致自然失业率上升。(2)政府政策的影响。例如,失业救济制度可能使一些人宁可失业也不愿去从事工资低、条件差的职业,这就会使自然失业率上升;又如,最低工资立法使企业尽量少雇佣工人,特别是技术差的工人,同时也会加强用机器取代工人的趋势。(3)技术进步因素。新技术、新设备的使用必然减少对劳动力的需求,尤其会使一些文化技术水平低的工人不断被淘汰。(4)劳动市场组织状况,如劳动供求信息状况、职业介绍与指导状况等都会影响自然失业率变化。(5)劳动市场或行业差别性的增大会提高自然失业率,包括厂商、行业和地区的兴衰,劳动者需要时间来适应形势变化,这些都会影响自然失业率变化。

22. 失业保险制度对自然失业率有什么影响?

答: 失业保险制度中的失业保险待遇越高,失业者的就业意愿就越差,自然失业率会越高。

23. 政府大力削减用于培训失业工人的资金,对自然失业率会有何影响?

答: 政府削减培训失业工人的资金,会提高自然失业率,因为这会削弱失业工人再就业的能力。当结构性失业发生时,失业者难以迅速在新的工作岗位上重新就业。

24. 如果现在社会上失业率很高,人们会估计政府要实行扩张性经济政策,这属于适应性预期还是理性预期?为什么?

答: 这属于理性预期。这是人们根据失业率与通货膨胀的关系作出的判断。如果失业率较高,根据失业率与通货膨胀之间存在的此消彼长的关系,人们预计政府会提高通货膨胀率以降低失业率。于是人们抢先一步把预期的通货膨胀率考虑到工资合同中去,这样在政府推行扩张性政策时,由于货币工资率与物价同步上涨,实际工资没有下降,所以厂商并不扩大产量和增雇工人,政府即使在短期也不能用提高通货膨胀率的方法来降低失业率。这里,人们对通货膨胀所作的判断不是依据过去通货膨胀的经验作出,因此,不属于适应性预期。

25. 简释价格调整方程及其政策意义。

答：价格调整方程是一种把短期波动和长期稳定结合起来考虑价格水平如何从某一水平过渡到另一水平的理论模型。价格调整方程由菲利普斯曲线引申出来，用它可考察通货膨胀、通货膨胀压力和价格预期之间的关系，其公式为

$$\pi_t = f(Y_{t-1} - Y^*)/Y^*$$

这里，π 为通货膨胀率，$\pi = (P_t - P_{t-1})/P_{t-1}$；$Y^*$ 为潜在的 GDP 水平；Y_{t-1} 为上年实际 GDP；f 是系数。我们把 $(Y_{t-1} - Y^*)/Y^*$ 定义为上一年的通货膨胀压力。这样，价格调整方程就意味着本年的通货膨胀率等于上一年的通货膨胀压力乘上一个系数 f。进一步，当上年总需求决定的实际产出高于潜在 GDP 时，本年价格水平就会上升，通货膨胀率为正；当上年总需求决定的实际产出低于潜在 GDP 时，本年价格水平就会下降，通货膨胀率为负。

再把人们对通货膨胀的预期 π^e 加入价格调整方程式中，可得

$$\pi_t = \pi_t^e + f \cdot (Y_{t-1} - Y^*)/Y^*$$

如果通货膨胀率常年稳定，就可用上年的 π_{t-1} 作为 π_t^e，也就是

$$\pi_t = \pi_{t-1} + f(Y_{t-1} - Y^*)/Y^*$$

这样的价格调整方程有三个性质：第一，只要使上年总需求决定的实际产出小于潜在 GDP，即让经济出现衰退，就可能降低通货膨胀率。第二，通货膨胀率的大小直接取决于总需求决定的实际 GDP 与潜在 GDP 缺口的大小。第三，如果总需求决定的实际产量一直高于潜在 GDP，则通货膨胀就会不断加剧。

26. 试说明菲利普斯曲线和总供给曲线的关系，并试根据附加预期的短期总供给曲线推导出菲利普斯曲线。

答：总供给曲线揭示的是总产出和价格水平的关系，附加预期的短期总供给曲线即卢卡斯总供给曲线为 $Y = \overline{Y} + \alpha(P - P^e)$。菲

利普斯曲线揭示的是通货膨胀与失业率的交替关系,附加预期的菲利普斯曲线为 $\pi = \pi^e + \beta(u - u^*)$。表面看,总供给曲线和菲利普斯曲线所揭示的关系不同,实质上表达的是同样的宏观经济思想,因为总供给函数表达了总产出和价格水平的关系,总产出变动和价格水平变动相关,而总产出变动和就业变动相关,价格水平变动即通货膨胀率。就业变动就是失业率问题,通货膨胀率与失业率的交替关系正是菲利普斯曲线,因此可以从总供给曲线推导出菲利普斯曲线,也可从菲利普斯曲线推导出总供给曲线。例如,上述附加预期的总供给曲线 $Y = \overline{Y} + \alpha(P - P^e)$ 中,Y、$\overline{Y}$、P、P^e 分别表示本期总产出、潜在总产出、现期价格水平和预期价格水平,α 为参数且 $\alpha \geqslant 0$。将上式化为

$$P - P^e = \frac{1}{\alpha}(Y - \overline{Y}), \text{ 或 } P = P^e + \frac{1}{\alpha}(Y - \overline{Y}) \tag{1}$$

从(1)式中减去上一期价格水平 P_{-1},有:

$$P - P_{-1} = (P^e - P_{-1}) + \frac{1}{\alpha}(Y - \overline{Y}) \tag{2}$$

(2)式中 $P - P_{-1}$ 即通货膨胀率 π,$P^e - P_{-1}$ 即预期通胀率 π^e,则(2)式为:

$$\pi = \pi^e + \frac{1}{\alpha}(Y - \overline{Y}) \tag{3}$$

同时,奥肯定律表示的是失业率 u 与自然失业率 u^* 的偏离和产出与潜在产出偏离的关系,这可表述为

$$\frac{1}{\alpha}(Y - \overline{Y}) = -\beta(u - u^*) \tag{4}$$

将(4)代入(3)即得

$$\pi = \pi^e - \beta(u - u^*) \tag{5}$$

式(5)即上述附加预期的菲利普斯曲线。

27. 现代科学技术的发展对传统的失业与通胀相互关系的理论提出了什么样的挑战?

答：传统的失业与通胀相互关系的理论是建立于生产技术不发生重大变化的假定条件下的。在这种条件下,生产(GDP)发展就要多使用劳动,引起劳动供求关系变化进而引起劳动价格变动,而工资是商品价格主要构成部分,于是物价水平变化和失业率变化形成此长彼消关系。然而,现代科技发展,特别是信息技术发展和生产日益智能化后,普通劳动者饭碗大量被夺走,导致经济增长和就业岗位增加脱钩,传统的"奥肯定律"不灵了。就是说,经济上去对劳动需求不一定增加,物价和通胀也不一定上升。或者说,生产上去不一定导致工资进而通胀上升,于是失业和通胀不一定成负向变动关系。

计 算 题

1. 若某经济社会价格水平在 1984 年为 107.9,1985 年为 111.5,1986 年为 114.5。试问 1985 年和 1986 年通货膨胀率各是多少? 如果人们以前两年通货膨胀率的平均值作为第三年通货膨胀率的预期值,计算 1987 年的预期通货膨胀率。如果 1987 年的利率为 6%,计算该年的实际利率。

解：1985 年的通货膨胀率为 π_{1985}

$$\pi_{1985} = \frac{P_{1985} - P_{1984}}{P_{1984}} \times 100\%$$
$$= \frac{111.5 - 107.9}{107.9} \times 100\% = 3.34\%$$

同样,

$$\pi_{1986} = \frac{114.5 - 111.5}{111.5} \times 100\% = 2.69\%$$

如果第三年预期通货膨胀率 π_t^e 为前两年的平均值,则

$$\pi_{1987}^e = \frac{\pi_{t-1} + \pi_{t-2}}{2} = \frac{\pi_{1986} + \pi_{1985}}{2}$$

$$= \frac{3.34\% + 2.69\%}{2} = 3.015\%$$

按照名义利率、实际利率与预期通货膨胀率之间的关系,我们有

$$实际利率_{1987} = 名义利率_{1987} - \pi_{1987}^e$$
$$= 6\% - 3.015\%$$
$$= 2.985\%$$

2. 若 1991—1994 年的消费价格指数 CPI 分别为 1.00、1.10、1.155、1.155。

(1) 计算 1992 年、1993 年、1994 年的通货膨胀率。

(2) 假定一组工人签了从 1993 年开始为期 2 年的合同,其工资增长率为 $\Delta W/W = 0.1$。在现有的 CPI 水平下,其实际工资如何变化?

(3) 假定工资率依据下面公式计算

$$\frac{\Delta W}{W} = 0.05 + 0.5 \Delta CPI/CPI$$

其实际工资又如何变化?

(4) 如果 $\dfrac{\Delta W}{W} = \dfrac{\Delta CPI}{CPI}$,其实际工资又如何变化?

解:(1) 若以 CPI 来衡量 π,则

$$\pi_t = \frac{CPI_t - CPI_{t-1}}{CPI_{t-1}} \times 100\%$$

那么

$$\pi_{1992} = \frac{1.10 - 1.00}{100} \times 100\% = 10\%$$

$$\pi_{1993} = \frac{1.155 - 1.10}{1.10} \times 100\% = 5\%$$

$$\pi_{1994} = \frac{1.155 - 1.155}{1.155} \times 100\% = 0$$

(2) 如果 $\frac{\Delta W}{W} = 0.1$,即名义工资每年以 10% 的速度增加,那么,1992 年,名义工资的增长完全为通货膨胀 ($\pi_{1992} = 10\%$) 所抵消,实际工资不变;1993 年,由于 $\frac{\Delta W}{W} - \pi_{1993} = 5\%$,实际工资可上升 5%;1994 年,$\frac{\Delta W}{W} - \pi_{1994} = 10\%$,实际工资与名义工资同比例增长。

(3) 按照所给条件计算 1992 年、1993 年、1994 年各年的名义工资增长率:

$$\left(\frac{\Delta W}{W}\right)_{1992} = 0.05 + 0.5 \times (1.10 - 1.00)/1.00$$
$$= 0.05 + 0.5 \times 10\%$$
$$= 10\%$$

$$\left(\frac{\Delta W}{W}\right)_{1993} = 0.05 + 0.5 \times (462 - 462)/462$$
$$= 5\%$$

$$\left(\frac{\Delta W}{W}\right)_{1994} = 0.05 + 0 = 5\%$$

(4) 如果 $\frac{\Delta CPI}{CPI} = \frac{\Delta W}{W}$,即名义工资与通货膨胀同步增长,那么实际工资就维持原水平。

3. 如果失业率与 GDP 之间关系满足奥肯定律:$(Y - Y^*)/Y^* = -3(U - U_n)$,其中 U 是失业率,U_n 是自然失业率,Y 是 GDP,Y^* 是潜在 GDP。又假定 1991 年、1992 年、1993 年和 1994 年的失业率分

别为 5%、4%、5% 和 6%。

(1) 当自然失业率 $U_n = 6\%$ 时，计算 1991—1994 年各年失业率所对应的 GDP 缺口。

(2) 比较四年中实际 GDP 和潜在 GDP 的关系。

(3) 若 1993 年的实际 GDP 为 2 000 万亿美元，计算当年的潜在 GDP 水平。

解：(1) 按照奥肯定律，在 6% 的自然失业率水平下，各年的 GDP 缺口分别为

1991 年：$(Y_{91} - Y^*)/Y^* = -3(5\% - 6\%) = 3\%$

1992 年：$(Y_{92} - Y^*)/Y^* = -3(4\% - 6\%) = 6\%$

1993 年：$(Y_{93} - Y^*)/Y^* = -3(5\% - 6\%) = 3\%$

1994 年：$(Y_{94} - Y^*)/Y^* = -3(6\% - 6\%) = 0$

(2) 由(1)可知，在 1991 年、1992 年、1993 年，实际 GDP 都高于潜在 GDP 水平；1994 年缺口消除。可见，1991 年、1992 年、1993 年的价格水平存在上升压力。

(3) 若 1993 年的实际 GDP 为 2 000 万亿美元，由已知条件和奥肯定律可得

$$(2\,000 - Y^*)/Y^* = -3(5\% - 6\%)$$

即 $\dfrac{2\,000 - Y^*}{Y^*} = 0.03$

解得 $Y^* = \dfrac{2\,000}{1.03} = 1\,941.75$

也就是 1993 年的潜在 GDP 水平为 1 941.75 万亿美元。

4. 劳动力供给方程为

$$1\,000 + 2W/P$$

劳动力需求方程为

$$2\,000 - 8W/P$$

求解均衡状态下的实际工资和就业水平。假定劳动力需求有所下降,其方程变为

$$1\,900 - 8W/P$$

问:均衡工资下降多少?就业减少多少?为什么工资下降的百分数要比就业下降的百分数大?

解: 当劳动力市场上劳动力需求等于劳动力供给时,市场达到均衡,决定均衡工资和就业水平,即

$$1\,000 + 2W/P = 2\,000 - 8W/P$$

可得

$$\text{实际工资}\frac{W}{P} = 100$$

代入劳动力需求方程可得均衡就业量

$$2\,000 - 8\left(\frac{W}{P}\right) = 2\,000 - 8 \times 100 = 1\,200$$

当劳动力需求下降时,实际工资及就业水平随之下降,在新的劳动力需求方程下

$$1\,000 + 2(W/P) = 1\,900 - 8(W/P)$$

实际工资 $\frac{W}{P}$ 等于 90,均衡就业量为

$$1\,900 - 8\left(\frac{W}{P}\right) = 1\,900 - 8 \times 90 = 1\,180$$

这样,实际工资下降了 10%,均衡就业量下降了 $1.67\%\left(\frac{20}{1\,200} \times 100\%\right)$。

工资下降的百分数大于就业下降的百分数,是因为此模型中劳动供给曲线的斜率较大,从而导致劳动供给对实际工资变动不敏感,也就是实际工资下降或上升很多时,就业减少或增加得不多。因此,当实际工资变动时,就业变动幅度就较小。

5. 假设经济社会的总需求曲线为

$$Y = 667 + 1.11G + 1.11\frac{M}{P}$$

价格调整曲线为

$$\pi = (Y_{-1} - 1\,500)/1\,500 + \pi^e$$

政府支出 $G=200$,货币供给 $M=550$。若预期的通货膨胀率 π^e 始终等于 0,求出经济从 $P_0=1.4$ 开始的运行路径;GDP 达到与潜在 GDP 相差 2% 还要多少年?

解:依据题中假设,这是没有通胀预期($\pi^e=0$)的价格调整方程。在 $P_0=1.4$ 的水平下,我们通过总需求方程可求得一个初始的产出水平 Y_0。

$$Y_0 = 667 + 1.11 \times 200 + 1.11 \times \frac{550}{1.4} = 1\,325$$

再由价格调整方程可获得下一年的通货膨胀率水平 π_1

$$\begin{aligned}\pi_1 &= (Y_0 - 1\,500)/1\,500 + \pi^e \\ &= (1\,325 - 1\,500)/1\,500 + 0 \\ &= -0.117\end{aligned}$$

这样,第一年的价格水平 P_1 就为

$$\begin{aligned}P_1 &= P_0 + P_0\pi_1 \\ &= 1.4 + 1.4 \times (-0.117) \\ &= 1.24\end{aligned}$$

把它代入总需求方程又可获得 Y_1,再从价格调整方程中求解 π_2,之后,又可获得 P_2,如此类推下去,我们有

$$Y_1 = 1\,382;\ \pi_2 = -0.079;\ P_2 = 1.14$$
$$Y_2 = 1\,423;\ \pi_3 = -0.051;\ P_3 = 1.08$$
$$Y_3 = 1\,453;\ \pi_4 = -0.031;\ P_4 = 1.05$$
$$Y_4 = 1\,472$$

按照价格调整方程,我们知道潜在 GDP 水平为 1 500,这样,当实际

产出正好与潜在 GDP 相差 28 时,可达到缺口幅度为 2‰,这大约需要 4 年时间。

6. 若上题中通货膨胀预期 $\pi^e = \pi_{-1}$,请依次回答上题中的各个问题(这里 $\pi_0 = 0$)。

解:按照上题的思路,我们分别计算

$Y_0 = 1\,325$; $\pi_1 = -0.117$; $P_1 = 1.24$

$Y_1 = 1\,381$; $\pi_2 = -0.196$; $P_2 = 0.997$

$Y_2 = 1\,501$

在这里,由于人们对通货膨胀预期的改变,使价格水平下降的幅度剧增,总需求很快就扩大,只需 2 年的时间就可达到 1 500 的潜在 GDP 水平。

7. 接第 5 题的假定,如果经济开始就处于充分就业时的潜在产出水平,价格水平 $P_0 = 1$,问当 $\pi^e = 0$ 和 $\pi^e = \pi_{-1}(\pi_0 = 0)$ 两种情况下经济连续 3 年的价格水平、通货膨胀率和产出水平各为多少?

解:在 $\pi^e = 0$ 的假定下

$Y_0 = 1\,500$; $\pi_1 = 0$; $P_1 = 1$

$Y_1 = 1\,499.5$; $\pi_2 = -0.03\%$; $P_2 = 0.999\,7$

$Y_2 = 1\,499.7$; $\pi_3 = -0.02\%$; $P_3 = 0.999\,5$

$Y_3 = 1\,499.8$; $\pi_4 = -0.01\%$; $P_4 = 0.999\,3$

在 $\pi^e = \pi_{-1}$ 的假定下

$Y_0 = 1\,500$; $\pi_1 = 0$; $P_1 = 1$

$Y_1 = 1\,499.5$; $\pi_2 = -0.03\%$; $P_2 = 0.999\,7$

$Y_2 = 1\,499.7$; $\pi_3 = -0.05\%$; $P_3 = 0.999\,2$

$Y_3 = 1\,499.99$; $\pi_4 = -0.05\%$; $P_4 = 0.999\,2$

这样,在 $\pi^e = 0$ 的假定下,产出与价格水平调整的速度低于 $\pi^e = \pi_{-1}$ 下的调整速度。

8. 假定某经济最初的通货膨胀率为 18%,政府试图通过制造 10% 的失业率来实现通货膨胀率不超过 4% 的目标,当价格调整方程的系数为 $f=0.4$ 时,试问其通胀率下降的过程如何?

解:价格调整的方程可以写为 $\pi = \pi_{-1} + f\dfrac{Y_{-1}-Y^*}{Y^*}$,其中 π 和 π_{-1} 分别代表本期和上期的通货膨胀率,$\dfrac{Y_{-1}-Y^*}{Y^*}$ 代表实际产出对潜在产出的偏离程度,这里大体上可以衡量失业率,于是:

$\pi_1 = 18\% - 0.4 \times 0.1 = 14\%$

$\pi_2 = 14\% - 0.4 \times 0.1 = 10\%$

$\pi_3 = 10\% - 0.4 \times 0.1 = 6\%$

$\pi_4 = 6\% - 0.4 \times 0.1 = 2\%$

可见,经过政府连续制造 4 年的 10% 的失业率,可使通胀率降到 4% 以下。

9. 假定某一经济社会的菲利普斯曲线为:

$$\pi_t = \pi_t^e + 0.15 - 3U_t$$

式中 π_t、π_t^e 和 U_t 分别表示 t 时期的通胀率、预期通胀率和失业率,若公众预期通货膨胀的方式为 $\pi_t^e = \pi_{t-1}$(t 时期的预期通货膨胀率就是上一时期实际通货膨胀率),且假设 $t-1$ 时期社会经济的失业率恰等于自然失业率 U_n,那时的通胀率为零,试求:

(1) 该经济社会的自然失业率。

(2) 如果政府想用扩张性政策将失业率从 t 时期起控制在 4%,则 t、$t+1$、$t+2$ 及 $t+3$ 时期的通胀率将是多少?

解:(1) 已知 $\pi_t = \pi_t^e + 0.15 - 3U_t$

$\pi_t^e = \pi_{t-1}$

因此,$\pi_{t-1} = \pi_{t-1}^e + 0.15 - 3U_{t-1}$

通胀率为零即 $\pi_{t-1} - \pi_{t-1}^e = 0$

亦即 $0.15 - 3U_{t-1} = 0$

又已假设 $U_{t-1} = U_n$

因此，$0.15 - 3U_{t-1} = 0.15 - 3U_n = 0$

得 $U_n = 0.05$（自然失业率）

（2）已知 $\pi_{t-1} = 0$，而政府要用扩张性政策使 $U_t < U_n$，即使 U_t、U_{t+1}、U_{t+2}、U_{t+3} 时期的失业率都为 4%。

根据已知条件：$\pi_t^e = \pi_{t-1}$ 以及 $\pi_{t-1} = 0$

因此，$\pi_t = \pi_t^e + 0.15 - 3U_t = \pi_{t-1} + 0.15 - 3U_t = 0 + 0.15 - 3U_t = 0.15 - 3 \times 0.04 = 0.03$

同理，$\pi_{t+1} = \pi_{t+1}^e + 0.15 - 3U_{t+1}$

因为 $\pi_{t+1}^e = \pi_t = 0.03$

因此，$\pi_{t+1} = 0.03 + 0.15 + 3U_{t+1} = 0.18 - 3 \times 0.04 = 0.06$

$\pi_{t+2} = 0.06 + 0.15 - 3U_{t+2} = 0.21 - 3 \times 0.04 = 0.09$

$\pi_{t+3} = 0.09 + 0.15 - 3U_{t+3} = 0.24 - 3 \times 0.04 = 0.12$

10. 假设菲利普斯曲线具有以下的形式：

$$\pi_t = \pi_t^e + 0.1 - 2U_t;\ \pi_t^e = \theta \pi_{t-1}$$

其中，π_t 是 t 时期的通货膨胀率，π_t^e 是 t 时期的预期通货膨胀率，U_t 是失业率。并假设 θ 的初始值为 0。

(1) 自然失业率是多少？

假设开始时的实际失业率等于自然失业率。在第 T 年，政府决定把实际失业率降到 3% 的水平，并且在以后保持不变。

(2) 计算第 T、$T+1$、$T+2$、$T+3$、$T+4$ 年的通货膨胀率。

(3) 需要多长时间才能使自然失业率降到 3% 的水平？

(4) 你相信(2)的答案吗？为什么？考虑人们是怎样形成他们对通货膨胀的预期的。

假设到了第 $T+5$ 年，θ 的值从 0 变到 1，并假设政府仍然决定永远保持失业率 U 在 3% 的水平。

(5) $\theta=1$ 代表的预期形式是怎样的？为什么 θ 会有这种形式的上升？

(6) 第 $T+5$、$T+6$ 和 $T+7$ 年的通货膨胀率是多少？

(7) 自然失业率是怎样变化的？

解：(1) 当 $\pi_t=\pi_t^e$ 时，可计算自然失业率 $U_t=0.1/2=5\%$。

(2) 因为 $\pi_t^e=0$，所以当 $U_t=3\%$ 时，第 T、$T+1$、$T+2$、$T+3$、$T+4$ 年的通货膨胀率都是 $\pi_t=0.1-2\times 0.03=4\%$。

(3) 自然失业率永远都不会降到 3%，因为自然失业率是在通货膨胀率等于预期通货膨胀率时计算而得的。本题中它的值为 5%。

(4) 如果每一年都是 $\pi_t^e=0$ 和 $\pi_t=4\%$，那么人们永远都不会预期错误。

(5) 当 $\theta=1$ 时，人们预期今年的通货膨胀率等于去年的通货膨胀率。当通货膨胀率在各年间表现出很强的相关性时，这样的预期最可能形成。

(6) 为了使失业率保持在 3% 的水平，通货膨胀率必须每年上升。

$$T+5: \pi_5=\pi_4+0.1-2\times 0.03=8\%$$

$$T+6: \pi_6=\pi_5+0.1-2\times 0.03=12\%$$

$$T+7: \pi_7=\pi_6+0.1-2\times 0.03=16\%$$

(7) 自然失业率是在通货膨胀率等于预期通货膨胀率，$\pi_t^e=\pi_t$ 时计算而得的，因此自然失业率与 θ 是独立的。

Year	T	$T+1$	$T+2$	$T+3$	$T+4$	$T+5$	$T+6$	$T+7$
π_t	4%	4%	4%	4%	4%	8%	12%	16%

第十九单元
宏观经济政策及其效果

引 言

本单元习题主要体现下列概念和原理。

1. 根据国民产出决定的基本理论,均衡的国民产出不一定是充分就业的国民产出。如果前者低于后者,经济就会衰退;如果前者高于后者,经济则显过热。这种经济的异常为政府干预宏观经济提供了理论依据。政府干预宏观经济的目标包括充分就业、物价稳定、经济持续均衡增长和国际收支平衡。政府的宏观经济政策主要包括财政政策和货币政策。

2. 财政政策的作用。 运用财政政策消除经济萧条或通货膨胀,实现充分就业的一般途径有增加(或减少)政府支出、税收,或同时增加(或减少)政府支出和税收一个相同的量(平衡预算)三种方法。其中政府支出对总支出以及国民收入具有直接的影响。税收则要通过边际消费倾向(或储蓄倾向)影响人们的收入支出量,从而对国民收入的调节作用要间接些且弱一些,平衡预算的财政政策效果最弱。

3. 自动稳定器。 指财政制度本身所具有的减轻各种变量或者说干扰对 GDP 冲击的内在机制。自动稳定器的内容包括政府的所得税制度、政府转移支付制度、农产品价格维持制度等。这些财政制度具有自动稳定经济波动幅度的内在作用,但是自动稳定器无法消除经济波动。

4. 积极的或权衡的财政政策。 指政府根据经济情况和财政政策有关手段的特点,相机抉择,主动地积极变动财政的支出和税收以稳定经济,实现充分就业的机动性财政政策。影响财政政策发挥作用的因素有:财政政策作用的时滞、财政政策作用后果的不确定性、难以估计的影响总需求的各种因素、挤出效应等。

5. 功能财政与公债。 功能财政指以财政预算能否实现物价稳定、充分就业为目标,而不论预算是否盈余或赤字的积极性财政政策思想。功能财政思想是对平衡预算思想的否定。公债,亦称国债,是政府为弥补财政预算赤字所欠下的债务。公债以发行范围划分有外债与内债。公债是政府弥补财政预算赤字的途径之一。发行公债有可能导致私人支出的下降,产生"挤出效应",在中央银行购买公债的条件下,会导致增发货币,诱发通货膨胀。对公债的利弊,经济学家们一直持有不同意见。

6. 影响财政政策效果的因素。 财政政策的效果是指政府支出或税收变化对国民收入变动的影响。从 IS-LM 模型看,LM 曲线的斜率不变时,IS 曲线越平坦,IS 曲线移动对国民收入变动的影响就越小,反之,则效果越大;在 IS 曲线斜率不变时,LM 曲线越平坦,移动 IS 曲线的财政政策效果就越大,反之,则效果越小。

7. 挤出效应。 指政府支出增加所引起的私人消费或投资降低的经济效应。在 IS-LM 模型中,若 LM 曲线不变,IS 曲线向右移动,两种市场同时均衡时会引起利率的上升和国民收入的增加。但是,这一增加的国民收入小于不考虑货币市场的均衡(即 LM 曲线)或利率不变条件下的国民收入的增量,这两种情况下的国民收入增量之差,就是利率上升而引起的"挤出效应"。"挤出效应"的大小取决于支出乘数的大小、货币需求对收入变动的敏感程度、货币需求对利率变动的敏感程度、投资需求对利率变动的敏感程度等。其中,货币的利率敏感程度和投资的利率敏感程度是"挤出效应"大小的决定性因素。"挤出效应"与货币的利率敏感程度负相关,与投资的利率敏感度正相关。

8. 财政政策的特例。 在 LM 曲线为垂直线的情况下，由于货币的需求与利率的变动不相关（在货币需求函数 $L = ky - hr$ 中，$h = 0$），IS 曲线向右移动时，均衡的利率上升，但收入不发生变化，存在着完全的挤出效应；如果 LM 曲线为水平线，则不存在挤出效应，因为投资者在既定利率下对货币需求趋于无穷大，即利率处于"流动性陷阱"状态，这时 IS 曲线向右移的财政支出政策效果最大。在 IS 曲线为垂直线的情况下，财政政策完全有效，政府支出的增加不产生挤出效应，因为在这种情况下投资支出与利率的变动不相关。

9. IS-LM 模型中的财政政策乘数效应。 IS-LM 模型中的财政政策乘数指在实际货币供给量不变条件下，政府支出的增加，两种市场同时均衡时引起的国民收入变动的倍数。其公式为 $\frac{\Delta Y}{\Delta G} = \frac{hK_e}{h + kK_e d}$，在此，$h$ 和 k 分别表示货币需求对利率和收入变动的敏感程度，d 表示投资对利率变动的敏感程度，$K_e = \frac{1}{1-b}$，即自发支出乘数。由于利率变动对国民收入具有挤出效应，所以财政政策乘数的效果要小于政府支出乘数。财政政策乘数的大小受到政府支出乘数 $\frac{1}{1-b}$、货币需求的利率敏感度 h、投资需求的利率敏感度 d 以及货币需求的收入敏感度 k 的影响。在 LM 曲线为水平线（流动性陷阱）条件下，财政政策乘数等于政府支出（购买）乘数。

10. 货币政策及其工具。 货币政策指政府通过中央银行变动货币供给量，影响利率和国民收入的政策措施。货币政策的工具有公开市场业务、改变贴现率、改变法定准备金率以及道义上的劝告等措施。这些货币政策的工具作用的直接目标是通过控制商业银行的准备金，影响利率与国民收入，从而最终实现稳定国民经济的目标。央行如何通过调整利率来影响经济，有一个所谓"泰勒规则"值得注意。

11. 影响货币政策效果的因素。 货币政策效果指货币供给量的变动对总需求以及国民收入和就业的影响。从 IS-LM 模型看,货币政策的效果大小取决于 IS 曲线和 LM 曲线的斜率的大小。LM 曲线斜率不变时,IS 曲线斜率越小,LM 曲线移动对国民收入变动的影响就越大;反之,IS 曲线斜率越大,LM 曲线移动对国民收入的影响就越小。在 IS 曲线斜率不变时,LM 曲线斜率越小,LM 曲线移动对国民收入变动的影响就越小;反之,则越大。

12. 货币政策效果的特例。当 LM 曲线为垂直线、水平线,IS 曲线为垂直线时,货币政策对收入的影响会出现特殊的情况。垂直的 LM 曲线意味着货币需求对利率的变动完全没有敏感性,货币余额的决定与利率变动无关。在 LM 方程 $\overline{M}=ky-hr$ 中,当 $h=0$ 时,这种情况就会出现,即 $\overline{M}=ky$。在不考虑 IS 曲线斜率的情况下,货币供应量的增加($\Delta\overline{M}$),使 LM 曲线向右移动,均衡的收入增加等于 $\Delta\overline{M}(1/k)$。这表明货币政策完全有效。当 LM 曲线为水平线时,存在"流动性陷阱",由于人们不愿持有债券而使货币需求趋于无穷大,从而产生"流动性陷阱",货币供给的增加完全陷入货币需求之中,货币供给不改变 LM 曲线的位置,因而利率和收入均不发生变化,移动 LM 曲线的货币政策完全无效果。当 IS 曲线为垂直线时,投资支出与利率不相关。比如在两部门经济中,IS 方程为 $Y=(a+e-dr)/(1-b)$,当 d 等于零时,利率对投资没有影响,从而 IS 方程改变为 $Y=(a+e)/(1-b)$,IS 曲线就为垂直线。当 LM 曲线向右移动时,利率会下降,均衡的国民收入不变。这说明,货币政策可影响利率,但对国民收入的变动没有影响。

13. 货币政策乘数。货币政策乘数指当财政政策不变时,实际货币供给量的变化对均衡的国民收入变动的影响倍数。其公式为 $\Delta Y/\Delta \overline{M}=\dfrac{dK_e}{h+kdK_e}$($K_e$ 为支出乘数),所以 $\Delta Y=\Delta\overline{M}[dK_e/(h+kdK_e)]$。公式表明:在 K_e、d、k 不变的条件下,货币需求对利率变动敏感性愈大(即 h 愈大),$\Delta Y/\Delta\overline{M}$ 就愈小,货币政策的效果就较小;如果 h 趋向于无穷大,则 LM 曲线为水平线,货币政策会毫无效果;如果 h 等于零,则 LM 曲线为垂直线, $\Delta Y/\Delta \overline{M}=1/k$,货币政策完全有效。

14. **财政政策和货币政策的混合使用。** 财政扩张会使 GDP 上升,使利率上升;货币扩张使 GDP 上升,使利率下降。因此,把财政政策和货币政策混合使用可以出现 GDP 和利率变化的各种组合。如果想要增加 GDP,又想使利率保持不变,可以把扩张性货币政策和扩张性财政政策结合起来使用。如果想要 GDP 不变,提高利率,可以把扩张性财政政策和紧缩性货币政策结合起来使用。紧的或松的财政政策和货币政策可以有各种不同的组合方式。

15. **政策效应的时滞。** 政府制定和执行政策干预经济是需要相当长的时间的。这一过程可以分为认识、决策、行动和生效四个阶段,在每一个阶段都存在时滞问题。认识时滞、决策时滞和行动时滞合称为内部时滞,它是一国政府从形成到实施一项经济政策所需要的时间。生效时滞是外部时滞,是指一项政策从实施到真正对经济活动产生影响所需的时间,外部时滞的存在主要是由于政策的生效往往是通过一系列中间变量来传导的。一般而言,财政政策的外部时滞短于货币政策,但它的内部时滞长于货币政策。

16. **关于宏观经济政策局限性的论点。** 宏观经济政策在实践中有时达不到预期的效果。为此,经济学家提出了不少宏观经济政策局限性的论点。如经济政治周期理论、政策时滞理论、政策动态不一致理论、李嘉图-巴罗等价原理、卢卡斯批评,等等。这些理论的具体说明将在第二十一单元展开。

选 择 题

1. 自动稳定器的功能是( )。
A. 缓解周期性的经济波动　　B. 稳定收入
C. 刺激经济增长　　　　　　D. 推迟经济的衰退

2. 货币供给增加使 LM 曲线右移,若要均衡收入变动接近于 LM 曲线的移动量,则必须( )。

A. LM 曲线陡峭,IS 曲线也陡峭

B. LM 曲线和 IS 曲线一样平缓

C. LM 曲线陡峭,而 IS 曲线平缓

D. LM 曲线平缓,而 IS 曲线陡峭

3. 下列哪种情况中,增加货币供给不会影响均衡收入?( )

A. LM 曲线陡峭,而 IS 曲线平缓

B. LM 曲线陡峭,IS 曲线也陡峭

C. LM 曲线平缓,而 IS 曲线垂直

D. LM 曲线和 IS 曲线一样平缓

4. 政府购买增加使 IS 曲线右移,若要均衡收入变动接近于 IS 曲线的移动量,则必须( )。

A. LM 曲线平缓,IS 曲线陡峭

B. LM 曲线垂直,IS 曲线陡峭

C. LM 曲线和 IS 曲线一样平缓

D. LM 曲线陡峭,而 IS 曲线平缓

5. 货币供给的变动如果对均衡收入有更大的影响,是因为( )。

A. 私人部门的支出对利率更敏感

B. 私人部门的支出对利率不敏感

C. 支出乘数较小

D. 货币需求对利率更敏感

6. 中央银行最常使用的政策工具是( )。

A. 法定准备金率   B. 贴现率

C. 公开市场操作   D. 道义劝告

7. 在下列( )情况下,紧缩的货币政策的有效性将减弱。

A. 实际利率很低 B. 名义利率很低
C. 实际利率很高 D. 名义利率很高

8. 如果存在通货膨胀缺口,应采取的财政政策是( )。
A. 增加税收 B. 减少税收
C. 增加政府购买 D. 增加转移支付

9. 下列哪一项是外部时滞?( )
A. 认识时滞 B. 决策时滞
C. 行动时滞 D. 生效时滞

10. 在下述何种情况下,会产生挤出效应?( )
A. 货币供给的下降使利率提高,从而挤出了对利率敏感的私人支出
B. 对私人部门税收的增加引起私人部门可支配收入和支出的下降
C. 政府支出增加使利率提高,从而挤出了私人部门的支出
D. 政府支出的下降导致消费支出的下降

11. 在凯恩斯区域,( )。
A. 货币政策有效
B. 财政政策有效
C. 财政政策无效
D. 财政政策和货币政策同样有效

12. 在古典区域,( )。
A. 货币政策有效
B. 财政政策有效
C. 财政政策无效
D. 财政政策和货币政策同样有效

13. 以下何种情况不会引起收入水平的上升?( )
A. 增加自主性支出 B. 减少自主性税收
C. 增加自主性转移支付 D. 增加净税收

14. 其他条件不变,增加自主性净税收,会引起( )。
　　A. 国民收入增加　　　　　B. 国民收入减少
　　C. 国民收入不变　　　　　D. 以上几种情况都有可能发生

15. 在 IS-LM 框架下,所得税的削减会导致( )。
　　A. 产出和利率上升　　　　B. 消费上升,利率下降
　　C. 使得 IS 曲线更加陡峭　　D. 支出乘数下降

16. 如果政府支出的增加与政府转移支付的减少相同时,收入水平会( )。
　　A. 不变　　　　　　　　　B. 增加
　　C. 减少　　　　　　　　　D. 不相关

17. 如果所得税税率既定不变,政府预算为平衡性的,那么增加自主性投资在其他条件不变时会增加均衡的收入水平,并且使政府预算( )。
　　A. 保持平衡　　　　　　　B. 有盈余
　　C. 出现赤字　　　　　　　D. 以上三种情况都可能

18. 下列关于财政政策和货币政策有效性的叙述正确的是( )。
　　A. 货币需求的收入弹性越大,货币政策的效果越明显
　　B. 货币需求的收入弹性越大,财政政策的效果越明显
　　C. 投资对利率变化越不敏感,货币政策效果越明显
　　D. 投资对利率变化越敏感,财政政策效果越明显

```
                    答    案
    1. A    2. C    3. C    4. A    5. A    6. C    7. C
    8. A    9. D    10. C   11. B   12. A   13. D   14. B
    15. A   16. B   17. B   18. D
```

分析讨论题

1. 政府的微观经济政策和宏观经济政策的共同点和区别点是什么?

答:微观经济政策和宏观经济政策的共同点在于:二者都是政府运用一定经济手段引导和规范经济活动主体的行为,使之趋向有利于改善社会的经济福利。

二者的区别在于:微观经济政策的目标主要解决资源优化配置上的问题,纠正市场在资源优化配置上的"失灵"。例如,政府用反垄断政策矫正企业因垄断行为而不能实现资源优化配置问题,政府出场提供公共物品来解决市场经济主体不能提供社会需要的公共物品问题,政府用税收和补贴手段来解决由正负外部性造成的资源配置不当问题。所有这些微观经济政策都是政府"有形之手"补充市场这只"无形之手"在资源配置上的失灵。宏观经济政策目标虽然也要通过微观经济主体的行为来实现,但这个目标主要不是解决资源配置问题,而是解决资源利用问题。例如,出现经济萧条和失业现象时,表明经济资源没有得到充分利用,政府就需要用经济政策来刺激经济,引导居民和企业增加消费和投资,以克服经济资源闲置和浪费。相反,若经济过热,形成通货膨胀,表明社会对资源需求超越了供给能力,政府就应当用经济政策来给经济降温,引导合理消费和投资。

2. 政府购买和转移支付这两项中哪一项随经济周期波动得更厉害些?朝哪个方向波动?

答:政府为减少经济波动往往运用财政政策作总需求管理。政府购买和政府转移支付都会对经济周期作出反应。其中转移支付随经济波动更厉害些,并朝反周期方向波动。因为经济衰退时,失业津贴、贫困救济、农产品价格补贴等支出会自动增加;而经济繁荣时,这些支出会自动减少。而政府购买则变动较少,因为国防支出、教育经费以及政府行政性开支等有一定刚性,不可能随经济周期波动很大。

3. 是否边际税率越高,税收作为自动稳定器的作用越大?

答: 在混合经济中投资变动所引起的国民收入变动比私人部门的变动小,原因是当总需求由于意愿投资增加而增加时,会导致国民收入和可支配收入的增加,但可支配收入增加小于国民收入的增加,因为在国民收入增加时,税收也在增加,增加的数量等于边际税率乘以国民收入,结果,混合经济中消费支出增加额要比私人经济中小,从而通过乘数作用使国民收入累积增加也小一些。同样,总需求下降时,混合经济中收入下降也比私人部门经济中要小一些。这说明税收制度是一种对国民收入波动的自动稳定器。混合经济中支出乘数值与私人经济中支出乘数值的差额决定了税收制度的自动稳定程度,其差额越大,自动稳定作用越大,这是因为,在边际消费倾向一定条件下,混合经济中支出乘数越小,说明边际税率越高,从而自动稳定作用越大。这一点可以从混合经济的支出乘数公式 $\dfrac{1}{1-b(1-t)}$ 中得出。当 t 越大时,该乘数越小,边际税率稳定经济的作用越大。举例来说,假设边际消费倾向为 0.8,当税率为 0.1 时,则增加 1 美元投资会使总需求增加 3.57 美元 $\left[1\times\dfrac{1}{1-0.8(1-0.1)}=3.57\right]$,若税率增至 0.25 时,则增加 1 美元投资只会使总需求增加 2.5 美元 $\left[1\times\dfrac{1}{1-0.8\times(1-0.25)}=2.5\right]$,可见,税率越高,自发投资冲击带来的总需求波动越小,说明自动稳定作用越大。

4. 财政政策乘数和政府支出乘数有何区别? 举例说明。

答: 财政政策乘数是 IS-LM 模型中的一个概念,指在实际货币供给量不变条件下,政府支出(购买)增加在两个市场(产品市场和货币市场)同时均衡时引起的国民收入变动的倍数,其公式为 $\frac{\Delta y}{\Delta G} = \frac{hK_e}{h+kK_ed}$。在此,$h$ 和 k 分别表示货币需求对利率和收入变动的敏感程度,d 表示投资对利率变动的敏感程度,$K_e = \frac{1}{1-b}$(b 表示边际消费倾向),即自发支出乘数。政府支出乘数是收入-支出模型中的一个概念,指政府支出(购买)增加在撇开了货币需求和利率变动的情况下所引起的国民收入增量与政府支出增量之比率,或者说是政府支出增加在不引起货币需求和利率变动的条件下所引起的国民收入变动的倍数。实际上,上述 $K_e = \frac{1}{1-b}$ 这一自发支出乘数中,也包含了这一简单的政府购买支出乘数,其公式是 $K_g = \frac{1}{1-b}$。由于政府支出增加时,事实上会引起货币需求上升进而使利率上升,并对私人投资和消费产生挤出效应,因而同样一笔政府购买支出所引起的国民收入的增加,在 IS-LM 模型中要小于简单的收入-支出模型中,即财政政策乘数要小于简单的政府支出乘数。

举个例子来说,在本单元计算题第 8 题中,财政政策乘数为 2.5,而简单政府支出乘数为:$K_g = \frac{1}{1-b} = \frac{1}{1-0.8} = 5$。因此,增加 400 亿美元政府支出(购买)的话,在 IS-LM 模型中,只能增加国民收入 1 000 亿美元,而在收入-支出模型中,就能增加国民收入 2 000 亿美元。

5. 平衡预算的财政思想和功能财政思想有何区别?

答:平衡预算的财政思想指财政收入与支出相平衡,财政预算盈余等于零的财政思想。平衡预算思想按其历史发展阶段有三种含义。一是年度平衡预算,这是一种量入为出的每年预算均需平衡的思想。二是周期平衡预算,指政府财政在一个经济周期中保持平衡,在经济繁荣时期采用财政盈余措施,在萧条时期采取预算赤字政策,以前者的盈余弥补后者的赤字,以求整个经济周期盈亏相抵,预算盈余为零的平衡预算。三是充分就业平衡预算,这种思想认为,政府应当使支出保持在充分就业条件下所能达到的净税收水平。这三种平衡预算思想的发展表明,平衡预算已由以往的每年度收支相抵的思想逐步发展至以一定的经济目标为前提的平衡预算思想,在一定周期内,或某年度可有一定的财政盈余或赤字,但是这类平衡预算思想的本质仍旧是机械地追求收支平衡,是一种消极的财政预算思想。功能财政政策是一种积极的权衡性财政政策或补偿性财政政策。这种政策思想强调,财政预算的功能是为了实现经济稳定发展,预算既可以盈余,也可以赤字,因而称之为功能性财政。平衡预算财政与功能财政思想的共同点是两者目的均是为了设法使经济保持稳定,两者的区别在于前者强调财政收支平衡,甚至以此作为预算目标,而后者则不强调这点,强调财政预算的平衡、盈余或赤字都只是手段,目的是追求无通货膨胀的充分就业以及经济的稳定增长。

6. 当利率一直很低时,为什么通常有较大的赤字出现?这是否意味着赤字并不像 IS-LM 模型所预计的那样会引起利率上升?

答:由于赤字经常出现于经济萧条的时候,那时税收收入因整个收入下降而减少,而政府支出,尤其像转移支付这样的支出却增加了,因此政府通常出现较大的赤字。可是,在萧条的时候,因为货币需求较低,投资需求也较低,因而利率也较低。这样,低利率和高赤字常常会同时出现,但这并不意味着赤字并不像 IS-LM 模型所预计的那样会引起利率上升。在 IS-LM 模型中,赤字是扩张财政的结果,而扩张财政时货币需求会增加,利率通常会上升。

7. 充分就业预算赤字如何计算出来?它比实际赤字高还是低?为什么?

答:充分就业预算赤字是政府预算在充分就业的收入水平上

出现的赤字。在经济繁荣时,实际赤字和充分就业预算赤字大致相等,经济衰退或萧条时,实际赤字大于充分就业预算赤字,因为经济不景气时,政府的所得税收入会减少,但支出尤其是如失业救济金等转移支付会增加,从而实际赤字会上升,超过充分就业预算赤字。

8. 财政政策效果与 IS 和 LM 曲线的斜率有什么关系?为什么?

答: 财政政策的效果是指政府支出或税收变化对总需求以及国民收入和就业的影响。拿增加政府支出和减少税收的扩张性财政政策来说,这种财政政策的效果总的说来主要取决于两个方面的影响:第一,扩张财政会使利率上升多少。在其他情况不变时,若利率上升较多,财政政策效果就小一些;反之,则大一些。而扩张财政会使利率上升多少,又取决于货币需求对利率的敏感程度,即货币需求的利率系数(可用 h 表示),这一利率系数决定 LM 曲线的斜率,h 越小,LM 越陡,则扩张财政会使利率上升较多,从而政策效果较小。第二,取决于财政扩张使利率上升时,会在多大程度上"挤出"私人部门的投资。如果投资对利率很敏感,即投资的利率系数(可用 d 表示)很大,则扩张财政的"挤出效应"就较大,因而财政政策效果较小,而在其他情况不变时,d 较大,表现为 IS 曲线较平缓。总之,当 LM 较陡峭,IS 较平缓时,财政政策效果较小;反之,则较大。

9. 为什么货币需求对利率越敏感,即货币需求的利率系数越大,财政政策效果越大?

答: 货币需求对利率变动越敏感,则政府支出增加使货币需求增加一定量时,只会使利率上升较少,在其他情况不变时,对私人投资的"挤出"也就较少,从而会有较大的财政政策效果。在 IS-LM 模型中,货币需求对利率越敏感(即 h 越大),LM 曲线就越平缓,这时,财政政策效果就越明显。

10. 为什么投资需求对利率变动越敏感,即投资的利率系数 d 越大,财政政策效果越小?

答:投资对利率变动越敏感,则政府扩张财政使利率上升时对私人投资的"挤出"就越多,因而财政政策效果就越小。在 $IS\text{-}LM$ 模型中,投资的利率系数 d 越大,IS 曲线越平缓,这时,财政政策效果就越小。

11. 为什么边际消费倾向越大,边际税率越小,财政政策效果越小?

答:边际消费倾向越大,边际税率越小,投资支出乘数就越大,因此,当扩张财政使利率上升并挤出私人部门投资时,国民收入减少得越多,即"挤出效应"越大,因而财政政策效果越小。在 $IS\text{-}LM$ 模型中,边际消费倾向越大,边际税率越小,IS 曲线就越平缓,这时财政政策效果就越小。

12. 用 $IS\text{-}LM$ 模型说明为什么凯恩斯主义强调财政政策的作用,而货币主义者强调货币政策的作用。

答:按西方经济学家观点,由于货币的投机需求与利率呈反方向关系,因而 LM 曲线向右上倾斜,但当利率上升到相当高度时,因保留闲置货币而产生的利息损失将变得很大,而利率进一步上升将引起的资本损失风险变得很小,这就使货币的投机需求完全消失。这是因为,利率很高意味着债券价格很低。当债券价格低于正常水平时,买进债券不会再使本金受到因债券价格再跌的损失,因而手中任何闲置货币都可用来购买债券而不愿再让它保留在手中,这就是货币投机需求完全消失的意思。由于利率涨到足够高度使货币投机需求完全消失,货币需求全由交易动机产生,因而货币需求曲线及 LM 曲线就表现为垂直线形状。认为人们的货币需求是由交易动机而产生,只和收入有关,而和利率波动产生的投机需求无关,这是古典学派的观点,因此,垂直的 LM 曲线区域被认为是古典区域。当

LM 呈垂直形状时,变动预算收支的财政政策不可能影响产出和收入,相反,变动货币供给量的货币政策则对国民收入有很大作用,这正是古典货币数量论的观点和主张。因此,古典学派强调货币政策作用的观点和主张就表现为在垂直的 LM 曲线区域即古典区域,移动 IS 曲线(它表现为财政政策)不会影响产出和收入,见图 19-1(a),而移动 LM 曲线(它表现为货币政策)却对产出和收入有很大作用,见图 19-1(b)。

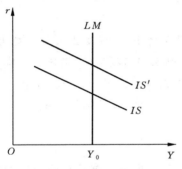
图 19-1(a) 财政政策在古典的 LM 区域无效

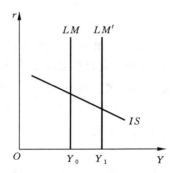
图 19-1(b) 货币政策在古典的 LM 区域十分有效

为什么 LM 曲线为垂直形状时货币政策极有效而财政政策无效呢?这是因为,当人们只有交易需求而没有投机需求时,如果政府采用膨胀性货币政策,这些增加的货币将全部用来购买债券,而不愿为投机而持有货币,这样,增加货币供给就会导致债券价格大幅度上升,而利率大幅度下降,使投资和收入大幅度增加,因而货币政策很有效,如图 19-1(b)。相反,实行增加政府支出的政策则完全无效,因为支出增加时,货币需求增加会导致利率大幅度上升(因为货币需求的利率弹性极小,几近于零),从而导致极大的挤出效应,因而使得增加政府支出的财政政策效果极小,如图 19-1(a)。所以古典主义者强调货币政策的作用而否定财政政策作用。

为什么凯恩斯主义强调财政政策呢?因为凯恩斯认为,当利率降低到很低水平时,持有货币的利息损失很小,可是如果将货币购买债券的话,由于债券价格异常高(利率极低表示债券价格极高),因而只会跌而不会再涨,从而使购买债券的货币资本损失的风险变得很大。这时,人们即使有闲置货币也不肯去买债券,这就是说,货币的投机需求变得很大甚至无限大,经济陷入所谓"流动性陷阱"(又称凯恩斯陷阱)状态,这时的货币需求曲线及 LM 曲线呈水平状。如果政府增加支出,IS 曲线右移,货币需求增加,并不会引起利率上升而发生"挤出效应",于是财政政策极有效,这可以在图 19-2(a)上得到表现;相反,这时政府如果增加货币供给量,则不可能再使利率进一步下降,因为人们再不肯去用多余的货币购买债券而宁愿让货币持在手中,因此债券价格不会上升,即利率不会下降,既然如此,想通过增加货币供给使利率下降并增加投资和国民收入,就不可能,因此货币政策无效,这可以在图 19-2(b)上得到表现,因而凯恩斯主义首先强调财政政策而不是货币政策的作用。

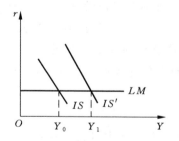

图 19-2(a)　财政政策在 LM 的凯恩斯区域极有效

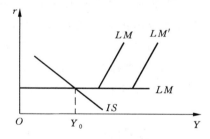

图 19-2(b)　货币政策在 LM 的凯恩斯区域无效

13. 假设在图 19-3 中,IS_1 和 LM_1 曲线上均衡的收入最初为 Y_0,充分就业的收入为 Y_1。(1) 说明运用何种货币政策或财政政策可实现充分就业水平。(2) 解释运用货币政策或财政政策可能对支出结构或产出结构的不同部分产生什么影响。

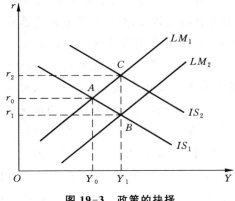

图 19-3 政策的抉择

答：(1) 扩张的货币政策增加货币供给使 LM_1 移至 LM_2，国民收入达到 Y_1，利率下降至 r_1。另一个可供选择的政策是，政府采用扩张支出的财政政策，使 IS_1 线移至 IS_2，均衡的国民收入增加至 Y_1，利率上升至 r_2。

(2) 扩张性货币政策会降低利率，刺激私人部门的投资，尤其是对利率变动敏感的房地产业投资，从而使私人部门的产品和劳务在总产出中百分比会变得更大。而如果选择增加政府支出的财政政策，会引起利率的上升，从而挤出一些利率敏感性的投资支出，产出的结构将偏重于公共部门的产品和劳务。

14. 设某经济中政府打算在两种紧缩性方案中进行选择：一是取消投资津贴；另一是提高所得税税率。运用 IS-LM 模型和投资曲线，分析这两种政策对收入、利率、投资的影响。

答：取消投资津贴和提高所得税税率虽都属紧缩性财政政策，都会使 IS 曲线向左下方移动，从而使利率和收入下降，但对投资的影响却不一样，因而在 IS-LM 图形上表现也不相同，现在分别加以说明。

先说取消投资津贴。取消投资津贴等于提高了投资成本，其直接影响是降低了投资需求,使投资需求曲线左移,在图 19-4(a) 中,投资需求曲线从 I_0 左移到 I_1。如果利率不变,则投资量要减少 $I_1 I_0$,即从 I_0 减少到 I_1。然而,投资减少以后,国民收入要相应减少,IS 曲线要左移,在货币市场均衡保持不变(即 LM 曲线不变动)条件下,利率必然下降(因为收入减少后货币交易需求必然减少,在货币供给不变时,利率必然下降),利率下降又会增加投资,使取消投资津贴以后的投资减少量达不到 $I_1 I_0$。在图 19-4(b) 中,设 IS 曲线因投资需求下降而从 IS_0 左移到 IS_1,结果使收入从 Y_0 降到 Y_1,利率从 r_0 降到 r_1。在图 19-4(a) 中,当利率降为 r_1 时,实际的投资就不是下降到 I_1,而是下降到 I_1',因此少降低 $I_1 I_1'$ 的数额。

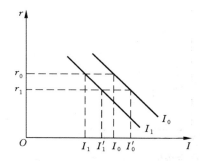

图 19-4(a) 取消投资津贴使投资水平下降,利率下降又使投资增加

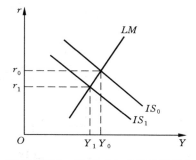

图 19-4(b) 投资减少或所得税税率提高使国民收入水平和利率水平下降

再说提高所得税税率。提高所得税税率会降低人们可支配收入水平,从而减少消费支出,这同样会使 IS 曲线左移。假定左移情况也是图 19-4(b) 中的 IS_0 到 IS_1,则收入和利率分别从 Y_0 和 r_0 降到 Y_1 和 r_1,由于所得税税率提高并不会直接降低投资需求,因而投资需求曲线仍为 I_0,但是由于利率从 r_0 降到 r_1,因而投资得到刺激,投资量从 I_0 增加到 I_0',这就是说,所得税税率提高虽然使消费、收入和利率都下降了,但投资却增加了。

15. 试分析引起"完全挤出"的财政扩张情况。

答: 一般而言,在经济处于充分就业的条件下,经济没有过剩的生产能力,这时,政府增加支出,会产生完全的挤出效应。挤出效应的大小主要取决于支出乘数的大小,货币需求对产出水平的敏感程度,货币需求对利率变动的敏感程度和投资需求对利率的变动敏感程度,其中货币需求对利率变动的敏感程度是决定性因素。由于"挤出效应"与货币需求的利率敏感性反方向变动,因而如果 LM 曲线呈垂直状态(即货币需求的利率敏感性 h 等于零),则 IS 曲线向右移动,或政府增加支出,会导致完全的挤出效应。见图 19-5。

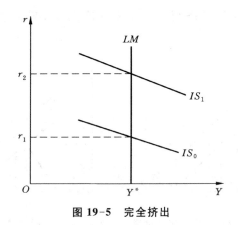

图 19-5 完全挤出

IS 曲线移至 IS_1,利率由 r_1 升至 r_2,国民收入没有变化为 Y^*,这表明政府支出已完全挤占了私人投资。

16. 为什么美国及许多西方国家多年来的财政赤字始终居高不下,财政支出总快于财政收入和 GDP 的增长?

答: 美国及许多西方国家多年来的财政赤字始终居高不下,原因有两个方面:一方面从财政收入看,由于经济增长乏力以及减税等原因,财政收入占 GDP 的比重逐步下降;另一方面从财政支出看,由于人口老龄化(生育力下降使年轻人比重下降,老年人寿命延长使老年人比重上升)使社会养老金支出负担不断上升,医疗保障及其他社会保障费用不断增加,加上国家公债规模不断增大而来的国债利息支出大幅上升,就使得财政赤字连年上升。

17. 什么叫财政赤字债务化？为什么会造成财政赤字债务化？

答：如果不考虑出售政府资产,任何国家解决财政赤字的正常途径无非有三：增加税收、减少支出和举债。增加税收会增加财政收入,固然有助于减少财政赤字,但会得罪有钱的选民；减少支出主要是压缩医保、社保等支出,这会得罪钱少的选民,即广大中低收入家庭。为争取选民,最好的办法还是政府举借公债。这是从政治上说的。从经济上说,增税和节支都会降低社会有效需求,引起衰退。这些因素造成19世纪末和20世纪初以来西方各国主权债务规模不断上升,这就是财政赤字债务化及其原因。

18. 为什么政府债务规模会影响政府创造货币即制造通货膨胀的积极性？

答：政府发行的公债是以名义货币量计算的,物价水平越高就使单位货币的实际价值越低。例如,物价上涨一倍,就使每单位名义货币的实际价值(以购买力表示的货币价值)降低一半。因此,更高的价格水平就会降低所有债务(包括政府债务)的实际价值,减轻政府债务负担。这样,政府债务规模越大,政府就越有积极性来印刷更多钞票以制造通货膨胀,以减轻公债负担。实际上,这就是政府用通货膨胀手段来赖账。

19. 财政赤字和公债如何相互影响？

答：公债作为政府取得收入的一种形式可以为财政预算赤字融资,使赤字得到弥补。但公债要还本付息,一年年末清偿的债务会逐渐累积成巨大的债务净存量,这些净存量所要支付的利息又会构成政府预算支出中一个庞大的支出,成为财政支出中重要组成部分。一国预算总赤字等于非利息赤字(由不包括利息支付的全部政府开支减全部政府收入构成)和利息支出的总和,因此,即使非利息赤字为零或不变,只要利息支出增长,总赤字也会增加,赤字的增长如仍通过债务融资解决,利息支出又会增加,从而使赤字进一步增加。如此循环往复,使公债利息支出本身成为财政赤字和公债逐步增长的重要因素之一。

20. 假定经济起初在充分就业水平上运行,现在政府要改变总需求构成,使消费向投资方面转化,但要使总需求不超过充分就业水平,试问需要什么样的政策混合? 试用 IS-LM 图形表示你的政策建议。

答:可用紧缩性的财政政策和扩张性货币政策的混合。紧缩的财政政策如增加所得税或减少转移支付,使人们可支配收入下降,从而会减少消费,而增加货币供给的政策会使利率下降,刺激投资。这种政策可用 19-6 图形表示如下:IS 左移至 IS' 表示紧缩财政,而 LM 右移至 LM' 表示货币扩张,利率从 r_1 降为 r_2,而总需求保持在充分就业水平上。

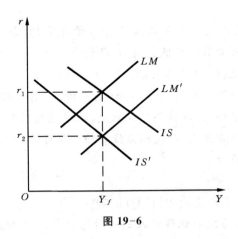

图 19-6

21. 在价格不变条件下,为什么增加货币供给会使利率下降?

答:在一定利率和价格水平上,私人部门(公众和厂商)持有货币和非流动性金融资产(如债券、股票等)的数量会保持一定比例。增加货币供给会打破这一比例,使人们手中持有的货币量比他们愿意持有的货币量多一些,他们会把手中多余的货币去购买债券一类的金融资产,以恢复他们希望有的资产组合比例。人们购买债券的行为在债券供给量不变情况下会使债券价格上升,即利率下降。这里之所以要加"价格不变条件下"一句,是因为如果增加货币供给时价格也随之上升,则货币需求会增加,增加的货币供给可能会被价格上升所吸收,人们就可能不再多出货币去买债券,于是利率可能不会下降。

22. 什么是货币政策的最终目标、中介指标与政策工具?确定货币政策中介指标的标准有哪些?中央银行制定货币政策时能否同时以货币供应量和利率为中介指标?

答: 货币政策指央行运用各种工具变动货币供应量,影响利率和国民收入的政策措施。货币政策一般由政策最终目标、中介指标和政策工具三部分内容构成。

最终目标通常包括经济增长、物价稳定、充分就业和国际收支平衡。中介指标是指央行为实现上述最终目标运用政策工具所要达到的直接调节的目的,如市场利率水平或货币存量增长率等。政策工具指货币政策实施操作的手段。传统的政策工具有法定准备率、贴现率、公开市场业务等。

确定货币政策中介指标的标准严格说有五个:可控性(通常要求中介指标与所能使用的货币政策工具之间有稳定的数量关系,以便能对货币政策中介指标进行有效控制和调节),可测性(指可度量性,以便及时分析和检测),相关性(指中介指标与最终目标之间要有稳定的相关关系),抗干扰性(中介指标要选取那些受其他政策、政治因素、体制因素等相干扰程度较低的中介变量作中介指标,以增强货币政策调节的有效性),与经济、金融体制的较好适应性。

中介指标可以选择货币供应量或利率,但不能同时选择两者。

这是因为,一方面选用货币总量的目标会造成利率失去控制。由于产出量的意外增减或物价水平的变动,货币需求会在预期货币需求上下波动,在货币供给量目标确定的情况下,利率水平也会在预期的利率水平上下波动,所以选用货币总量目标会造成利率失去控制。另一方面,选用利率目标会造成货币供应量失去控制。在确定利率目标时,货币需求会由于产出量、物价水平、公众持有货币偏好的意外变动,在预期货币需求量上下波动,为了保持利率目标,货币供应必须随货币需求的变化而变化。可见,根据货币供求理论,利率目标和货币总量目标互不相容。中央银行可以达到其中的一个目标,但不能同时实现两个目标。

23. 什么是泰勒法则?这一法则产生的背景是什么?

答: 泰勒法则是美国斯坦福大学经济学教授约翰·泰勒于1993年根据美国的实际经济数据而提出的针对通货膨胀率和产出增长率来调节利率的货币政策规则。根据此规则,可以比较准确地预测联邦基金名义利率(市场基准利率)的变动趋势,故受美联储(美央行)和广大投资者重视。

该法则产生的背景是什么?众所周知,货币政策是央行通过变动货币供给影响利率从而影响经济的政策。那么,货币政策中介目标究竟应是利率还是货币供应量呢?在历史上,美联储素有以利率为中介目标的传统,但20世纪70年代货币主义兴起后,美联储逐渐信奉货币政策应实行一个以长期名义GDP增长率为基础的确定的货币供应增长率的"单一规则",从而以货币供应量为中介目标的货币政策操作体系被确立了。经过十多年实践后,上述政策体系日益遇到巨大挑战,主要是货币供应量与物价水平关系越来越不密切,因为20世纪70年代以来社会上充满了大量流动资金,这些资金没有被包括也很难被包括在货币供应量之内,如果继续用货币供应量作为货币政策中介目标,政策就会出现重大失误。于是90年代起,美联储货币政策操作理念作了重大调整,确定以调整实际利率为货币政策主要依据和中介目标。泰勒法则对推动这一调整有着重大影响。

泰勒通过对美国、英国及加拿大等国货币政策实践的研究发现,在各种影响物价水平和经济增长率的因素中,真实利率是唯一能与物价和经济增长率保持长期稳定关系的变量,因此,货币政策要能真正调节物价(从而通货膨胀)和经济增长(从而就业和失业),货币当局就应把调整真实利率作为主要操作方式。泰勒法则就是这样一种描述短期利率如何针对通货膨胀率和产出变化调整的准则。

泰勒提出,央行政策应遵循以下规则:

$$i = i^* + a(N - N^*) - b(U - U^*)$$

式中,N 和 N^* 是实际通胀率和目标通胀率,U 和 U^* 是实际失业率和自然失业率,i 和 i^* 是名义利率(以联邦基金利率即银行间短期拆供资金利率)和名义目标利率。a 和 b 是正的系数,是央行对通胀和失业的关心程度。

假定经济中存在一个"真实"的均衡联邦基金利率,在该利率水平上,就业率和物价均保持在由其自然法则决定的合理水平上。如果上述真实利率、经济增长率(从而就业率)和通胀率的关系遭到破坏,货币当局就应采取措施予以纠正。如果通胀率高于目标值 ($N > N^*$),央行就应将名义利率 i 设定为高过 i^*,以抑制通胀;如果实际失业率高过自然失业率 ($U > U^*$),央行就应降低名义利率,以降低失业率。

泰勒认为,没有必要刻板执行这个规则。当经济发生严重外来冲击时,货币政策不必拘泥于这个公式,但他强调这个规则提供了一个货币政策思路:选择一个通货膨胀目标,不仅考虑当前通胀,也考虑失业情况。研究发现,美国和德国中央银行在制定货币政策时,并不考虑泰勒规则,但这个规则却很好描述了它们过去 15—20 年的行为。难怪有人认为,1993 年和 1994 年美联储主席格林斯潘两次关于货币政策调整的证词都反映了"泰勒法则"的影响。

24. 政府选择各种政策工具时要考虑哪些因素?

答:调控总需求的财政政策和货币政策工具并不能完全符合主要的宏观经济政策目标:充分就业、物价稳定、高增长和国际收支平衡。政府选择各种政策工具时所要考虑的几个主要因素是:

(1) 政策工具达到目标的有效性:为了达到一定目标,有些政策可能比另一些政策有效;在有些情况下,私人部门的行动可能会抵消政策工具的效果。

(2) 对产出构成的影响:同样是增加或降低一定总需求,有些政策扩大的是公共部门,有些政策是增加当前消费,有些政策是刺激私人部门投资。

(3) 影响的范围:一些政策影响范围较小,如扩张或紧缩货币的政策主要对靠贷款的企业或银行有直接影响,而像减税这样的政策则往往有较广泛的影响。

(4) 执行的灵活性和速度:一些政策(如扩大货币供给)会比另一些政策(如减税)更有灵活性,执行起来也会更快。

(5) 政策后果的确定性程度:一些政策的后果比另一些政策的后果可能更不确定。例如,减税会不会增加消费,增加货币供给,降低利率会不会使厂商增加投资,很大程度上取决于人们的预期,从而使政策效果很不确定。

(6) 非意图的副作用:一些政策往往会产生不希望有的副作用。

25. 选择政策工具时为什么必须首先考虑这种政策达到目标的有效性?

答:选择任何一项政策工具时首先要考虑这项政策能否达到所追求的目标。例如,经济衰退时,中央银行采取扩大货币供给的政策,鼓励银行给企业多贷款以增加投资,但如果厂商对前景不看好,厂商还是不愿多投资。再如,政府减税想刺激消费,但如果人们在经济不景气时信心不足,只把增加的可支配收入用来增加储蓄,就达不到刺激消费的目的。

26. 不同政策工具对产出构成会有何影响？

答：总需求划分为四个部分：消费、投资、政府支出和净出口，各种政策工具对这四部分需求的影响程度是不同的，从而对产出构成会产生影响。例如，宽松的货币政策会使本币贬值从而刺激出口，也可能鼓励耐用消费品（汽车及其他大件消费品）的消费和生产，也可能刺激房地产投资，而减税则可能主要是刺激消费。政府支出会刺激公共物品生产，但如果资金要靠借债（公债）筹集，则可能挤出私人部门投资。

27. 不同政策工具影响的范围会有什么差别？

答：不同政策工具对经济影响的范围可能有明显差别。例如，紧缩货币产生的高利率会引起资本流入，引起本币升值，会使一些出口部门受到严重影响，其他部门受到的影响相对小一些；增加个人所得税会影响对大多数消费品的需求；对投资的税收优惠对受到优惠的部门影响很大，但对其他部门则影响甚微。

28. 各种政策工具的灵活性和速度会有何差别？

答：不同的政策工具被贯彻执行的速度是不相同的。如果要减税，必须通过立法，这也许会经过长时期的争论才能决定，相反，如果中央银行要增加或减少货币供给，也许只要一次会议讨论就可立即执行，在公开市场上吞吐一批国债就可实现，因此财政政策比货币政策有更大的时滞。

29. 各种政策工具后果的不确定性为什么必须重视？

答：调节总需求的效果相当大程度上取决于消费者和厂商如何作出反应。一项减税的政策会不会以及在多大程度上刺激消费，取决于消费者认为减税是永久的还是暂时的。如果认为是暂时的，减税增加的收入只会用来增加储蓄而对消费不会有多大影响。同样，扩张货币的政策能不能刺激投资，也取决于厂商对投资前景的预期和信心。政策效果的这种不确定性必须受到重视,如果在某些情况下,这种不确定性可以迅速加以判别,则政府可以在政策上迅速加以调整。例如,如果消费者能对税率的变化迅速作出反应,则政府就可以作出相应的政策选择。

30. 举例说明政策工具可能出现的非意图副作用。

答: 一些政策意图很可能因非意图的副作用大打折扣。例如,假定政府为了刺激投资,可能实施临时性税收优惠。可是,这种优惠政策往往会降低优惠前和优惠后的投资需求,厂商会把本来想在本期的投资推迟到下期实行优惠的时候,在税收减免时期,投资也许会明显增加,但到优惠一结束,投资又会减少,这些情况都会造成税收优惠前后投资需求的下降。

31. 什么是规则与斟酌使用的争论?

答: 规则与斟酌使用(相机抉择)的争论是指货币主义者与凯恩斯主义者就要不要以及如何进行总需求管理的争论。

货币主义代表人物米尔顿·弗里德曼认为,市场经济有其内在稳定性,国家干预的需求管理只会加剧经济的不稳定,因而政府只要采用简单规则的货币政策,即按一固定比率增加货币供给,稳定币值与物价,就可以为市场的正常运转创造良好环境,消除严重的失业和通货膨胀。同样,政府开支也应被限制在国民收入中一个固定的比例,这样可消除经济中不确定性的根源,让未来政策进程为人们知道,不用与政府斗智。

凯恩斯主义者认为,市场没有力量迅速自我调整,保持充分就业,政府有必要也能够为稳定经济发挥作用,而没有必要也不应当把自己局限于固定的规则,而应采用斟酌使用的政策:当经济萧条,失业率太高时,扩大总需求;当经济过热,通胀率太高时,紧缩总需求。至于与政策改变相联系的不确定性,实际上是不可能消除的。即使政府承诺实行不变的规则,当经济情况改变时,政府也只得放弃这种承诺。面对迅速变化的经济,想实行不变的规则,是根本行不通的。例如,20世纪80年代美国货币流通速度出人意料降低时,如果按不变比率来扩大货币供给的话,很可能使经济陷入严重的衰退。

32. 为什么一些经济学家认为试图稳定经济的积极的政府干预要么是不必要的,要么是不尽如人意的?相反的观点是什么?

答: 一些经济学家(如实际经济周期理论观点持有者)认为,经济波动的根源是外生干扰,而经济本身很快可以适应这些干扰,市场会对经济环境的变化提供最优的解决办法。比方说,外生的冲击造成了失业,想工作的人会找到工作,只要肯降低工资和非货币报酬的预期,这样失业不会成为问题,政府的干预是不必要的,也是无能为力的。另一些经济学家如货币主义者和新古典经济学家,与实际经济周期理论认同者一样,相信市场会对经济变动作出迅速反应,政府政策在很大程度上无效。当然不是完全无效,但意图良好的政策很可能既带来好处,也带来坏处。他们认为,由于信息的限制,物价水平不会随货币供给的变化作充分调整,因此,货币供给变化会影响产出和就业。但是,他们不相信政府能使用这些政策来稳定经济,因为政府在预测方面能力有限,推行政策和政策产生效果之间存在很长时滞,从而使政策效果不尽如人意。例如,等政府认识到衰退的经济需要政策刺激从而采取措施,而这些措施又要一段时间来发生全部作用时,经济也许已经凭自身的力量顺利地进入复苏阶段,这样,刺激经济的政策也许只会造成通胀压力。

凯恩斯主义者则认为,即使存在理性预期,私人部门对政策的反应会抵消一些政府行动的效果,但不可能完全抵消,尤其是迅速完全抵消是不可能的,并且当一些私人部门采取抵消行动时,另一些私人部门不可能都这样做,因此,政府干预经济的政策不会完全无效。市场不可能迅速自我调整时,政府应当站出来发挥作用。

33. 在宏观调控的政策实施中,货币政策相对于财政政策而言有哪些局限性?

答: 与财政政策相比,货币政策在实施中遇到的困难或局限性包括:

(1) 货币政策效果的实现必须以货币流通速度不变为前提。如果这一前提不存在,货币政策的效果就会打折扣。比如,在经济过热时,央行为控制通胀往往会执行紧缩的货币政策,紧缩货币供给,但在通胀率高的时候,公众不愿持有货币,希望尽快将货币花掉,这就加快了货币流动速度,无异于增加了一定时期内的货币供给。

(2) 货币政策发挥效果还需要看经济主体对它的反应程度。比如在经济衰退时期实行扩张性货币政策,央行放松银根或降低利率,但此时厂商对经济前景普遍悲观,贷款从事投资活动的意愿不强,此时货币政策的效果也会大打折扣。

(3) 货币政策的时滞相对更长。货币政策的作用是间接的,比如宽松的货币政策表现为货币供给增加,利率下降,进而影响投资,再影响就业和国民收入,因此货币政策效果往往要经过比较长的一段时间才能实现。

(4) 在开放经济条件下,货币政策的独立性还会受到影响。1999年,克鲁格曼在蒙代尔-弗莱明模型的基础上,提出了"不可能三角"假说,即在一定的条件下,一个开放经济不可能同时实现资本流动自由、货币政策的独立性和汇率的稳定性。如果一国要求汇率稳定和资本流动,就必须放弃独立的货币政策。

当然,货币政策在实践中的局限性还不止这些,限于篇幅就不一一详列了。

34. 什么是短期供给管理政策?

答: 政府调节经济的宏观政策除财政政策和货币政策,还有一种所谓供给管理政策。这里的所谓供给管理政策,不是指如何促进经济长期增长的政策,如发展教育、增加资本积累、推进科技进步等方面的政策,而是指在短期内如何从供给方面采取一些政策措施来消除失业和通胀并存的"滞胀"局面。这方面的政策措施通常有收入政策和人力政策。收入政策指用限制垄断企业和工会对物价和工资操纵的一种政策,包括工资-物价"指导"线(由政府当局根据长期劳动生产率增长趋势来确定物价和工资上涨标准,要求企业和工会协商,自愿遵守此标准),对某种较快的上涨的工资或物价形势由政府作"劝说"或施加压力,甚至实行工资-物价的硬性管制,或者用税收作为惩罚或奖励手段来限制工资增长等。人力政策指用改进劳动市场状况,消除劳动市场不完全性等政策,包括发展多吸收劳动力的服务部门,由政府直接雇佣私人企业不愿招雇的工人,加强劳动力培训,增大劳工在地区或职业方面的流动性等。收入政策主要用以对付通胀,人力政策主要用以对付失业。

35. 短期供给管理政策和美国供给学派的政策主张的出发点和侧重点有什么区别?

答: 短期供给管理的收入政策和人力政策还是凯恩斯主义的财政政策和货币政策的配角,而 20 世纪 70 年代后期在美国兴起并作为里根政府重要参考的供给学派的政策思想则是直接作为凯恩斯主义学派的总需求管理政策的对立面出现的供给管理政策。这种政策主张的出发点是强调激励的作用。为了增强激励,供给学派提出了一套供给管理的政策思想,其核心是减税,特别注重降低边际税率(增加的税收在增加的收入中的比例),因为高边际税率是妨碍工作、储蓄、投资和创新积极性及提高生产率的罪魁祸首。降低了税收,就会提高资产报酬率,鼓励储蓄和投资,提高劳动生产率,降低产品成本,缓和通胀,并导致消费、产出和就业增加。可见供给学派政策思想的侧重点在于增加供给。而收入政策和人力政策为主的短期供给管理则是凯恩斯主义的新古典综合派的需求管理政策的一部分或是配合需求管理的政策角色,出发点是设法摆脱"滞胀"困境,因而其政策措施还是侧重于需求管理。

计 算 题

1. 假定某经济的社会消费函数 $C = 300 + 0.8Y_D$，私人意愿投资 $I = 200$，税收函数 $T = 0.2Y$（单位为亿美元）。求：

(1) 均衡收入为 2 000 亿美元时,政府支出(不考虑转移支付)必须是多少？预算盈余还是赤字？

(2) 政府支出不变,而税收提高为 $T = 0.25Y$，均衡收入是多少？这时预算将如何变化？

解：(1) 由三部门经济收入恒等式 $Y = C + I + G$ 可知

$Y = 300 + 0.8Y_D + 200 + G$

当 $T = 0.2Y$ 时，$Y_D = Y - T = Y - 0.2Y = 0.8Y$

此时 $Y = 300 + 0.64Y + 200 + G$

即 $0.36Y = 500 + G$

当 $Y = 2\,000$ 亿美元时,政府购买必须是

$G = 0.36Y - 500 = 0.36 \times 2\,000 - 500 = 220$（亿美元）

$BS = T - G = 0.2Y - 220$

$\quad = 0.2 \times 2\,000 - 220$

$\quad = 180$（亿美元）

故政府预算盈余为 180 亿美元。

(2) 当政府支出不变为 $G = 220$ 亿美元，$T = 0.25Y$ 时,其均衡收入由 $Y = C + I + G$ 可知

$Y = 300 + 0.8 \times (1 - 0.25)Y + 200 + 220$

$\quad = 720 + 0.6Y$

故 $Y = 1\,800$ 亿美元,即为所求均衡收入。

而 $BS = T - G = 0.25 \times 1\,800 - 220 = 230$（亿美元）

这时预算盈余增加。

2. 假定某国政府当前预算赤字为 75 亿美元,边际消费倾向为 $b=0.8$,边际税率 $t=0.25$,如果政府为降低通货膨胀率要减少支出 200 亿美元,试问支出的这种变化能否最终消灭赤字?

解:在三部门经济中政府购买支出的乘数为

$$K_g = \frac{1}{1-b(1-t)} = \frac{1}{1-0.8(1-0.25)} = 2.5$$

当政府支出减少 200 亿美元时,收入和税收均会减少,为:$\Delta Y = K_g \cdot \Delta G = 2.5 \times (-200) = -500$(亿美元)

$\Delta T = t \cdot \Delta Y = 0.25 \times (-500) = -125$(亿美元)

于是预算盈余增量为 $\Delta BS = \Delta T - \Delta G = -125 - (-200) = 75$(亿美元),这说明当政府减少支出 200 亿美元时,政府预算将增加 75 亿美元,正好与当前预算赤字相抵消,这种支出的变化能最终消灭赤字。

3. 假设 LM 方程为 $Y=500+25r$,货币需求为 $L=0.2Y-5r$,货币供给量为 100。计算:

(1) 当 IS 为 $Y=950-50r$(消费 $C=40+0.8Y_d$,投资 $I=140-10r$,税收 $T=50$,政府支出 $G=50$)时的均衡收入、利率和投资;

(2) 当 IS 为 $Y=800-25r$(消费 $C=40+0.8Y_d$,投资 $I=110-5r$,税收 $T=50$,政府支出 $G=50$)时的均衡收入、利率和投资;

(3) 政府支出从 50 增加到 80 时,情况(1)和(2)的均衡收入和利率各为多少?

(4) 说明政府支出从 50 增加到 80 时,为什么情况(1)和(2)中的收入增加有所不同。

解:(1) 由 IS 曲线 $Y=950-50r$ 和 LM 曲线 $Y=500+25r$ 联立求解得,$950-50r=500+25r$,解得均衡利率为 $r=6$,将 $r=6$ 代入 $Y=950-50r$ 得均衡收入 $Y=950-50\times6=650$,将 $r=6$ 代入 $I=140-10r$ 得投资为 $I=140-10\times6=80$。

(2) 同理我们可用同样方法求(2),由 IS 和 LM 联立求解得,

$Y=500+25r=800-25r$,故均衡利率为 $r=6$,代入 IS 曲线得均衡收入 $Y=800-25r=800-25\times6=650$,代入投资函数得投资为 $I=110-5r=110-5\times6=80$。

(3) 若政府支出从 50 增加到 80 时,对于(1)和(2)而言,其 IS 曲线都会发生变化。首先看(1)这种情况由 $Y=C+I+G$ 知 IS 曲线将为 $Y=40+0.8(Y-T)+140-10r+80=40+0.8(Y-50)+140-10r+80$,代简整理得 IS 曲线为 $Y=1\,100-50r$,与 LM 曲线联立得方程组 $Y=1\,100-50r$ 和 $Y=500+25r$,该方程组的均衡利率为 $r=8$,均衡收入为 $Y=700$,同理我们可用相同的方法来求(2):$Y=C+I+G=40+0.8(Y-50)+110-5r+80$,化简整理得新的 IS 曲线为 $Y=950-25r$,与 LM 曲线 $Y=500+25r$ 联立可解得均衡利率 $r=9$,均衡收入 $Y=725$。

(4) 收入增加之所以不同,这是因为在 LM 斜率一定的情况下,财政政策效果受 IS 曲线斜率的影响。在(1)这种情况下,IS 曲线斜率绝对值较小,IS 曲线比较平坦,其投资需求对利率变动比较敏感,因此当 IS 曲线由于支出增加而右移使利率上升时,引起的投资下降也较大,从而国民收入水平提高较少。在(2)这种情况下,则正好与(1)情况相反,IS 线比较陡峭,投资对利率不十分敏感,因此当 IS 线由于支出增加而右移使利率上升时,引起的投资下降较少,从而国民收入水平提高较多。

4. 假定货币需求为 $L=0.2Y$,货币供给为 $M_s=200$,消费 $C=90+0.8Y_D$,税收 $T=50$,投资 $I=140-5r$,政府支出 $G=50$,求:

(1) 导出 IS 和 LM 方程,求均衡收入、利率和投资。

(2) 若其他情况不变,政府支出 G 增加 20,收入、利率和投资有什么变化?

(3) 是否存在"挤出效应"?

解:(1) 由 $C=90+0.8Y_D$,$T=50$,$I=140-5r$,$G=50$ 和 $Y=C+I+G$ 可知 IS 曲线为 $Y=90+0.8Y_D+140-5r+50=90+$

$0.8(Y-50)+140-5r-50=240+0.8Y-5r$,化简整理得

$$Y=1\,200-25r \tag{1}$$

由 $L=0.2Y$,$M_s=200$ 和 $L=M_s$ 知 LM 曲线为 $0.2Y=200$,即 $Y=1\,000$,这说明 LM 曲线处于充分就业的古典区域,故均衡收入为 $Y=1\,000$,代入(1)得 $1\,000=1\,200-25r$,求得均衡利率 $r=8$,代入投资函数 $I=140-5r=140-5\times 8=100$。

(2)在其他条件不变的情况下,政府支出增加 20 将会导致 IS 曲线发生移动,此时由 $Y=C+I+G$ 可得新的 IS 曲线为 $Y=90+0.8Y_D+140-5r+70=90+0.8(Y-50)+140-5r+70=260+0.8Y-5r$,化简整理得:$Y=1\,300-25r$,与 LM 线 $Y=1\,000$ 联立得 $1\,300-25r=1\,000$,由此均衡利率为 $r=12$,代入投资函数得 $I=140-5r=140-5\times 12=80$ 而均衡收入仍为 $Y=1\,000$。

(3)由投资变化可以看出,当政府支出增加时,投资减少相应份额,这说明存在"挤出效应",由均衡收入不变也可以看出,LM 线处于古典区域,即 LM 曲线与横轴 Y 垂直,这说明政府支出增加时,只会提高利率和完全挤占私人投资,而不会增加国民收入,可见这是一种与古典情况相吻合的完全挤占。

5. 假定货币需求函数 $L=kY-hr$ 中的 $k=0.5$,消费函数 $C=a+bY$ 中的 $b=0.5$,假设政府支出增加 10 亿美元,试问货币供给量(假定价格水平为 1)要增加多少才能使利率保持不变?

解:在利率保持不变的情况下,政府支出的增加不会引致私人投资的挤出,此时在支出乘数的作用下,均衡收入增加量为 $\Delta Y=K_g\cdot\Delta G=\dfrac{1}{1-b}\cdot\Delta G=\dfrac{1}{1-0.5}\times 10=20$ 亿美元。随着收入的增加,货币的交易需求增加,为保持原来的利率水平不变,则须增加货币供给量,且货币供给增加量必须等于货币交易需求增加量,故应增加的货币供给量为 $\Delta M=\Delta L=k\cdot\Delta Y=0.5\times 20=10$ 亿美元。

6. 假定经济满足 $Y=C+I+G$，且消费 $C=800+0.63Y$，投资 $I=7\,500-20\,000r$，货币需求 $L=0.162\,5Y-10\,000r$，名义货币供给量 6 000 亿美元,价格水平为 1,问当政府支出从 7 500 亿美元增加到 8 500 亿美元时,政府支出的增加挤占了多少私人投资?

解：由货币供给等于货币需求以及 $P=1$ 可知 LM 曲线为
$0.162\,5Y-10\,000r=6\,000$

$$r=\frac{0.162\,5}{10\,000}Y-\frac{6\,000}{10\,000} \tag{1}$$

由 $Y=C+I+G$，且 $G=7\,500$ 时，知 IS 曲线为
$Y=800+0.63Y+7\,500-20\,000r+7\,500$

$$r=\frac{15\,800}{20\,000}-\frac{0.37}{20\,000}Y \tag{2}$$

由(1)(2)联立得
$$\frac{15\,800}{20\,000}-\frac{0.37}{20\,000}Y=\frac{0.162\,5}{10\,000}Y-\frac{6\,000}{10\,000}$$

$Y=40\,000$，代入(1)得
$$r=\frac{0.162\,5}{10\,000}\times 40\,000-\frac{6\,000}{10\,000}=5\%$$

于是，$I_1=7\,500-20\,000\times 5\%=6\,500$(亿美元)

当政府支出增加为 8 500 亿美元时，由 $Y=C+I+G$ 知 IS 曲线为 $Y=800+0.63Y+7\,500-20\,000r+8\,500$

$$r=\frac{16\,800}{20\,000}-\frac{0.37}{20\,000}Y \tag{3}$$

由于 LM 曲线未变，故由(1)(3)联立得
$$\frac{16\,800}{20\,000}-\frac{0.37}{20\,000}Y=\frac{0.162\,5}{10\,000}Y-\frac{6\,000}{10\,000}$$

$Y=41\,438.85$，代入(1)得
$$r=\frac{0.162\,5}{10\,000}\times 41\,438.85-\frac{6\,000}{10\,000}=7.32\%$$

此时 $I_2 = 7\,500 - 20\,000 \times 7.32\% = 6\,036$(亿美元)

故 $\Delta I = I_2 - I_1 = 6\,036 - 6\,500 = -464$(亿美元)

这表明政府支出的增加挤出 464 亿美元私人投资。

7. 考虑一个由下列关系式组成的四部门经济的宏观模型。

收入恒等式：$Y = C + I + G + NX$

消费：$C = 80 + 0.63Y$

投资：$I = 350 + 0.1Y - 2\,000r$

净出口：$NX = 500 - 0.1Y - 100(EP/P_w)$

实际汇率：$EP/P_w = 0.75 + 5r$

货币需求：$M_d = (0.162\,5Y - 1\,000r)P$

政府支出：$G = 750$

货币供给：$M_s = 600$

价格水平：$P = 1$

(1) 在这一关系式中，哪些是内生变量，哪些是外生变量？

(2) 求由模型决定的 Y, r, C, I, NX 和 EP/P_w 之值；

(3) 政府支出减少 10，对产量、利率、消费、投资、净出口和汇率的影响；

(4) 对货币供给增加 20 的情况，进行同样的计算。

解：(1) 在此模型中，收入、消费、投资、货币需求、净出口、利率、汇率都是内生变量；而政府支出、货币供给、价格水平都是外生变量；

(2) 由 $Y = C + I + G + NX = 80 + 0.63Y + 350 - 2\,000r + 0.1Y +$
$\qquad 750 + 500 - 0.1Y - 100(0.75 + 5r)$
$\qquad = 1\,605 + 0.63Y - 2\,500r$
$\Rightarrow 0.37Y = 1\,605 - 2\,500r$
得 IS 为 $Y = 4\,338 - 6\,757r$

由 $(0.162\,5Y - 1\,000r)P = 600$，$P = 1$
$\Rightarrow 0.162\,5Y = 600 + 1\,000r$
得 LM 为 $Y = 3\,692 + 6\,154r$

将 IS 和 LM 联立求解得

$r=5\%$ $Y=4\,000$ $C=2\,600$ $I=650$

$NX=0$ $\dfrac{EP}{P_w}=1$

(3) 政府支出减少 10，则 IS 变为

$Y=80+0.63Y+350-2\,000r+0.1Y+740+500-0.1Y+100(0.75+5r)$

$=1\,595+0.63Y-2\,500r$

$\Rightarrow 0.37Y=1\,595-2\,500r$

IS' 为 $Y=4\,311-6\,757r$

将 IS' 和 LM 联立求解得

$r=4.8\%$，$Y=3\,987$

从中求得 $C=80+0.63\times 3\,987=2\,592$

$I=350-2\,000\times 4.8\%+0.1\times 3\,987=653$

$EP/P_w=0.75+5r=0.75+5\times 4.8\%=0.99$

$NX=500-0.1\times 3\,987-100\times 0.99=2.3$

可见，政府支出的减少，使收入（$4\,000\to 3\,987$）、利率（$5\%\to 4.8\%$）、消费（$2\,600\to 2\,592$）和汇率（$1\to 0.99$）都有所下降，而投资（$650\to 653$）和净出口（$0\to 2.3$）则有所增加。这是由于政府支出下降，降低了收入，从而减少了消费和货币需求，从而使利率有所下降，投资增加，而利率的下降又使汇率下降（这是因为利率下降引起了资本外流，增加了对外币的需求，促使本币贬值），收入和汇率下降又使净出口增加（收入下降使进口减少，本币贬值又使出口增加）。

(4) 若其他条件不变，货币供给增加 20，则 LM 变为

$(0.162\,5Y-1\,000r)P=600+20\Rightarrow 0.162\,5Y=1\,000r+620$

LM' 为 $Y=6\,154r+3\,815$

将 IS 和 LM' 联立求解

$\begin{cases} Y=4\,338-6\,757r \\ Y=6\,154r+3\,815 \end{cases}$

得：$r=4\%$, $Y=4\,061$。并从中求得
$C=80+0.63\times 4\,061=2\,638$
$I=350-2\,000\times 4\% +0.1\times 4\,061=676$
$EP/P_w=0.75+5\times 4\%=0.95$
$NX=500-0.1\times 4\,061-100\times 0.95=-1$

可见，由于货币供给增加 20，利率下降了($5\% \to 4\%$)，投资增加了($650\to 676$)，因而收入增加了($4\,000 \to 4\,061$)，从而消费也增加了($2\,600 \to 2\,638$)，汇率下降了($1 \to 0.95$)，净出口减少了($0\to -1$)。

8. 假设一经济体系的消费函数为 $C=600+0.8Y$，投资需求函数为 $I=800-50r$，政府购买为 $G=200$，货币需求函数为 $L=250+0.5Y-125r$，货币供给 $M_s=1\,250$(单位均是亿美元)，价格水平 $P=1$，试求：

(1) IS 和 LM 方程。

(2) 均衡收入和利率。

(3) 财政政策乘数和货币政策乘数。

(4) 设充分就业收入为 $Y^*=6\,000$(亿美元)，若用增加政府购买实现充分就业，要增加多少购买？

(5) 若用增加货币供给实现充分就业，要增加多少货币供给量？

(6) 用草图表示(4)和(5)。

解：(1) 从收入恒等式 $Y=C+I+G$ 中得
$Y=600+0.8Y+800-50r+200$，即 $0.2Y=1\,600-50r$
IS 方程为 $Y=8\,000-250r$

从 $\dfrac{M_s}{P}=L$ 中得

$\dfrac{1\,250}{1}=250+0.5Y-125r$，即 $0.5Y=1\,000+125r$

LM 方程为 $Y=2\,000+250r$

(2) 将 IS 和 LM 方程联立求解

$$\begin{cases} Y = 8\,000 - 250r \\ Y = 2\,000 + 250r \end{cases}$$

得 $r = 12\%$, $Y = 5\,000$(亿美元)

(3) 财政政策乘数为 $\dfrac{dY}{dG} = \dfrac{1}{(1-b) + \dfrac{dk}{h}} = \dfrac{1}{(1-0.8) + \dfrac{50 \times 0.5}{125}}$

$$= \dfrac{1}{0.4} = 2.5$$

货币政策乘数为 $\dfrac{dY}{dM} = \dfrac{d}{(1-b)h + dk}$

$$= \dfrac{50}{(1-0.8) \times 125 + 50 \times 0.5} = 1$$

(4) 由于 $Y^* = 6\,000$,而实际收入为 $Y = 5\,000$,因此 $\Delta Y = 1\,000$,若用增加政府购买实现充分就业,则要增加政府购买为

$$\Delta G = \Delta Y \Big/ \dfrac{dY}{dG} = \dfrac{1\,000}{2.5} = 400 \text{(亿美元)}$$

(5) 若用增加货币供给量实现充分就业,则要增加货币供给为

$$\Delta M = \Delta Y \Big/ \dfrac{dY}{dM} = \dfrac{1\,000}{1} = 1\,000 \text{(亿美元)}$$

(6) 草图表示如 19-8(a)和 19-8(b)

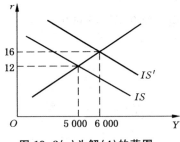

图 19-8(a)为解(4)的草图

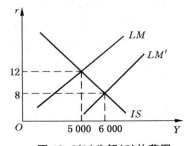

图 19-8(b)为解(5)的草图

9. 假定投资函数的形式是 $I = 350 - 2\,000r + 0.1Y$,而不是 $I = 350 - 2\,000r$,

将这一投资需求函数加入 IS-LM 模型另外三个等式中

$Y = C + I + G$

$C = 80 + 0.63Y$

$L = (0.162\,5Y - 1\,000r)P$

假定 $P = 1$,政府支出 $G = 750$,货币供给是 600。

(1) 求这一模型的 IS 曲线的代数表达式,并同投资函数是 $I = 350 - 2\,000r$ 加入上列三个等式中的 IS 相比,哪一条曲线陡些?

(2) 计算增加政府支出对 GDP 的影响,同投资不取决于产量时的情况相比,这一影响是大了,还是小了,为什么?

(3) 计算增加货币供给对 GDP 的影响,同投资不取决于产量的情况相比,这一影响是大了还是小了,为什么?

解:(1) $Y = C + I + G = 80 + 0.63Y + 350 - 2\,000r + 0.1Y + 750$

$= 1\,180 - 2\,000r + 0.73Y$

$\Rightarrow 0.27Y = 1\,180 - 2\,000r$

IS 方程为 $Y = 4\,370 - 7\,407r$

或 $r = 0.59 - 0.000\,135Y$

可见,IS 的斜率为 $-0.000\,135Y$,而投资不取决于产量时,IS 曲线为 $Y = 80 + 0.63Y + 350 - 2\,000r + 750$

$= 1\,180 + 0.63Y - 2\,000r$

$\Rightarrow 0.37Y = 1\,180 - 2\,000r$

$\Rightarrow Y = 3\,189 - 5\,405r$

或 $r = 0.59 - 0.000\,185Y$

显然,投资不取决于产量时,IS 曲线陡些。这是因为,投资取决于产量时,如果利率下降,收入(产量)增加,会使投资增加更多,从而使产量以更大幅度增加,而投资不取决于产量时,就没有这种效应。实际上,两种情况相比较,一种情况只有乘数效应,而另一种情况(即投资不仅取决于利率还取决于产量)不仅有乘数效应,还有加速效应,两种效应交相作用,从而使 IS 曲线平缓一些。

(2) 政府支出增加时,在投资取决于产量的情况下,产出增加得少一些,因为政府支出增加时,利率上升,投资会下降得更多。这是由于,投资不仅因利率上升而减少,还因产量减少而减少,就是说,投资被挤出更多了。数字例证可由读者自己给出。

(3) 货币供给增加时,在投资取决于产量的情况下,产出会增加得多一些,因为利率下降时,投资会增加得更多,这是由于,投资不仅因利率下降而增加,还因产量增加而增加。数字例证也可由读者自己给出。

10. 假定政府支出 G 不再是外生变量,而是

$$G = 750 - 0.1(Y - Y^*)$$

其中,Y^* 是潜在 GDP,$Y^* = 4\,000$,再假定其他经济关系由下面模型给出

$$C = 80 + 0.63Y$$
$$I = 750 - 2\,000r + 0.1Y$$
$$M_d = (0.162\,5Y - 1\,000r)P$$
$$NX = 425 - 0.1Y - 500r$$

再假定价格水平 $P = 1$,货币供给 $M_s = 600$(单位:10 亿美元)

试推导 IS 曲线表达式,将它同政府支出为外生变量的模型相比,哪条曲线更陡些?为什么?

解:
$$\begin{aligned}
Y &= C + I + G + NX \\
&= 80 + 0.63Y + 750 - 2\,000r + 0.1Y + 750 \\
&\quad - 0.1(Y - Y^*) + 425 - 0.1Y - 500r \\
&= 2\,405 + 0.53Y - 2\,500r \\
\Rightarrow\ & 0.47Y = 2\,405 - 2\,500r
\end{aligned}$$

IS 方程为 $Y = 5\,117 - 5\,319r$

IS 曲线的斜率为 $\dfrac{-1}{5\,319} = -0.000\,188$

而在本题中 G 为外生变量 750 时，IS 曲线为 $Y = 5\,419 - 6\,757r$

因此 IS 的斜率为 $-\dfrac{1}{6\,757} = -0.000\,148$

显然，政府支出不是外生变量时，IS 曲线陡一些，这是因为，当政府支出不是外生变量而是如 $G = 7\,500 - 0.1(Y - Y^*)$ 这样模型时，经济繁荣时，政府支出 G 会自动减少，而在经济衰退时，G 会自动增加，这等于政府支出也起到了自动稳定器作用，或者说，在同样利率变动的情况下，收入变动会小一些，因而 IS 曲线会陡一些。

第二十单元
经济增长、经济发展与经济周期

引　言

本单元习题主要体现下列概念和原理。

1. 经济增长的定义。 经济增长最常见的定义有：(1) 经济增长是指一个经济体所生产的物质产品和劳务在一个相当长时期内的持续增长，即实际总产出的持续增加。(2) 经济增长是按人口平均计算的实际产出，即人均实际产出的持续增长。库兹涅茨把一国的经济增长定义为：为人们提供各种经济物品的能力的长期增长，这一能力的不断增长是由于技术进步以及体制和意识的相应调整。这一定义强调生产的可能性，而不是实际的生产。

2. 经济增长的源泉。 经济增长的源泉要说明哪些因素导致经济增长。最主要的因素是劳动数量增加和质量提高、资本存量的增加、技术进步和制度改善。资本和劳动的增加是生产要素的增加。技术进步包括发现、发明和应用新技术，生产新的产品，降低产品的生产成本。技术进步会使生产要素的配置和利用更为有效，推动经济的增长。制度改善会提高资源配置和利用效率。

3. 经济增长模型。 现代经济增长理论的重点在于研究经济稳定增长的长期条件，也就是在长期内如何达到较低的失业率和通货膨胀率以及在适当经济条件下的经济增长率这一目标，注重研究如何控制各种经济变量使其满足稳定增长条件。为了表述、说明各经济变量间的相互关系,经济学家们建立起各自的数学模型,并用它来概括经济增长的理论。这些模型主要有哈罗德-多马模型、新古典增长模型、新剑桥模型及新经济增长理论。

哈罗德-多马模型主要研究在使充分就业得以保持的条件下,储蓄和投资的增长与收入增长之间的关系。哈罗德从考察经济增长中三个变量即储蓄率 s、资本-产出比率 v 和经济增长率 G 的相互关系出发,得出要实现充分就业的均衡增长,要求 $G=G_w=G_n$。这里,G 是由有效需求决定的实际增长率,G_w 是 s 除以 v 所得的有保证的增长率,而 G_n 是指人口增加和技术进步所容许的增长率。而在多马模型中,$\Delta I/I = s \cdot \delta$,这里 $\Delta I/I$ 为投资增长率,实际即为哈罗德模型中的经济增长率,δ 为资本生产率即哈罗德模型中 v 的倒数。因此后人将这两种类似的模型称为哈罗德-多马模型。

新古典模型在生产的规模效益不变和劳动与资本可相互替代两个前提下,推导出 $sf(k)=\dot{k}+nk$,这里 $s \cdot f(k)$ 为社会的人均储蓄,$\dot{k}$ 为人均资本的增加即资本的深化,nk 为新增人口所配备的资本数量即资本的广化。这样社会的人均储蓄可被用于两部分:资本的深化及资本的广化。当人均资本不变即 $\dot{k}=0$ 时,产量(或收入)的增长率等于劳动力的增加率,经济属均衡增长,这时有 $sf(k)=nk$。这种稳定增长的条件是人均资本不发生变化,即 $\dot{k}=0$,这又被称为资本存量稳定状态。引入折旧(折旧率用 δ 表示)和技术进步(技术进步速率用 g 表示)后,则这一稳定状态的条件可用 $sf(k)=(\delta+n+g)k$ 表示。如果一个经济的目标是使人均消费最大化,那么在技术和劳动增加率固定不变时,经济中的资本-劳动比率应达到这样的数值,即使得资本的边际产品等于劳动的增长率,即 $f'(k)=n$,或者没有人口增长和技术进步时,资本边际产品等于折旧率,此即黄金分割律。

新剑桥模型的均衡增长的条件和前两者一样,但它认为只要调整收入分配,改变国民收入在资本家和劳动者之间的分配比例,就可

改变储蓄率 s 来实现充分就业的均衡增长。

4. 技术进步与经济增长。 技术进步是指科学技术和组织管理方面的改进,它使劳动和资本的"效率"提高,即技术进步使资本和劳动这两种要素任一给定投入量所生产的产品数量比以前增加。

既然技术进步对经济增长有重要的作用,就必须将它引入经济增长的模型,一般方法是将生产函数写成 $Y=F(K、L、t)$,t 就表示所对应技术水平随时间的推移而不断进步,也可以将技术进步看成是扩大生产要素。技术进步使既定生产要素投入量的产出增加了,好像是生产要素被扩大了一样。因而生产函数可以写成 $Y=F[A(t)K,B(t)L]$,$A(t)$,$B(t)$ 表示按效率单位计算的有效资本存量和有效劳动力数量。

技术进步还可以根据它对收入分配的影响区分为中性的技术进步和非中性的技术进步(即节用资本或节用劳动的技术进步)。本单元中重点讲希克斯中性技术进步。此外,还应了解内生与外生的技术进步。

5. 新增长理论。 从 20 世纪 60 年代到 80 年代中期,新古典增长理论一直在经济增长研究中占主导地位。但从 20 世纪 80 年代后期以来,新古典增长模型在理论和实践方面都遇到了挑战。在理论方面,新古典增长理论依赖的两条基本假设,即完全竞争市场和报酬率固定受到越来越多的批评,同时新古典增长理论不能解释人口增长率和技术进步参数的变化规律。在实践方面,新古典增长理论的主要结论(各国不管经济增长的初始状态如何,最终经济增长的结果将趋同)与现实根本不符,世界经济没有出现"大同",反而贫富之间的差距日益拉大。

自 20 世纪 80 年代以来,以罗默(Paul Romer)、卢卡斯(Robert Lucas)、巴罗(Robert Barro)等为代表的一批经济学家对新古典增长理论作了许多的改进和扩展,改善其解释世界的能力,从而形成了新增长理论。

新增长理论的主要贡献可以被归纳为以下几个方面:

(1) 关于生产函数的假设,新增长理论提出了生产函数可能是报酬率递增的,造成报酬率递增的原因有知识和技术的溢出效应、人力资本的溢出效应和边干边学等;

(2) 新增长理论把新古典增长理论模型中的"劳动力"扩展为人力资本,人力资本不仅包括劳动力数量和平均技术水平,还包括劳动力的教育水平、生产技能培训和互相协作等;

(3) 新增长理论把新古典增长模型中的储蓄率、人口增长率,尤其是技术进步等外生变量都转变为内生变量,探讨它们决定和变化的机制。因此,新增长理论又被称为内生增长理论。

6. 当今世界上除美、英、德、法、日、加拿大、澳大利亚等二十多国属高收入国家,其余都属发展中国家,有时又称欠发达或不发达国家,其中非、拉丁美洲及亚洲相当多国家仍较贫困落后。

7. 阻碍经济发展的因素,固然是缺乏资本、劳动、自然资源和技术这些要素的投入,还有更重要的因素是制度问题,包括政权和秩序。

8. 发展中国家要把经济发展上去,还需要有正确的发展战略,包括正确处理工业化和农业发展、政府主导和市场调节、进口替代和出口导向以及人口控制等。

9. 经济周期。经济周期是指国民生产总值、失业、通货膨胀、利率以及其他经济变量的忽高忽低,也可看成是定期地发生偏离增长趋势水平的各种振荡的汇集,通俗些讲就是总体经济活动扩张和收缩交替反复出现的过程。对扩张和收缩,西方经济学家有两种不同的解释,早期认为这种扩张和收缩是指绝对量的变化,后来发展为相对量,即增长率的变化过程。每一周期分为四个阶段,每个阶段又各自有不同的特点。经济周期的四个阶段分别是繁荣阶段、衰退阶段、萧条阶段和复苏阶段。

根据经济周期的时间可以分为长周期、中周期和短周期。长周期又被称为康德拉耶夫周期,指周期长度平均为 50 年左右的经济循环,一般认为起因于技术革命;中周期又被称为朱拉格周期,指周期长度为 7—10 年的经济循环,一般认为起因于设备投资的循环;短周期又被称为基钦周期,指周期长度为平均40个月的经济循环,一般认为起因于库存调整的循环。

熊彼特提出了创新周期的理论,认为经济周期的主要原因是创新,尤其是技术创新。由于技术创新不是均匀的连续的过程,而是有它的起伏,造成经济上升和下降,形成经济周期。

10. 乘数和加速数相互作用模型。这一模型用来说明两个问题:一是经济体系本身所具有的产生周期性波动的功能,二是经济波动的原动力来自外界的冲击。在影响经济波动的各种变量中,投资起重要作用。从长期来看人们的消费、储蓄和收入大致稳定。但投资与收入之间的关系极不稳定。投资的少量变动会引起收入较大的变动,反过来,收入少量的变动也会引起投资需求的较大变动,正是这种关系引起经济的周期性波动。乘数理论是指投资变动引起收入变动的理论;加速原理是指收入或消费需求的变动引起投资变动的理论。汉森-萨缪尔森模型,分析消费、投资和收入之间彼此相互作用的关系。这一模型可用公式表述:

$$Y_t = C_t + I_t$$

$$C_t = c_0 + cY_{t-1}$$

$$I_t = I_0 + \beta(C_t - C_{t-1})$$

对上述公式加以整理可得

$$Y_t - (1+\beta)cY_{t-1} + \beta cY_{t-2} = c_0 + I_0$$

求解上述模型要用到二阶线性差分方程的知识。

希克斯模型则是引入了政府购买,如下:

$$Y_t = C_t + I_t + G_t$$

$$C_t = c_0 + cY_{t-1}$$

$$I_t = I_0 + \beta(C_t - C_{t-1})$$

$$G_t = G_0(1+\alpha)^t$$

选 择 题

1. 经济增长的标志是( )。

A. 失业率的下降

B. 先进技术的广泛应用

C. 社会生产能力的不断提高

D. 城市化速度加快

2. 经济增长在图形上表现为( )。

A. 生产可能性曲线内的某一点向曲线上移动

B. 生产可能性曲线向外移动

C. 生产可能性曲线外的某一点向曲线上移动

D. 生产可能性曲线上某一点沿曲线移动

3. GDP 是衡量经济增长的一个较好指标,是因为( )。

A. GDP 以货币表示,易于比较

B. GDP 的增长总是意味着已发生的实际经济增长

C. GDP 的值不仅可以反映一国的经济实力,还可以反映一国的经济福利程度

D. 以上说法都对

4. 下列各项中( )项不属于生产要素供给的增长。

A. 投资的增加   B. 就业人口的增加

C. 人才的合理流动   D. 发展教育事业

5. 根据哈罗德的定义,有保证的增长率 G_w 与实际增长率 G 之间可能有的关系是( )。

A. $G_w > G$ B. $G_w = G$

C. $G_w < G$ D. 以上各项均可能

6. 有保证的增长率 G_w 和自然增长率 G_n 的区别在于( )。

A. G_w 假定资本与劳动的比率不断提高,而 G_n 没有

B. G_w 以充分就业为前提,而 G_n 没有

C. G_w 随各种因素的变化而变化,是不稳定的增长率,而 G_n 是比较稳定的增长率

D. G_w 一定小于 G_n

7. 根据哈罗德的分析,如果有保证的增长率 G_w 大于实际增长率 G,经济将( )。

A. 持续高涨　　　　　　　B. 长期萧条

C. 均衡增长　　　　　　　D. 不能确定

8. 根据哈罗德的分析,如果有保证的增长率 G_w 大于自然增长率 G_n,经济将( )。

A. 持续高涨　　　　　　　B. 长期萧条

C. 均衡增长　　　　　　　D. 不能确定

9. 如果实现了哈罗德模型的自然增长率,将使( )。

A. 社会资源得到充分利用

B. 实现均衡增长

C. 实现充分就业下的均衡增长

D. 经济持续高涨

10. 要达到充分就业下的均衡增长,必须使( )。

A. $G = G_n$

B. $G = G_w$

C. $G = G_n = G_w$

D. $G_w = G_n$

11. 在哈罗德增长模型中,已知有保证的增长率 G_w 小于实际增长率 G,如果合意的储蓄率等于实际储蓄率,那么合意的资本-产出比率( )。

A. 小于实际的资本-产出比率

B. 大于实际的资本-产出比率

C. 等于实际的资本-产出比率

D. 以上都可能

12. 在哈罗德增长模型中,已知合意的储蓄率小于实际储蓄率,合意的资本-产出比率等于实际的资本-产出比率,那么,有保证的增长率(　　)。

A. 小于实际增长率

B. 大于实际增长率

C. 等于实际增长率

D. 两者的关系不能确定

13. 当合意的资本-产出比率大于实际的资本-产出比率时,厂商的反应是(　　)。

A. 增加投资　　　　　　　B. 减少投资

C. 保持原投资水平　　　　D. 不能确定

14. 哈罗德的分析之所以是一种动态的分析,是因为他(　　)。

A. 从连续的各个时期来分析经济增长

B. 根据投资和储蓄之间的关系来分析经济增长

C. 根据有效需求来分析经济增长

D. 在技术、人口、资本均可变化的时期内分析经济增长

15. 下列(　　)项是新古典经济增长模型所包含的内容。

A. 均衡的增长率取决于有效需求的大小

B. 要实现充分就业的均衡增长,要使 $G = G_w = G_n$

C. 通过调整收入分配,降低储蓄率,可以实现充分就业的均衡增长

D. 从长期看,由于市场的作用,经济总会趋向于充分就业的均衡增长

16. 图 20-1 表示索洛的新古典增长模型

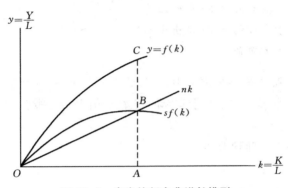

图 20-1　索洛的新古典增长模型

在图 20-1 中,纵轴表示人(劳动力)均产出或收入 $\left(y=\dfrac{Y}{L}\right)$,横轴表示人均资本 $\left(k=\dfrac{K}{L}\right)$,$y=f(k)$ 表示人均产出函数,n 表示人口增长(劳动力增长),s 表示人均储蓄率。则生产函数 $y=f(k)$ 表示(　　)。

　　A. 每人产出是劳动力数量的函数
　　B. 每人产出是人均资本量的函数
　　C. 每人产出是人均储蓄率的函数
　　D. 生产函数是规模报酬递增的

17. 在图 20-1 中,当 k 沿水平轴往右增加时,生产函数 $y=f(k)$ 的图形的斜率表示(　　)。

　　A. 人均产出　　　　　　　　B. 人均单位资本产出
　　C. 劳动的边际产出　　　　　D. 资本的边际产出

18. 在图 20-1 的索洛模型中的消费函数是假定储蓄与收入的比例是(　　)。

　　A. 保持一固定比例

B. 随收入增加，比例越来越小

C. 随收入增加，比例越来越大

D. 随利率上升，比例越来越大

19. 在图 20-1 中，当资本-劳动比率(k)等于 OA 时，则 AB 表示(　　)。

A. 人均投资，且 AC 表示人均消费

B. 人均消费，且 AC 表示人均投资

C. 人均投资，且 BC 表示人均消费

D. 人均消费，且 BC 表示人均投资

20. 定义人均资本不变即 $k=0$ 为人均资本存量的稳定状态，若人均生产函数是 $y=k^{\frac{1}{2}}$，且没有人口增长和技术进步，折旧率是 0.1，储蓄率是 0.2，则稳定状态下资本-劳动比率 k 为(　　)。

A. 1　　　　B. 2　　　　C. 4　　　　D. 9

21. 在新古典增长模型中，黄金分割律下的资本积累水平是指在稳定状态下有一最高的(　　)。

A. 人均产出　　　　　　B. 人均资本

C. 人均储蓄　　　　　　D. 人均消费

22. 在新古典增长模型中，如果没有人口增长和技术进步，则当(　　)时稳定状态下消费有一最高水准。

A. 劳动边际产出等于资本边际产出

B. 劳动边际产出等于折旧率

C. 资本边际产出等于折旧率

D. 劳动边际产出等于零

23. 在新古典增长模型中，如果不考虑折旧和技术进步，则当(　　)时稳定状态下消费有一最高水准。

A. 劳动的边际产出等于资本的边际产出

B. 劳动的边际产出等于人口增长率(劳动增长率)

C. 资本的边际产出等于人口增长率

D. 资本的边际产出等于零

24. 假设两国除人口增长率之外其他条件都相同,根据索洛增长模型,在稳定状态下较高人口增长率的国家将有(　　)的产出水平和(　　)的人均产出增长率。

A. 较高;相同　　　　　　B. 较高;较高

C. 较低;相同　　　　　　D. 较低;较低

25. 假设战争减少了一国劳动力但没有直接减少资本存量,若战前该国处在资本存量稳定状态且储蓄率在战后不变,则战后人均资本会(　　)且人均产出增长率会(　　)。

A. 减少;变快　　　　　　B. 增加;变快

C. 减少;减缓　　　　　　D. 增加;减缓

26. 以下关于边干边学的描述不正确的是(　　)。

A. 可以用来解释报酬率不变

B. 强调了知识和技能的积累

C. 指出边际劳动时间与生产过的产品总数在一定区间内成反比

D. 是内生增长理论的最初尝试

27. 在内生增长理论中,即使没有外生技术进步,收入仍可持续增长,这是因为(　　)。

A. 储蓄率仍等于折旧率　　B. 储蓄率超过折旧率

C. 资本并非规模报酬递减　　D. 资本是规模报酬递减

28. 若资本被定义为(　　),则内生增长模型关于资本为规模报酬不变的假设是比较合理的。

A. 厂房和设备　　　　　　B. 知识

C. 折旧　　　　　　　　　D. 技术

29. 在内生增长模型中,收入会持续不断增长是因为(　　)。

A. 生产函数变成外生变量

B. 储蓄率超过折旧率

C. 大学和研究所的知识创造未曾迟缓

D. 大学和研究所的劳动力占全部劳动力有一个很大比例

30. 以下可以用来解释发达国家与发展中国家经济增长差距拉大原因的有(　　)。

A. 知识和技术的溢出效应　　B. 人力资本的差异

C. 教育和 R＆D　　　　　　D. 以上都是

31. 以下关于人力资本的描述错误的是(　　)。

A. 人力资本与教育、培训等有关

B. 各国人力资本的差异主要是后天造成的

C. 人力资本既包括数量指标,也包括质量指标

D. 人力资本与投资无关

32. 新增长理论与新古典增长理论的主要区别在于(　　)。

A. 技术是内生的还是外生的

B. 报酬率是递增的还是不变的

C. 经济增长是差异的还是趋同的

D. 以上都是

33. 经济波动的周期的四个阶段依次为(　　)。

A. 扩张、峰顶、衰退、谷底

B. 峰顶、衰退、谷底、扩张

C. 谷底、扩张、峰顶、衰退

D. 以上各项均对

34. 当某一社会经济处于经济周期的扩张阶段时,(　　)。

A. 经济的生产能力超过它的消费需求

B. 总需求逐渐增长,但没有超过总供给

C. 存货的增加与需求的减少相联系

D. 总需求超过总供给

35. 根据现代关于经济周期的定义,经济周期是指(　　)。
A. GDP 值上升和下降的交替过程
B. 人均 GDP 值上升和下降的交替过程
C. GDP 值增长率上升和下降的交替过程
D. 以上各项均对

36. 根据经济统计资料,经济周期性波动最大的一般是(　　)。
A. 资本品的生产　　　　　B. 农产品的生产
C. 日用消费品的生产　　　D. 没有一定的规律

37. 导致经济周期性波动的投资主要是(　　)。
A. 存货投资　　　　　　　B. 固定资产投资
C. 意愿投资　　　　　　　D. 重置投资

38. 加速原理断言(　　)。
A. GDP 的增加导致投资数倍增加
B. GDP 的增加导致投资数倍减少
C. 投资的增加导致 GDP 数倍增加
D. 投资的增加导致 GDP 数倍减少

39. 下述哪一项说法正确表达了加速原理?(　　)
A. 投资的变动引起国民收入数倍变动
B. 消费支出随着投资的变动而数倍变动
C. 投资的变动引起国民收入增长率数倍变动
D. 消费需求的变动引起投资的数倍变动

40. 加速原理发生作用的条件是(　　)。
A. 国民收入或消费支出持续增长时
B. 经济活动由衰退转向扩张时
C. 社会上没有剩余生产能力时

D. 任何时候均可

41. 根据乘数-加速数作用理论,经济之所以会发生周期性波动,是因为( )。

A. 乘数作用

B. 加速数作用

C. 乘数和加速数的交织作用

D. 外部经济因素的变动

42. 当国民收入在乘数和加速数的作用下趋于扩张时,其增加将因下列哪项因素而放慢( )。

A. 加速系数下降　　　　B. 边际消费倾向提高

C. 失业的存在　　　　　D. 充分就业

43. 当国民收入在乘数和加速数的作用下趋于下降时,其减少将因下述哪项因素而放慢( )。

A. 失业增加　　　　　　B. 边际消费倾向下降

C. 加速系数上升　　　　D. 总投资降为零

44. 乘数原理和加速原理的关系是( )。

A. 乘数原理说明国民收入的决定,加速原理说明投资的决定

B. 两者都说明投资的决定

C. 乘数原理解释经济如何走向繁荣,加速原理说明经济怎样陷入萧条

D. 只有乘数作用时国民收入的变动比乘数、加速数作用相结合时的变动要更大一些

45. 可持续发展的基本思想是( )。

A. 经济要逐步增长,做到年年能以大致相同的比率增长

B. 经济要平稳地增长,不能过分波动

C. 今天的增长不能成为今后增长的障碍

D. 以上说法都对

答 案

1. C	2. B	3. A	4. C	5. D	6. C	7. B
8. B	9. A	10. C	11. B	12. A	13. A	14. A
15. D	16. B	17. D	18. A	19. C	20. C	21. D
22. C	23. C	24. C	25. D	26. A	27. C	28. B
29. C	30. D	31. D	32. D	33. D	34. B	35. C
36. A	37. B	38. A	39. D	40. C	41. C	42. D
43. D	44. A	45. C				

分析讨论题

1. 为什么说把消费、投资和出口当作拉动经济增长的三驾马车是对凯恩斯主义经济学的误用?

答:凯恩斯主义经济学的核心是有效需求理论。这种理论本来是针对20世纪30年代经济大萧条而提出的,而不是用来解决经济如何长期增长的,或者如凯恩斯本人所说,至于长期我们这些人都死了。可是,一些发展中国家根据需求能够决定供给的理念,以为只要有市场需求,经济就能增长和发展,于是就把本来是用来解决需求不足的消费、投资和出口当作能够拉动经济增长的三驾马车。实际上,解决经济长期增长问题是一个如何增加生产能力的总供给问题,而解决经济短期波动问题是一个如何稳定总需求问题。如果把消费、投资和出口当作拉动经济增长的三驾马车显然是对凯恩斯主义经济学的误用了。

2. 为什么说哈罗德-多马增长模型是以凯恩斯的有效需求理论为基础的?

答:哈罗德-多马增长模型主要研究的是:社会经济要实现充分就业的稳定增长所必须满足的条件,即为了使经济在充分就业下保持均衡的增长,投资及储蓄的增长与收入的增长之间应保持什么关系。哈罗德-多马模型是以凯恩斯理论为基础,并在此基础上发展起来的。凯恩斯理论认为:社会经济达到均衡的条件是,在一定的国民收入水平上厂商准备进行的投资即意愿投资恰好等于(或全部吸收)该收入水平上人们提供的储蓄。均衡国民收入的大小取决于有效需求。由于凯恩斯采取的是短期的比较静态的分析方法,因此从有效需求不足出发,只考察了投资在增加总需求方面的作用。实际上,投资一旦形成,就能形成新的生产能力,增加总供给,在这方面,凯恩斯未予以考察。哈罗德-多马模型沿袭了凯恩斯的均衡分析方法,以储蓄等于投资这一基本公式为依据,把分析方法长期化、动态化,考察长期内(即人口、资本和技术可变的时期内)社会经济实现均衡增长所需要的条件,提出在一定的假设条件下,经济增长中三个变量即储蓄率 s(即储蓄在国民收入中所占比例)、资本-产出比率 v 及有保证的经济增长率 G_w 三者的关系应为 $G_w = \dfrac{s}{v}$,因此,哈罗德模型不仅考虑了投资对总需求的作用,而且从长期的、动态的角度,考虑了收入增加后对投资的加速作用。经济要保持长期均衡增长,投资也要保持一定的增长率。

哈罗德增长模型亦可进行如下变化

$$G = \frac{s}{v}$$

由于 $G = \dfrac{\Delta Y}{Y}$, $s = \dfrac{S}{Y}$, $v = \dfrac{I}{\Delta Y}$

$\therefore \quad \dfrac{\Delta Y}{Y} = \dfrac{S/Y}{I/\Delta Y}$

$\quad \dfrac{\Delta Y}{Y} \cdot \dfrac{I}{\Delta Y} = \dfrac{S}{Y}$

$$\frac{I}{Y} = \frac{S}{Y}$$
$$I = S$$

这正是凯恩斯有效需求理论中的基本公式：储蓄等于投资。可见,哈罗德模型是以凯恩斯理论为基础的。

3. 在哈罗德模型中,均衡增长率,实际增长率和自然增长率的含义是什么？三者不相等时社会经济将出现什么情况？

答： 均衡增长率、实际增长率和自然增长率分别是哈罗德增长模型中研究经济实现充分就业下的均衡增长所必需的条件时区分的三种不同的经济增长率概念。

均衡增长率,也称为有保证的增长率（G_w）,是指在储蓄率 s 和资本-产出比率 v 为既定的条件下,为使储蓄全部转化为投资所需要的产出增长率。G_w 是由储蓄率和厂商合意的资本-产出比率决定的, $G_w = \frac{s}{v}$。

实际增长率 G,是指实际上实现了的产出增长率,它取决于有效需求的大小,即一定资本产出比率下社会实际储蓄率。

自然增长率 G_n,是指长期中人口增长和技术进步等因素变化后所能达到的最大可能实现的增长率,它是由劳动力和技术水平所决定的。

经济中实现充分就业的均衡增长,需满足 $G = G_w = G_n$。但由于三种增长率由各不相同的因素所决定,因此实际中很难达到三者相等的情况。这时社会经济可能出现下列情况：

(1) 如果 $G > G_w$,说明社会总需求超过厂商所合意的生产能力,这时,厂商将增加投资,投资的增加在乘数作用下使实际增长率更高,显得资本存量更不足,因此,其结果是需求膨胀,引起经济累积性持续扩张。

(2) 如果 $G < G_w$,说明社会总需求不足,厂商拥有的资本过剩,

这时,厂商将削减投资,由于乘数作用,实际增长率更低,显得资本更过剩,结果是收入下降,经济持续收缩。

(3) 如果 $G_w > G_n$,说明储蓄和投资的增长率超过了人口增长和技术水平条件下所能允许的程度,增长受劳动力不足和技术条件的限制,出现资本闲置,因此,厂商将削减投资,引起经济的长期停滞。

(4) 如果 $G_w < G_n$,说明储蓄和投资的增长率未达到人口增长和技术水平条件所要求的水平,因劳动力过多而使工资低廉,因此,刺激经济形成长期高涨。

因此,只有当 $G=G_w$ 的情况下,经济才能均衡增长,否则将出现短期内经济收缩与扩张的波动。只有当 $G_w=G_n$ 时,才能在既定的技术水平下,实现充分就业,否则将使经济处于长期的失业或通货膨胀。当 $G=G_w=G_n$ 时,可实现充分就业的均衡增长,这是一种最理想的经济增长状态。

4. 哈罗德模型与多马模型有什么联系和区别?

答: 英国经济学家哈罗德和美国经济学家多马分别于1939年和1946年在他们各自的论著中研究了长期内一国经济稳定增长的问题,并提出了相应的经济增长模型。在哈罗德模型中,经济增长率、储蓄率和资本-产出比率这三个经济变量之间的关系是

$$G = \frac{s}{v} \tag{1}$$

即在一定的技术条件下,经济增长率取决于社会储蓄率;同样,要使一定储蓄率下的社会储蓄量为投资所全部吸收,也必须保证一定的经济增长率。而在多马模型中,投资增长率、储蓄率及资本生产率(投资效率)之间的关系是

$$\frac{\Delta I}{I} = s \cdot \delta \tag{2}$$

即投资必须按什么比率增长,经济才能始终充分利用资本积累所扩大的生产能力。

在(2)式中,δ 为每单位投资所能增加的产量,所以,$\delta = \Delta Y/I$,显然,它是(1)式中资本-产出比率的倒数,即 $\delta = 1/v$,因此有

$$\Delta I/I = s \cdot \delta = s/v = G$$

即多马模型中的投资增长率实际上就等于哈罗德模型中的产量增长率。

总之,哈罗德模型和多马模型的异同可以归纳如下:

第一,它们都是以凯恩斯的有效需求理论为基础的,并把凯恩斯的分析方法扩展到长期的、动态的分析,尤其是明确提出了投资扩大生产能力的作用。

第二,它们都说明为了使经济保持均衡增长,收入、投资应按一定的比例增长。但在论述长期均衡增长的困难时,多马的解释是投资不足,而哈罗德的解释是缺乏使自然增长率与有保证的增长率相等的机制。

第三,它们都论述了均衡增长的不稳定性,一旦经济偏离均衡增长,其差距会越来越大。

第四,它们在假设中均包含了劳动和资本相互之间不能替代的约束,即资本和劳动的配合比例是固定不变的。

第五,它们的侧重点有所不同,哈罗德模型主要研究保持什么经济增长率,才能使储蓄全部转化为投资;而多马模型主要研究投资的增长率为多少时,可以充分利用扩大的生产能力。

因此,由于两个模型研究的方法、内容基本一致,经济学家将它们合称为哈罗德-多马模型。

5. 什么是新古典增长模型的基本公式?

答: 在哈罗德增长模型中,只有 $G = G_w = G_n$ 时,才能实现充分就业的均衡增长。而这种增长的可能性极小。许多经济学家认为,

这一结论与现实情况不符。二战以后西方各国经济虽有波动,但并没有出现哈罗德所说的这种大起大落。为说明这一情况,一些学者又提出了一些增长模型,其中美国学者索洛提出的新古典增长模型影响最大。

新古典增长模型假定,全社会只生产一种产品;资本产量比率可变,从而资本-劳动比率也可变;规模报酬不变;不存在技术进步。在上述假定条件下,索洛推导出如下新古典增长模型的基本方程

$$sf(k) = \dot{k} + nk$$

上式中,$k = \dfrac{K}{L}$,是资本与劳动之比,$\dot{k}$ 为单位时间(如年)k 的增加量,假定劳动力增长率与人口增长率一致,则 k 的增加量(即 $\dot{k}$)即按人口平均的资本设备的增加量,n 为人口增长率,s 为储蓄率,即储蓄在收入中的比率,$f(k) = y = \dfrac{Y}{L} = $ 每个劳动力的平均产量或者说人均产量或人均收入。于是,$sf(k)$ 指人均储蓄量。

上述公式表明,一个社会的人均储蓄被用于两部分:一部分为人均资本的增加 $\dot{k}$,即为每个人配备更多的资本设备,这可称为资本的深化;另一部分为每一个增加的人口(劳力)配备人均可得的资本设备 nk,这可称为资本的广化。

上述公式表达尚未考虑资本折旧,若把折旧考虑进来,则上述式子应修正为 $sf(k) = \dot{k} + (n + \sigma)k$,其中,$\sigma$ 是人均资本折旧率,σk 表示人均资本折旧量。

6. 在新古典增长模型中,为什么按人口平均的产量唯一地取决于按人口(或劳力)平均的资本?

答: 在新古典增长模型中,根据技术不变和规模报酬不变的假设,就有:当总产量生产函数为 $Y = F(K, L)$ 时,$\lambda Y = F(\lambda K, \lambda L)$。

令 $\lambda=1/L$，则可得：$Y/L=F(K/L,L/L)=F(K/L,1)$。此式即表示按人口平均(按劳力平均)的产量唯一地取决于按人口(或按劳力)平均的资本。

7. 在新古典增长模型中，稳定增长或稳定状态的条件是什么？

答：在新古典增长模型中，稳定增长的条件为人均资本不发生变化，或者说每人使用的资本量不变，这就要使人均储蓄正好等于资本的广化。在新古典增长模型公式 $sf(k)=\dot{k}+nk$ 中，人均资本不发生变化，就是 $\dot{k}=0$，$sf(k)=nk$。$sf(k)$ 是储蓄率与人均产量(收入)的乘积，即人均储蓄，nk 是资本的广化。在宏观经济学中，储蓄等于投资是均衡的条件，储蓄等于储蓄率乘以收入，即 $S=sY$。投资可用资本增量 ΔK 表示。而上述公式 $sf(k)=nk$ 即 $sy=nk$，$y=\dfrac{Y}{N}$，这里表示人均收入，k 表示每一劳力或每一人口配备的资本量，即 $k=\dfrac{K}{N}$。将 $y=\dfrac{Y}{N}$ 和 $k=\dfrac{K}{N}$ 代入 $sy=nk$ 可得 $s\dfrac{Y}{N}=n\dfrac{K}{N}$，亦即 $sY=nK$。由于储蓄等于投资，即 $sY=I=\Delta K$，因此 $sY=nK$ 也就是 $\Delta K=nK$ 或 $\dfrac{\Delta K}{K}=n$。这一式子表示，资本增长率等于人口增长率。这当然会使人均资本配备量不变。因此，在新古典增长模型中，稳定增长的条件，既可用 $sf(k)=nk$ 表示，也可用 $\dfrac{\Delta K}{K}=n$ 表示。两者表示的意思是相同的。

8. 在新古典增长模型中，储蓄率变动对经济增长有什么影响？

答：在新古典增长模型中，储蓄率变动比方说储蓄率上升，会导致人均资本上升，而人均收入是人均资本的增函数，因而储蓄率上升会增加人均产量，直到新的均衡状态为止。这可用图20-2来表示。

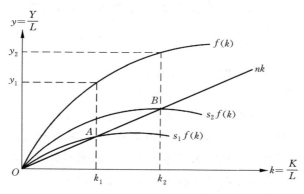

图 20-2 储蓄率上升增加人均产量

在图 20-2 中,储蓄率从 s_1 上升到 s_2,人均收入就从 y_1 上升到 y_2。

9. 在新古典增长模型中,人口增长对人均收入有何影响?

答: 在 $sf(k)=nk$ 的公式中,若人口增长率 n 由 n_1 增加为 n_2 时,若要维持人均资本 k 不变,势必要增加人均储蓄,若人们储蓄率 s 不变,则人均资本 k 势必下降,而 k 的下降又会使人均产量(收入)下降,因为人均产量 y 是人均资本的函数,这表明,人口的快速增长,在其他情况不变时会使人均收入下降,这种情况可用图 20-3 来表示。

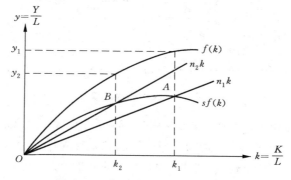

图 20-3 人口增长使人均收入下降

在图 20-3 中,人口增长率由 n_1 上升为 n_2 时,人均收入从 y_1 降为 y_2。

10. 什么是新古典增长模型中的黄金分割律？政策制定者一般都希望实现黄金分割律的稳定增长吗？

答：如果一个经济的目标是要使人均消费量达到最大,那么,在技术和劳动增长率(人口增长率)固定不变时,应如何选择人均资本量(资本-劳动比)？对此,经济学家普尔普斯利用新古典增长模型作出了回答：如果对每人的资本量选择能使得资本的边际产品等于劳动的增长率,则每个人的消费就会达到最大。这一结论被称为黄金分割律。用公式表示是：$f'(k)=n$。在该式中,$f'(k)$ 表示资本的边际产品。由于人均产量 y 是人均资本的函数,即 $y=f(k)$。从人均产量中减去资本深化部分($\dot{k}$)和广化部分(nk)即人均消费 C/L。即 $C/L=f(k)-nk-\dot{k}$。如果资本-劳动之比不变,即 $\dot{k}=0$,则 $C/L=f(k)-nk$。从该式可见,当 $f'(k)=n$ 时,人均消费可达最大化,黄金分割律可用图 20-4 表示。

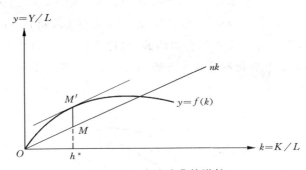

图 20-4 人均消费的增长

从图 20-4 中可见,人均收入 $f(k)$ 用于资本广化(nk)和消费($C/L=f(k)-nk$)。为使 C/L 最大,就是要选择 k,在 $k=k^*$ 时,$f(k)$ 的斜率等于 n。在图中即 M' 点上斜率等于 n。故 C/L 即图中 $M'M$ 达到最大。

假定经济的初始状态是人均资本高于黄金分割律水平,那么,政策制定者只要采取降低储蓄率,以降低稳定状态的人均资本存量的政策,以达到黄金分割律所要求的资本存量。但如果经济的初始状态是人均资本低于黄金分割律水平,制定政策的人就必须提高储蓄率以达到黄金分割律的要求。然而,提高储蓄率就要降低人们目前的消费,人们一般都不愿这样做。政策制定者出于政治上的考虑(迁就选民意愿),一般并不一定会希望实现黄金分割律的稳定增长。

11. 经济增长的源泉是什么?

答:对于经济增长的源泉或者说因素,经济学家有不少研究和说法。美国经济学家丹尼逊把经济增长因素分为两大类:生产要素投入量和生产要素生产率。要素投入指劳动、资本和土地。其中劳动和资本是可变的。关于要素生产率,用单位投入的产出量来衡量,它主要取决于资源配置状况、规模经济状况和知识进展。具体说来可分为七个方面:(1)就业者人数和他们的年龄性别构成;(2)工作时数;(3)就业人员受教育的程度;(4)资本存量规模;(5)资源配置状况;(6)规模的节约;(7)知识进展。

另一位经济学家库兹涅茨则通过对各国经济增长的比较分析提出经济增长的主要因素是知识存量的增加、劳动生产率的提高和经济结构的变化。斯蒂格利茨则提出,引起经济增长的源泉主要是:投资的增长,劳动力质量提高,资源配置效率改善和技术变革。

以上各种说法尽管存在差异,基本观点其实差不多。制度经济学家则认为,这些说法忽略了制度因素在经济增长过程中的重要意义。

12. 西方经济学家怎样说明产权制度对经济增长的意义?

答:大多数讨论经济增长的模型以及分析经济增长因素的理论通常把产权制度当作不成问题的既定因素,从而不予讨论。但也有不少经济学家认为,制度因素尤其是产权制度其实是经济增长中首先应当被考虑的,尤其对发展中国家来说更是如此。为什么?经济学家的说法是,经济增长取决于人们从事经济活动的努力。只有人们努力的成果能由他们本人或他们承认其占有权的人获得,他们才会作出努力。可见,保护财产所有权是经济增长的必要条件。保护所有权还是资本形成的条件之一。这里的所有权指排除他人使用某种资源的法律权利(法定权利)。如果法律不能保护一种资源及其成果不被别人侵害,这种资源肯定会被滥用,而且人们也不肯为改善这种资源而进行投资。

13. 如何考核生产要素供给的增长和生产要素生产率的增长对经济增长影响的程度?

答: 生产要素供给的增长和生产要素生产率的增长是经济增长的两大源泉。其中生产要素的增长主要是指劳动要素(L)的增长 $\left(\dfrac{\Delta L}{L}\right)$ 和资本要素(K)的增长 $\left(\dfrac{\Delta K}{K}\right)$。假定在经济增长中,有 a 份额的增长来自 $\dfrac{\Delta L}{L}$,b 份额的增长来自 $\dfrac{\Delta K}{K}$,那么,生产要素供给的增长占整个经济增长的部分为 $a \cdot \dfrac{\Delta L}{L} + b \cdot \dfrac{\Delta K}{K}$(即生产要素的增长对经济增长所做的贡献)。生产要素生产率对经济增长的贡献 $\left(\dfrac{\Delta A}{A}\right)$ 就是经济的实际增长率 $\dfrac{\Delta Y}{Y}$ 减去因生产要素供给增长而增长的部分,即

$$\dfrac{\Delta A}{A} = \dfrac{\Delta Y}{Y} - a \cdot \dfrac{\Delta L}{L} - b \cdot \dfrac{\Delta K}{K}$$

生产要素生产率的增长有时又称之为全要素增长或综合要素的增长。

14. 什么叫总要素生产率?它和劳动生产率有没有区别?

答：总要素生产率指全部投入要素的生产率的总和，或者说每一总和单位投入的产出量，这种总和单位不仅要将劳动，还要将资本、能源、材料等都计入投入，而劳动生产率则指单位劳动（每小时劳动）的产出量。经济的增长，一方面是投入要素数量增加的结果，另一方面是这些投入的生产率提高的结果，就是说，经济的增长（产出的增长）一方面是由于投入了更多的资本和劳动等要素，另一方面是每单位投入能生产出更多的产品。

15. 如果劳动的增长速度和资本的增长速度有相同程度的提高，它们对产量增长率的贡献谁大谁小？为什么？

答：美国经济学家爱德华·丹尼逊以及约翰·肯德里克等人用这样一个简单的公式来归结各因素对增长的贡献，即产量增长率等于生产率增长率加上加权的劳动增长率和资本增长率

$$\Delta y/y = \Delta A/A + 0.7\Delta N/N + 0.3\Delta K/K$$

这里，$\Delta A/A$ 表示生产率增长率（即总要素生产率），$\Delta N/N$ 和 $\Delta K/K$ 分别为劳动的增长率和资本的增长率，$\Delta A/A$ 表示生产率的增长率。从这个公式可见，如果劳动的增长速度和资本的增长速度有相同程度的提高，比方说劳动增长率和资本增长率各提高一个百分点(1%)，它们对产量增长率的贡献并不一样。劳动增长率提高 1%，会使产量增长率提高 0.7 个百分点，而资本增长率提高 1%，只会使产量增长率提高 0.3 个百分点。

16. 试说明下列因素如何会提高或降低平均劳动生产率：
(1) 教育制度改革的成功。
(2) 新工人进入经济。
(3) 提前退休。
(4) 在萧条时期的失业率提高。

答：(1) 教育制度改革的成功显然有助于提高劳动生产率，因为

一个更先进的教育制度有助于提高劳动力素质。

(2) 新工人进入经济会降低平均劳动生产率,因为新工人一般还没有掌握各种生产技能,这些技能要靠经验积累才能获得。

(3) 提前退休一般有利于提高平均劳动生产率,因为年纪很大的工人生产率也常常较低,因为他们掌握的技能很可能已经过时,而年纪又不允许他们迅速及时掌握新的知识和技能,并且身体健康方面也常常存在问题。因此,到一定年龄及时让他们退休又有助于提高劳动生产率。

(4) 在萧条时期失业率提高会降低劳动生产率,因为在失业期间,工人们不能连续工作,从而工作经验不会连续地积累,他们的工作技能也许会萎缩。

17. 什么是人口红利?人口红利与经济增长之间有什么关系?

答:人口红利(Demographic Dividend)是指一个国家的劳动年龄人口占总人口比重较大,就可以为经济发展创造了有利的人口,有利于国民经济呈现高储蓄、高投资和高增长的局面。

人口红利一方面来自人口结构转变,即一国人口生育率的迅速下降会造成人口老龄化加速的同时,少儿抚养比亦迅速下降,劳动年龄人口比例上升,在老年人口比例达到较高水平之前,将形成一个劳动力资源相对丰富、抚养负担轻、对经济发展十分有利的"黄金时期"。另一方面,包括中国在内的发展中国家城乡二元结构明显,如果数量庞大的年轻农村人口能够在相当长的时间内持续为城镇提供劳动力资源,也会给经济增长带来比较充足的劳动力供给。

人口红利可以为经济增长带来有利条件,特别是经济增长一旦步入快车道,人口红利可以成为经济增长的有力助推剂;但人口红利并非必然会带来经济增长,这一有利条件能否转变为实实在在的经济成果,依赖于劳动力资源能否得到充分利用。

同时需要注意的是,人口红利结束后往往是不断加速的人口老龄化,即所谓的人口负债。人口老龄化将带来社会抚养比不断提高,劳动力的负担和成本加大,同时加大消费性人口比例,降低生产性人口比例,严重影响劳动生产率,从而对经济持续增长带来负面影响。

18. 什么是新经济增长理论？新经济增长理论出现的背景是什么？

答：新经济增长理论是相对于过去的增长理论尤其是新古典增长理论而言的。过去的增长理论往往假定生产函数具有规模报酬不变的性质,认为技术和人口等的变动都是外生的并以此来说明经济增长,而新经济增长理论是指用规模报酬递增和内生技术进步来说明一国经济长期增长和各国经济增长率差异的理论。这种理论最重要的特征是试图使增长率内生化,即认为促使经济增长的因素是模型内决定的,因此,新经济增长理论又称内生增长理论。

新经济增长理论是在索洛的新古典增长理论无法说明各国经济增长的现实的背景下出现的。例如,按新古典增长模型的假设,当资本存量增长时,由于边际收益递减,经济增长会放慢,最终增长将停止。但过去100多年间,许多国家人均产出保持了正的增长率,增长没有长期下降的趋势。又如,按新古典增长模型,穷国人均资本存量较低,每单位新增投资能得到较高报酬率,因而穷国应比富国增长更快,但事实是相反,穷国增长往往更慢。在这种情况下,一些经济学家通过对新古典模型的反思,认为新古典模型之所以解释不了现实,关键在于把模型中的储蓄率、人口增长率、折旧率和技术进步都当作外生变量,实际上除折旧率外,其余一些变量都是内生的,是由人们行为决定的,并可通过政策加以影响的。这样,一种以内生经济增长为主要特征的新经济增长理论就开始诞生了。

19. 新经济增长理论是怎样把技术进步内生化的？

答：新古典增长理论考虑增长因素时,考虑了资本和劳动,认为技术是"外生的",正如发明创造新技术是一种随机的、偶然的东西,而新经济增长理论认为,技术知识和资本一样是一个生产要素,它是

"内生的",根源于厂商利润极大化的投资决策的努力,一个经济的技术进步速度和路径是这个经济中家庭、企业的行为决定的。例如,罗默(Paul Romer)认为,知识或技术是私人厂商进行意愿投资的产物,企业的投资行为提高了知识水平,而知识是非竞争的,具有外部效应和溢出效应,会使各种投入有收益递增的性质,导致经济长期增长。又如卢卡斯(Lucas)认为,经济增长是人力资本不断积累的结果,而人力资本必须通过教育和培训才能形成,人力资本可互相传递,形成生产的收益递增。有大量人力资本的国家增长就快,人力资本低下则是不发达国家增长慢的重要原因之一。还有一种"干中学"的模型认为,从事生产的过程也是获得知识的学习过程,边干边学中积累起来的经验使劳动和资本的效率在生产过程中都有所提高,这会促使经济长期增长。

20. 新经济增长理论的政策含义是什么?

答:新经济增长理论既然认为增长是内生的,尤其是内生技术变化的产物,因此,政府可以通过政策影响人们的行为,促进经济对从事研究与开发的企业减免税收,对科研活动提供补贴,鼓励技术引进等,实行大力支持发展教育,促进人力资本投资的政策等。他们认为,政府的政策重心不应当放在对付经济周期上,而应当放在如何促进经济长期增长上。

21. 经济增长、有偏的技术进步与收入分配不平等这三者间可能存在的逻辑关系是什么?

答:经济增长的重要来源是技术进步,而根据希克斯的划分,技术进步可以分为中性技术进步和有偏的技术进步。中性技术进步是指技术进步发生前后资本-劳动比率保持不变;有偏的技术进步包括资本节约型的技术进步和劳动节约型的技术进步。资本节约型的技术进步是指技术进步发生后劳动的生产效率的增加大于资本的生产效率的增加,新技术资本-劳动比率下降,劳动节约型的技术进步是指技术进步发生后资本的生产效率的增加大于劳动的生产效率的增加,新技术资本-劳动比率上升。

如果发生劳动节约型技术进步,资本将会密集使用,同时会出现资本替代劳动的情况。这会导致在按要素分配的原则下,劳动收入占比会不断下降,导致社会收入分配差距拉大,不平等程度提高。

22. 经济增长的代价有哪些?"零增长"的观点是怎样产生的?

答: 经济增长固然会带来人们物质福利的改善以及社会在其他方面的一些进步,但是,人类也为此付出了沉重的代价,包括资源的过快消耗,环境的过度污染,生态环境的破坏等。事实表明,全球气候变暖,北冰洋开始融化,海水水位上升,空气雾霾严重,江河湖海水质恶化等都与经济增长有关。如果真如有人所说,将来有朝一日人类生存环境都没有了,经济增长将毁灭人类自身,那么增长再快也变得毫无意义了。正是在这样背景下,早在1967年英国经济学家米香就曾提出了经济增长是否值得的问题,认为西方社会继续追求经济增长,在社会福利方面得不偿失,因为物质财富的享受不是人们快乐的唯一源泉,人们快乐的源泉还有闲暇、文化和美丽的环境,但这些令人向往的事物却成了增加国民收入的牺牲品。接着,美国经济学家麦多斯等人在1972年出版了《增长的极限》一书,指出由于粮食缺少、资源枯竭和环境污染等问题之严重及相互反馈的结果,人口和工业生产的增长将于2100年到来之前完全停止,最后出现"世界末日"。要避免这种灾难发生,从1975年起要停止人口增长,1990年起要停止工业投资的增长,以达到"零度人口增长"和"零度经济增长"的全球均衡。这就是后来人们广泛争论的"零增长"观点的产生。

23. 为什么许多经济学家不赞成"零增长"观点?

答: "零增长"观点一经提出,就引起西方社会广泛关注和讨论,持有异议的观点认为:

第一,阻止经济增长是不可能的。政府不可能命令人们停止发明扩大生产的方法,而且冻结企业产出水平提高也没有意义,因为人们需求的变化会要求某些生产扩大,企业追求营利而增加生产是无法被禁止的。

第二,零增长将严重损害许多国家尤其是发展中国家消除贫困的努力。就改善这些国家生活状况而言,经济增长是完全必要的。

第三,零增长对保护环境也不利,因为经济零增长无力给有效保护环境提供必要财力。

总之,零增长是不能实现的,也是不应实现的。

24. 什么叫可持续发展?为什么经济增长应当实行可持续发展战略?

答:尽管经济零增长观点并不可取,但它提出的经济增长造成的环境污染、生态破坏、资源枯竭等问题却引起了人们高度重视。"可持续发展"战略正是在这样背景下提出的。这一战略是1987年世界环境与发展委员会在《我们共同的未来》的报告中首次提出的。可持续发展被定义为既满足当代人需要,又不损害未来世代人满足其自身需要的能力的发展。尽管对此定义人们还有各种不同解释,但有两点是共同的:

第一,认识到环境与资源对经济增长的制约。与零增长观点不同,可持续发展观不强调经济增长与环境保护的对立,而强调如何在不破坏未来生产能力前提下最大限度地有效利用自然资源,强调经济发展和环境保护的互动互补。

第二,强调代际内和代际间公平。人们在发展经济时,不仅要考虑当代人的利益,还要为未来世代人着想,因为未来世代人的权利在一定意义上是当代人赋予的。当代人发展经济时不该把本来属后代人使用的资源过分透支开发利用。人们也应当改变过度消费的奢侈习惯。这不但需要人们树立正确理念,也需要一定的政府干预来平衡现代人和子孙后代人之间的利益。

25. 什么叫作循环经济？

答：循环经济是实施可持续发展战略的一种重要途径和方式。循环经济是特质闭环流动型经济。它指在人、自然资源和科学技术的大系统内，在资源投入、企业生产、产品消费及其废弃的全过程中，把传统的依赖资源消耗的线型增长的经济，转变为依靠生态型资源循环来发展经济。循环经济注重的是物质的循环利用，多次利用，使经济活动生态化。循环经济与传统经济不同。传统经济是一种"资源—产品—污染排放"的单向流动经济，而循环经济是一种"资源—产品—再生资源"反馈式流程经济，其特征是低开采、高利用、低排放。所有物质和能源要能在这个不断进行的经济循环中得到合理、多次和持久的利用，以便把经济活动对自然环境的负面影响降低到尽可能小的地步。

26. 什么是低碳经济？

答：低碳经济是可持续发展战略中又一重要概念。低碳经济是指经济增长与二氧化碳排放趋于脱钩的经济。其目标有二：一是保持经济增长，二是减少石化能源（如石油、煤、天然气）消耗和二氧化碳排放。低碳经济所要求的脱钩，既指绝对脱钩，即二氧化碳排放随经济增长表现为负增长，也就是经济要增长，碳排放要减少，这是发达国家当前应采纳的方案；又指二氧化碳排放的速度要低于经济增长速度，一般可用单位 GDP 的二氧化碳强度来衡量。实现低碳经济，一是要求用太阳能、风能、生物能等非碳的可再生能源或水能、核能等代替煤、石油、天然气等传统的碳基能源，从能源结构上减少二氧化碳排放；二是要求提高工业、交通、建筑三大领域内的能源利用效率，从能源消耗上减少二氧化碳排放；三是通过保护森林和发展绿色空间吸收二氧化碳，提高对二氧化碳的捕捉能力。

27. 什么是发展中国家？这些国家有些什么特征？

答：世界银行曾按人均收入将世界各国划分成低收入国家、中

低收入国家、中上等收入国家和高收入国家四类。美国、英国、法国、德国、日本、加拿大、澳大利亚等二十多个国家大体上属于高收入国家。另外三类收入国家总称发展中国家,有时又称欠发达国家或不发达国家。这三类国家范围很广,其中有些国家如韩国、新加坡、马来西亚等近三十年来经济发展相当不错,但大部分国家仍处在比较贫困甚至十分贫穷的状态,包括非洲、拉丁美洲及亚洲相当多国家。这些经济落后国家最重要特征是人均收入低、人们生活困苦、营养不良、缺医少药、文化水平低、生产效率低下,预期寿命短,文盲比例高,一句话是"贫困落后"。我们中国近四十多年来经济有了快速发展,GDP 总量已位居世界第二,但由于人口多,人均收入还不算高,因此仍属发展中国家。

28. 阻碍经济发展的因素有哪些?

答: 经济发展离不开经济资源和对经济资源利用的制度。阻碍经济发展的因素同样可从这两方面寻找。

先看资源。国家之所以贫穷,是因为缺乏资本、劳动、自然资源和技术这些要素的投入。贫困国家人均收入低,即使消费水平低,但储蓄和形成资本能力更低。就劳动要素看,尽管人口迅速增长,但无力发展教育,低素质劳动力总是过剩,严重缺乏能运用先进技术的劳动力。从自然资源看,许多贫困国家自然条件恶劣,有些国家即使自然资源丰富,但不会利用。技术落后是贫困国家普遍现象。总之,要素资源确是造成贫困落后的重要因素。

然而,阻碍经济发展的更重要的因素可能是制度、政权和秩序。一些落后国家投资渠道有限,人才外流,甚至丰富的自然资源也没有好好利用。事实证明,推动发展中国家把经济搞上去的,从根本上说是制度、政权和秩序,包括稳定的政局、明晰的产权、良好的投资环境、强有力的激励机制、健康的市场环境以及健全的立法、司法制度等。

当然,也有人把贫穷落后归因于发达国家的剥削和欺侮,如不平等贸易、苛刻的债务条件等。因此,建立"国际经济新秩序"的呼声也时有响起。

29. 什么是经济发展中的政府主导模式和市场主导模式?

答:经济发展或增长中的政府主导模式还是市场主导模式是指在经济发展中的资源配置权力是由政府主导还是市场主导。政府主导模式本质上属于计划经济模式。在传统的计划经济发展模式中,政府主宰一切,不但有五年计划之类的目标指引,还有价格、产量、就业、工程项目等方面的直接指令和控制。这种模式在我国20世纪90年代起逐步退出舞台,但政府主导模式并未根本变化,变化的只是政府主导地位由中央政府转变成地方政府主导。地方政府把土地、金融等重要资源垄断在手中,主宰了各地经济发展。为追求GDP增长政绩,造成过度消耗资源,严重污染环境,过分依赖土地财政,带来金融风险等。因此,要转变粗放型发展方式,必须使这种政府主导模式转变为市场主导模式,充分发挥市场配置资源的决定性作用。当然,这不是不要政府作用,但政府作用不是垄断资源,直接干预市场经济主体的活动,直接去配置资源,而是要给市场经济健康发展提供公平竞争环境,提供必要信息,进行监管等,用经济政策引导社会经济向利于社会进步和人民利益方向发展。

30. 什么是经济发展中的进口替代和出口推动战略?

答:经济发展中的进口替代战略是指一国采取各种措施,限制某些外国工业品进口,以促进国内有关工业发展,逐渐在国内市场上以本国产品替代进口产品,为本国工业化创造条件,又可称进口替代工业化政策。具体做法通常是,一方面国家用税收、投资和销售等优惠政策鼓励外商在国内投资,合资、合作或来料加工办厂,提高工业生产水平;另一方面用提高关税、数量限制、外汇管制等手段限制外国工业品进口,以免本国工业受进口产品竞争。进口替代一般经过两个阶段:第一阶段是建立和发展一批消费品工业,如食品、服装、家电产品生产以及相关的纺织、皮革、木材工业等;当这些消费品能够替代进口产品市场需求时,就转向第二阶段,即由消费品转向机器制造、石油加工、钢铁工业等资本密集型工业,即由轻工业转向重化工业产品的替代。

出口推动战略又称出口导向型工业化政策,指一国家采取各种措施扩大出口,发展出口工业,逐步用轻工业产品出口替代初级产品(如农产品、矿产品等)出口(第一阶段),用重化工业产品出口替代轻工业产品出口(第二阶段),以带动工业和整个经济发展。国家推动出口的措施主要有:一方面减免出口关税、出口退税、出口补贴、出口信贷、出口保险以降低出口产品成本,增强国际竞争力;另一方面用各种办法扶植出口产品企业成长,如给予优惠贷款,优先供应先进设备和所需外汇,大力引进外资合资合作等。

总之,进口替代是抑制外国产品进来挤占本国市场,逐步用本国产品替代外国产品,属内向型经济发展战略;出口推动是刺激本国产品出去争夺外国市场,属外向型经济发展战略。进口替代和出口推动目的都是发展本国工业和经济。

31. 什么叫"中等收入陷阱"?

答:"中等收入陷阱"是指一个国家的人均收入达到中等水平后,由于不能顺利实现经济发展方式转变,导致经济增长乏力而最终出现经济停滞的一种状态。目前世界上绝大多数国家是发展中国家,存在所谓"中等收入陷阱"问题。像巴西、阿根廷、墨西哥、智利、马来西亚等在20世纪70年代就进入中等收入国家行列,但近几十年来长期处于中等收入经济体行列,而无法进入高收入经济体行列。能成功跨越"中等收入陷阱"的国家,公认的只有日本和韩国。"中等收入陷阱"国家的主要特征有:经济增长停滞、民主乱象、贫富分化、腐败多发、城市化过度、社会公共服务短缺、就业困难、信仰缺失、金融体系脆弱、社会动荡等。"中等收入陷阱"发生原因主要可能是低端制造业转型失败。低端制造业发展可以带来中等收入,但伴随而来的高消耗、高污染、低质量和低价格竞争都会恶性循环。低端制造业转变成高端制造业要靠高科技,而高科技要靠自主创新和人力资本的大量投入,这都是中等收入国家难以在短期内做到的。此外,对发展成果享受的公平性欠缺,经济体制变革滞后,宏观经济政策偏差等也是促进"中等收入陷阱"的一些因素。

32. 对经济波动的根源有哪些不同的解释?关于经济波动性质的观点和关于政府作用的观点之间是什么关系?

答: 对经济波动(也常叫经济周期)主要有四种不同的解释:

传统的经济周期理论认为,经济中存在引起波动的内在力量。就是说,波动根源于经济结构自身,即波动的根源是内生的,因而经济的上升和下降在很大程度上可被预测,从而政府的政策在减轻这种波动方面可以起作用。乘数-加速数模型就是这种传统的理论。

实际(或真实)经济周期理论认为,波动是对经济的外在冲击的结果,这种冲击是随机的和未预期到的,如某种重要的投入(如石油)的价格变动,自然灾害以及特别是技术冲击(如新发明),这些冲击来自经济外部,是外生事件,因而都在政策制定者的控制之外,经济(市场)可有效率地适应这些冲击。

货币主义和新古典主义把波动归纳为政府的错误导向特别是货币政策的结果。例如,在短期内,货币当局用人们预期不到的方法变动货币供给量时,价格和产出就会发生波动。因此,对于波动,政府不能解决问题,反而制造出问题,政府干预引发了经济的波动,干扰了市场经济的正常运行。

新凯恩斯主义者把波动看作来源于经济内部和外部的各种原因,现代经济的内在特征扩大了一些这样的干扰,并使其作用持续存在,也就是说,波动起因于对总需求和总供给两方面的冲击,外生冲击的影响由于经济结构而被扩大并且被延长,这种波动靠市场经济本身不能迅速得到调整,尤其在衰退时是如此,需要也能够利用政府政策来刺激经济。

33. 乘数原理和加速原理有什么联系和区别?

答: 在凯恩斯的国民收入决定理论中,乘数原理考察投资的变动对收入水平的影响程度。投资乘数指投资支出的变化与其带来的收入变化的比率。投资乘数的大小与消费增量在收入增量中的比例(即边际消费倾向)有关。边际消费倾向越大,投资引起的连锁反应越大,收入增加得越多,乘数就越大。同样,投资支出的减少,会引起收入的数倍减少。

加速原理则考察收入或消费需求的变动反过来又怎样影响投资的变动。其内容是:收入的增加会引起对消费品需求的增加,而消费品要靠资本品生产出来,因而消费增加又会引起对资本品的需求的增加,从而必将引起投资的增加。生产一定数量产品需要的资本越多,即资本-产出比率越高,则收入变动对投资变动影响越大,因此,一定技术条件下的资本-产出比率被称为加速系数。同样,加速作用也是双向的。

可见,乘数原理和加速原理是从不同角度说明投资与收入、消费之间的相互作用。只有把两者结合起来,才能全面地、准确地考察收入、消费与投资三者之间的关系,并从中找出经济依靠自身的因素发生周期性波动的原因。乘数原理和加速原理不同的是,投资的乘数作用是投资的增长(下降)导致收入的数倍增长(下降),而投资的加速作用则是收入或消费需求的增长(下降)导致投资的数倍增长(下降)。

34. 用乘数-加速数模型说明经济波动为什么会有上限和下限的界限?

答: 由于乘数和加速数的结合,经济中将自发地形成周期性的波动,它由扩张过程和收缩过程所组成,但是,即便依靠经济本身的力量,经济波动也有一定的界限。

经济波动的上限,是指产量或收入无论怎样增加都不会超过一条界线,即社会已经达到的技术水平和一切资源可以被利用的程度。在既定的技术条件下,如果社会上一切可被利用的生产资源已充分利用,经济的扩张就会遇到不可逾越的障碍,产量停止增加,投资也就停止增加,甚至减少。这就是经济波动的上限。

经济波动的下限,是指产量或收入无论怎样收缩都不会再下降的一条界线,它取决于总投资的特点和加速作用的局限性。因为总投资降至最小时即为本期厂商不购买任何机器设备,即总投资等于零,它不可能小于零。这就构成了衰退的下限。又因为从加速原理来看,它是在没有生产能力剩余的情况下才起作用。如果厂商因经济收缩而开工不足,企业有过剩的生产能力,则加速原理就不起作用了。此时,只有乘数作用,经济收缩到一定程度后就会停止收缩,一旦收入不再下降,乘数作用又会使收入逐渐回升。这就是经济波动的下限。

35. 按乘数-加速数模型,政府可以如何采取措施对经济波动实行控制?

答: 西方经济学家认为,虽然在乘数与加速数的相互作用下,经济会自发地形成周期性波动,但政府在这种经济波动面前仍可有所作为。政府可以根据对经济活动变化的预测,采取预防性措施,对经济活动进行调节,以维持长期的经济稳定。而政府的措施主要通过以下三个环节来实现。

(1) 调节投资。经济波动是在政府支出及自发性投资不变的情况下发生的,如果政府及时变更政府支出或者采取影响私人投资的政策,就可以使经济的变动比较接近政府的意图,从而达到控制经济波动的目的。例如,在行政投资下降时,政府可以增加公共工程的投资,增加社会福利的转移支付,或采取减税、降低利率及银行储备率等措施鼓励私人投资,从而使总需求水平不致因行政投资的下降而降低,以保持经济稳定、持续的增长。

(2) 影响加速系数。如果不考虑收益递减问题,加速系数与资本-产量比率是一致的。政府可以采取措施影响加速系数以影响投资的经济效果。例如,政府可采取适当的措施来提高劳动生产率,使同样的投资能够增加更多的产量,从而对收入的增长产生积极的作用。

(3) 影响边际消费倾向。政府可以通过适当的政策影响人们的消费在收入中的比例,从而影响下一期的收入。例如,当经济将要下降时,政府可以采取鼓励消费的政策,提高消费倾向,增加消费,从而增加行政投资,进而促使下期收入的增加。

计 算 题

1. 试推导某一时期总产出、人均产出与人口三者的增长率之间的关系,并作出简要的说明。

解:一国经济总产出的增长率与该国人均产出的增长率是密切相关的。

如果用 $Y(t)$ 表示一国在 t 年的实际总产出,$N(t)$ 表示一国在 t 年的平均总人口。

则该国在 t 年的人均实际产出 $y(t) = Y(t)/N(t)$

对上式两边取自然对数,可得

$$\ln y(t) = \ln Y(t) - \ln N(t)$$

再对两边对时间 t 求导,可得

$$\frac{dy(t)/dt}{y(t)} = \frac{dY(t)/dt}{Y(t)} - \frac{dN(t)/dt}{N(t)}$$

则上式的三个项分别依次表示人均产出的增长率 $\dot{y}$,总产出的增长率 $\dot{Y}$ 及总人口的增长率 $\dot{N}$,上式可简化为

$$\dot{y} = \dot{Y} - \dot{N}$$

可见，$\dot{y}$、$\dot{Y}$及$\dot{N}$三者的关系是人均产出的增长率等于总产出的增长率减去总人口的增长率。

对$\dot{y}$及$\dot{Y}$两项指标而言，$\dot{y}$可以衡量一国人民生活水平及经济发展水平，而$\dot{Y}$可以衡量该国经济实力的变化。显然，如果一国的人口增长率$\dot{N}$保持不变，则人均产出的增长率$\dot{y}$将随总产出增长率$\dot{Y}$的提高（或下降）而按相同的比率提高（或下降）。例如，$\dot{Y}=4\%$，$\dot{y}=2\%$，$\dot{N}=2\%$时，如果$\dot{Y}$提高1%达到5%，则$\dot{y}$相应地提高1%达到3%，即该国的人民生活水平将随总体实力的增强而提高。

如果一国的总产出增长率$\dot{Y}$保持不变，即该国经济实力没有变化，那么人均产出的增长率$\dot{y}$将随人口增长的提高（或下降）而按相同的比率下降（或提高）。例如，$\dot{Y}$不变，即$\dot{Y}=4\%$，$\dot{N}$提高到4%，则$\dot{y}$降为零，即随着人口的增长，人民的生活水平将随之下降。

如果一国的人均产出的增长率$\dot{y}$不变，即该国的人民生活水平及经济发展水平没有得到提高，为$\dot{y}=2\%$，那么也很可能是总产出的增长率$\dot{Y}$和该国的人口增长率$\dot{N}$保持了相同比率的变动，总产出增长率的变动作用，因人口增长率的变动而抵消。

2. 假定某社会经济的消费倾向$C/Y=0.8$，资本-产出比率$v=4(\delta=1/4)$，年增长率$G=5\%$，请你根据表20-1中t期的情况和哈罗德-多马模型填表20-2。

表 20-1

时期	年增长率 (G)	产量或收入 (Y)	消费 (C)	投资或储蓄 (I 或 S)	产量或收入增量 (ΔY)	消费增量 (ΔC)	投资增量或储蓄增量 (ΔI 或 ΔS)
t	5%	100	80	20	5	4	1
$t+1$	5%						
$t+2$	5%						
$t+3$	5%						

解：

表 20-2

时期	年增长率 (G)	产量或收入 (Y)	消费 (C)	投资或储蓄 (I 或 S)	产量或收入增量 (ΔY)	消费增量 (ΔC)	投资增量或储蓄增量 (ΔI 或 ΔS)
t	5%	100	80	20	5	4	1
$t+1$	5%	105	84	21	5.25	4.2	1.05
$t+2$	5%	110.25	88.2	22.05	5.51	4.41	1.10
$t+3$	5%	115.76	92.61	23.15	5.79	4.63	1.16

说明：

由国民收入决定理论：收入(Y) = 消费(C) + 储蓄(S)

收入增量(ΔY) = 消费增量(ΔC) + 储蓄增量(ΔS)

消费(C) = 收入(Y) × 平均消费倾向(C/Y)

消费增量(ΔC) = 收入增量(ΔY) × 边际消费倾向$(\Delta C/\Delta Y)$

由哈罗德-多马模型

$$年增长率 G = \frac{储蓄率(s)}{资本产出比率(v)} \quad (哈罗德模型)$$

$$= 储蓄率(s) \times 资本生产率(\delta) \quad (多马模型)$$

由已知数据，$s = G \times v = 5\% \times 4 = 20\%$

因此，对于时期 $t+1$，有

$$Y_{t+1} = Y_t \times (1+G) = 100 \times (1+5\%) = 105$$

$$C_{t+1} = Y_{t+1} \times C/Y = 105 \times 0.8 = 84$$

$$S_{t+1} = Y_{t+1} - C_{t+1} = 105 - 84 = 21$$

$$\Delta Y_{t+1} = Y_{t+1} \times G = 105 \times 5\% = 5.25$$

$$\Delta C_{t+1} = \Delta Y_{t+1} \times \Delta C/\Delta Y = 5.25 \times 80\% = 4.2$$

$$\Delta S_{t+1} = \Delta Y \times \Delta S/\Delta Y = 5.25 \times 20\% = 1.05$$

$t+2, t+3$ 时期的各项指标依此类推,结果如表 20-2 所示。

3. 在哈罗德增长模型中,假定经济社会的平均储蓄倾向为 0.12, 资本产量比等于 3,求有保证的增长率。

解： 有保证的增长率等于社会平均储蓄倾向与资本产量比的比率,即 $G_w = \dfrac{s}{v} = \dfrac{0.12}{3} = 0.04 = 4\%$

4. 在哈罗德增长模型中,假定社会平均储蓄倾向为 0.2,增长速度为每年 4%,求均衡的资本产量比。

解： 由于增长速度 $G = \dfrac{s}{v}$,则资本产量比 $v = \dfrac{s}{G} = \dfrac{0.2}{0.04} = 5$

5. 已知资本-产出比率为 4,假设某国某年的国民收入为 1 000 亿美元,消费为 800 亿美元。按照哈罗德增长模型,要使该年的储蓄全部转化为投资,第二年的增长率应该为多少？

解： 由题意,国民收入 $Y = 1\,000$ 亿美元,消费 $C = 800$ 亿美元,则储蓄 $S = 1\,000 - 800 = 200$（亿美元）

储蓄率 $s = S/Y = 200/1\,000 = 20\%$

为使该年 200 亿美元的储蓄全部转化为投资,第二年的有保证的增长率 G_w 应为

$$G_w = \frac{\text{储蓄率}\ s}{\text{资本产出比率}\ v} = \frac{20\%}{4} = 5\%$$

此时,如果第二年的增长率达到 5%,

$$Y_2 = 1\,000 \times (1 + 5\%) = 1\,050\ (\text{亿美元})$$
$$\Delta Y = Y_2 - Y_1 = 50\ (\text{亿美元})$$

由 $v = 4$,

则投资 $I = \Delta Y \times v = 50 \times 4 = 200$（亿美元）

即该年 200 亿美元的储蓄正好在第 2 年全部转化为投资,经济实现均衡增长。

6. 如果要使一国的产出年增长率 G 从 5% 提高到 7%,在资本-产出比率 v 等于 4 的前提下,根据哈罗德增长模型,储蓄率应相应有何变化?

解:根据哈罗德增长模型,为实现经济的均衡增长,

$$增长率 G = \frac{储蓄率 s}{资本\text{-}产出比率 v}$$

其中 v 相对稳定,增长取决于储蓄率

由题意,当产出年增长率为 5% 时,

$$G_1 = \frac{s_1}{v}$$

$$s_1 = G_1 \cdot v = 5\% \times 4 = 20\%$$

当产出年增长率为 7% 时,

$$G_2 = \frac{s_2}{v}$$

$$s_2 = G_2 \cdot v = 7\% \times 4 = 28\%$$

即为使年增长率从 5% 提高到 7%,在资本-产出比率不变的条件下,储蓄率 s 应相应从 20% 提高到 28%。

7. 如果要使一国的产出年增长率 G 从 5% 提高到 7%,在储蓄率 s 为 20% 的条件下,根据新古典模型,资本-产出比率应有何相应变化?

解:根据新古典增长模型,为实现经济的均衡增长,

$$增长率 G = \frac{储蓄率 s}{资本\text{-}产出比率 v}$$

其中资本-产出比率会随着资本和劳动的相互替代而调整到使实际增长率趋向于自然增长率。

由题意,当年增长率为 5% 时,

$$G_1 = \frac{s}{v_1}$$

$$v_1 = \frac{s}{G_1} = \frac{20\%}{5\%} = 4$$

当年增长率为 7% 时,

$$G_2 = \frac{s}{v_2}$$

$$v_2 = \frac{s}{G_2} = \frac{20\%}{7\%} \approx 2.86$$

即为使年增长率从 5% 提高到 7%,在储蓄率相对稳定的情况下,资本-产出比率应从 4 降至 2.86。

8. 假定某国经济的资本-产出比率 $v=4$,消费倾向 $C/Y=0.8$,而自然增长率 $G_n = 6\frac{2}{3}\%$,按新古典增长模型,怎样才能实现充分就业的均衡增长?

解:根据经济增长理论,当 $G=G_w$ 时,经济活动实现均衡增长;而当 $G=G_n$ 时,经济活动达到了充分就业的水平。只有当 $G=G_w=G_n$ 时,实现充分就业的均衡增长。

本题中,由消费倾向 $C/Y=0.8$,可推知

$$储蓄率 = \frac{Y-C}{Y} = 1 - 0.8 = 0.2$$

此时,有保证的增长率 $G_w = \frac{s}{v} = \frac{20\%}{4} = 5\%$

而已知自然增长率 $G_n = 6\frac{2}{3}\% > G_w$

根据新古典增长模型，$G_w < G_n$ 时，储蓄不足而导致利率上升，引起使用资本的成本上升，促使厂商以更多的劳动力替代资本的使用，因资本使用量减少，则资本-产出比率下降，这种调整过程一直进行到资本-产出比率为

$$v = \frac{s}{G_n} = \frac{20\%}{6\frac{2}{3}\%} = 3 \text{ 时,}$$

则 $G_w = \dfrac{s}{v} = \dfrac{20\%}{3} = 6\dfrac{2}{3}\% = G_n$

经济实现充分就业的均衡增长。

9. 假定在新古典增长模型中，人均产出函数为 $y = k^{0.5}$，人均储蓄率 $s = 10\%$，稳态中人均资本为 4，试求人均产出和消费。

解： 人均产出 $y = k^{0.5} = \sqrt{4} = 2$

人均消费 $C = y - sy = 2 - 0.1 \times 2 = 1.8$

10. 假定一国生产函数为 $Y = K^{\frac{1}{2}} L^{\frac{1}{2}}$，在新古典索洛模型中试求：

(1) 人均产出函数。

(2) 若该国拥有 40 000 单位资本和 10 000 单位劳动，试求产出和人均产出。

(3) 若年折旧率为 10%，储蓄率 s 要为多少才能使资本-劳动比率符合稳态水平？

(4) 若储蓄率等于稳态下水平，求人均消费。

解：(1) 人均产出函数 $y = Y/L = K^{\frac{1}{2}} L^{\frac{1}{2}} / L = \left(\dfrac{K}{L}\right)^{\frac{1}{2}} = k^{\frac{1}{2}}$

(2) $Y = \sqrt{40\,000 \times 10\,000} = 20\,000$

$y = \sqrt{40\,000 / 10\,000} = 2$

(3) 在稳态水平上有 $sf(k) = \delta k$，已知 $\delta = 10\%$，而人均资本 $k =$

$K/L = 40\,000/10\,000 = 4$,可知 $s = \delta k/f(k) = 0.1 \times 4/2 = 0.2$

(4) 人均消费 $C = y - sy = 2 - 0.2 \times 2 = 1.6$

11. 在新古典增长模型中,集约化生产函数为 $y = f(k) = 2k - 0.5k^2$,人均储蓄率为 0.3,设人口增长率为 3%,求:

(1) 使经济均衡增长的 k 值。

(2) 黄金分割律所要求的人均资本量。

解: (1) 经济均衡增长时,$sf(k) = nk$,将 $s = 0.3$,$n = 3\%$ 代入得:$0.3(2k - 0.5k^2) = 0.03k$

即 $20k - 5k^2 = k$

得 $k = 3.8$

(2) 按黄金分割律要求,对每个人的资本量的选择应使得资本的边际产品等于劳动的增长率,即 $f'(k) = n$

于是有 $2 - k = 0.03$

得 $k = 1.97$

12. 在新古典增长模型中,假设一个国家的总量生产函数是 $y = \sqrt{k}$,其中 y 和 k 分别指人均产出和人均资本。如果储蓄率是 28%,人口增长率为 1%,技术进步速率为 2%,折旧率为 4%,该国稳定状态的产出是多少?如果储蓄率下降到 10%,而人口增长率上升到 4%,其他不变,那么,该国新的稳定状态产出是多少?

解: 在新古典增长模型中,引入技术进步因素后,资本存量稳定状态的条件可用公式表示:$sf(k) = (\delta + n + g)k$,式中,$g$ 表示技术进步速率,将 $s = 0.28$,$n = 0.01$,$\delta = 0.04$ 和 $g = 0.02$ 代入上式得 $0.28\sqrt{k} = (0.04 + 0.01 + 0.02)k$,从中得 $k = 16$,$y = 4$。

如果 $s = 0.1$,$n = 0.04$,其他参数不变,则有 $0.1\sqrt{k} = (0.04 + 0.04 + 0.02)k \Rightarrow k = 1$,$y = 1$。就是说,人均产出和人均资本水平都降低了。

13. 有新古典增长模型 $Y_t = A_t L_t^a K_t^{1-a}$，$Y$ 是产出，A 是技术进步，L 是劳动力，K 是资本，s 是储蓄率，d 是折旧率，n 是人口增长率(也就是劳动力增长率)，试说明模型中 A, a, s, d, n 对经济增长的影响。

解：对于新古典增长模型，经济稳态的条件是

$$k = sf(k) - (n+d)k = 0$$

其中，$k = \dfrac{K}{L}$，$y = f(k) = \dfrac{Y}{L} = AL^{a-1}K^{1-a} = Ak^{1-a}$

将上式代入经济稳态条件，可得

$$sAk^{1-a} - (n+d)k = 0$$

于是稳态下的人均资本为 $k^* = \left(\dfrac{sA}{n+d}\right)^{\frac{1}{a}}$

稳态下的人均产出为 $y^* = A\left(\dfrac{sA}{n+d}\right)^{\frac{1}{a}}$

稳态人均资本对 A、s 和 n 分别求导：

$$\frac{\partial k^*}{\partial A} = \frac{1}{a}A^{\frac{1-a}{a}}\left(\frac{s}{n+d}\right)^{\frac{1}{a}} > 0$$

$$\frac{\partial k^*}{\partial s} = \frac{1}{a}s^{\frac{1-a}{a}}\left(\frac{A}{n+d}\right)^{\frac{1}{a}} > 0$$

$$\frac{\partial k^*}{\partial n} = \frac{\partial k^*}{\partial d} = -\frac{1}{a(n+d)^2}\left(\frac{sA}{n+d}\right)^{\frac{1-a}{a}} < 0$$

因此，A 和 s 提高可以增加经济稳态的人均资本存量，从而提高稳态的人均产出，当然，对稳态人均资本增长率和稳态人均产出增长率没有影响；而 n 和 d 的提高则会降低经济稳态的人均资本存量，进而降低稳态的人均产出，对稳态人均资本增长率和稳态人均产出增长率也没有影响。

$\because Y = yL = Ak^{1-a}L$

$\therefore \dfrac{\dot{Y}}{Y} = \dfrac{\dot{A}}{A} + n$

可见,总产出增长率只受到人口增长率和技术进步的影响。

14. 假定利润在国民收入中份额 P/Y 为 40%,工资在收入中的份额 W/Y 为 60%,资本的储蓄率 $s_p = 30\%$,工资的储蓄率 $s_w = 5\%$,资本产出比率 $v=3$,自然增长率 $G_n = 6\dfrac{2}{3}\%$,按新剑桥模型,怎样才能使有保证的增长率 $G_w = G_n$?

解: 由题意及已知条件,总的社会储蓄率为

$s = s_p \times P/Y + s_w \times W/P$
$= 30\% \times 40\% + 5\% \times 60\%$
$= 12\% + 3\%$
$= 15\%$

此时,$G_w = \dfrac{s}{v} = 15\% \div 3 = 5\% < G_n \left(6\dfrac{2}{3}\%\right)$

根据新剑桥模型,$G_w < G_n$ 时,可以通过改变储蓄率 s,使 s 提高而达到 $G_w = G_n$。而提高 s,只要改变利润和工资在国民收入中的份额就可达到。

因此,为使 $G_w = G_n$,储蓄率 s 应为

$$s = G_n \times v = 6\dfrac{2}{3}\% \times 3 = 20\%$$

则 $s_p \times P/Y + s_w \times W/P = s = 20\%$

$s_p \times P/Y + s_w \times (1 - P/Y) = 20\%$

$30\% \times P/Y + 5\% \times (1 - P/Y) = 20\%$

解得 $P/Y = 60\%$ 则 $W/P = 40\%$

即,为使 $G_w = G_n$,应提高利润占国民收入的份额到 60%,降低工资占国民收入的份额到 40%。

15. 假定图 20-5 为希克斯中性技术进步,试推导 w(工资率) $= OW$;

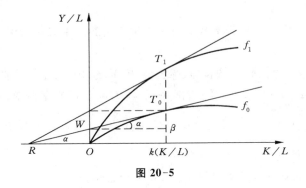

图 20-5

解: 设总量生产函数为 $Y = F(K, L)$ 写成人均形式为 $Y/L = f(K/L)$ 令 $y = Y/L$ $K/L = k$ 则

$$y = f(k)$$

图 20-5 中 f_0 到 f_1 表示由于技术进步使生产函数上移,如图中 T_0 点和 T_1 点为 K/L 相等的点,T_1 点的产出大于 T_0 点的产出。

资本的边际产出 $F_k = MPK = \dfrac{\partial Y}{\partial K} = L \cdot f'(k) \left(\dfrac{1}{L}\right) = f'(k)$ 即为生产函数曲线上切线的斜率 $\mathrm{tg}\,\alpha$。

$$\mathrm{tg}\,\alpha = \dfrac{T_0 B}{WB}$$

$$WB = K/L$$

因而 $T_0 B = \mathrm{tg}\,\alpha \cdot \dfrac{K}{L} = f'(k) \cdot K/L$

$f'(k) \cdot K$ 为资本带来的收益,

$$OW = BK = \dfrac{\text{总收益} - \text{资本收益}}{L} = \dfrac{\text{工资}}{L} = w(\text{工资率})$$

16. 假定在某一时期,资本的增长率 k 为 4%,劳动的增长率 l 为 2%,实际产出的增长率 y 为 5%,由统计资料得知资本的国民收入份额 a 为 0.3,劳动的国民收入份额 b 为 0.7,求:

(1) 总要素生产率(又称全要素生产率)的增长率;

(2) 假定一项减少预算赤字的政策使投资增加,资本的增长率上升 1%,产出的增长率将上升多少?

(3) 假定实行一项减税政策使劳动供给增长 1%,实际产出的增长率又将如何变动?

解:(1) 根据经济增长理论,由资本和劳动这两种要素供给的增加取得的综合增长率为

$$a \times k + b \times l = 0.3 \times 4\% + 0.7 \times 2\%$$
$$= 1.2\% + 1.4\% = 2.6\%$$

而实际的产出增长率已知为 $y = 5\%$

两者的差额即为因要素生产率的提高而取得的增长率,为

$$5\% - 2.6\% = 2.4\%$$

(2) 若资本的增长率上升 1%,则 $k' = 4\% + 1\% = 5\%$

在其他条件不变时,新的产出增长率 y' 为

$$y' = 2.4\% + 0.3 \times 5\% + 0.7 \times 2\% = 5.3\%$$

即,产出的增长率将上升 0.3%。

(3) 若劳动的增长率上升 1%,则 $l' = 2\% + 1\% = 3\%$

在其他条件不变时,新的产出增长率 y'' 为

$$y'' = 2.4\% + 0.3 \times 4\% + 0.7 \times 3\% = 5.7\%$$

即,产出的增长率将上升 0.7%。

17. 已知资本增长率 $k = 2\%$,劳动增长率 $l = 0.8\%$,产出或收入增长率 $y = 3.1\%$,资本的国民收入份额 $a = 0.25$,再假定要素生产率

提高皆由技术进步而来,在以上假定条件下,技术进步对经济增长的贡献为多少?

解:由题意,资本的国民收入份额 $a = 0.25$

则,劳动的国民收入份额 $b = 1 - a = 1 - 0.25 = 0.75$

根据经济增长理论,资本和劳动这两种要素供给的增加取得的综合增长率为

$$a \times k + b \times l = 0.25 \times 2\% + 0.75 \times 0.8\%$$
$$= 0.5\% + 0.6\%$$
$$= 1.1\%$$

而实际的产出增长率 y 已知为 3.1%

两者的差额即为因要素生产率的提高而取得的增长率,即因技术进步,提高了要素生产率,而对经济增长所作的贡献。因此,在本题中,技术进步对经济增长的贡献为 2%。

18. 假设国民收入中资本的份额 a 为 0.4,劳动的份额 b 为 0.6,资本供给增加了 6%,而劳动供给下降了 2%,对产出的影响会怎样?

解:根据经济增长理论,资本和劳动这两种要素供给的变化对总产出的综合增长率的影响为

$$a \times k + b \times l$$

由题中已知条件 $a = 0.4, b = 0.6$

$$k = 6\%, l = -2\%$$

则 $a \times k = 0.4 \times 6\% = 2.4\%$

$b \times l = 0.6 \times (-2\%) = -1.2\%$

$a \times k + b \times l = 2.4\% - 1.2\% = 1.2\%$

即资本供给的增加使总产出增长了 2.4%,而劳动供给的减少使总产出下降了 1.2%。在其他条件不变的情况下,两者相抵后,总产出将增长 1.2%。

19. 如果某国经济中连续 5 年的国民收入分别是 $Y_t = 1\,000$ 亿元，$Y_{t+1} = 1\,200$ 亿元，$Y_{t+2} = 1\,600$ 亿元，$Y_{t+3} = 1\,600$ 亿元，$Y_{t+4} = 1\,500$ 亿元，t 年的净投资 I_t 为 400 亿元，当年的国民收入比上年增加了 200 亿元，求 $(t+1)$ 到 $(t+4)$ 年该国的净投资额分别为多少？

解： 根据加速原理，收入变动对净投资的影响可以用加速系数 V 来表示

$$V = \frac{I_t}{\Delta Y}$$

由题意，t 年的收入变动 $\Delta Y_t = 200$ 亿元，$I_t = 400$ 亿元
则

$$V = \frac{I_t}{\Delta Y_t} = \frac{400}{200} = 2$$

由于加速系数取决于该国生产的技术条件，在一定时期保持稳定，则可知

$$I_{t+1} = V \cdot (Y_{t+1} - Y_t) = 2 \times (1\,200 - 1\,000) = 400(亿元)$$
$$I_{t+2} = V \cdot (Y_{t+2} - Y_{t+1}) = 2 \times (1\,600 - 1\,200) = 800(亿元)$$
$$I_{t+3} = V \cdot (Y_{t+3} - Y_{t+2}) = 2 \times (1\,600 - 1\,600) = 0$$
$$I_{t+4} = V \cdot (Y_{t+4} - Y_{t+3}) = 2 \times (1\,500 - 1\,600) = -200(亿元)$$

由此可见，在一定时期，经济中，净投资随收入的增加而增加，随收入的减少而减少。

20. 如果某国经济中 t 年的国民收入 Y_t 是 $1\,000$ 亿元，资本-产出比率 V 为 2，重置投资 D_t 为每年 200 亿元，年初资本存量 K 为 $1\,800$ 亿元，以后三年的国民收入分别为 $1\,120$ 亿元，$1\,180$ 亿元及 $1\,150$ 亿元，分别计算连续四年的净投资 I_t 及总投资 G_t。

解： 由题意，第 t 年的国民收入 $Y_t = 1\,000$ 亿元

资本产出比率 $V = 2$

则根据加速原理，在此生产技术条件下，取得 $1\,000$ 亿元国民收

入需要使用的资本数量为

$$K_t = V \times Y_t = 2 \times 1\,000 = 2\,000(亿元)$$

又因为 t 年初的资本存量 $K_0 = 1\,800$(亿元)
则当年新增资本存量 ΔK(即净投资 I_t)为

$$I_t = K_t - K_0 = 2\,000 - 1\,800 = 200(亿元)$$

而总投资 $G_t = D_t + I_t = 200 + 200 = 400(亿元)$
依此类推：第 $t+1$ 年

$$K_{t+1} = V \times Y_{t+1} = 2 \times 1\,120 = 2\,240(亿元)$$

而 $\quad K_t = 2\,000$(亿元)
∴ $\Delta K_{t+1} = I_{t+1} = 2\,240 - 2\,000 = 240(亿元)$
$G_{t+1} = D_{t+1} + I_{t+1} = 200 + 240 = 440(亿元)$
第 $t+2$ 年

$$K_{t+2} = V \times Y_{t+2} = 2 \times 1\,180 = 2\,360(亿元)$$

而 $\quad K_{t+1} = 2\,240$(亿元)
∴ $\Delta K_{t+2} = I_{t+2} = K_{t+2} - K_{t+1} = 2\,360 - 2\,240 = 120(亿元)$
$G_{t+2} = D_{t+2} + I_{t+2} = 200 + 120 = 320(亿元)$
第 $t+3$ 年

$$K_{t+3} = V \times Y_{t+3} = 2 \times 1\,150 = 2\,300(亿元)$$

而 $\quad K_{t+3} = 2\,360$(亿元)
∴ $\Delta K_{t+3} = I_{t+3} = K_{t+3} - K_{t+2} = 2\,300 - 2\,360 = -60(亿元)$
$G_{t+3} = D_{t+3} + I_{t+3} = 200 + (-60) = 140(亿元)$

由此可见，净投资构成各时期的新增资本存量，并随总产出的增加而增加，总产出的减少而减少，总投资亦随之同方向变动。

21. 假定某国经济的边际消费倾向 $b = 0.75$，加速数 $V = 2$，每期

自发投资 $I_d = 900$ 亿美元，1992 年国民收入水平为 6 000 亿美元，比上一年增加 400 亿美元，求 1993 年和 1994 年的总投资和国民收入水平是多少？

解：由题意及已知条件，1991 年的国民收入水平为

$$Y_{1991} = Y_{1992} - \Delta Y_{1992} = 6\,000 - 400 = 5\,600(亿美元)$$

则 1992 年、1993 年的消费分别为 $C_{1992} = b \times Y_{1991} = 0.75 \times 5\,600 = 4\,200(亿美元)$

$$C_{1993} = b \times Y_{1992} = 0.75 \times 6\,000 = 4\,500(亿美元)$$

根据加速原理，1993 年的引致投资为

$$\begin{aligned} I_{i93} &= V \times (C_{1993} - C_{1992}) \\ &= 2 \times (4\,500 - 4\,200) \\ &= 600(亿美元) \end{aligned}$$

则 1993 年的总投资为

$$I_{1993} = I_d + I_{i93} = 900 + 600 = 1\,500(亿美元)$$

1993 年的国民收入水平为

$$Y_{1993} = C_{1993} + I_{1993} = 4\,500 + 1\,500 = 6\,000(亿美元)$$

同理，$C_{1994} = b \times Y_{1993} = 0.75 \times 6\,000 = 4\,500(亿美元)$

$$\Delta C_{1994} = C_{1994} - C_{1993} = 0$$

则 $I_{i94} = V \times \Delta C_{1994} = 0$

$$I_{1994} = I_d = 900(亿美元)$$

$$Y_{1994} = C_{1994} + I_{1994} = 5\,400(亿美元)$$

第二十一单元
当代宏观经济学流派

引 言

本单元习题主要体现下列概念和原理。

1. 从宏观经济学的发展历史来看,宏观经济学包括凯恩斯以前早期的宏观经济思想(包括大卫·休谟的早期货币数量公式和亚当·斯密的古典方法等)、凯恩斯宏观经济学、货币主义、新古典宏观经济学、真实经济周期理论、新凯恩斯主义宏观经济学和供给学派等主要流派。当前宏观经济学的争论主要在新古典宏观经济学派和新凯恩斯学派之间展开,其争论的主要内容集中在市场机制的有效性和政府干预经济的必要性方面。

2. 货币主义学派在弗里德曼的领导下最早向凯恩斯宏观经济学提出了挑战。

货币主义利用新的货币数量论说明货币对宏观经济的影响。弗里德曼的新货币需求函数为 $M=f(P, r_b, r_e, r_p, w, Y, u)$,其中,$M$ 为名义货币需求,P 为一般价格水平,r_b 为债券预期收益率,r_e 为股票预期收益率,r_p 为预期的通货膨胀率,w 为非人力财富在总财富中的比例,Y 表示永久性收入,u 表示其他影响货币需求的变量。设 $k=k(r_b, r_e, r_p, w, u)$,$V=1/k$,则新货币数量论公式可以转化为 $MV=PY$,与传统的货币数量论公式在形式上完全一样。

货币主义由此认为货币数量是解释价格水平变动的基本因素,两者同方向变动。

货币主义还认为货币供给量的增长对名义 GDP 具有决定性作用。在短期,货币量的变动领先于价格的变动,因而 M 的变动可以影响 Y;在长期,货币与价格一起变动的滞后现象消失,货币流通速度是常数,因而改变货币量不会影响产出,只影响价格。

货币主义提出了自然率假说。自然率假说是指在没有货币因素干扰的情况下,劳动市场处于竞争条件下达到均衡时所决定的就业率。货币主义认为任何一个社会都存在一个自然率,其大小取决于该社会的技术水平、资源数量和社会文化制度等。在长期,该社会的经济总是趋向于自然率,也就是说,人为的经济政策可以暂时或在短期内使经济的实际就业率偏离自然率,但在长期不可能做到这一点。

货币主义反对凯恩斯主义的相机抉择的财政政策和货币政策,主张实行单一规则的货币政策,即以货币供给量作为货币政策的唯一控制指标,每年按固定比例增长。

3. 新古典宏观经济学的基本假设:最优化行为假设、理性预期假说和市场出清假设。

4. 理性预期是指人们在有效地利用了一切信息的基础上对经济变量作出的平均来说是最正确的,与所使用的经济理论和模型相一致的预期。理性预期并不意味着当事人一定能十分准确地预见未来,但这却是最有效的预期形成的方法,与其他的预期方法相比方差最小,且不会产生系统性误差。如果将理性预期引入以上的附加预期的菲利普斯曲线的分析,则即便在短期,菲利普斯曲线也是垂直线。

5. 卢卡斯供给曲线:是以微观分析为基础推导出的宏观总供给曲线。其分析的基础是传统的微观经济学假设:工人和厂商作出的理性决策是最优化的;工人和厂商的劳动和产量供给取决于相对价格。卢卡斯从代表性微观厂商的"信号提取"出发,总结出经济的总产出与未被预期到的价格上升之间具有正相关的关系。卢卡斯总供

给函数可表示为 $Y = nh(1-b)(P - \hat{P}) + Y^*$。

6. 卢卡斯批评。 卢卡斯批评了丁伯根创立的用大规模宏观计量模型来模拟和评价经济政策的做法(这种做法在凯恩斯主义经济政策和计划制定过程中被广泛运用)。他指出这种做法是建立在政策变化时,计量模型的参数保持不变的基础之上的。但这个假设本身是站不住脚的。对于总体经济变量之间的关系,预期是很重要的。政策变化以后,经济当事人会随着经济环境的变化而调整他们的预期和行为,其结果是政策的变化会改变计量模型的参数。于是利用既定的模型就无法准确地预测政策变化后的经济效果。相反,新古典分析的长处在于其微观基础,即厂商和家庭的目标和约束方面,其理论模型的参数很可能在政策变化时发生改变,模型的验证和预测效果更好。

7. 新古典宏观经济学的货币周期理论认为,经济波动的根源是货币冲击,而这种冲击一般是由中央银行的货币政策引起的。货币冲击首先会影响一般价格水平,但经济人要经过一段时间才能分辨清楚这种变化不是相对价格变化而是总需求变化,从而在这段短时期里货币冲击的确能够影响产出。但是理性预期的经济人很快会形成对未来价格的正确预期,纠正错误的产量决策,使产量恢复到自然率水平。可见,只要货币当局的政策具有系统性,就不能改变产出增长的长期路径。如果要长期影响产量,货币当局必须随机改变货币政策,不让人们掌握规律,但代价是产出的剧烈波动。

8. 新古典宏观经济学的真实经济周期理论也以最优化行为、理性预期和市场出清作为基本假设,但区别于货币周期理论,真实经济周期理论把实际冲击(如技术进步、战争、大规模自然灾害等)作为经济波动的根源,主要强调技术冲击而非货币冲击、供给冲击而非需求冲击、真实因素而非名义因素的作用,认为总产量和就业的波动主要是由生产技术的较大的随机变化引起的,是行为人面对技术冲击作出理性选择的结果。真实经济周期理论提出就业波动反映了人们工作时间的自愿变化,同时货币是中性的,货币政策没有意义。

9. 新古典宏观经济学不但认为货币政策不能改变产出增长的长期路径,而且认为用公债弥补政府赤字或减税的办法刺激经济都无济于事。巴罗认为,不管公债负担落在当代人身上还是后代人身上,李嘉图等价定理仍是成立的。

10. 政策的动态时间不一致。新古典宏观经济学还指出,政策的制定和执行并不是一个针对自然的博弈,而是一个多方理性当事人参与的动态博弈。其中公众是具有理性预期的最优化者,同样,政府也是一个有目标和偏好的最优化者。于是,在时间 t 政府出台一个最优政策并被公众相信,在 $t+n$ 期重新最优化时,政府会发现背弃原来的承诺或在原先宣布的政策上做手脚对政府更有利。于是事先和事后的最优化之间存在了不一致,即动态时间不一致。由此,政府干预经济的相机抉择的政策在实施过程中不一定会导致社会目标函数最大化。

11. 非市场出清是新凯恩斯主义经济学最重要的假设,尽管原凯恩斯主义也如此假设,但两者的非市场出清理论仍有重大差别。一是原凯恩斯主义的非市场出清的基础是工资刚性,而新凯恩斯主义的非市场出清的基础是工资和价格黏性;二是新凯恩斯主义模型增添了原凯恩斯主义所没有的经济当事人最大化假定和理性预期假定。

12. 新凯恩主义学者的理论致力于构筑宏观经济学的微观基础。根据他们构筑微观基础的重心不同,新凯恩斯主义者中一些人强调名义价格与工资刚性,一些人强调经济中一些不完全因素。尽管有这些差别,他们都认为存在非自愿性失业,经济存在周期波动,需要政府干预的稳定经济的政策。

13. 新凯恩斯主义用以说明工资和价格黏性的理论主要有四大类:

一是名义工资黏性理论。名义工资黏性是指名义工资不能随需求的变化作出迅速的调整,从而不能影响劳动力的供求并进而影响产出水平。解释名义工资黏性的主要是长期工资合同。长期工资合同对厂商和工人都是有利的,可降低谈判成本,减少工人因工资频繁变动带来的风险,减少罢工次数,因此成为主要的工资合同形式。而长期工资合同排除了工资适应条件变化而迅速调整的可能性,名义工资变动因而表现出黏性的特点。

二是实际工资黏性理论。实际工资黏性是指经济行为人缺乏动机去改变实际工资,使非自愿失业持续甚至扩大。解释实际工资黏性的主要有效率工资理论、局内人-局外人理论和隐性合约理论。

效率工资理论认为厂商认识到真实工资和工人的努力程度至少在一定的有意义的区间内是正相关的,为了刺激工人的生产积极性,维持较高的劳动生产率,厂商愿意支付给工人高于市场出清水平的工资。而效率工资也构成了对工人偷懒的负激励:工人偷懒被抓住,解雇是惩罚,工资损失是偷懒的成本;当效率工资高于市场出清水平时,一方面工资损失大;另一方面,由于高效率工资导致大量非自愿失业,工人重新再就业的难度加大了。偷懒导致的工资损失及失业后备军的压力成为工人不偷懒的激励。

局内人-局外人理论提出解雇老员工(局内人)、雇佣新员工(外部人)有劳动力的变动成本,包括招聘成本、辞退成本和新员工的培训成本等。劳动力转换成本越大,内部人的权力越大,即越容易逼迫厂商为维护内部人的就业将工资定高,同时阻止愿意接受低工资的外部人进入。工会的存在会使内部人的权力进一步增加。

隐性合约理论指出厂商与工人之间存在一种默契的工资合约(虽然这种"看不见的握手"没有在显式合同上注明)。此时工资不仅是对劳动的报酬,也提供了对各种冲击下收入变动风险的保险。在隐性工资合约下,对于风险规避的工人,不变的真实工资使其消费平稳;而厂商接受稳定的真实工资也是出于其最优化动机。

三是名义价格黏性理论。名义价格黏性是指名义价格不能随名义需求的变化而迅速地变动。解释名义价格黏性的主要是菜单成本理论。菜单成本理论指出厂商每次调整价格要花费成本(即菜单成本),如果菜单成本高于价格调整可能带来的收益,厂商将不愿意调整价格,由此产生价格黏性。近似理性假说则进一步补充了菜单成本理论。

四是真实价格黏性理论。真实价格黏性是指行为人缺乏激励调整真实价格,表现出真实价格不变。解释真实价格黏性的理论主要有厂商声誉理论(即俗话说的"便宜没好货,好货不便宜")、顾客市场需求非对称理论(顾客对价格上涨和下降反应速度的差别导致企业选择涨价将立即失去大量顾客,而选择降价也无法显著地增加需求)、寡头垄断市场的博弈论分析,等等。

14. 新凯恩斯主义学派认为,由于价格和工资的黏性,经济受到总需求冲击后,从一个非充分就业的均衡状态恢复到充分就业的均衡状态,是一个缓慢的过程,因此,刺激总需求是必要的,否则,靠工资和价格下跌来恢复经济,将是一个长期的痛苦过程。这就是说,为克服经济的剧烈波动,政府采取调节总需求的财政政策和货币政策是必要的。

15. 供给学派的理论和政策主要包括:恢复萨伊定律,主张"供给会自行创造需求";降低税率,刺激供给;缩减政府开支,刺激人们劳动的积极性;放松政府干预,加强市场调节;实行限制性货币政策等。供给学派在20世纪80年代里根任美国总统期间在美国很大程度上付诸实践,因此又被称为"里根经济学"。但现在其影响已经衰落。

选 择 题

1. 下列哪个宏观经济学流派坚持了古典主义传统?( )
A. 货币主义　　　　　　　B. 货币经济周期理论
C. 真实经济周期理论　　　D. 以上都是

2. 下列哪些宏观经济学流派或理论坚持了凯恩斯传统?( )
A. 货币主义　　　　　　　B. 货币经济周期理论
C. 真实经济周期理论　　　D. 效率工资理论

3. 以下( )观点不是货币主义的主要观点。

A. 在长期,货币数量不能影响就业量和实际国民收入

B. 私人经济具有稳定性,国家经济政策可能使它的稳定性遭到破坏

C. 货币供给对名义收入具有决定性作用

D. 在短期,货币数量不能影响就业量和实际国民收入

4. 货币主义坚持以( )作为货币政策的唯一控制指标。

A. 利率　　　　　　　　B. 货币供给量

C. 信贷流量　　　　　　D. 准备金

5. 根据卢卡斯的理性预期供给函数,一次预期的货币供给的减少将( )。

A. 会降低价格水平,而不会减少 GDP

B. 会减少 GDP,而不会降低价格水平

C. 会降低价格水平和产量

D. 不会降低价格水平和产量

6. 构成政策无效性命题的关键是( )。

A. 价格和工资是有完全伸缩性的

B. 预期是合乎理性的

C. 价格和工资是有完全伸缩性的,预期是合乎理性的

D. 信息是不完全的

7. 卢卡斯供给曲线表示的是( )。

A. GDP 和价格变动之间的正相关关系

B. GDP 和未被预期的价格变动之间的正相关关系

C. GDP 和预期的价格变动之间的正相关关系

D. GDP 和未被预期的价格变动之间的负相关关系

8. 下列关于理性预期的描述正确的是( )。

A. 理性预期能完全准确地预期未来

B. 理性预期是根据经济变量过去的数值预期未来

C. 理性预期不会犯系统性的错误

D. 理性预期的主体是公众

9. 理性预期的总供给函数认为,只要中央银行公开宣布降低货币增长率,则( )。

A. 失业率和通货膨胀率就都会下降

B. 失业率无需下降,通胀率就会下降

C. 失业率和通货膨胀率都不会下降

D. 失业率下降,通货膨胀率不一定下降

10. 在公债能否影响经济的问题上,( )。

A. 凯恩斯主义认为,公债的效果是中性的

B. 新古典主义认为,公债的效果是中性的

C. 凯恩斯主义认为,短期公债的效果是中性的,长期公债效果是非中性的

D. 新古典主义认为,短期公债的效果是中性的,长期公债的效果是非中性的

11. 以下哪个观点不是真实经济周期理论的观点?( )

A. 重视微观基础　　　　　B. 重视供给

C. 重视货币政策　　　　　D. 重视技术进步

12. 新凯恩斯主义最重要的假设是( )。

A. 非市场出清　　　　　B. 经济当事人的最大化原则

C. 信息不完全　　　　　D. 价格刚性

13. 新凯恩斯主义吸收了新古典主义的假设是( )。

A. 市场出清　　　　　B. 理性预期

C. 自然率假说　　　　D. 价格刚性

14. 菜单成本理论解释了( )。

A. 名义工资黏性　　　　B. 实际工资黏性

C. 名义价格黏性   D. 实际价格黏性

15. 新凯恩斯主义者认为,劳动供过于求时,(　　)。

A. 会产生非自愿性失业

B. 工资会跌落

C. 一方面会产生非自愿性失业,一方面工资会跌落

D. 工资并不会跌落,非自愿性失业也不会产生

16. 下列哪个理论主要解释了名义工资黏性?(　　)

A. 效率工资理论   B. 隐性合约理论

C. 长期工资合同理论   D. 局内人-局外人理论

17. 效率工资的高低与以下哪项因素无关?(　　)

A. 监督的难易程度   B. 其他厂商的工资水平

C. 失业率   D. 工人的人数

18. 效率工资理论说明厂商之所以愿意支付较高工资是因为(　　)。

A. 厂商关心工人生活

B. 可避免劳工逆向选择

C. 使员工更加愿意留在本企业努力工作

D. 降低工人的工资支出

19. 下列哪个因素增加了内部人决定工资的权力?(　　)

A. 招聘和培训新员工的成本   B. 解雇老员工的成本

C. 工会   D. 以上都是

答　案

1. D   2. D   3. D   4. B   5. D   6. C   7. B

8. C   9. C   10. B   11. C   12. A   13. B   14. C

15. A   16. C   17. D   18. C   19. D

分析讨论题

1. 什么是滞胀？滞胀对宏观经济学的发展有何影响？

答： 滞胀（Stagflation）又称停滞性通货膨胀，是指宏观经济出现了经济增长停滞（Stagnation）、高通货膨胀（Inflation）以及失业增加同时并存的现象。

在 20 世纪 30—60 年代，发达国家出现的是菲利普斯曲线所描述的通货膨胀与失业此消彼长的替代关系，这也为凯恩斯主义的政府干预政策提供了依据和工具。

但 20 世纪 60 年代末 70 年代初出现的滞胀给凯恩斯主义带来了前所未有的挑战，根据凯恩斯主义的政策，消除"滞"的政策将导致"胀"的加剧，而降低"胀"的政策会使"滞"更严重。

以后，货币主义、理性预期等学派提出对滞胀的见解，并开始对凯恩斯主义进行批评和挑战，新古典宏观经济学开始产生。比如，货币主义就直接提出滞胀的原因就是凯恩斯主义的政府干预，以政府干预增加有效需求实质就是过度发行货币，必然造成通货膨胀，同时政府的过度干预削弱了市场机制的作用，政府开支增加后的增税又会打击企业和居民，这些都会造成经济增长停滞。货币主义认为摆脱滞胀首先是抑制通货膨胀，而首要的是减少政府干预。

2. 货币主义学派的代表人物弗里德曼提出"通货膨胀在任何时候、任何地方都纯粹是一个货币问题"。但在一些国家的一些时期，大量的货币发行并没有带来 CPI 的大幅上升，这是为什么？

答： 在美国，1980 年以前 M1 对 CPI 的领先迹象比较明显，但是此后二者的先行滞后关系很不显著。20 世纪 80 年代的日本，大量的货币发行也并没有导致 CPI 的显著上升。一些学者将其归因于格林斯潘式泡沫或货币之蜜。

20世纪80年代以后，美国经济完成了重化工业的发展阶段，进入后工业化时期，M1向CPI和实体经济的影响模式和传导机制发生了根本性的改变。货币供应不再直接通过瓶颈部门沿着产业链条对实体经济产生直接影响，而主要通过大宗商品和虚拟经济间接产生影响。过量货币进入市场，并不像水一样非常平均地流到一切地方，而是像蜂蜜一样，带点黏性地先流到一些地方，再流到另外的地方。先流向哪里，哪里的相对价格就上升较快。在完成工业化以后的美国，具有类似蜂蜜黏性的货币会先流入资产市场，引起资产价格的上涨，但不一定马上引起消费物价上涨，所以没有马上在CPI上反映出来，但形成了所谓的格林斯潘（曾相当长时间任美联储主席）式资产泡沫。

M1上升与CPI脱钩在中国也时有发生，除了货币之蜜及资产泡沫的因素以外，中国的特殊性还在于市场化改革所带来的货币财富化，即大量新增货币变成人们不断积累的财富，因此也没有在CPI上明显反映出来。

但从长期来看，货币还是"黏性之水"，如果长期大量货币超额发行，还是会带来日益累积的通货膨胀的压力，并也会在CPI上显示出来。

3. 什么叫作"货币中性"？不同的经济学流派对货币中性的看法有什么不同？

答：货币中性是指如下的观点：货币供给量的变化只影响一般价格水平，不影响实际产出水平，因而货币对实际经济变化是中性的。

古典学派经济学家将经济分为实物方面和货币方面，认为经济的长期发展完全是由实物部门决定的，货币是与实体经济没有内在联系的"外生变量"，货币的供给变化不影响就业、产出等实际变量，从而形成了传统的两分法和所谓的"货币面纱论"。在古典学派看来，任何积极的货币政策都是多余的，甚至是有害的。

古典学派货币中性论理论的典型代表是货币数量论。剑桥方程式和费雪方程式虽然形式不同,但表达了同一实质内容,即货币供给量 M 的变化将完全体现于价格 P 的变化上,所以货币是中性的。

凯恩斯学派认为货币是非中性的,重视货币政策对经济的刺激作用,主张政府应采取"相机抉择"的财政和货币政策干预经济;当然,凯恩斯主义主要分析短期经济政策,他说"长期人们都死了。"

货币主义的代表人物弗里德曼则认为由于人们可能预期错误或源于政府的干预,因此货币短期是非中性的;但长期货币是中性的,因此政府应实施长期的"单一政策"或"单一规则"。

而此后的新古典主义学派则认为货币不仅长期是中性的,短期也是中性的。新古典学派认可货币中性完全是基于新古典主义经济学的两个基本假设:理性预期和市场出清。理性预期学派的代表人物卢卡斯就曾提出过著名的"政策无效性命题",他指出:"当扩张性货币政策反复推行时,它不再能实现自己的目标。推动力消失了,对生产没有刺激作用,期望生产能扩大,但结果却是通货膨胀,而不是别的。"而以基德兰德、普雷斯科特等为代表的真实经济周期学派则提出引起经济波动的并非货币因素,而是实际因素,他们因此也赞成货币政策无效和货币中性的结论。

4. 以弗里德曼为首的货币主义者提出了哪些政策主张?

答:货币主义者提出的政策主张主要包括:

(1) 反对凯恩斯主义的财政政策。弗里德曼认为财政政策会产生挤出效应,私人投资会随着政府开支的增加而减少,其后果往往是非生产性投资代替了生产性投资,过度的政府支出还会引发通货膨胀。

(2) 反对相机抉择的货币政策。货币主义坚持经济政策具有滞后性,因此相机抉择的政策反而会引发或加剧经济的波动。

(3) 主张单一规则的货币政策,以货币供给量作为唯一的货币政策控制指标。在没有通货膨胀的情况下,按平均国民收入增长率再加上人口增长率来制定并公开宣布一个长期不变的货币供给增长率是货币政策的最佳选择。这样的货币政策能够给经济提供一个稳定的环境,防止货币本身成为经济波动的根源。

5. 什么是新古典宏观经济学?

答:新古典宏观经济学是20世纪70年代以来出现的由理性预期学派发展而来的一种宏观经济学。它着重关心和研究的是经济周期的宏观经济问题,其宗旨是要建立与微观经济学相一致的宏观经济学,因而致力于寻找宏观经济学的微观基础。由于新古典宏观经济学家从最优化假设这一最根本的古典经济学假定中寻找宏观经济学的微观基础,并从中得出应当让经济完全自由这样的古典经济学信条和结论,从而成了经济保守主义代言人和古典传统的继承者,于是他们的学说就被称为新古典宏观经济学。

6. 新古典宏观经济学有哪些基本假设?

答:新古典宏观经济学的基本假设有三个:
(1)经济当事人最大化原则,即厂商追逐最大利润和家庭追求最大效用;
(2)预期是理性的;
(3)市场出清,即价格有充分灵活性,可根据供求情况作迅速调整,使市场达到供求平衡。

7. 什么叫理性预期?它和适应性预期有何区别?

答:理性预期是在有效地利用一切信息的前提下,对经济变量作出的在长期中平均来说最为准确的,而又与所使用的经济理论相一致的预期。这意味着作决策的经济主体是为追求最大利益而力求作正确预期的,并可以获得一切有关信息,在预期时不会犯系统错误,变量未来预期值与实际值是一致的。适应性预期是指人们根据某变量过去的量值来预期未来的量值,比方说去年物价比前年物价上升5%,就认为今年物价也会比去年上升5%。

8. 什么是市场出清假说?

答：市场出清假说是指,劳动市场上的工资及产品市场上的价格都有充分灵活性,可根据供求情况作迅速调整,因此劳动市场和产品市场都不存在超额供给,因为一旦产品市场上出现了超额供给,价格会下降,直降到使买者把超额供给买光为止;如劳动市场出现超额供给,工资会下跌,直跌到使企业愿为所有想工作的失业者提供工作为止,因而市场总能出清。

9. 什么是卢卡斯供给函数?

答：按卢卡斯的看法,整个经济的总供给曲线是通过对所有典型企业的供给曲线加总而得到的。设整个经济的生产由 n 个像企业 i 的企业组成,则经济的总供给函数便为

$$y = nh(1-b)(P - \hat{P}) + y^*$$

这一方程式就是卢卡斯总供给函数。式中,y 为总产出,P 为实际价格水平,$\hat{P}$ 为价格预期值,y^* 为经济的潜在产量。卢卡斯总供给函数表明,经济的总产出与未被预期到的价格 $\hat{P}$ 上升之间具有正相关关系。式中,h 为参数,表示企业对其产品价格与总价格水平偏离的一种反应,$h>0$,参数 b 为企业根据其经验对预测值 $\hat{P}$ 的调整系数。如果令 $c=nh(1-b)$,那么,卢卡斯总供给函数可改写为 $y = c(P - \hat{P}) + y^*$。从这个公式可见,如果 $\hat{P}$ 未被预期到上升,而价格 P 上升了,则总产出 y 就会上升。相反,如果政府增加货币供给,人们预计到价格水平会上升,则 P 和 $\hat{P}$ 就会以同样比例上升,则总产出就不会增加,因而被预计到的货币政策是无效的,它对实际 GDP 没有影响。

10. 为什么说卢卡斯供给曲线是建立在微观基础之上的宏观总

供给曲线?为什么卢卡斯供给曲线相对来说是更加经得起卢卡斯批评的?

答:卢卡斯供给曲线是由微观分析为基础推导的宏观总供给曲线。卢卡斯假定整个经济由 n 个完全相同的厂商组成,只要推出代表性厂商 i 的供给曲线,然后进行加总就可以得出整个社会的总供给曲线。

假定整个经济最优产出是 Y^*,第 i 个厂商的最优产出就是 Y^*/N,记作 Y_i^*,该厂商的产品价格为 P_i,该经济总的市场价格水平为 P。卢卡斯总供给曲线推导的基础是传统的微观经济学假设:厂商作出的理性决策是最优化的;厂商的产量供给取决于相对价格。

因此,代表性厂商的供给曲线为

$$Y_i = h(P_i - P) + Y_i^*, \quad h > 0 \tag{1}$$

实际上,代表性厂商在制定未来价格时,并不知晓未来的经济总体价格水平,只能用未来的价格水平预期 P^e 来代替,于是,代表性厂商的供给曲线转化为

$$Y_i = h(P_i - P^e) + Y_i^* \tag{2}$$

代表性厂商对未来价格水平的预期由两部分构成:一部分是公认的经济信息 $\hat{P}$,另一部分是根据自己的经验对公共信息的调整,可以用以下公式来表示

$$P^e = \hat{P} + b(P_i - \hat{P}), \quad 0 \leqslant b \leqslant 1 \tag{3}$$

将(3)式代入(2)式,可得

$$Y_i = h\{P_i - [\hat{P} + b(P_i - \hat{P})]\} + Y_i^*$$

$$Y_i = h(1-b)(P_i - \hat{P}) + Y_i^*$$

总供给曲线就是将上式两边同乘以 n,即推出卢卡斯总供给曲线

$$Y = nh(1-b)(P - \hat{P}) + Y^*$$

所以卢卡斯供给曲线是建立在微观基础之上的宏观曲线。

卢卡斯批评指出丁伯根创立的用大规模宏观计量模型来模拟和评价经济政策的做法是建立在政策变化时,计量模型的参数保持不变的基础之上的。但这个假设本身是站不住脚的。对于总量变量之间的关系,预期是很重要的。政策变化以后,经济当事人会随着经济环境的变化而调整他们的预期和行为,其结果是政策的变化会改变计量模型的参数。于是利用既定的模型就无法准确地预测政策变化后的经济效果。相反,包括卢卡斯供给曲线在内的新古典分析的长处在于其微观基础,即厂商和家庭的目标和约束方面,已经把经济主体的预期和公共信息考虑在内,因而其理论模型的参数很可能在政策变化时不发生改变,模型的验证和预测效果更好,因此相对容易经得起卢卡斯批评。

11. 什么是卢卡斯的货币周期模型?

答: 卢卡斯的货币周期模型是用信息不完全性来说明经济波动的理论,其基本思想是意料之外的货币供给量变化会导致对一般价格和相对价格的短期混淆,即企业把一般价格水平的变化误认为是自己产品价格相对一般物价而言是上升了或下降了,从而导致产量和就业的变化。在卢卡斯供给曲线中,假定货币供给增加,人们尚未估计到,从而不知道一般价格水平已上升,只以为是自己产品价格 P 上升了,因而扩大生产和就业。一旦人们得知货币供给增加,一般物价水平上升,卢卡斯供给曲线就会向上移动,使产量和就业恢复到原来状态。

12. 货币周期模型的政策含义是什么?

答: 货币周期模型认为,经济波动的根源是中央银行的货币政策形成的货币冲击。这种冲击首先影响到一般价格水平,但人们起初不能分辨价格变化是相对价格变化还是总需求引起的一般价格水平的变化,因而产量和就业受到了影响。但理性预期的经济人会利用有关货币政策规则的知识,很快形成对价格的正确预期,纠正错误的产量决策,使总产量恢复到自然率水平。这就是说,货币当局只是在突如其来改变货币供给量时才会影响产出。根据新古典主义者的理性预期假说,人们必然会很快形成合理的预期,从而货币政策是无效的。对比货币主义的适应性预期假说,理性预期的观点比货币主义更加彻底否定货币政策的效力,因为货币主义者还认为,人们要经过相当长一段时间才会修正对价格变动的预期,因而在这段时间里,货币政策还是有效果的。

13. 货币经济周期理论又被称为新古典宏观经济学Ⅰ,真实经济周期理论又被称为新古典宏观经济学Ⅱ。两者之间有什么区别与联系?

答:货币经济周期理论和真实经济周期理论都坚持了新古典宏观经济学的一些核心假设:经济当事人是理性人,追求行为最优化;理性预期,信息对称且完全;价格灵活,保证市场出清;就业波动反映人们工作时间的自愿变化,工资可以灵活变动;都是在微观基础上建立宏观模型,等等。

两者之间的区别在于:经济波动的根源,货币经济周期理论认为是货币冲击,而且这种冲击一般是由中央银行的货币政策引起的,而真实经济周期理论认为是实际因素(如技术变革、战争、大规模自然灾害等),主要是技术进步的因素;由此货币经济周期理论认为超出意料的货币政策是有效的,虽然有可能代价是沉重的,而真实经济周期理论认为货币是中性的,货币政策没有意义;货币经济周期理论强调需求方面的分析,而真实经济周期理论重视供给方面的分析;相对于货币经济周期理论,真实经济周期理论并不强调短期和长期的二分法,但指出在某一时刻的一个技术冲击将会带来产出、投资和消费的一系列序列相关的变动。

14. 什么是巴罗-李嘉图等价原理?
答:大卫·李嘉图在他的代表作《政治经济学及赋税原理》

(1817年)中表达了一个思想：政府为筹措战争或其他经费,采用征税还是发行公债的影响是一样的,因为财政支出无论是通过目前征税还是通过发行公债筹资,没有任何区别,这是由于公债无非是延迟的税收,理性的消费者认识到公债本息迟早会通过征税来解决,因此债务和征税是等价的。后来,经济学家罗伯特·巴罗在《政府债务是净财富吗?》(1974年)用现代经济理论对李嘉图思想作了重新阐述：当政府为弥补赤字发行债券时,具有理性预期的公众明白,债券将来终究要靠征税来完成变现,而且消费者具有"利他主义"动机,不仅关心自己,还关心子女,因此就不会因为政府目前不征税就增加消费,从而不会将政府公债融资引起的财政扩张及收入增加当作幸运的意外收获,他们宁愿把一部分收入储蓄起来以支付未来(甚至子女)的税收负担,因此需求不会上升。可见,无论是征税还是公债形式取得收入对经济的影响并无差别。这就是所谓巴罗-李嘉图等价原理。

15. 经济学家们对巴罗-李嘉图等价原理有哪些不同意见？

答： 巴罗-李嘉图等价原理提出后受到了新古典综合派和新凯恩斯主义者的质疑和批评。例如,有人提出,人们通常并没有动机为超出自己生命界限的未来征税而积蓄财富,他们并不关心生命以外的事情,因此发债带来的减税效应会带来需求的增加。有人提出,消费者一般是短视的即注重的是目前,并不会意识到今天的减税就意味未来更重的税负,从而也会增加消费和投资而非增加储蓄。再说,消费者通常是利己主义的,他们并不会关心子女比关心自己更重,通常不会要求自己给孩子留下一笔遗产来抵消征税的负担,也就是我们中国人常说的"儿孙自有儿孙福,莫为儿孙做牛马"。

16. 为什么"巴罗-李嘉图等价定理"是新古典宏观经济学的重要内容之一？

答： 新古典宏观经济学的基本信条是：人们是按理性预期行事的,因此,政府调控经济的宏观经济政策终究是无效的。当年大卫·

李嘉图曾猜测过,政府用公债筹资和用增税筹资可能对经济的影响是一样的,因为人们会认识到政府还债还是要用征税来解决,因此他们会把相当于未来增税的一部分财富积蓄起来。尽管李嘉图自己并不认为上述推测在现实中行得通,但新古典主义者罗伯特·巴罗却认为,按理性行事的人们恰是如此行事的,即使偿债的更高赋税可能部分落到后代身上,但人们都是关心后代的,因而会增加储蓄给后代以应付偿债。因此,政府借债只是公民纳税被推迟而已,故并不会刺激消费。政府用减税发债及搞赤字财政的政策是无效的。

17. 构成政策无效性的两个关键假设是什么?

答: 构成政策无效性的两个关键的假设是:价格和工资是有完全伸缩性的,预期是合乎理性的。如果价格是黏性的,预期的货币供给的变化对实际产量就有影响,即使预期是合理的。例如,即使人们估计到货币供给和价格会上升,但由于价格有黏性,只能缓慢地调整,则预期到的货币变化还是会对实际产量发生影响的。

18. 为什么说不完全信息是新古典模型的一个关键性假设?

答: 新古典理论在价格具有伸缩性假定下,被用来解释实际产量对潜在产量的偏离。按新古典理论,产量提高到潜在水平以上,是由于企业把一般价格水平的提高,误认为是自己的产品价格的相对提高。它们错误地生产了比具有完全信息的情况下所应生产的要多的产量。因此,不完全信息是新古典模型的一个关键性假设。

19. 为什么说非市场出清是新凯恩斯主义经济学最重要的假设?

答: 新凯恩斯主义是20世纪80年代出现的一个主张政府干预经济的新学派。这个学派为说明经济必须有政府干预,就必须说明市场是非出清的。非市场出清的基本含义是,在出现需求冲击或供给冲击后,工资和价格不能迅速调整到市场出清的状态。缓慢的工资和价格调整使经济回到实际产量等于正常产量的状态需要一个很长的过程,例如,需要几年时间,在这一过程中,经济处于持续的非均衡状态,出现严重经济萧条和失业局面,这就需要政府用财政的、货币的或其他的政策干预经济。

20. 新凯恩斯主义和原凯恩斯主义在非市场出清假设问题上有什么差别?

答: 新凯恩斯主义和原凯恩斯主义都坚持非市场出清的假设,但两者的非市场出清理论存在重大差别:

第一,原凯恩斯主义非市场出清模型假定名义工资刚性,即假定如凯恩斯所言,"劳工间有公开协定或默契,不愿接受较低工资而工作","劳工确实不愿意接受较低货币工资而工作,现行货币工资减低时,确实会引起罢工等现象","劳工们坚持不让货币工资降低"(凯恩斯著《就业利息和货币通论》第二章),而新凯恩斯主义非市场出清模型假定工资和价格有黏性,即工资和价格不是不能调整,而是可以调整的,只是调整十分缓慢,需耗费相当时日;第二,原凯恩斯主义非市场出清理论缺乏微观基础,没有阐明为什么价格和工资具有刚性,新凯恩斯主义模型则增加了原凯恩斯主义模型所忽略的两个假定:经济当事人最大化原则和理性预期,使非市场出清理论有了微观基础,突破了原凯恩斯主义的理论框架。

21. 价格黏性假定有什么重要性?

答: 价格黏性是指价格不能随总需求变动而迅速变化。价格黏性问题的重要性在于:价格是否有黏性的问题可以转换为市场能否出清的问题,即市场机制是否有效问题。如果价格有弹性,当需求减少时,价格会迅速下降。价格下降刺激需求增加,总供给和总需求重新趋于均衡,市场出清,社会资源得到充分利用。如果价格有黏性,需求减少不会引起价格下降,于是,市场上愿买者少,愿卖者多,市场不能出清,产品大量积压,厂商只得减少产量,资源不能得到充分利用。因此,价格有弹性时,市场出清,价格有黏性时,市场不能出清,市场机制失灵,只有政府干预才能纠正市场失效。

22. 新凯恩斯主义者怎样用菜单成本说明价格黏性?

答:新凯恩斯主义的菜单成本理论认为,经济中的垄断厂商是价格的决定者,能够选择价格,而菜单成本的存在阻滞了厂商调整产品价格,因此,价格有黏性。所谓菜单成本是指厂商每次调整价格要花费成本,包括研究和确定新价格、重新编印价目表、将新价目表通知销售商、更换价目标签等所费的成本。由于产品价格变动犹如餐馆的菜单的价目表的变动,因此新凯恩斯主义者将这类成本称为菜单成本。厂商只有在调整价格后的利润增量大于菜单成本时才肯调价,否则,厂商将保持价格不变。菜单成本的存在使厂商不愿经常变动价格,所以名义价格水平有黏性。

23. 效率工资理论与工资黏性有什么关系?

答:效率工资理论认为,劳动生产率依赖于厂商支付给工人的工资。如果工资的削减会损害生产率,引起单位产品劳动成本提高,因此,为了保持效率,厂商愿意支付给工人高于市场工资的工资,而不想降低工资。效率工资指效率对工资的弹性为1时的工资,即工资增加1%能使劳动效率也提高1%的时候的工资,在这个工资水平上,单位产品的劳动成本最低,这时,厂商能最优化地(即利润最大化地)雇用工人。当市场不景气,劳动需求低于劳动供给,效率工资超过劳动供过于求时的均衡工资时,厂商为了刺激工人积极性,激励工人尽自己最大努力来工作,并留住高素质的职工,以维持较高劳动效率,厂商将不雇用那些愿意接受低于效率工资的失业者,不愿降低工资,而把工资维持在较高水平上,以有利于减少雇员的偷懒,降低转换(跳槽)成本,提高雇员素质,刺激雇员积极性。这样,工资就有了不易随总需求下降而下降的黏性。这种效率工资理论不但可以说明为什么工资有黏性,而且可以说明为什么社会上存在失业时厂商不愿通过降低工资,增加劳动需求使失业率下降。

24. 长期劳动合同论与工资黏性有什么关系?

答: 长期劳动合同论认为,在市场经济中,汽车、钢铁、建筑、机电、航空、铁路等许多行业是高度工会化的,而服装、饮食、零售业等行业是非工会化的。在工会化行业中,劳资双方一般签订为期三年或不同期限的劳动合同,这会形成每三年谈判一次工资的周期,但不同行业和厂商的合同的谈判和签订不是同步的,而是交错进行的,从而每年都有新的合同签订,也有合同期满。影响工资谈判的因素很多,劳资双方对这些因素都要进行调查研究,从而谈判要花费成本。如果谈判不成,罢工给双方带来损失会更大,而长期劳动合同对厂商和工人都是有利的,可以降低谈判成本,减少罢工次数。因此,厂商和工人都愿通过谈判签订长期合同,其结果是合同期内工资固定,而且由于合同期满的时间相互交错,排除了工资适应条件变化而迅速调整的可能性,使名义工资具有黏性。

25. 为什么新凯恩斯主义坚持稳定经济的政策是必要的和有效的?

答: 新凯恩斯主义认为,由于价格和工资的黏性,经济在遭受总需求冲击后(例如导致衰退),从一个非充分就业的均衡状态恢复到充分就业的均衡状态,是一个缓慢的过程,因此刺激需求是必要的,不能等待工资和价格向下压力带来经济恢复,因为这将是一个长期的痛苦过程。而政府采取稳定经济的政策,为刺激需求的财政政策和货币政策,就可较快恢复经济。正因为如此,新凯恩斯主义者认为,稳定经济的政策不仅是必要的,也是有效果的。

计 算 题

1. 设总需求方程是 $120-20P$,卢卡斯供给曲线控制着经济的运行。有 100 个企业,每个企业都有供给方程 $y_i = 4(P_i - P^e) + 1$。

每个企业都用去年的价格 P_{-1} 和它自己的价格形成它对总价格水平的预期；$P^e = P_{-1} + 0.5(P_i - P_{-1})$。通过解出 P_i，求卢卡斯的总供给函数。现在假定 $P_{-1} = 1.00$，求总需求曲线和卢卡斯总供给曲线相交时的总产量水平和总价格水平。假设需求突然上升，AD 方程变成为 $131 - 20P$，求产量和价格。

解：将 $P^e = P_{-1} + 0.5(P_i - P_{-1})$ 代入每个企业的供给方程

$$y_i = 4\{P_i - [P_{-1} + 0.5(P_i - P_{-1})]\} + 1$$
$$= 4(0.5P_i - 0.5P_{-1}) + 1$$
$$= 2P_i - 2P_{-1} + 1$$

卢卡斯总供给函数为 $y = 100(2P_i - 2P_{-1} + 1) = 200P - 200P_{-1} + 100$

（当个别企业的价格 P_i 变为 100 个企业的价格时，P_i 就成为 P。）

若 $P_{-1} = 1.00$，则 $y = 200P - 200 + 100 = 200P - 100$

总供给曲线和总需求曲线相交时的总产量和总价格水平为

$120 - 20P = 200P - 100$

$P = 1.00$

$y = 200 \times 1 - 100 = 100$

若 AD 突然变为 $131 - 20P$ 时，总产量和总价格为

$131 - 20P = 200P - 100$

$P = 1.05$

$y = 131 - 20 \times 1.05 = 110$

2. 设卢卡斯供给曲线为

$$y = c(P - \hat{P}) + y^*$$

其中，$c = 20\,000$，$y^* = 4\,000(10$ 亿美元$)$，比如，当价格水平 $P = 1.01$，预期价格 $\hat{P}$ 为 1.00，产量 y 就为 $4\,200$，即高于潜在水平 $y^* =$

4 000。假设,总需求曲线为

$$y = 1\,101 + 1.288G + 3.221M/P$$

(1) 假设某一时期经济已处于产量为潜在水平状况,并在近期内预期政策不会变化。货币供给为 600,政府支出 G 为 750,价格水平为多少?(提示:如果不发生突然变动,实际价格和预期价格水平相同)

(2) 现假设,美联储宣布,将把货币供给从 600 增加到 620,新的产量水平和价格水平将为多少?

(3) 现假设,美联储宣布,将把货币供给增加到 620,但实际上却增加到了 670,新的产量水平和价格水平将为多少?

解:(1) 根据题意,近期内预期政策不变化,经济处于潜在产量水平,因此,$4\,000 = 1\,101 + 1.288 \times 750 + 3.221 \times 600/P$

得 $1\,933 = \dfrac{1\,932.6}{P}$

得 $P \approx 1$

(2) 货币供给从 600 增加到 620 是美联储宣布的,因此,$P = \hat{P}$,产量仍是 $y^* = 4\,000$。这时的价格为

$$4\,000 = 1\,101 + 1.288 \times 750 + 3.221 \times 620/P$$

得 $1\,933 = \dfrac{1\,997}{P}$

得 $P \approx 1.033$

(3) 美联储宣布把货币供给从 600 增加到 620,因此,这时 $\hat{P} = 1.033$,但实际增加到 670。因此,卢卡斯曲线为

$$y = 20\,000(P - 1.033) + 4\,000 = 20\,000P - 16\,660$$

总需求 $y = 1\,101 + 1.288 \times 750 + 3.221 \times 670/P$

$$= 2\,067 + \dfrac{2\,158}{P}$$

令总需求等于总供给 $2\,067 + \dfrac{2\,158}{P} = 20\,000P - 16\,660$

解得 $P \approx 1.04, y = 4\,142$

(注:较精确的值是 $P = 1.040\,1$。按此值计,则 y 从需求函数和供给函数计算,就较为一致。)

3. 一个工人和某雇主签订了一个合同。工人按照雇主指定的时间工作,小时工资为 10 美元。当该工人工作 H 小时时,他的边际产量是每小时 $25 - 0.125H$ 美元;当工人工作 H 小时时,他的时间的边际价值每小时是 $0.5H - 50$ 美元。雇主将要求该工人工作多少小时?这个水平是有效水平吗?如果边际产量是 $30 - 0.125H$,那么结果又如何?你如何衡量该工作量的缺乏效率?

解:当工人边际产量为每小时 $25 - 0.125H$,而每小时工资为 10 美元时,雇主将要求该工人工作的小时数为

$$25 - 0.125H = 10$$
$$H = 120$$

这时该工人的时间价值为 $0.5H - 50 = 120 \times 0.5 - 50 = 10$。

显然,$H = 120$ 是有效水平,因为该工人的时间价值每小时是 10 美元,正好等于小时工资。

当边际产量为 $30 - 0.125H$ 而每小时工资为 10 美元时,雇主将要求该工人工作的小时数为

$$30 - 0.125H = 10$$
$$H = 160$$

$H = 160$ 不是有效水平,因为该工人工作 160 小时的时候,每小时的时间价值为 $0.5H - 50 = 0.5 \times 160 - 50 = 30$ 美元。大于每小时工资 10 美元。就是说该工作量没有得到应有的支付,不利于调动工人的劳动积极性,故缺乏效率。

4. 假定在通货膨胀政策方面政府与私人部门之间是一个非合作的斯塔克尔伯格博弈。政府占主导地位,私人部门对政府的决策作出反应,而政府将根据跟随者的反应作出进一步的决策。假定政府最优化决策是

$$\max U(\pi, y) = -c\pi^2 - (y - k\bar{y})^2$$

$$\text{s.t.} \quad y = \bar{y} + \beta(\pi - \pi^e)$$

$$c > 0, k > 1, \beta > 0$$

π 是通胀率,π^e 是通胀预期,$\bar{y}$ 是自然失业率下的产量,总供给曲线是卢卡斯供给曲线,政府厌恶通胀。那么,政府零通货膨胀的政策是一个动态时间一致的政策吗?

解: 政府零通货膨胀的政策是一个动态时间不一致的政策。

首先,如果政府实行零通胀的政策,且公众相信政府将坚持零通胀的政策,则

$$\pi = \pi^e = 0$$

将上式代入政府的最优化函数,可得政府实施零通胀政策的效用

$$y = \bar{y}$$

$$U_0 = -(\bar{y} - k\bar{y})^2 = -(k-1)^2 \bar{y}^2$$

但零通胀政策不是一个动态时间一致的政策。因为假定政府许诺坚持零通胀的政策,私人部门也相信了该承诺,此时政府得到最优化结果的通胀率将不再是零。推导如下:

先求解政府最优化的一阶条件:

将最优化约束条件代入效用函数可得

$$U = -c\pi^2 - [\bar{y} + \beta(\pi - \pi^e) - k\bar{y}]^2$$

一阶条件是:

$$\frac{\partial U}{\partial \pi} = -2c\pi - 2\beta^2\pi + 2\pi^e\beta^2 - 2\beta(1-k)\overline{y} = 0$$

此时，$\pi^* = (c+\beta^2)^{-1}\beta[\beta\pi^e + (k-1)\overline{y}]$

如果公众相信政府将坚持零通胀政策，此时政府的最优通胀率将不再是零，而是

$$\pi^*(\pi^e=0) = (c+\beta^2)^{-1}\beta(k-1)\overline{y} > 0$$

代入政府的效用函数，得政府的效用

$$U_f = -(1+c^{-1}\beta^2)^{-1}[(k-1)\overline{y}]^2$$

$$U_f > U_0$$

所以，政府此时实行大于零的通胀率，效用将高于实行零通胀的效用。政府有积极性容忍甚至放任通货膨胀。

但一旦公众私人部门是理性的，能理性预期到政府的这种行为及其结果，公众和政府共同博弈的结果将是政府的效用是次优的 U_s：

$$\pi^* = \pi^e$$

代入一阶条件

$$\pi^* = \pi^e = c^{-1}\beta(k-1)\overline{y}$$

$$U_s = -(k-1)^2\overline{y}^2(1+c^{-1}\beta^2)$$

动态时间不一致政策最终结果政府的效用 $U_s < U_0$。

5. 某经济生产函数为 $Y = A(100L - 0.5L^2)$，其中，L 表示工作小时数，Y 表示总产出，A 表示技术。劳动供给函数为 $L_s = 10 + 0.5w$，w 表示实际工资；假设初始 $A = 2.0$。

(1) 一个有利的技术冲击使 A 增加到 2.5，求技术冲击前后均衡的总产出、工时数和实际工资水平，这说明了什么问题？

(2) 一个不利的技术冲击使 A 减少到 1.5，求技术冲击前后均衡

的总产出、工时数和实际工资水平,这又说明了什么问题?

解: 根据生产函数可知劳动的边际产出量为

$$MP_L = A(100-L)$$

劳动的需求由劳动的边际产出量决定,因此劳动的需求函数为

$$w = A(100-L)$$

已知劳动的供给函数,可知劳动市场均衡时

$$L = 10 + 0.5w = 10 + 0.5A(100-L)$$

$$A = 2.0$$

$$L = 55,\ w = 90,\ Y = 7\ 975$$

(1) 当 $A = 2.5$ 时,解得:$L = 60$,$w = 100$,$Y = 10\ 500$。可见有利的技术冲击一方面提高了单位工时的产出,另一方面也通过提高工人的实际工资从而增加了劳动的供给,最终增加了充分就业的总产出。

(2) 当 $A = 1.5$ 时,解得:$L = 48.57$,$w = 77.15$,$Y = 5\ 516.22$。可见不利的技术冲击一方面降低了单位工时的产出,另一方面也通过降低工人的实际工资从而减少了劳动的供给,最终减少了充分就业的总产出。

以上正好验证了真实经济周期理论。

第二十二单元
国际经济部门

引 言

本单元习题主要体现下列概念和原理。

1. 外汇与汇率。外汇是指以外币表示的能用于进行国际间结算的使用凭证和支付手段,包括外国货币、以外币表示的支票、汇票、本票等各种支付凭证,以及外币有价证券。外汇的买卖价格即为汇率,因此,汇率是指买卖外国货币或对外国货币索取权所支付的价格,是两种不同货币之间的交换比率。汇率是衡量一国货币的对外价值的尺度,在国际间经济往来中有着重要职能。

2. 直接标价法与间接标价法。由于在汇率标价时采取了不同的标准,就出现了两种不同的标价方法。直接标价法,又称应付标价法,是以一定单位的外国货币为标准,折算成一定数额的本国货币。采用这种标价方法,如果外汇汇率上升,例如,1美元兑6元人民币变成兑6.5元人民币,说明外币币值上升,本币币值下跌;反之亦然。目前我国和世界上绝大多数国家都采用直接标价法。而间接标价法又称应收标价法,是以一定单位的本国货币为标准,折算成一定数额的外国货币。采用这种标价方法,则外汇汇率的升降与本国货币币值的高低成正比,即外汇汇率上升,说明外币贬值,本币升值;反之亦然。目前,世界上只有英国和美国采取间接标价法。

3. 套汇。套汇是利用各种汇率差异贱买贵卖以赚取汇价差额的外汇交易活动,可分为时间套汇和地点套汇。时间套汇利用汇率在不同时间的差异进行,它建立在对汇率变动的预测之上;而地点套汇利用不同外汇市场的汇价差异进行,各外汇市场的汇率不一致时,就会发生套汇活动,但套汇又会使各外汇市场的汇率趋于一致。

4. 汇率制度与均衡汇率的决定。世界上的汇率制度主要有固定汇率制度、自由浮动汇度制度和有管理的浮动汇率制度。固定汇率制度是指一国货币同他国货币的汇率基本固定,如果出现使汇率发生变化的冲击,货币当局必须根据外汇的供求情况售出或购入外汇来稳定汇率,有时甚至要动用黄金或外汇储备。自由浮动汇率制度是指一国不规定本国货币与他国货币的官方汇率,听任汇率由外汇市场的供求关系自发地决定。有管理的浮动汇率制度介于固定汇率制度和自由浮动汇率制度之间,货币当局允许汇率在一定的幅度之间受供求关系影响而波动,但在外汇市场过分混乱或汇率浮动幅度过大时加以干预,通过对外汇供求的影响来使汇率的浮动受到一定控制。在自由浮动汇率制度下,汇率由外汇市场外汇的需求曲线和供给曲线的交点决定。使外汇的供求曲线发生移动的三个因素是:国际贸易、国际投资和投机。外汇供求曲线的移动使均衡汇率发生变化。

5. 购买力平价与实际汇率。平价是一国货币当局为其货币定的价值,常以黄金或另一国的货币来表示。实行固定汇率制度国家的货币都有一个平价。购买力平价的依据是同一价格定律,即同一种商品在两个国家的货币购买力应相等,因此,不同货币购买力的比率就构成了相互间汇率的基础。尽管货币的购买力难以衡量,但由于货币购买力与价格水平成反比,因此,价格水平的变化会导致汇率的变化。而实际汇率就是国外与国内物价水平的比率。用 e 表示实际汇率,用 E 表示名义汇率,P 表示本国物价水平(以本币表示),P_f

表示外国的物价水平(以外币表示),实际汇率和名义利率的关系可以用如下的公式来表示:$e = \dfrac{E \cdot P_f}{P}$。如果实际汇率上升,或者说本币实际贬值,则意味着外国商品相对于本国商品变得更加昂贵;反之则反是。

6. 国际收支平衡表。 这是系统记录某一特定时间内一国与外国在一切经济往来中的收支状况的统计报表。国际收支平衡表按复式记账原理编制。根据国际货币基金组织的规定,其主要内容分为经常项目、资本项目和平衡项目三类。国际收支平衡表全面反映了一国的对外经济关系,是一国制定贸易政策,决定汇率、利率,决定对外投资等宏观经济政策的重要依据。

7. 经常账户、资本账户和平衡账户。 这是国际收支平衡表的三个主要内容。经常账户反映一国与国外之间真实资源的转移情况,包括贸易收支、劳务收支和单方面转移,它是平衡表中最重要的账户。资本账户反映一国与国外之间金融资产的交易,主要表现为对外金融资产与负债的变动,包括短期资本和长期资本。平衡账户是为调节经常账户与资本账户借贷余额,使国际收支平衡表始终保持平衡而设置的,包括官方储备和因统计误差带来的错误与遗漏两个项目。

8. 国际收支失衡及其原因。 判断一国国际收支是否平衡,不是指平衡表账面上是否平衡,而是指表内项目的自主性经济交易是否平衡。自主性交易是个人或企业等组织为某种经济目的而自动进行的商品、劳务和资本交易。如果自主性交易的收支不平衡,则为国际收支失衡,需要官方储备的增减变化予以调节。产生国际收支失衡的原因大致可分为以下几类:(1)季节性和偶然性的原因;(2)周期性原因;(3)结构性原因;(4)不稳定的投资与资本外流;(5)其他原因。

9. BP 曲线。 BP 曲线即为国际收支平衡曲线,它是根据国际收支平衡模型

$$\begin{cases} BP = nX - F \\ X - M = nX(净出口) \\ X = \overline{X}(出口) \\ M = M_0 + mY(进口) \\ F = h(r)(资本流出净额) \end{cases}$$

而推导出的表示国际收支平衡时收入 Y 与利息率 r 之间关系的一条曲线(见图 22-1)。BP 曲线是向右上方倾斜的,较低的利率对应于较低的产出水平,较高的利率对应较高的产出水平。同时,位于 BP 曲线上的点均为国际收支平衡点,位于 BP 曲线上方的点处于国际收支盈余的不平衡状态,而位于 BP 曲线下方的点处于国际收支赤字的不平衡状态。

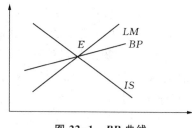

图 22-1　BP 曲线

10. 国内均衡与国外均衡。 在开放经济中,宏观经济的最终目标是实现国内均衡和国外均衡。所谓国内均衡,就是使宏观经济处于充分就业的水平上,并且没有通货膨胀的压力,经济稳定增长。而所谓国外均衡,就是国际收支平衡,既无国际收支顺差,亦无国际收支逆差。宏观经济的国内外均衡是由 r-Y 平面上的 IS、LM 和 BP 曲线的交点所决定的。当三条曲线相交于一点时,就达到了商品市场、货币市场和外汇市场的同时均衡,即国内外同时均衡。

11. IS-LM-BP 模型。 借助 IS 曲线、LM 曲线和 BP 曲线构成的 IS-LM-BP 模型,人们可以从理论上分析开放经济条件下的很多宏观经济问题,特别是宏观经济政策的效果。其中蒙代尔-弗莱明模型是一类特殊的 IS-LM-BP 模型,其特殊性表现在 BP 曲线由于资本的完全流动性而成为一条水平线,往往适用于小国开放经济分析。在利用 IS-LM-BP 模型分析宏观经济政策效果时需要特别注意大国开放经济模型和小国开放经济模型的区别。小国开放经济是指一国对外经济往来的规模较小,其净出口的变化不会对国际物价产生影响,其对外净投资的变化也不会对国际利率水平产生影响,小国经济是国际价格水平和利率水平的接受者,本国的物价水平和利率水平都会趋向国际水平。而大国开放经济是指一国对外经济往来的规模很大,其净出口的变化能对国际物价产生影响,其对外净投资的变化也能引起国际利率水平的变动。大国是国际物价水平和利率水平的决定者。

12. 实现国内外均衡的政策。当国内外处于非均衡状态时,需要依靠政府宏观政策的干预,如财政政策、货币政策、汇率调整政策等。但政府宏观政策的调节应针对本国所处的具体状态,实行不同的政策组合。如:(1)经济处于国内均衡与对外不均衡时,只需采取有助于恢复对外均衡的措施,如调整汇率。(2)经济处于国内不均衡与对外均衡时,只需采取有助于使投资与储蓄趋于一致的财政政策或货币政策。(3)经济处于国内外非均衡时,又要区别不同的情况采取不同的措施。第一,如果是失业与国际收支赤字并存,可以采取扩张性的财政政策,紧缩性的货币政策,同时使货币贬值。第二,如果是失业与国际收支盈余并存,可以采取扩张性的货币政策与财政政策。第三,如果是通货膨胀与国际收支赤字并存,可以采取紧缩性的货币政策与财政政策。第四,如果是通货膨胀与国际收支盈余并存,可以采取紧缩性的财政政策,扩张性的货币政策,同时使货币升值。

选 择 题

1. 如果其他条件不变,一个中国工人单位时间能够生产 3 单位棉布或 1 单位电视机,一个日本工人能够生产 4 单位棉布或 2 单位电视机,则(　　)。

　　A. 日本在棉布和电视机生产上都具有绝对优势,中国没有任何比较优势

　　B. 日本在棉布和电视机生产上都具有绝对优势,日本没有任何比较优势

　　C. 日本在棉布和电视机生产上都具有绝对优势,中国在棉布生产上有比较优势

　　D. 日本在棉布和电视机生产上都具有绝对优势,中国在电视机生产上有比较优势

2. 本国和外国都生产甲、乙、丙、丁四种产品,本国的劳动生产率分别是 12、18、30、20,外国的劳动生产率分别是 2、4、15、5,则本国最有优势的产品和最具劣势的产品分别是(　　)。

　　A. 甲,丙　　　B. 甲,乙　　　C. 乙,丙　　　D. 丁,乙

3. 一种产品的竞争优势并非长期固定在某一个特定国家,而是从技术发明国转向生产成本比较低的国家,描述这一现象的理论是(　　)。

　　A. 比较优势理论　　　　B. 产品周期理论
　　C. 重叠需求理论　　　　D. 雁行模型理论

4. 产业内贸易更多发生于(　　)。
　　A. 发展中国家与发达国家之间
　　B. 发达国家相互之间
　　C. 发展中国家相互之间
　　D. 类似收入的发展中国家之间

5. 当一国政府对某种商品征收进口税时,若该商品的需求弹性大于供给弹性,则生产者与消费者承担关税的程度是(　　)。

　　A. 前者大于后者　　　　B. 后者大于前者

C. 两者相等　　　　　　　　D. 不确定

6. 进口国政府所确定的最佳关税水平,与出口国厂商向进口国提供产品的供给弹性呈(　　),与进口国对该产品的需求弹性呈(　　)。

A. 反比,反比　　　　　　　B. 反比,正比

C. 正比,反对　　　　　　　D. 正比,正比

7. 中国某企业出口 100 万美元的玩具到日本,日本的玩具进口商用其在中国银行的贷款支付货款,则中国的国际收支平衡表的变动是(　　)。

A. 经常项目和资本项目贷方同时记入 100 万美元

B. 经常项目和资本项目借方同时记入 100 万美元

C. 经常项目借方和资本项目贷方同时记入 100 万美元

D. 经常项目贷方和资本项目借方同时记入 100 万美元

8. 如果英镑的汇率是 2 美元,那么美元的汇率是(　　)。

A. 2 英镑　　　　　　　　　B. 1 英镑

C. 0.5 英镑　　　　　　　　D. 无法确定

9. 对英镑和美元两种货币来说,如果英镑的汇率上升,那么美元的汇率将(　　)。

A. 上升

B. 下降

C. 不定,尚需考虑其他因素

D. 两者之间没有关系

10. 在外汇市场中,下列各方中(　　)是美元的需求者。

A. 进口国外商品的美国厂商

B. 向美国慈善性捐款的外国人

C. 到国外旅游的美国人

D. 获得美国公司股息的外国人

11. 在外汇市场中,下列各方中( )是英镑的供给者。

A. 购买美国股票的英国人

B. 到英国旅游的美国人

C. 进口英国商品的美国人

D. 把在美国获得的利润汇回英国的英国人

12. 如果法郎和美元的交换比率从 5∶1 变为 4∶1,则( )。

A. 法郎的汇率由 20 美分上升到 25 美分,美元升值

B. 法郎的汇率由 20 美分上升到 25 美分,美元贬值

C. 法郎的汇率由 25 美分下降到 20 美分,美元升值

D. 法郎的汇率由 25 美分下降到 20 美分,美元贬值

13. 一家日本厂商向美国出口商品,并把所得到的 10 万美元的收入存入美国的银行,这样,应该在日本的国际收支平衡表中作( )的反映。

A. 经常账户、资本账户的借方同记入 10 万美元

B. 经常账户、资本账户的贷方同记入 10 万美元

C. 经常账户的借方记入 10 万美元,资本账户的贷方记入 10 万美元

D. 经常账户的贷方记入 10 万美元,资本账户的借方记入 10 万美元

14. 一家德国厂商在美国出售 50 万美元的长期政府债券,然后将收入暂时存入美国银行,这样,应该在美国的国际收支平衡表中作( )的反映。

A. 经常账户、资本账户的借方同记入 50 万美元

B. 经常账户、资本账户的贷方同记入 50 万美元

C. 资本账户的短期资本项目借方、长期资本项目贷方分别记入 50 万美元

D. 资本账户的长期资本项目借方、短期资本项目贷方分别记入 50 万美元

15. 如果德国在美国大量出售股票和债券,然后将资金用于购买本国商品,对美元所造成的短期影响是( )。

A. 美元汇率趋于下降,或者美国的黄金和外汇储备外流

B. 美元汇率趋于上升,或者美国的黄金和外汇储备增加

C. 对美元汇率没有影响

D. 对美元汇率的影响是不确定的

16. 主要贸易伙伴发生通货膨胀,在固定汇率制度下,以下哪种情况会发生?( )

A. 本国贸易逆差　　　　　　B. 政府将购进伙伴国外汇

C. 本币供给将减少　　　　　D. 以上都不对

17. 国际收支失衡意味着( )。

A. 国际收支平衡表的借方、贷方余额不等

B. 经常账户与资本账户的余额不等

C. 商品、劳务的进、出口额不等

D. 资本流出与流入额不等

18. 国际收支逆差将导致( )。

A. 黄金、外汇储备减少　　　B. 本国货币贬值

C. 国内产出水平下降　　　　D. 以上各项均正确

19. 从纯经济的观点来看,最好的关税税率应为( )。

A. 能使国内外的同类商品价格相等

B. 不至于引起国外的贸易报复

C. 使国际收支达到平衡

D. 应该为零

20. 美国的工资率较高,但它在国际贸易中很多商品都不需要借助关税壁垒来抵御那些来自劳动廉价国家的竞争,这是因为( )。

A. 美国的劳动生产率较高,抵消了高工资率的影响

B. 美国的消费者偏好于本国产品

C. 美国的出口大于进口

D. 国外市场对美国产品的需求更大

21. 在开放经济中，下列(　　)项不是政府宏观政策的最终目标。

A. 国际收支平衡　　　　　B. 不存在贸易逆差或顺差

C. 经济均衡增长　　　　　D. 消除通货膨胀

22. 决定国际间资本流动的主要因素是各国的(　　)。

A. 收入水平　　　　　　　B. 利率水平

C. 价格水平　　　　　　　D. 进、出口差额

23. BP 曲线是用以考察国际收支平衡时(　　)两个宏观经济变量间的关系。

A. 国民收入水平与利率水平

B. 国民收入水平与价格水平

C. 国民收入水平与净出口额

D. 国民收入水平与国际收支差额

24. 如果本国货币贬值，出口增加，进口减少，BP 曲线将会发生(　　)的变动。

A. 均衡点沿 BP 曲线移动　　B. BP 曲线变得更平坦

C. BP 曲线向右方移动　　　D. BP 曲线向左方移动

25. 下列关于开放经济对内外均衡影响的论述中(　　)项是不恰当的。

A. 一国的开放程度越高，通过国际贸易渠道对本国的影响越大

B. 如果甲国同乙国的贸易额在乙国的对外贸易中所占的比重很小，则甲国价格的变动对乙国经济的影响就不太重要

C. 任何宏观政策都不能阻止外国经济变动对本国经济的影响

D. 国际金融市场间利率差的调节，是影响资本国际间流动的最主要因素

26. 能够对国际利率水平产生影响的是( )。

A. 小国经济　　　　　　　B. 大国经济

C. 大国开放经济　　　　　D. 小国开放经济

27. 与封闭经济相比,在开放经济中政府的宏观财政政策的作用将( )。

A. 更大,因为总需求方加入净出口后使支出乘数增大

B. 更小,因为总需求方加入净出口后使支出乘数变小

C. 不变,因为总需求方加入净出口后对支出乘数并没有影响

D. 不能确定两者的关系

28. 政府采取紧缩性的财政、货币政策后,对本国的国内外均衡会产生一定的影响,下列( )项所述的影响是不可能出现的。

A. 国内失业率上升　　　　B. 国际收支状况恶化

C. 资本外流减少　　　　　D. 投资减少

29. 如果一国经济起先处于内、外均衡状况,如果出口额有了大幅度提高,可能出现的是下列( )种情况。

A. 出现过度需求,引起国内通货膨胀

B. 本国产品价格下降,有利于提高同类商品的国际竞争能力,出口持续增长

C. 促进新的生产能力的形成,供给将增加,从而提高总产出水平

D. 进口会随之增加,使国际收支恢复平衡

30. 如果一国处于国内均衡,但国际收支有盈余的状况,这时最适宜采用下列( )项宏观调节政策。

A. 紧缩性的财政政策

B. 紧缩性的货币政策

C. 扩张性的财政政策与紧缩性的货币政策

D. 相对外币,本币升值

31. 如果一国处于国内失业,国际收支有赤字的状况,这时最适宜采用下列( )项宏观调节政策。

A. 增加政府的财政支出 B. 扩大货币供应总量

C. 降低税率 D. 相对外币,本币贬值

32. 在浮动汇率制度下的小国开放经济中,扩张性财政政策会使( )。

A. 本国利率上升 B. 本币升值

C. 本国净出口上升 D. 本国国民收入上升

33. 在浮动汇率制度下的小国开放经济中,扩张性货币政策会使( )。

A. 本币贬值 B. 本币升值

C. 本国国民收入不变 D. 本国国民收入下降

34. 在固定汇率制度下的小国开放经济中,紧缩性货币政策会使( )。

A. 本国净出口上升 B. 本币升值

C. 本国国民收入上升 D. 以上三者均不变

35. 在浮动汇率的蒙代尔-弗莱明模型中,一次国际利率的上升将导致收入( )。

A. 和净出口都下降 B. 上升,净出口下降

C. 下降,净出口上升 D. 和净出口都上升

36. 在浮动汇率的蒙代尔-弗莱明模型中,扩张性的财政政策导致本币( ),而扩张性的货币政策导致本币( )。

A. 升值,升值 B. 升值,贬值

C. 贬值,贬值 D. 贬值,升值

37. 根据蒙代尔-弗莱明模型,实行浮动汇率制度的国家采取进口限制将导致净出口( ),实行固定汇率制度的国家采取进口限

制将导致净出口(　　)。

A. 增加,增加　　　　　　B. 增加,不变

C. 不变,不变　　　　　　D. 不变,增加

38. 消费者对未来信心下降会导致消费降低、储蓄上升,在固定汇率的蒙代尔-弗莱明模型中,这将导致(　　)。

A. 消费和收入的下降　　　B. 消费和收入都不会发生变化

C. 收入不变,净出口增加　　D. 收入下降,但净出口上升

39. 在一个大国开放经济中,投资税收减免政策会提高实际利率、(　　)贸易余额和(　　)净资本流出。

A. 减少,减少　　　　　　B. 增加,增加

C. 减少,增加　　　　　　D. 增加,减少

40. 在采取浮动汇率制度的大国开放经济中,扩张性财政政策会在短期内导致(　　)。

A. 本币升值,净出口减少,国民收入无影响

B. 货币供给增加,国民收入增加,汇率无影响

C. 国民收入、利率和净出口增加,但投资与汇率下降

D. 国民收入、汇率和利率上升,但投资和净出口下降

41. 在一个采取浮动汇率制度的大国开放经济中,扩张性货币政策会使利率下降且(　　)。

A. 汇率下降,但国民收入不变

B. 汇率下降,国民收入、国外净投资和净出口增加

C. 汇率与国外净投资下降,国民收入与净出口增加

D. 净出口与国外净投资减少,投资与国民收入增加

42. 如果某些主要大国决定通过制定投资税收减免政策来刺激投资,那么在长期,小国开放经济的本币将(　　)。

A. 升值,净出口下降　　　B. 升值,净出口上升

C. 贬值,净出口上升　　　D. 贬值,净出口下降

43. 在下列哪种情况下可以实现内部均衡和外部均衡？（　）
A. 贸易顺差和预算盈余
B. 贸易平衡和预算平衡
C. 净出口和通胀率为零
D. 贸易平衡，产出为充分就业产出

答　案

1. C	2. A	3. B	4. B	5. A	6. B	7. D	
8. C	9. B	10. B	11. A	12. B	13. D	14. D	
15. A	16. B	17. B	18. D	19. D	20. A	21. B	
22. B	23. A	24. C	25. C	26. C	27. B	28. B	
29. A	30. D	31. D	32. B	33. A	34. D	35. D	
36. B	37. D	38. A	39. A	40. D	41. B	42. C	
43. D							

分析讨论题

1. 什么是国际贸易中的列昂惕夫之谜（The Leontief Paradox）？对列昂惕夫之谜的解释有哪些？

答：根据赫克歇尔-俄林定理，一国应出口密集使用本国相对比较充裕要素生产的产品，进口密集使用本国相对比较稀缺要素生产的产品。一般认为，美国是一个资本充裕而劳动力相对不足的国家，因此，美国应该出口资本密集型产品而进口劳动密集型产品。但美国经济学家列昂惕夫（W. Leontief）发现 20 世纪四五十年代美国出口商品具有劳动密集型的特征，而进口替代品更具有资本密集型的特点，与赫克歇尔-俄林定理不符。这就是列昂惕夫之谜。

对列昂惕夫之谜的解释包括:

(1) 因为劳动力非同质,复杂劳动是简单劳动的倍加。如果将劳动力区分为熟练劳动力和非熟练劳动力,美国是一个熟练劳动力比较充裕的国家,美国的出口以物质资本加熟练劳动力密集型为主,符合赫克歇尔-俄林定理。

(2) 一些自然资源密集型的产品往往也是资本密集型的,比如能源。而美国的一些自然资源是相对稀缺的。

(3) 要素密度逆转,即同一种产品中要素的比例在不同的国家会有重大不同,如一些产品在发展中国家属于劳动力密集型产品,但在发达国家却属于资本密集型产品。要素密度逆转的原因是要素间的替代。

(4) 需求逆转。不同国家消费者偏好不会相同。虽然美国的资本相对充裕,但如果美国的消费者主要需求的是资本密集型的产品,则仍然会大量进口资本密集型产品。

2. 什么是斯托帕-萨缪尔森定理(The Stolper-Samuelson Theorem)?

答:斯托帕-萨缪尔森定理是指国际贸易会使得一国密集使用本国相对充裕的要素生产产品出口,从而导致对相对充裕要素的需求提高,同时进口本国稀缺要素生产的外国产品,使得本国对稀缺要素的需求下降,导致该国相对充裕的要素的实际价格或报酬提高,而相对稀缺的生产要素的实际价格或报酬反而会下降从而产生要素价格均等化的趋势。

3. 为什么本国货币升值使进口增加,出口减少?

答:这主要是由于本国货币对外国货币的交换比价变化后,会影响两国的进出口商品及劳务的国内价格,从而影响到各自的进出口数量。例如,如果本国货币对外国货币升值,即本国货币汇率上升,则使外国的进口商品价格以本币表示时,价格下降,可以有利于促进销售,使进口增加;而本国商品出口时,以外国货币表示的本国商品价格则上涨,不利于在外国市场上的销售,使出口受阻,因此,本国货币升值可以使进口增加,出口减少;反之,如果本国货币贬值可以使出口增加,进口减少。即可以通过调整汇率,来调整一国的国际贸易状况。打个比方说,当1美元值150日元变为值100日元时,这表示日元升值,美元贬值。因此,某件美国产品单价为2美元的话,日元未升值时,在日本要卖300日元,日元升值后,只卖200日元了,即价格下降了,这有利于美国产品在日本市场上销售,从而日本进口要增加。相反,从日本出口看,本来300日元1件的日本产品在美国市场上只卖2美元,日元升值后要卖3美元了,即在美国市场上价格上升了,这不利于日本货在美国市场上销售,因而会减少日本的出口。可见,汇率上升,可以消除国际贸易顺差;而汇率下降,则有利于消除国际贸易逆差。

4. 汇率变动和净出口变动有何相互影响?

答: 汇率变动和净出口变动之间具有相互影响的关系。

一方面,汇率的变动会影响净出口的变动,如果本国货币贬值,则本国同类产品在国外市场上的价格下降,具有价格竞争优势。而外国产品在本国市场上的价格升高,不利于销售,从而使本国出口增加,进口减少,净出口额相应增加。反之,如果本国货币升值,则本国同类产品在国外市场上的价格上升,使出口困难;而外国产品在本国市场上的价格下跌,有利于促进销售,使进口增加,从而净出口额相应减少。

另一方面,在浮动汇率制度下,净出口变动亦会影响汇率的变动。如果本国的净出口额增加,将使外国资金净流入额增加,外汇供给量增加,需求量减少,外币就会贬值,本国货币升值。反之,如果本国的净出口减少,将使国际间资金净流出额增加,外汇供给量减少,需求量增加,外币就会升值,使本国货币贬值。

5. 什么是马歇尔-勒纳条件?

答: 汇率上升(直接标价)或者说本国货币贬值能在多大程度上

增加出口,减少进口,从而改变国际收支,取决于该国出口商品在世界市场上需求弹性和该国国内市场对进口商品需求弹性。先看出口:只有出口商品的需求弹性大,本币贬值所引起的商品出口增加的幅度才会大于外币价格下降的幅度,从而使外汇收入增加;如果出口商品的需求弹性小,本币贬值(从而使出口商品便宜)所引起的出口增加幅度会小于本币贬值幅度,就只会使外汇收入减少。再看进口:本币贬值使进口减少,但如果国内市场对进口商品的需求弹性很小,则本币贬值(从而使进口商品价格上升)所引起的进口的减少幅度会很小,这时外汇支出不仅不会减少,反而还会增加。因此,货币贬值能否改善一国经常项目收支状况,取决于出口商品的需求弹性和进口商品的需求弹性。如果两者之和的绝对值大于1,则贬值可改善一国经常项目收支状况,这一理论首先是由英国经济学家马歇尔提出,后又经美国经济学家勒纳发挥,因此,称"马歇尔－勒纳条件"。

6. 什么是贸易 J 曲线?

答:一国货币贬值或升值时,该国贸易收支状况往往并不能立即改善或恶化,这是因为,进出口变动速度往往慢于价格变动速度。例如,本币贬值时,出口并不会立即增加,进口也并不会立即减少。这是因为,在贬值之前,进出口合同一般早已签订好,进口或出口的数量一般都在事前几个月就规定了。本国货币贬值后,在新的出口或进口合同还未签约前,进出口数量仍照旧合同执行。本币贬值,即外币升值后,一国出口余额反而就会减少。例如,假定1美元从值6元人民币变为值8元人民币时,如果按旧合同出口一定数量商品原来可以得4万美元的话,现在只能得3万美元了。就是说,在贬值初期,一国出口收入可能反而减少,进口支出可能反而增加,因而经常项目收支状况可能反而恶化。只有经过一段时间以后,随着旧合同结束,新合同履行,一国出口收入才会增加,进口支出才会减少,从而使经常项目收支状况得以改善。当本币升值时,经常项目收支状况的变动则往往先有改善,随着时间的推移,才会逐步恶化。这种变动的轨迹呈 J 字形状,故称 J 曲线。J 曲线可见图 22-2 所示。

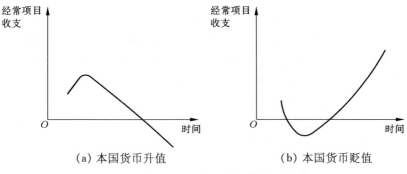

图 22-2 汇率与经常收支变动的 J 曲线

7. 均衡汇率是怎样决定的?

答: 在西方经济理论中,均衡价格理论被用来作为解释汇率决定的理论基础,这就是说,汇率也像商品的价格一样,是由外汇的供给和对外汇的需求所决定的,均衡汇率处于外汇的供给曲线和需求曲线的交叉点上。如果外汇的供给或者需求发生变化,那么汇率就会变化,并按照新的供求关系达到新的均衡点,如图 22-3 所示。

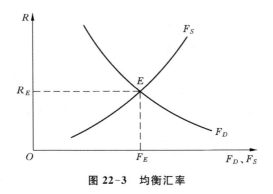

图 22-3 均衡汇率

E 点即为由外汇供给曲线 F_S 与外汇需求曲线 F_D 所决定的均衡点,R_E 即为均衡汇率。

如果政府不对汇率进行干预,听任汇率由市场上的供求关系自发地决定,那么这样的汇率就是浮动汇率。浮动汇率是通过外汇供给和需求的自发调节,最终实现均衡的。但在固定汇率下,政府可以通过干预外汇的供、求状况使汇率保持在固定的数值上,即以维持固定汇率的办法来实现汇率的均衡。当然,这种通过政府干预来维持固定汇率而实现的均衡汇率是需要付出代价的。

8. 下列各经济参与者中,哪些在外汇市场上可能是美元的供给者,哪些可能是美元的需求者?

(1) 在欧洲旅行的美国人;
(2) 想购买美国公司股票的英国投资者;
(3) 向美国出口商品的日本企业;
(4) 在美国旅行的巴西游客;
(5) 从美国进口货物的德国企业;
(6) 想在澳大利亚购置房产的美国投资者。

答:(1) 是美元的供给者;

(2) 是美元的需求者;

(3) 是美元的供给者;

(4) 是美元的需求者;

(5) 是美元的需求者;

(6) 是美元的供给者。

9. 试述带来汇率变化的三种因素。

答:汇率变化由外汇市场上的供给和需求决定,而这种供求主要由以下三因素决定:

第一,进出口。例如中国对美元的需求由进口决定,即中国要买美国货时,必须要用美元,形成对美元的需求,而美元的供给由出口决定,即中国厂商出口了商品到美国,要用美元换成人民币,从而形成美元供给。中国出口大于进口时,美元供给超过需求,美元相对人民币就有贬值压力,即人民币有升值压力;反之则反是。

第二,投资或借贷。如果美国的利率或投资回报高于他国,则其他国家资本就会流入美国,形成对美元的需求;反之,如果美国人想到外国投资,就会形成对美元的供给。如果想到美国的投资超过了美国想到外国的投资,则美元会升值,或者说汇率要上升。

第三,外汇投机。如果欧洲人预期美元相对欧元要升值,则会买进美元,以赚取美元升值的资本增益;相反,如果人们预期美元要贬值,则会卖出美元,从而使外汇市场上美元和有关外币的供求发生变化进而影响汇率。

10. 说明下列因素的变化是使美元升值还是贬值?
(1) 日本的利率升高;
(2) 日本的经济增长速度加快;
(3) 美国的通胀率上升;
(4) 美国的紧缩性货币政策;
(5) 美国扩张性财政政策。

答:(1) 美元贬值,因为日本利率升高会诱使美元流向日本,使美元供给增加而对日元需求也增加。

(2) 美元贬值,因为日本经济增长速度加快,人们就会预期对德国投资收益率会上升,从而诱使美国资金流向日本,增加对日元的需求和美元的供给,使美元贬值。

(3) 美元贬值,因为如果两个国家通胀率不同,经过长期经济运行,汇率将抵消通胀率的变化,如果美国通胀率是3%,日本没有通胀,则每年美元比日元会贬值3%。可见,在其他情况不变时,美国通胀率增高,美元会贬值。

(4) 美元会升值,因为美国通货紧缩,利率会上升,资金会流入,增加对美元需求,从而使美元升值。

(5) 美国扩张性财政政策对美元汇率的影响较复杂,一方面,财政扩张易引起通胀,这会给美元造成贬值压力;另一方面,财政扩张又往往使利率上升,而利率上升又会使美元升值。究竟会使美元升值还是贬值,取决于这两方面情况对比。

11. 假设美国大米每蒲式耳卖 100 美元,日本大米每蒲式耳卖 16 000 日元,且名义汇率是 1 美元换 100 日元。

(1) 解释你可以如何从这种情况中赚到利润,每蒲式耳大米能赚多少利润? 如果其他人利用同样机会,日本和美国大米价格会怎样变动?

(2) 假设大米是世界上唯一商品,美国和日本之间的实际汇率会发生什么变动?

答:(1) 你可以在美国买进大米,到日本出售,如果不计其他成本的话,每蒲式耳大米可赚 60 美元利润。如果其他人也利用同样机会,从美国买大米,到日本卖大米,则大米在美国要涨价,在日本要跌价。

(2) 如果大米是国际贸易中唯一商品,则美元和日元之间实际汇率应当是 1 美元对 160 日元,而现在名义汇率是 1 美元对 100 日元,因此,从实际汇率看,美元会升值,日元会贬值。

12. 假设在 1991 年初,一个美国的投资者在德国进行了为期一年的 10 000 美元的投资。

(1) 如果汇率是 1.5 马克兑换 1 美元,那么,这笔投资值多少马克?

(2) 经过 1 年以后,在德国的投资可以得到 10% 的回报,但是,在年底,当这个投资者打算把马克兑换美元时,汇率已经是 2 马克兑换 1 美元,汇率的这种变化,使投资者收益增加了还是减少了? 数值是多少?

(3) 假如马克升值到 1 马克换 1 美元,结果又会怎样?

答：(1) 这笔投资值 15 000 马克，即 $1.5 \times 10\,000 = 15\,000$。

(2) 投资者收益减少了，因为这位投资者一年以后本利和是 $15\,000 + 1\,500 = 16\,500$ 马克，但由于汇率变化，这 16 500 马克现在只值 $16\,500 \div 2 = 8\,250$ 美元了。这样，投资者反而损失 1 750 美元，即 $10\,000 - 8\,250 = 1\,750$（美元）。

(3) 假如马克上升到 1 马克换 1 美元，则投资者可获得的收益是 6 500 美元，即 $16\,500 - 10\,000 = 6\,500$（美元）。

13. 稳定汇率的代价是什么？当政府试图稳定汇率时是怎么做的？这样做会遇到哪些障碍？为什么国际合作很重要？如果政府试图把汇率维持在非均衡水平上，后果是什么？

答：稳定汇率的代价是政府要丧失让汇率浮动可以获得的利率。比方说，如果人民币面临贬值压力，从 1 美元换 6 元人民币，变成 1 美元换 6.5 元人民币，为维持原有汇率，政府必须按原价在外汇市场抛出美元，这样，政府就丧失了不干预时持有 1 美元本来可获得的 0.5 元人民币的收益；反之，如果人民币面临升值压力，从 1 美元换 6 元人民币变成 1 美元换 5.5 元人民币，为稳定汇率，政府必须按原价抛售法郎，买进美元，这样政府也丧失了不干预持有 6 元人民币本来可以获得的 0.5 元人民币的收益。

政府稳定汇率的通常做法是按固定汇率在市场上买卖外汇，这样可能遇到的最大障碍是竞争者是否合作，是否采取报复性措施，例如，假定日本认为日元升值太快，有必要加以干预，卖出日元，买进美元，以刺激出口，抑制进口，日本出口商当然高兴，但得罪美国。如果美国也采取干预措施，卖出美元，买进日元，两国政府的努力就会相互抵消，因此，外汇干预要成功，国际合作十分重要。

如果政府试图通过干预把汇率维持在非均衡水平上，会带来消极后果，主要是汇率的变动本来是经济变动的反映，反过来也可以自动调节经济。比方说，一国贸易发生了逆差，在其他情况不变时，本国货币本来应当贬值，通过贬值自动调节进出口，缩小贸易逆差，但政府干预使汇率扭曲了，经济就不能得到自动调整。不仅如此，汇率本来应当按经济情况变化而经常变化。政府如果试图长期用买卖外汇来稳定汇率，事实上也无济于事。比方说，某国货币该贬值，该国政府却用抛售外汇办法人为维持汇率，无情的市场迟早会耗尽该国的外汇储备，那时政府再也力不从心了。汇率不仅不能稳住，而且一段时期中政府为稳定汇率而低价抛售外汇所丧失的利益就白白为私人投机者所获取。

14. 假如政府成功地提高了汇率使本币升值，那么，谁是受益者，谁是受害者？

答：如果政府成功地提高了汇率，本币升值了，受益的是那些消费进口货的厂商和居民，而受害者是生产经营出口商品的厂商。

15. 为什么对汇率变动而言货币变化的预期是重要的？

答：对货币变化的预期会影响汇率。如果投资者相信美国紧缩的货币政策会使通货膨胀率下降，则就相信美元一定会升值，从而出口会减少，进口会增加，尽管这种进出口的调整比汇率变化要缓慢得多，但这种调整迟早会发生。

16. 假如政府想通过改变汇率而减少贸易赤字，那么，政府应采取什么样的货币政策？

答：政府应采取扩张性货币政策，使利率下降，资本流出增加，减少对本币的需求，增加对外币的需求，从而使本币贬值，以减少进口，增加出口，减少贸易赤字。

17. 什么是汇率制度的肮脏浮动？

答：肮脏浮动(Dirty Floating)是一国政府或货币当局为使市场汇率向有利于本国的方向浮动，而对市场汇率的升降幅度进行公开或隐蔽干预的汇率制度，又被称为有管理的浮动(Managed Floating)

汇率制度。它存在如下一些特点：政府或货币当局不公开汇率管理的目标水平，而目标水平可能会随经济及金融环境的变化而改变；存在不同程度的政府干预，甚至国际社会的联合干预；主要目标是防止汇率在短期内大起大落，进而影响经济和社会稳定；大多数采取浮动汇率制的国家都或多或少采取有管理的这种肮脏浮动。

18. 对进口商品征收关税和实行进口限额对本国经济分别会产生什么影响？

答： 一国政府可以采取各种不同的手段来干预本国的进出口，从而影响本国的经济活动。征收关税和实行进口限额是影响进口的两种主要方法，它们都可以起到限制本国的进口，保护国内同类产品的生产，调节国际贸易收支状况的作用，但它们对本经济的影响又是有所不同的。

对进口商品征收关税后，本国经济可能受到下述影响：(1) 该种商品的国内价格提高，不利于进口商品的销售，使进口数量受到限制。对进口数量的影响大小，取决于关税率的大小及该商品国内市场的需求弹性的大小。税率越高，进口越受限制；弹性越大，进口也越受限制。(2) 由于国内价格提高，将促进本国同类产品生产厂商产量增加，导致成本下降，价格也随之下降，从而促进本国同类产品的生产与销售。(3) 政府得到了关税收入，可以用这种收入来从事与增加公共福利有关的事业，补偿消费者的损失。当然，关税要达到既有效地保护本国的产业又不使国际贸易状况恶化，就必须有一定的限度。过高的关税会使国外商品不再进口，同时引起贸易伙伴国报复，引起出口的缩减，国内经济状况恶化。

实行进口限额与关税不同的是：只要支付了进口税，进口商仍可以自己决定进口的数量；而实行了进口限额，则政府严格限制了进口商品的数量或者价值。因此，它排除了外国厂商的价格竞争对国内价格的任何影响。比如，如果外国厂商为了对付关税而压低价格，那么关税对进口的影响就不会很明显，而进口限额则仍可以完全控制商品的进口。另外,进口限额也更有利于本国厂商免受国外同类产品的竞争,只要进口的数量达到限额,外国厂商甚至不能在本国市场上免费赠送产品,当然,这也不利于本国厂商改进技术,降低成本,提高产品的国际竞争力。同时,进口限额也给政府提供了一定时期内本国进口量的准确数据,便于政府加强对国际贸易状况的宏观控制。

19. 国际收支平衡表包括哪些主要内容?下列各项情况应分别在国际收支平衡表中作何反映?

(1) 本国公民以美元支付到外国旅游观光的开支;

(2) 本国向外国出口商品,对方应在 90 天内付款;

(3) 本国一企业收到其海外子公司的股利,即投资于该国一公司的股票上;

(4) 本国一居民得到其海外亲友的外汇现款捐赠。

答: 国际收支平衡表是系统记录某一特定时间内一国与外国在一切经济往来中的收支状况的统计表,它是一国制定贸易、关税政策、决定汇率、利率水平、进行对外投资等宏观经济活动的重要依据。根据国际货币基金组织(IMF)的规定及各国的编制现状,国际收支平衡表一般分为三个部分。

第一是经常账户,它反映一国与国外之间真实资源的转移情况,包括货物、劳务、单方面转移等项目的收支情况,通常分为商品的进出口,运输、保险、旅游等劳务收支,私人或官方的单方面转移等项目。经常账户是国际收支中最基本的账户。

第二是资本账户,它反映一国与外国金融资产与负债的所有交易,通常分为直接投资、证券投资等长期资产,一年以下的短期资产等项目。

第三是平衡账户,它主要记录官方储备的增减,分配的特别提款权以及因统计误差带来的错误和遗漏。平衡账户的作用在于保证国际收支平衡表在采用借贷复式记账法记账与编表时,借方余额与贷方余额始终保持一致。

国际收支平衡表采用复式记账法,一般来说,进口商品和劳务,增加外国金融资产或官方储备,或减少对外负债时,记入相关账户的借方;而出口商品和劳务,减少外国金融资产或官方储备,或增加对外负债时,记入相关账户的贷方。

因此,发生某项国际收支业务时应在表中相关账户分别作出反映。

(1) 该项业务中,一方面本国发生劳务项目的支出,记入"经常账户-劳务支出"的借方;另一方面,减少本国的外汇资产,记入"资本账户-外汇"的贷方。

(2) 该项业务中,一方面增加本国的短期对外金融资产,记入"资本账户-短期资产"的借方;另一方面减少本国的商品,记入"经常账户-出口"的贷方。

(3) 该项业务中,一方面本国长期对外金融资产增加,记入"资本账户-长期资产"的借方;另一方面,其来源是从国外取得的投资收入,记入"经常账户-投资收入"的贷方。

(4) 该项业务中,一方面本国增加外汇资产,记入"资本账户-外汇"的借方;另一方面属于国外对本国的私人单方面转移,记入"经常账户-单方面转移"的贷方。

20. 国际收支平衡表为什么总是平衡的?既然国际收支平衡表总是平衡的,又为什么还存在国际收支顺差和逆差?

答: 一个国家的国际收支平衡表从形式上看总是平衡的。这主要是国际收支平衡表的内容,除了实际发生的、自主性的收、支业务的流量要在相应的经常账户及资本账户中记录,另有一个平衡项目专门记录、调整经常账户、资本账户借贷余额不等的情况。如果在经常账户中以 X 代表出口,M 代表进口,NX 代表净出口,即 $NX = X - M$;在资本账户中以 F 代表资本流出净额,实际发生的所有对外收支,即是将 NX 与 F 结合起来考虑的结果。由于在同一时间内往往很难使 $NX = F$,当 $NX > F$ 时则为国际收支盈余,而当 $NX <$

F 时,则为国际收支逆差。如果存在国际收支的盈余、逆差,就通过调节性的业务来弥补其差额,并在平衡账户上作相应的反映。如果一国发生国际收支盈余,就可以通过增加官方黄金、外汇储备,减少该国对外国的负债等方法来平衡;如果发生国际收支逆差,又可以通过减少官方储备,增加对外国的负债等方法来弥补。又如,如果由于统计资料来源的不统一,或计价的不准确而造成的表中余额不等,又可以通过平衡账户中的"错误和遗漏"项目抵消,使之始终保持平衡。

21. 在市场经济中,国际收支如何自动得到调整?

答: 在市场经济中,当一国国际收支失衡时,主要是通过价格、收入、汇率等的变化,在市场作用下,使国际收支自动得到调节,趋向平衡。历史上在金本位制度下,如果一国发生了国际收支逆差,外汇供不应求,直接标价的汇率就要上升,这时该国就要输出黄金,于是货币发行量及存款都要收缩,物价就会下降,这样出口会增加,进口会减少,国际收支就会得到改善。反之,则会发生相反的过程。这样,国际收支的不平衡就会通过黄金流动机制自动得到调节。金本位制度被纸币本位制取代后,这种经济中的自动调节作用是通过影响国民收入、物价水平及资本流动等各方面的变化,使国际收支自动得到调整。例如,一国发生国际收支盈余时,国内金融机构持有的国外资产增加,使银行信用扩张,银根松弛,利率下降,由此使(1)国内消费和投资都增加,国民收入水平提高,进口增加,缩小原来的国际收支盈余。(2)国内总需求增加,物价上涨,从而削弱本国商品在国际市场上的竞争能力,引起出口下降,进口增加,缩小原来的国际收支盈余。(3)资本外流,外国资本流入受阻,也缩小了原来的国际收支盈余。(4)对外汇的供给大于需求,本国货币升值,使出口减少,进口增加,减少了贸易顺差。反之,如果出现国际收支逆差,则通过相反的调节过程,使国际收支状况自动得到改善。总之,在市场经济中,国际收支失衡会影响利率、价格、收入、汇率水平在市场作用下发生相应变化,从而自动调节国际收支状况。这种自动调节机制尤其为古典学派所强调。

22. 当一国经济既处于通货膨胀又有国际收支赤字状况时,应当采取什么样的政策措施?

答: 在开放经济中,政府宏观经济政策的最终目标应该是实现宏观经济的国内均衡和国外均衡,即使宏观经济处于充分就业的水平上,并且没有通货膨胀的压力,经济均衡增长,国际收支平衡。如果一国经济出现国内非均衡或国外非均衡,则可以采取相应的财政、货币、对外贸易政策的组合,使宏观经济趋向既定的目标。

当一国处于通货膨胀和国际收支赤字状况时,政府应当采取如下的政策组合:

(1) 紧缩性的货币政策,如出售债券,回笼货币,提高存款准备金率、再贴现率等。紧缩性的货币政策使国内利息率上升,一方面可以使投资下降,压缩总需求,有利于物价水平下降,减轻通货膨胀压力;另一方面进口量亦随收入水平的下降而减少,使国际收支赤字减少。同时,较高的利息率可以减少国内资本的外流,并吸收更多的国外资本流入,改善国际收支状况。

(2) 紧缩性的财政政策,如削减财政支出,提高税率等紧缩性的财政政策可以抑制总需求,以配合紧缩性的货币政策的影响。

(3) 贸易保护性政策,如提高进口关税,进口许可证与进口配额,非关税壁垒等;外汇管制政策,如制订限制外汇流出,促进外汇流入的政策等。贸易保护性政策和外汇管制政策可以减少进口,促进资本流入,有效改善国际收支状况,但会影响与本国经济往来密切的国家的利益,因此,需要考虑对方的反应,以免采取报复措施。

总之,一国处于国内外非均衡时,应当根据具体情况将各种经济政策加以适当的配合。一般来说,财政政策的作用对国内经济活动的调节效果比较直接;外贸、外汇政策对调节国际收支效果比较显著。但同时又会影响多边贸易关系,而货币政策是通过利息率来间接地调节国内总需求水平及国际收支状况的。在实际运用中,应考虑各种政策对经济总量的不同影响,相互配合、相互补充,以有利于宏观经济同时实现国内外的均衡。

23. 为什么在一个开放经济中的一种货币政策(不管是紧是松)只会对于利率和信贷发生较小的作用?

答:在一个封闭经济中,中央银行可以通过对银行系统的控制实施货币政策,用紧的或松的政策影响利率,影响信贷供给,从而影响经济,然而在开放经济中,资本可以在国际流动,因而当中央银行实行紧的货币政策,厂商不得不用较高利率借钱甚至难以得到贷款时,它们可以从外国借到钱,尤其是一些有信誉的大公司,不难从外国获得信贷。这样,限制信用可获得性和改变利率的货币政策的作用就受到阻碍,只能发挥较小的作用。再说,如果某国实行紧的或松的货币政策使利率上升或下降时,资本会流入或流出,从而使利率的变动难以达到中央银行希望达到的目标,使货币政策作用打了折扣。

24. 在开放经济中,货币政策如何影响产出?

答:在开放经济中,由于本国人可以向外国借钱,因此,货币政策在影响国内支出方面的效力可能减弱了,这种影响如上题所述;但另一方面这种效力又可能加强了。这种加强主要是通过改变汇率影响整个经济活动。例如,假定美联储实行紧的货币政策,提高利率,而其他国家没有调整利率,则外国资本就会流入美国,引起美元升值,美元升值限制了出口,刺激了进口,从而降低了总需求,降低了产出。

25. 判断下列论断是否正确,并说明其原因:

(1) 发展中国家由于在各行业技术水平都低于发达国家,因而它们在与发达国家的贸易竞争中不具有任何优势。

(2) 行业间的贸易取决于各国在不同行业的比较优势,同时,这种比较优势也决定了行业内部的贸易。

（3）本国货币升值时，本国的进口增加，出口减少。

（4）在浮动汇率制下，一国国际收支可自动得到调整，不需要任何政府调节影响。

（5）如果出口量和进口量对汇率的变化非常敏感，就不会出现 J 曲线效果。

（6）中央银行在外汇市场上购买美元时，本国的货币供给量就减少了。

（7）一国政府决定购买美元时，所采取的中立化政策即是在公开市场上出售债券。

（8）在浮动汇率制下，中央银行对外汇市场的干预，可减弱浮动汇率制的隔离效果。

（9）美国的利率越高，汇率就朝着美元贬值的方向变化。如此的话，人们就不愿意投资于美国的债券。

答：（1）不正确。发展中国家虽然在各行业技术水平上都低于发达国家，但不能认为它们在与发达国家的贸易竞争中不具有任何优势。一些发展中国家由于自然条件、人口等各种原因，也可能在国际贸易中有一些优势，如，一些矿产也只有在某些发展中国家才蕴藏，因此，这些国家在贸易中就有这方面的优势。再如，发展中国家劳动力普遍较便宜，因此，在某些劳动密集型生产中就有优势。总之，发展中国家在国际贸易竞争中也可能有这样那样的优势。因此，尽管现在世界贸易的大部分发生在工业化国家之间，但也有一部分发生在工业化国家与发展中国家之间，只是发展中国家大多倾向于出口初级产品，而发达国家一般出口工业制成品。

（2）不正确。行业间贸易取决于各国在不同行业的比较优势，但行业内的贸易则不能说是这种比较优势决定的。行业内部贸易的原因是：第一，各国消费者偏好的多样性，对同样的消费品，有人喜欢本国产品，有人则喜欢外国产品；第二，规模经济的需要。在一些垄断竞争行业，规模经济限制了行业只能生产有限种类产品，无法生产所有种类产品。要生产所有种类产品,每一种类产品生产就只能是小规模的,而小规模生产成本高,很不经济。为追求规模经济,各国都只选择有限种类产品生产,而不生产的那些产品则靠进口。

(3) 正确。因为本国货币升值时,本国卖到外国去的产品变得相对昂贵,而外国卖到本国来的产品变得相对便宜。

(4) 正确。在浮动汇率制下,如果一国国际收支发生赤字时,外汇需求增加,供给减少,本国货币就会贬值,这就会刺激出口,抑制进口,使经常项目收支状况改善,国际收支赤字自动消除。相反情况发生时,国际收支同样可自动得到调整。

(5) 不正确。J 曲线产生原因不在于进出口对汇率变化是否敏感,而在于汇率变动到进出口变动之间存在"时滞"。即使进出口对汇率变动很敏感,如果原来进出口合同还要履行,则并不会使进出口发生相应变动,因而 J 曲线仍会产生。

(6) 不正确。一国在外汇市场上只能用本国货币购买美元,因此,中央银行在外汇市场上购买美元时,本国的货币供给量就增加了。

(7) 正确。一国政府购买美元时,本国货币流通量会增加。为防止由此产生的通货膨胀,政府所采取的中立的政策应当是在公开市场上出售债券,把流通中增加的货币供给量收回到中央银行手中。

(8) 正确。浮动汇率制的隔离效果是通过汇率本身的变动而产生的,并不需要中央银行对外汇市场的干预。如果中央银行进行干预,就减弱浮动汇率制的隔离效果。例如,如果美国由于某种原因物价比过去上升10%,在原来汇率水平上,美国的贸易伙伴国对美国的出口会增加,比方说日本就会增加对美国的出口,而减少从美国的进口,结果,日本外汇市场上美元供给会增加,需求会减少,汇率就会朝美元贬值、日元升值方向调整。如果日元升值比例也是 10%,则进口到日本的美国商品在日本市场上的日元价格就不会提高(即不会因美国商品在国内价格上升 10% 时在日本也涨价 10%,因为这 10% 正好被美元贬值10％所抵消)。这样,美国出现的通货膨胀就不会波及日本。这就是浮动汇率制的隔离效果。然而,如果当日元升值,美元贬值时,日本中央银行对外汇市场进行干预,比方说以固定汇率收购美元,让日元少升值或不升值,这样,美国商品卖到日本市场来时就会涨价,涨价的幅度由中央银行干预外汇市场的程度而定,这就是说,隔离效果被减弱了。

(9) 不正确。美国利率越高,外国资金就会流入美国,这些国家会用本国货币兑成美元,购买美国的债券,于是,对美元的需求会增加,美元会随之升值。这样,投资于美国会得到双重好处:一是高利率,二是美元升值,因而人们更愿意投资于美国债券。

26. 资本完全流动的含义是什么?在小国和大国模型中,资本完全流动带来的结果有何区别?

答: 资本完全流动是指一国居民可完全进入世界金融市场,政府不能阻止在外国市场上借贷。这种流动对小国和大国带来的结果是不同的。

小国只是世界金融市场一小部分,因而其本身对世界利率的影响微不足道。因而该国利率必定等于世界金融利率。如果高于或低于,资本的流入或流出必然促使其等于世界利率。

但大国利率通常不由世界利率决定,因为该国大到足以影响世界金融市场。当该国给国外贷款越多时,世界经济中贷款的供给量就越大,从而世界市场上利率会越低。反之,该国从国外市场上借款越多,世界市场上需求量会越大,从而世界利率会越高。

27. 为什么资本完全流动的小国开放经济国内的利率水平与国际利率水平总能保持一致?

答: 小国开放经济是指一国对外经济往来的规模较小,其净出口的变化不会对国际物价产生影响,其对外净投资的变化也不会对国际利率水平产生影响。

从资本流动的角度看,如果小国开放经济的利率高于国际利率水平,将会出现国际资本流入的现象,资本流入将使资本供给上升,在资本需求不变的情况下,国内利率水平将下降直到与国际利率水平相等;反之则会出现小国国内资本外流的现象,使国内利率水平上升。小国经济开放程度越高,资本流动的成本越低,使得小国国内利率水平就越能与国际利率水平保持一致。

同时,由于小国资本规模有限,其资本流入或资本外流对国际资本的供求影响不大,因此国际利率水平不会因小国经济的资本流动而改变。

28. 用 IS-LM-BP 模型分析在浮动利率的蒙代尔-弗莱明模型中,紧缩性的财政政策和货币政策分别会对国民收入、汇率和净出口产生什么样的短期影响?

答: 先来看紧缩性的财政政策。

实行紧缩性财政政策将使 IS 曲线向左下移动,如图 22-4。如果是封闭经济,不考虑 BP 曲线,IS 左移会使利率下降。但在浮动利率的蒙代尔-弗莱明模型中,本国利率水平与国际利率水平保持一致,利率下降的压力表现为资本外流,导致本币贬值。本币贬值使得出口上升,进口下降,净出口上升。这使得 IS 曲线向右移回到原来的位置。紧缩性的财政政策造成的总支出下降由净出口的增加所弥补,国民收入保持不变。

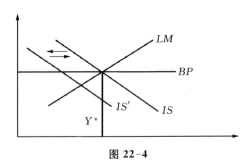

图 22-4

再看紧缩性的货币政策。

实行紧缩性货币政策将使 LM 曲线向左上移动,如图 22-5。如果是封闭经济,不考虑 BP 曲线,LM 左移会使利率上升。但在浮动利率的蒙代尔-弗莱明模型中,本国利率水平与国际利率水平保持一致,利率上升的压力表现为资本流入,导致本币升值。本币升值使得出口下降,进口上升,净出口下降。这使得 IS 曲线也向左移动同样的距离,在 E' 达到新的均衡。紧缩性的货币政策造成国民收入下降,本币升值,净出口下降。

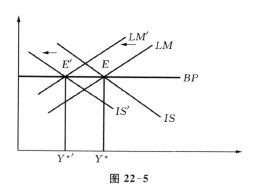

图 22-5

29. 用 IS-LM-BP 模型分析在实行浮动利率制度的大国开放经济中,政府支出增加分别会对国民收入、利率、汇率和净出口产生什么样的短期影响?

答: 在实行浮动利率政策的大国开放经济中,原有的均衡点是在 A 点。如果政府支出增加,IS 曲线将向右移动到 IS'(如图 22-6)。此时,大国的国内利率将高于国际利率水平,引发外国资本流入,在资本需求没有变化的情况下,本币升值。本币升值将进一步导致进口上升,出口下降,净出口下降,使得 IS 曲线左移到 IS'',但由于进出口下降是政府支出的间接结果,IS 曲线虽然左移,但移动有限,不会移回原处。大国的经济变化提高了国际利率水平,BP 曲线上移到 BP',新的均衡点为 B。

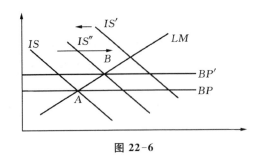

图 22-6

此时,利率上升,本币升值,但净出口下降,政府支出虽然对净出口、投资等有挤出作用,但未完全挤出,国民收入上升。

30. 以小国开放经济为例,说明为什么在固定汇率制度下,财政政策的效果比较强,而货币政策会失效。

答: 小国开放经济如果实行固定汇率制度,则财政政策不但可以直接影响经济,而且还可以间接通过影响货币政策而影响宏观经济,所以效果比较显著。

以扩张性财政政策为例。扩张性的财政政策使该国经济具有利率上升和国民收入上升的趋势。但小国的国内利率水平必须与国际利率水平保持一致,因此利率上升的压力最终表现为大量资本的流入。资本的大量流入使本币具有升值压力。而该国实行的是固定汇率制度,为维持汇率稳定,货币当局必然在外汇市场购进外汇,抛出本币,从而本国的货币供给增加。货币的扩张会进一步推动国民收入增加。因此,在实行固定汇率制度的开放小国,财政政策效果比较显著。

小国开放经济如果实行固定汇率制度,其货币政策会失效。以扩张性货币政策为例。扩张性货币政策使货币供给增加,在货币需求稳定的情况下,本国的利率水平将面临下降的压力。但小国的国内利率水平必须与国际利率水平保持一致,因此利率下降的压力最终表现为国内大量资本的外流。资本的大量外流使本币具有贬值压力。而该国实行的是固定汇率制度,为维持汇率稳定,货币当局必然在外汇市场抛出外汇储备,回笼本币,本国的货币供给量相应下降。这样,最初实施的扩张性货币政策所增加的货币供给被抵消,货币政策失效。可见在固定汇率制度下,货币当局为维持固定汇率制度,其货币政策的自主权被大大削弱。

31. 什么是"三元悖论"?

答: 三元悖论(The Impossible Trinity)是美国经济学家保罗·克鲁格曼就开放经济下的政策选择问题在蒙代尔-弗莱明模型基础上提出的,其含义是:一国货币政策的独立性、汇率的稳定性和资本的完全流动性不能同时实现,最多只能同时满足两个目标。三元悖论主要包括以下三种情况:一国保持货币政策的独立性和资本的完全流动性,就只能牺牲汇率的稳定性,实行浮动汇率制度;一国保持货币政策的独立性和汇率的稳定性,就只能牺牲资本的完全流动性,实行资本管制;一国保持汇率的稳定性和资本的完全流动性,就必须放弃本国货币政策的独立性。

32. 什么是"特里芬难题"?

答: 特里芬难题(Triffin Dilemma)最早由美国耶鲁大学教授特里芬在20世纪50年代提出,主要用以描述以一种主权货币作为国际储备货币带来的两难处境。布雷顿森林体系建立了美元直接与黄金挂钩、其他国家货币与美元挂钩的新型国际货币制度。但这种以一国货币作为最主要国际储备资产的体系有一种内在的不可克服的矛盾:美国以外的成员国必须依靠美国国际收支持续保持逆差,不断输出美元来增加它们的国际清偿能力(即国际储备),这势必会危及美元信用从而动摇美元作为最主要国际储备资产的地位;反之,美国若要维持国际收支平衡稳定美元,则其他成员国国际储备增长又成问题,从而会发生国际清偿能力不足进而影响到国际贸易与经济的增长。特里芬据此预言布雷顿森林体系会由于这一内在矛盾而必然走向崩溃,这已为后来的事实所证明。

计 算 题

1. 假设美国第一年的价格水平(百分比) $P_1=100$，外国(英国)的价格水平 $P_{1f}=100$，它们第二年的价格水平分别为 $P_2=180$，$P_{2f}=130$，汇率最初是每英镑 2 美元。

(1) 如果第 1—2 年间没有实质性的失调，第二年的汇率是多少？

(2) 如果实际汇率 eP_f/P，在第 1—2 年间下降 50%，第二年的汇率为多少？

解：(1) 由题意，第一年的实际汇率为

$$\text{实际汇率} = \text{名义汇率} \times \frac{P_{1f}}{P_1}$$

$$= 2 \times \frac{100}{100} = 2$$

即实际汇率也是每英镑 2 美元。由于第 1—2 年间没有实质性失调，故保持原实际汇率水平，则第 2 年的名义汇率 e_2 为

$$e_2 = \text{实际汇率} \times \frac{P_2}{P_{2f}} = 2 \times \frac{180}{130} \approx 2.77$$

即每英镑为 2.77 美元。

(2) 如果第二年的实际汇率下降 50%，则第二年的实际汇率为

第二年实际汇率 = 第一年实际汇率 $\times (1-50\%) = 2 \times (1-50\%) = 1$

则，第二年的名义汇率 $e_2 =$ 第二年实际汇率 $\times \dfrac{P_2}{P_{2f}}$

$$= 1 \times \frac{180}{130} \approx 1.38$$

即每英镑为 1.38 美元。

2. 假设你预期英镑明年贬值 6%。美国的利率现为 4%,英国的证券(如政府公债)的利率是多少时,你才愿意现在用美元购买,一年后再出售,换回美元?

解:国际间的投资活动(如证券买卖),除了考虑各国利率的差异,还应考虑到各国货币之间的汇率变化对收益的影响。

如果以 R_e 表示英国的证券利率,R_a 表示美国的利率水平,π 表示英镑明年的贬值率,e_i 表示第 i 年英镑的汇率,如果现在持有的美元数量为 M_a,则第 2 年的本利和应为

$$M_{2a} = M_a \times (1+R_a) = M_a \times (1+4\%) = 1.04 M_a$$

即如果用美元购买英国证券,一年后至少应获得 $1.04M_a$ 单位的美元。

在现期汇率 e_1 下,M_a 可换英镑数量为

$$M_e = M_a / e_1$$

一年后的本利和为 $M_{2e} = M_e \times (1+R_e) = M_a / e_1 \times (1+R_e)$
一年后的汇率 $e_2 = e_1 \times (1-\pi) = e_1 \times (1-6\%) = 0.94 e_1$
一年后的本利和换成美元可得

$$M'_{2a} = M_{2e} \times e_2 = \frac{M_a}{e_1} \times (1+R_e) \times 0.94 e_1$$
$$= 0.94(1+R_e) M_a$$

由于 M'_{2a} 至少要等于 M_{2a},由此有

$$M'_{2a} \geqslant M_{2a}$$

即, $0.94(1+R_e) M_a \geqslant 1.04 M_a$

$$R_e \geqslant 10.6\%$$

所以,只有当英国证券的利率超过 10.6% 时,在预期的英镑贬值率下,用美元购买英国证券才是有利可图的。

3. 假设某国的宏观经济模型为

$$\begin{cases} C = a + bY_D = 28 + 0.8Y_D \\ I = \overline{I} = 20 \\ G = \overline{G} = 26 \\ TR = \overline{TR} = 25 \\ T = T_0 + tY = 25 + 0.2Y \\ X = \overline{X} = 20 \\ M = M_0 + mY = 2 + 0.1Y \end{cases}$$
(单位：10 亿美元)

(1) 试求该国的均衡产出与贸易赤字(或盈余)。
(2) 用图示说明均衡产出与贸易赤字的关系。

解: (1) 由已知的某国宏观经济模型,可知该国为开放经济条件下的状况,即均衡的国民收入取决于国内消费、投资、政府支出及净出口四个部门的经济总量。

因此,收入恒等式为

$$Y = C + I + G + (X - M) \qquad (1)$$

由于已知, $C = a + bY_D$
$$= a + b(Y - T + TR)$$
$$= a + b(Y - T_0 - tY + TR)$$
$$= a + b \times (1-t)Y + b \times (TR - T_0)$$
$$= 28 + 0.8 \times (1-0.2)Y + b \times (25 - 25)$$
$$= 28 + 0.64Y \qquad (2)$$

将(2)代入(1),有

$$Y = 28 + 0.64Y + 20 + 26 + (20 - 2 - 0.1Y)$$

移项整理得

$$(1 - 0.64 + 0.1)Y = 28 + 20 + 26 + 18$$
$$0.46Y = 92$$
$$Y = 200$$

此时，$M = M_0 + mY$
$= 2 + 0.1 \times 200$
$= 22$

则 $X - M = 20 - 22 = -2$

即该国的均衡收入为 2 000 亿美元，在此收入水平下有贸易逆差 20 亿美元。

说明：

图 22-7(a)表示开放经济下均衡的国民收入的决定取决于 C、I、G 及 $X-M$ 线的大小及形状。

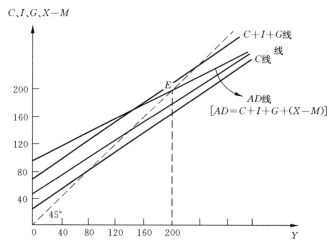

图 22-7(a)　开放经济下的均衡收入的决定

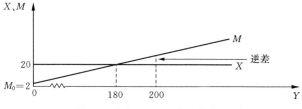

图 22-7(b)　出口、进口与贸易差额

当总收入为零时,总需求为 $C+I+G+X-M=92$,其中消费为 28,投资与政府支出为 46,而 18 为净出口。当收入增加时,总需求也增加。考虑了所得税后的边际消费倾向为 0.64,因此,在既定的边际进口倾向为 0.1 的情况下,收入每增加 1 美元,将使消费增加 0.64 美元,而其中购买本国商品(即增加本国商品的需求)的为 0.54 美元,0.1 美元用于进口商品的消费,在图形上表现为 AD 线较 $C+I+G$ 线平缓。

均衡的收入为 E 点。此时,投资与政府支出为 46,出口为 20,而消费为 $156(28+0.64\times 200)$,其中 22 单位用于进口商品,此时总需求为 200,恰好等于收入水平,达到均衡状态。

图 22-7(b)说明进、出口与贸易差额的关系。当均衡的收入达到 200 时,进口额因收入的增加而增为 22,此时出口仍为 20,出现贸易逆差 2。由图示也可知,只有当收入为 180 时,进口额为 $2+0.1\times 180=20$,恰好等于出口额,贸易平衡。

4. 设一国边际进口倾向为 0.2,边际储蓄倾向为 0.1,求当政府支出增加 10 亿美元时,对该国进口的影响。

解:在开放经济中,政府支出乘数为

$$K_g = \frac{1}{s+m}$$

在本题中,$K_g = \dfrac{1}{0.1+0.2} = \dfrac{10}{3}$

政府支出增加 10 亿美元时,国民收入增加为

$$\Delta y = K_g \cdot \Delta G = \frac{10}{3} \times 10 = \frac{100}{3}$$

这样,该国进口增加

$$\Delta M = m \cdot \Delta y = 0.2 \times \frac{100}{3} = 20/3(亿美元)$$

5. 考虑某宏观经济模型：(甲国)

收入 $Y = C + I + G + NX$ ……①
消费 $C = 80 + 0.63Y$ ……②
投资 $I = 350 - 2\,000r + 0.1Y$ ……③
实际货币需求 $M/P = 0.162\,5Y - 1\,000r$ ……④
净出口 $NX = 500 - 0.1Y - 100(EP/P_w)$ ……⑤
实际汇率 $EP/P_w = 0.75 + 5r$ ……⑥

其中政府支出 G 为 750，名义货币供给 M 为 600，假定其他国家的价格水平 P_w 始终为 1.0，美国的价格水平前定为 1.0。

(1) 推导出总需求曲线的代数表达式；
(2) 求由模型所决定的 Y、r、C、I、NX 的值。

解：(1) $Y = C + I + G + NX$
$= 80 + 0.63Y + 350 - 2\,000r + 0.1Y + 750 + 500 - 0.1Y$
$\quad - 100(0.75 + 5r)$
$= 1\,605 - 2\,500r + 0.63Y$

得 $0.37Y = 1\,605 - 2\,500r$

IS 方程为 $Y = \dfrac{1\,605}{0.37} - \dfrac{2\,500}{0.37}r$

由货币市场均衡得

$0.162\,5Y - 1\,000r = \dfrac{600}{P}$

LM 方程为 $r = \dfrac{0.162\,5}{1\,000}Y - \dfrac{600}{1\,000P}$

将 LM 方程代入 IS 方程

$Y = \dfrac{1\,605}{0.37} - \dfrac{2\,500}{0.37}\left(\dfrac{0.162\,5}{1\,000}y - \dfrac{600}{1\,000P}\right)$

即 $2.09797Y = \dfrac{1\,605}{0.37} + \dfrac{1\,500}{0.37P}$

总需求曲线为 $Y = \dfrac{1\,605}{0.37 \times 2.09797} + \dfrac{1\,500}{0.37 \times 2.09797 P}$

（2）若美国的价格水平前定为 1.0，则收入为

$$Y = \dfrac{1\,500 + 1\,605}{0.37 \times 2.09797} = 4\,000$$

$$r = \dfrac{0.1625}{1\,000} \times 4\,000 - \dfrac{600}{1\,000} = 0.05$$

$$C = 80 + 0.63 \times 4\,000 = 2\,600$$

$$I = 350 - 2\,000 \times 0.05 + 0.1 \times 4\,000 = 650$$

$$NX = 500 - 0.1 \times 4\,000 - 100 \times (0.75 + 5 \times 0.05) = 0$$

6. 利用上题中的模型及给定的数字，计算能使产量仍保持原有水平，但利率下降 2% 时所需的货币政策和财政政策的组合，说明这一变化对美元币值、净出口、政府预算赤字和投资的影响。

解： 由上题，当 $G = 750, M = 600$ 时的产出水平为 $4\,000$，利率为 5%。

现要使利率由 5% 下降 2% 成为 3%，但产出水平仍为 $4\,000$，此时，由上题④式，

$$\begin{aligned} M &= (0.1625Y - 1\,000r) \times P \\ &= (0.1625 \times 4\,000 - 1\,000 \times 3\%) \times 1 \\ &= 620 \end{aligned}$$

由②式，C 仍为 $2\,600$

由③式，$I = 350 - 2\,000 \times 3\% + 0.1 \times 4\,000 = 690$

由⑥式，$EP/P_w = 0.75 + 5 \times 3\% = 0.9$

由⑤式，$NX = 500 - 0.1Y - 100 \times 0.9 = 10$

所以 $G = Y - C - I - NX = 4\,000 - 2\,600 - 690 - 10 = 700$

即应实行扩张性的货币政策,增加 20 单位的货币供给总量;同时实行紧缩性的财政政策,减少 50 单位的政府支出额,才能使利率下降 2 个百分点,而总产出不变。

采取松的货币政策,将导致利率下降,投资增加;同时汇率下降,导致净出口额增加。由于产出保持不变,则政府财政收入保持稳定,但由于采取了紧的财政政策,政府支出减少,因此有助于减少政府的赤字。

7. 如果乙国经济中,净出口函数是

$$NX = 800 - 0.1Y - 400(EP/P_W)$$

利率和汇率间的关系是

$$EP/P_W = 10r + 0.5$$

其他关系式与第 5 题中的相同。

(1) 比较哪一国的开放程度更高?为什么?
(2) 计算政府支出增加 10 后宏观经济的变化情况。
(3) 计算货币供给增加 20 后宏观经济的变化情况。

解:(1) 本题中所述的乙国的开放程度更高。

首先比较两国的利率与汇率的关系式。

$$\begin{cases} 甲国: EP/P_W = 0.75 + 5r \\ 乙国: EP/P_W = 0.5 + 10r \end{cases}$$

乙国的实际汇率对国内利率变动的敏感程度为 10,大于甲国的实际汇率对国内利率变动的敏感程度(为 5)。由于汇率可以直接影响一国的对外收支情况,因此乙国的国内利率变动与该国国际收支状况更密切相关,也说明乙国的开放程度更高。

其次,再比较两国的净出口函数。

$$\begin{cases} 甲国：NX = 500 - 0.1Y - 100(EP/P_w) \\ 乙国：NX = 800 - 0.1Y - 400(EP/P_w) \end{cases}$$

则：在不考虑汇率的前提下，乙国的自发性净出口额为 $800 - 0.1Y$，高于甲国（为 $500 - 0.1Y$）。同时，如果考虑汇率对净出口的影响，乙国的汇率变动对净出口的影响更大（乙国为 400，而甲国为 100）。

(2) 由第 5 题(1)中计算，有

$$r = \frac{0.1625}{1\,000}Y - \frac{M}{1\,000P} \quad\quad \cdots\cdots ⑪$$

$$I = 350 - 0.225Y + \frac{2M}{P} \quad\quad \cdots\cdots ⑫$$

将⑪式及实际汇率函数代入净出口函数，可得

$$\begin{aligned} NX &= 800 - 0.1Y - 400(0.5 + 10r) \\ &= 800 - 0.1Y - 200 - 4\,000 \times \left(\frac{0.1625}{1\,000}Y - \frac{M}{1\,000P} \right) \\ &= 600 - 0.75Y + \frac{4M}{P} \end{aligned}$$

分别将 C、I、G、NX 的表达式代入 Y 式，则有

$$\begin{aligned} Y &= C + I + G + NX \\ &= 80 + 0.63Y + 350 - 0.225Y + \frac{2M}{P} + G + 600 \\ &\quad - 0.75Y + \frac{4M}{P} \end{aligned}$$

$$1.345Y = 1\,030 + G + \frac{6M}{P}$$

$$Y = 765.8 + 0.74G + 4.46\frac{M}{P}$$

因此,当政府支出增加 10 后,$\Delta G = 10$,有

$$\Delta Y = 0.74 \times 10 = 7.4$$

$$\Delta r = \frac{0.162\ 5}{1\ 000} \times \Delta Y = 0.12\%$$

$$\Delta C = 0.63 \times \Delta Y = 0.63 \times 7.4 = 4.66$$

$$\Delta I = -0.225 \times \Delta Y = -0.225 \times 7.4 = -1.67$$

$$\Delta X = -0.75 \times \Delta Y = -0.75 \times 7.4 = -5.55$$

$$\Delta E = 10 \times \Delta r = 10 \times 0.12\% = 1.2\%$$

与第 6 题(3)比较,政府支出变动同等数额时,在开放程度更高的环境下,收入的变动更小,由此使投资、消费及利率的变动均更小,但同时,汇率的变动却增加,净出口额也有比较明显的变动。这说明,在开放程度较高的国家,政府财政政策作用的影响更易通过国际收支状况的变动而传递到国外,从而减弱其对国内经济的影响,即政府财政政策的作用相应削弱了。

(3) 当政府增加 20 单位的货币供应量,即 $\Delta M = 20$,有

$$\Delta Y = 4.46 \times 20 = 89.2$$

$$\Delta r = \frac{0.162\ 5}{1\ 000} \times \Delta Y - \frac{1}{1\ 000} \frac{\Delta M}{P} = -0.55\%$$

$$\Delta C = 0.63 \times \Delta Y = 0.63 \times 89.2 = 56.26$$

$$\Delta I = -0.225 \times \Delta Y + 2 \times \Delta M = -0.225 \times 89.2 + 2 \times 20 = 19.93$$

$$\Delta X = -0.75 \times \Delta Y + 4 \times \Delta M = -0.75 \times 89.2 + 4 \times 20 = 13.1$$

$$\Delta E = 10 \times \Delta r = 10 \times (-0.55\%) = 5.5\%$$

与第 6 题(3)比较,政府变动同等数额的货币供应量时,在开放

程度更高的环境下,收入变动更大,消费的变动也更大,但利率的变动却较小,从而投资的变动也较小。同时,汇率却有较大幅度的变动,从而使净出口额的变动也非常明显。这说明,在开放程度更高的国家,政府货币政策作用的影响更明显。

第二十三单元
西方经济学与中国

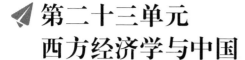

1. 为什么借鉴西方经济学走好中国经济发展自己的路,重要的是要正确处理好政府与市场关系?

答:走好中国经济发展自己的路,实际上就是要如何在中国发展生产力,中国的贫穷落后是半殖民地半封建社会的局面造成的,新中国的成立使中国人民站起来了。但是改革开放前我国一直实行高度集中的计划经济体制,国家计划生产什么,为谁生产,如何生产,都由政府统一安排。传统观念认为,计划经济是社会主义制度的基本特征,企业和个人统统吃国家"大锅饭",事实上,计划经济就是政府决定生产、交换、分配和消费等一切经济活动的经济,也可以说计划经济就是政府经济,这种经济体制效率低下。

破除传统观念禁锢的人是改革开放的总设计师邓小平。他说,计划和市场都是方法,只要对发展生产力有好处,就可以利用。这就从根本上解除了把计划经济和市场经济作为姓"资"姓"社"标志这一传统思想的束缚,为我国经济体制改革指明了方向。逐步推进了市场化取向的经济改革,并取得了经济发展的巨大成就。

在经济走向市场化改革过程中,政府职能也发生了一些转变。但这种转变还是初步的、滞后的,因为政府在许多场合还充当市场中一个重要的竞争主体角色,经济生活中出现一些无序竞争甚至恶性竞争现象。正是在这样的背景下,党的十八届三中全会《中共中央关于全面深化改革若干重大问题的决定》中作出了"要使市场在资源配置中起决定性作用和更好发挥政府的作用"的新提法。

2. 政府和市场的明确定位是什么?

答:"要使市场在资源配置中起决定性作用和更好发挥政府作用"的新提法使政府和市场有了明确定位,资源配置由市场决定,政府则要在制定规则、加强市场监管、提供公共物品和加强宏观调控等方面更好发挥作用。就好比球场上比赛,如何踢球是球员自己的事,政府则要当好裁判员。这个提法明明白白将政府和市场这两者分开,各有定位,各司其职。

3. 市场决定资源配置的含义是什么?为什么资源配置要由市场来决定?

答:资源合理配置,是指能够将有限的稀缺经济资源分配到不同物品和服务的生产上以满足社会的需要。市场在资源配置中起决定性作用主要指,决定劳动、资本、土地等生产要素流动、交易、组合的,都是市场的价格机制,包括产品价格、工资、利率、汇率、租金率等都由市场供求关系决定。

为什么资源配置要由市场来决定?一是市场有资源配置的适时协调作用。二是市场有资源配置的信号传递作用。三是有资源配置效率提高的作用。

如果市场能真正决定资源合理配置,则这样的市场就是有效率的。

4. 有效市场的条件是什么?为什么这些条件都要在能正确处理政府和市场的关系的前提下才会存在?

答:资源配置由市场决定是有条件的:① 产权明晰,以便企业有动力去捕捉经济信息,调整产品价格,改善经营管理。② 决策分散自主,产品价格和产量能主要由生产经营者决定。③ 公平竞争。

以上三个条件都要在能正确处理政府和市场的关系的前提下才会存在,因为政府和市场的关系,实际上就是政府和市场主体即企业的关系。

5. 为什么我国要进一步深化经济体制改革?

答: 目前我国的市场经济体制改革已经取得很大成绩,但是还要迈开更大步伐。正因为这样,党中央和国务院又发布一系列政策规定,来推动市场在配置资源上更有效率,形成一系列规定,尤其要加快形成要素能自由流动的体制和进一步改善营商环境。

加快形成要素能自由流动体制,包括要推进要素市场化配置,建立健全城乡统一的用地市场;要使劳动力要素合理畅通有序流动,深化户籍制度改革,畅通劳动力和人才社会性流动渠道,创造公平就业环境;要推进资本市场要素市场化改革,完善股票市场基础制度,加快发展债券市场,增加有效金融服务供给,健全多层次资本市场体系,要加快发展技术要素市场建设等。为什么要强调这些要素市场建设?因为这些要素市场建设对资源合理配置是最重要的。

进一步改善营商环境问题,就是改善企业经营环境。营商环境涉及企业设立、运营、发展、退出等各方面,涉及基础设施建设、政府的政务审批、工信部门的产业政策、金融部门的资金支持、政府执法等各个领域,必须要有统一的顶层协调机制,要有大局观。营商环境是市场主体从事经营活动的综合环境和条件,营商环境改善的好坏,企业的感受是最重要的评价标准。营商环境的优化不只靠数据,更需要靠口碑,关键看通过营商环境的优化,企业的投资积极性是不是更高了,企业的创新活力是不是增强了,企业的满意度是不是提升了。政府应从审批管理的视角,转为服务企业的定位。一方面,刀刃向内改自己,减少政务环节,减免不必要的成本,提高办事效率;另一方面,政府需要站在企业视角,有求必应,无事不扰。关注企业最关心的痛点、企业新增投资的顾虑、企业转型所需的环境,为企业做好服务。

6. 西方微观经济学对我国经济改革有哪些参考价值?

答: 尽管我国市场经济制度和西方国家有不少差别,但西方微观经济学中许多理论对我国进一步深化经济体制改革还是有参考价值的。

一是均衡价格理论。随着我国经济改革不断深化,绝大部分产品价格都逐步走上了市场化道路,但至今还有少数产品由于种种原因还未真正纳入市场经济轨道,价格仍有扭曲。例如,现在我国煤价格市场化,但电价还没有放开,政府定价。党的十八大以来,我国进一步推进价格改革,在那些改革的"硬骨头"领域,包括输配电、非居民用天然气、医疗服务、铁路运输等价格改革已取得历史性突破,但要完全实现市场化改革目标,还有一段路要走。

二是商品供求理论。包括各种需求弹性理论、消费者选择理论、价格变化和收入变化对消费者均衡影响的理论、替代效应和收入效应的理论等。

三是厂商均衡理论。西方微观经济学的厂商理论以制度既定为前提条件,实际上是掩盖了资本主义私有制一些矛盾。但是,它们那些理论对认识我们今天的企业经营还是有启发的。

四是要素流动理论,这在第 5 题已经说过了。

五是博弈论和信息经济学的一些理论。我国还是一个现代市场经济发展历史不长的国家,现代市场经济所要求的人们的守约意识和诚信观念还比较薄弱,欺诈和坑蒙拐骗的事件屡见不鲜。在这种情况下,博弈论和信息经济学的一些理论就大有用武之地,包括逆向选择和道德风险理论、信号传递和激励机制理论等。

六是收入分配与贫富差距理论。西方微观经济学把国民收入分配看作要素价格问题,掩盖了资本主义雇佣劳动剥削关系,这是必须认识的。但这套理论中也有可借鉴之处:包括贫富差距扩大因素的分析,关于贫富差距衡量指标的分析,包括基尼系数、洛伦茨曲线等;如何协调公平和效率关系的观点等。现在我国实行的精准扶贫的种种做法,可能更是既有利于实现公平,又不损害效率的一种创造。

七是市场失灵和微观经济政策的理论。包括外部性的克服、公共物品的提供、垄断和竞争中兴利除弊、贫富差距的调节等。

7. 有为政府的作用包括哪些方面?

答: 关于提升效率方面的职能,包括禁止行业垄断和不正当竞争行为,解决外部性,提供公共物品和管理信息,规划经济发展等。

关于促进公平方面的职能,包括利用税收和转移支付缩小贫富差距的收入再分配,向全体公民提供种种社会保障和公共物品(如提供基本医疗卫生和义务教育的制度安排)等。

稳定经济的职能,包括财政政策和货币政策等。

8. 为什么上述对市场实行监管、为公民提供公共服务、防止经济大起大落等这些职能必须是政府的职能,也是政府要更好地发挥作用的舞台?

答: 这可从必要性和可能性这两方面说明。

从必要性方面说,政府之所以要有这些职能,是因为这些领域都是市场失灵的地方,这些都是市场经济社会生存和发展所不可缺少的。政府出场是绝对必要的。

从可能性方面说,政府也有能力来担当这些职能。政府是国家政权机构,它可以通过立法司法来对市场进行监督管理,惩办一切违法犯罪行为来维护公平竞争的市场秩序;它还有权依法实行财政政策和货币政策,以平抑经济的过分波动,实现社会经济的持续、稳定的发展。

9. 为什么加快简政放权是转变政府职能?

答: 加快简政放权是转变政府职能、提高政府管理水平和效率的迫切要求。一些自由贸易试验区实行一种"负面清单"管理模式,即除了清单上规定不能干的(负面的),其他都可以干,要变事前审批为事中、事后监管。"负面清单"管理是以改革推动转型。这不是说政府对市场放任不管。相反,政府要对市场切实加强监督,维护市场秩序和公平竞争环境,坚决打击一切违法犯罪活动。

10. 西方宏观经济学对我国经济发展有哪些参考价值?

答:当代西方宏观经济学理论对认识和研究我国经济发展问题有一些参考价值,包括:

第一,关于国民收入衡量的理论。

第二,关于国民收入决定的理论。目前主流西方经济学是凯恩斯主义的有效需求理论,基本思想为需求决定供给、生产和就业。多年来我国经济发展遵循的也是这一套思路,把投资、消费和出口当作拉动经济的三驾马车,确实推动了经济快速发展,但也带来了一系列问题。现在中国共产党提出了供给侧结构性改革理论,是对需求决定供给理论的修正和发展。

第三,关于长期经济增长的理论。西方经济学家提出的理论,其中最有参考价值的也许是新古典增长模型和内生增长理论,尤其是对要素生产率提高因素的分析,对深刻理解我国当前的创新驱动、转型发展很有帮助。

第四,关于宏观调控的经济政策理论以及宏观经济学不同流派观点的争论。西方经济学家注重研究用财政政策和货币政策来稳定总需求。变动政府支出和收入,变动货币供应量和利率,同样是我国宏观经济政策的工具。关于宏观经济学不同流派观点的争论,也能够启发我们思考在经济出现一定波动时,究竟是政府干预多一点好还是市场自动调节多一点好;如果确实需要政府干预,是用财政政策好还是货币政策好。

总之,了解西方宏观经济学确实可以帮助我们认识和研究我国经济发展中的一些问题。然而,必须充分认识到,当代西方宏观经济学理论对思考我国宏观经济问题的意义是很有限的，因为那套理论基本上是发达市场经济国家经济运行和发展的经验教训的总结，而我国还是一个发展中国家，而且在社会制度、文化传统和其他国情等方面与西方国家有着重大区别。中国有中国的情况，要认识中国经济发展尤其是当前中国经济发展问题，还得从我们国家自己的实际出发。

11. 中国共产党对中国社会经济发展的矛盾作出了哪些新判断？

答：中国改革开放几十年来，经济发展取得了巨大成就，为实现中华民族伟大复兴的中国梦打下了基础，但是在发展中也出现了一系列问题。一是发展是粗放式的；二是经济结构不合理，需求结构中投资和出口比例过高、消费比例偏低，产业结构中第一、二产业比例还偏高，第三产业需要进一步发展；三是环境和生态问题突出；四是社会经济发展不够协调，地区之间、行业之间、城乡之间以及人群之间差别较大；五是政府和市场之间的关系有待进一步摆正。诸如此类问题还有不少，必须得到解决。

以习近平同志为核心的党中央针对这些问题以及国内外经济形势出现的新变化，及时作出了中国经济进入新常态的判断，形成了以新发展理念为指导，以供给侧结构性改革为主线的政策框架，为中国经济未来发展指明了正确道路。

党的十九大报告提出了中国特色社会主义进入新时代，社会主要矛盾已转化为人民日益增长的美好生活需要和不平衡不充分的发展之间的矛盾这样一个关系全局性的重要论断，为我国全面建成小康社会，为实现"两个一百年"伟大战略目标制定了航向。

12. 什么是中国经济新常态？

答：中国经济新常态是 21 世纪中国经济社会呈现的一种状态。这种状态的特点，一是从高速增长转变为高质量发展。经过 40 多年的高速增长，我国已成为世界第二大经济体。二是经济结构优化升级,第三产业、消费需求逐步成为主体,城乡区域差距逐步缩小,居民收入占比上升,发展成果惠及更广大民众。三是增长动力转换,从要素驱动、投资驱动转向创新驱动。

中国经济进入新常态,是过去多年来高速发展的必然要求和结果。这是中国经济进入更高层次发展阶段后才出现的状态,推动中国经济迈上转型升级、提质增效的新阶段。

13. 什么是供给侧结构性改革?

答:供给侧结构性改革,指从提高供给质量出发,用改革的办法推进结构调整,矫正资源配置扭曲,扩大有效供给,提高供给结构对需求变化的适应性,提高全要素生产率,更好地满足广大人民日益增长的美好生活需要,促进社会经济持续健康发展。

我国经济生活中的需求结构已发生明显变化,而现有供给侧明显不适应需求结构的变化。供给侧调整明显滞后于需求结构升级,这就要求生产要素难以从无效需求领域向有效需求领域、从低端领域向中高端领域流动,新产品和新服务的供给潜力没有得到释放。

国际分工格局重构对结构性改革也提出紧迫要求。新的国际经济形势要求加快结构性改革是打造中国国际竞争新优势。

推进供给侧结构性改革,一方面要着力减少无效和低端供给,尤其是其集中表现的过剩产能和过大库存沉淀了大量的厂房、土地、设备和劳动力等生产要素,降低了资源配置效率,去产能、去库存就是减少无效和低端供给以及提高经济运行效率的根本举措。另一方面,要着力扩大有效和中高端供给,改变供给体系和产品品质明显不适应居民消费结构升级要求的局面。推进供给侧结构性改革,要着力推进体制机制改革,包括取消一些行业准入限制和民营企业进入障碍,完善金融市场,健全市场诚信体系,加强知识产权保护度等。

推进供给侧结构性改革并不意味着放弃需求管理。需求管理重在短期调控,重在引导市场预期。在国际金融市场动荡不定、国内面临经济下行压力的背景下,做好需求管理可以改善市场预期,增强人们对经济的信心,避免经济增速短期快速下行激化各种矛盾和潜在风险,避免增大改革的难度和成本。

14. 什么是新发展理念?

答:中国经济新常态和供给侧结构性改革意味着中国经济已由高速增长阶段转向高质量发展阶段。高质量发展是一种体现新发展理念的发展。新发展理念是指创新、协调、绿色、开放、共享这五大理念,这是指导中国下一个时期经济发展新的"思想灵魂"。

创新是引领高质量发展的第一动力,是国家发展全局的核心。不断推进理论创新、制度创新、科技创新、文化创新等各方面的创新。未来如何突破发展瓶颈,推动在新常态下进一步发展,主要就是靠创新。

协调是持续健康发展的内在要求。包括城乡二元结构和城市内部二元结构的改变;区域协调发展改变东中西北区域间不平衡;社会文明程度和国民素质的提升与经济社会发展的水平协调发展等。

绿色是高质量发展的普遍形态,是人与自然和谐共生的现代化要求,把坚持节约资源和保护环境,加快生态文明,建设美丽中国作为基本国策。

开放是国家繁荣发展的必由之路。中国和世界经济已经形成了你中有我、我中有你的格局。中国要发展更高层次的开放型经济,与世界各国同舟共济,促进贸易和投资自由化、便利化,推动经济朝更加开放、包容、普惠、平衡、共赢的方向发展。

共享是高质量发展的根本目的,是经济发展的出发点和落脚点。体现了我国发展目标的重要特点,除了脱贫之外,还要优先发展教育事业、提高就业质量和人民收入水平、加强社会保障体系建设,不断满足人民日益增长的美好生活需要。

应当指出,中国经济进入新常态的判断、以供给侧结构性改革为主线和新发展理念,从经济学的角度看都可以说是要提高资源配置效率的要求。这体现了要进一步通过改革开放来更长远地保证优化配置、开发利用国内外一切现实的和潜在的经济资源,以促进社会生产力发展的根本要求。

15. 什么是以国内大循环为主体、国内国际双循环相互促进的新发展格局?为什么要形成这个双循环新发展格局?

答:"加快形成以国内大循环为主体、国内国际双循环相互促进的新发展格局",是以习近平同志为核心的党中央对我国经济今后发展的影响重要的战略决策。什么是以国内大循环为主体?就是我国经济要内向而生为主,产品要以满足国内市场需求为主,以国内市场需求促进国内生产,以国内生产保障国内消费和投资需要,来实现供给和需求的经济循环。

我国改革开放以来,尤其是加入WTO以来,抓住了全球工业革命浪潮、欧美去工业化、产业全球转移的机遇以及相对友好的国际环境,以开放的胸怀吸引全球生产要素流入,迅速成为全球制造业中心与制造业大国。但是2008年国际金融危机后,欧美国家认识到产业"空心化"的弊端,纷纷出台"制造业再造"计划促使制造业回流。美国的技术创新优势在缩小、技术创新带来的超额利润在下降,维系产业链与价值链高端越来越难。2020年以来,全球蔓延的新冠肺炎疫情,给世界经济运行和发展带来明显冲击,抑制了世界经济增长,包括发达经济体和新兴经济体在内的国际需求大幅减少。经济全球化和自由贸易的碎片化趋势愈加显现,国际经济发展中不确定性大大增加。

以国内大循环为主体,就是要建立国内有效的需求体系,为本国的外向型企业提供出口转内销的新出路,并为国内的企业提供强大的利润保障,这是确保国内产业链和供应链稳定的重要环节。全球经济发展的不确定性和新冠肺炎疫情蔓延的叠加效应,已影响到我国的产业链安全。国际经验表明,只有坚持构建良好的国内循环,才能提升我国在国际循环中的地位和竞争力。

16. 既然以国内循环为主,为什么还要强调国内国际双循环?

答: 以国内循环为主,绝不是搞闭关锁国。众所周知,个人或国家进行专业分工,从事具有比较优势的生产活动,通过贸易可以使个人、地区或国家都获益。贸易可增加国民福利、满足国民的不同需求偏好、提高国民生活水平、提供就业岗位等。在企业方面,贸易可强化品质管理、提高企业效益、提高产品品质、加强经济合作和技术交流等。比较优势理论为不同发展阶段的国家进行自由贸易提供了理论支撑。近年来某些国家奉行"孤立主义",显然违背了经济学的基本原理,阻碍了经济全球化的进程。短期内,贸易保护主义可能保护了本国企业,但长期一定会降低国民的总体福利,导致就业岗位减少,进而影响整个国家未来的经济发展。

中国的发展离不开世界,世界的发展也离不开中国,持续深化对外开放,科学谋划和主动参与国际经济循环,才能在扩大开放中获得更有力的资源、技术、人才、资金支撑。总之,我们要构建一个国内国际双循环相互促进的新发展格局。在国内国际双循环体系中,国内大循环处在主体地位,是国际循环的基础和保证;国际循环则起着带动和优化的作用,是国内循环的外延和补充。

17. 什么是经济全球化和逆全球化?

答: 经济全球化是指世界经济活动超越国界,通过对外贸易、资本流动、技术服务而形成相互联系、相互依存的全球范围有机经济整体的过程,也是一个以市场经济为基础,以先进科技和生产力为手段,以经济效益为目标,通过分工、贸易、投资、跨国公司和要素流动等,实现各国市场分工与协作,相互融合的过程。

经济全球化的过程是生产社会化程度不断提高的过程。社会分工可以在更大的范围内进行,资金、技术等生产要素可以在国际社会流动和优化配置,可以带来巨大的分工利益,有利于促进发展中国家和地区经济发展,推动世界生产力的发展,是人类进步发展的表现。长期以来,发达资本主义国家是全球化的主要受益者,发展中国家可以通过吸引外资,扩大就业,可以利用不断扩大的国际市场解决产品销售问题,还可以借助投资自由化和比较优势从经济全球化中获取利益。

但是经济全球化也是有代价的。代价之一是全球经济的不稳定会成为一种常态。总体而言,经济全球化利大于弊,是人类历史发展的大趋势。

然而,近几年来,世界上出现了一股所谓经济逆全球化势力,一种与全球化反方向而行的思潮,如主张贸易保护,反对商品、资本、人员、技术等在国际上流动,要求离开和退出国际组织或者地区性组织,走上内向道路。

出现这种逆全球化的根本原因是近几年来世界经济低迷,发达国家发展停滞;诱发因素可能是,在全球化过程中,各国内部利益分配严重不均,贫富差距进一步扩大。政治上的诱发因素可能是国家民族主义回潮,形成逆全球化。然而,经济全球化是社会生产力发展的客观要求和科学技术进步的必然结果,符合人类历史潮流和社会发展方向。逆全球化不可能成为历史趋势,只是暴露了原来发达国家主导下传统全球化的诸多弊端。打造传统全球化的升级版、推动实现新的全球化势在必行。

新型全球化要以平等为基础,以开放为导向,以合作为动力,以共享为目的,使所有人受益。

18. 我们要怎样进一步扩大开放?

答: 我们要进一步扩大开放,推动形成全面开放新格局,既包括广度上的开放范围扩大、领域拓宽,也包括深度上的开放方式创新、层次加深。更加开放离不开吸收外资。这要从投资自由化、投资便利化、投资促进、投资保护、创造更有吸引力的投资环境等方面发力,降低外商投资企业在中国的经营成本,保护外商投资的合法权益,及时解决外商投资企业反映的一些不公平待遇和发展诉求等方面的问题。

19. 为什么我们主动扩大进口?

答:进一步扩大开放包括要主动扩大进口。第一,扩大进口可更好满足人民群众提高生活质量的消费需求,以免他们花费高成本到国外购买,使其在国内就享受到国外优质产品和服务,以利于提高人民生活水平,并增加消费对经济增长的拉动力。第二,扩大进口必然对国内某些产业和企业造成一定压力,但也可转化为迫使企业技术创新和提高产品质量的动力,促进供给侧结构性改革。特别是通过进口一些国内生产具有相对劣势的产品,可刺激生产要素由效率低的产业流向效率高的产业,有利于减少无效供给,从整体上优化经济结构。第三,有利于控制金融风险,降低外汇运营成本,因为顺差越大,外汇储备就越多。适度缩小顺差,可有效规避国际金融市场波动对我国外汇储备冲击。第四,适度减少顺差还有利于稳健货币政策更好发挥作用。对外贸易中出口商必须把外汇转换为本币才能继续生产经营,本国央行为购买外汇而付出的本币即外汇占款。顺差越大外汇占款就越多,货币政策发挥的空间就越小。第五,扩大进口有利于有关出口国经济发展,这不但能增强其他国家和我国的经济友好往来,也有利于我国对其他国家的出口。我国需要的不是以邻为壑,也不要把自己发展建立在别人受损失基础上,而需要共同发展,构建人类命运共同体。第六,扩大进口可以减少和一些国家的贸易摩擦,也有利于我国出口企业拓展国际市场。

当然,扩大进口并不意味着可以放松出口,不仅要坚持在稳定出口基础上重视扩大进口,而且更重要的是要增强出口产品的核心技术竞争力,优化出口商品结构,从劳动密集型和资源密集型出口向资本、技术和知识密集型出口过渡,提高出口产品附加值,将粗放型贸易转向效益型贸易。

20. 中国经济的目前和未来将会如何?

答:近些年来,中国经济增速从10%一路走向9%、8%、7%、6%,可能还要向下走一些。应如何正确认识中国经济的当前与未来?

第一,增速下行是必然的,正常的。数据显示,2019年我国GDP总值近100万亿元大关,按年均汇率,人均达10 276美元,跨上一万美元台阶,而2001年,我国人均GDP刚突破1 000美元,用了不到20年时间,到人均一万美元大关。再往前看,1986年我国GDP总值才10 000亿元。显然,基数越小时增长比例提高越容易。基数越来越大了,增长比例下来是正常、合理、必然的。

第二,我国处在一个结构要优化、动力要转化的关键时期,那些高资源消耗、重环境污染的企业要转型升级,要去过剩产能,要去过多库存,要去过高债务,要降过高的借贷成本,这必然要影响GDP增速。

第三,随着中国劳动力成本上升引起一些外资向越南、印尼这些不断开放且人工成本更低廉国家的转移,也会影响我国外资企业和外贸易企业业务及职工就业和收入以及经济增速。

第四,突发的"黑天鹅"事件,尤其是2020年新冠肺炎疫情影响远大于非典疫情,这也必然会严重影响经济增速。

还有一些因素可能会造成我国GDP增长中的波动,给当前中国经济造成下行压力。当前中国经济确实出现一些困难,但中国的未来一定美好。中华民族伟大复兴的中国梦,中国"两个一百年"的奋斗目标,一定能实现。

第一,中国经济结构优化、发展方式转化、经济增速变化,都是主动的,为使高速度变成高质量发展,建设现代化经济体系是必然的。

第二,中国是一个幅员辽阔、拥有14多亿人口的大国,有完整的产业体系,有艰苦奋斗、勤劳朴素的几千年光荣传统,中国经济有着强大韧性。

第三,最重要的是中国有着优越的中国特色社会主义制度,有着中国共产党坚强而正确的领导。不走过去弯路、老路,不走改弦易辙邪路,这是中国从站起来到富起来再到强起来的最重要因素和保障。

图书在版编目(CIP)数据

现代西方经济学习题指南.宏观经济学/尹伯成主编.—10版.—上海：复旦大学出版社,2021.4(2024.6重印)
ISBN 978-7-309-15510-5

Ⅰ.①现… Ⅱ.①尹… Ⅲ.①西方经济学-高等学校-习题集 ②宏观经济学-高等学校-习题集 Ⅳ.①F0-08 ②F015-44

中国版本图书馆 CIP 数据核字(2021)第 027318 号

现代西方经济学习题指南.宏观经济学(第十版)
尹伯成　主编
责任编辑/戚雅斯

复旦大学出版社有限公司出版发行
上海市国权路 579 号　邮编：200433
网址：fupnet@fudanpress.com　http://www.fudanpress.com
门市零售：86-21-65102580　　团体订购：86-21-65104505
出版部电话：86-21-65642845
上海盛通时代印刷有限公司

开本 890 毫米×1240 毫米　1/32　印张 14.125　字数 380 千字
2024 年 6 月第 10 版第 3 次印刷

ISBN 978-7-309-15510-5/F·2783
定价：33.00 元

如有印装质量问题,请向复旦大学出版社有限公司出版部调换。
版权所有　　侵权必究